Folgende Hilfen bietet dir Praxis Sprach

CHECKLISTE

…en Inhalt von Gedichten wiedergeben

…Wie auch bei den erzählenden Texten fasst die Inhaltsangabe kurz und prägnant …usammen, worum es im Gedicht geht.

- Ich habe mit einer **Kernaussage**, die das Thema enthält, begonnen.
- Dann habe ich einen Abssatz gemacht und **den Inhalt** entweder **strophenweise** oder **nach Sinnabschnitten** wiedergegeben.
- Ich habe den Inhalt mit **eigenen Worte** wiedergegeben.
- Ich habe das **Präsens** genutzt und in einem **sachlichen Stil** geschrieben.

→ S. 64 – 71
Inhaltsangabe

Kameraperspektive
Das Gestaltungsmittel der Perspektive ist für die Wirkung eines Filmbildes von großer Bedeutung. Hiermit ist der Blickwinkel gemeint, aus dem die Zuschauer – durch die Kamera – Figuren, Gegenstände oder Räume sehen. Es gibt drei verschiedene Perspektiven: die **Normal-**, die **Frosch-** und die **Vogelperspektive**.

Kompetenzkästen helfen dir an passenden Stellen beim Lösen von Aufgaben.

Frame
Fachwort für ein Einzelbild in einem Film

Die **Hinweise** erklären dir kurz einzelne Wörter oder Begriffe, die für das Verständnis der Seite wichtig sind.

Tipp
Acht Fehler sind nicht markiert.

Hier gibt es **Tipps**, die helfen, oder Ideen, die weiterführen.

Folie

Wenn du in Aufgaben aufgefordert wirst, etwas zu markieren oder zu unterstreichen, kannst du eine Folienhülle verwenden. Lege sie über die Seite und befestige sie mit einer Büroklammer. Beschreibe die Folie mit einem abwaschbaren Stift.

Arbeite mit einem **Partner** oder einer **Gruppe**, wenn diese Symbole vor den Aufgaben auftauchen.

M → S. 284
Gesetztestexte erschließen

Über Seitenverweise wirst du an passenden Stellen in das **Methoden-** und **Arbeitstechniken**-Kapitel verwiesen. Dort wird die jeweilige Kompetenz erarbeitet.

S. 296
Notizzettel

An geeigneter Stelle wird in das **Basiswissen** am Ende des Bandes verwiesen, sodass du Begriffe und Vorgehensweisen nachschlagen kannst.

→ S. 64 – 71
Inhaltsangabe

Auch **Kapitel** sind miteinander **verknüpft**, sodass du teilweise von einem Kapitel in das andere Kapitel gehen kannst, um dort Themen noch einmal genauer nachzuarbeiten.

www
Du findest ein Textgerüst im Internetportal.

Internetportal
Unter der Internetadresse *http://www.westermann.de/ps9-bw* findest du Grafiken, Texte, Hörbeispiele etc. aus dem Schülerband zum Ausdrucken und Anhören. So kannst du einige Aufgaben noch intensiver bearbeiten.

Differenzierung
- Grundlegender Aufgabenbereich
- Mittlerer Aufgabenbereich
- Erweiterter Aufgabenbereich

In jedem Kapitel findest du vor den Aufgaben die Kennzeichnung von drei Aufgabenbereichen: ▪, ▪ und ▪. Wenn eine Aufgabe für mehrere Aufgabenbereiche vorgesehen ist, dann kannst du das an der Ampel vor der Aufgabe erkennen: Aufgaben mit der Ampel ▪ sind zum Beispiel für alle Aufgabenbereiche geeignet.

Praxis Sprache 9

Baden-Württemberg

Differenzierende Ausgabe

Herausgegeben von Wolfgang Menzel

Erarbeitet von
Franziska Albrecht
Sibylle Aldinger
Anna von Busse
Ann-Kristin Kuch
Christel Metzger
Christine Preißing
Katharina Regehl
Carola Schmidt
Regina Winkler-Reber

westermann

Zum Schülerband erscheinen:
Materialien für Lehrerinnen und Lehrer, ISBN 978-3-14-123107-6
Arbeitsheft, ISBN 978-3-14-123101-4
Lösungen, ISBN 978-3-14-123083-3

westermann GRUPPE

Druck A^3 / Jahr 2020
Alle Drucke der Serie A sind im Unterricht parallel verwendbar.

Redaktion: Rebecca Plankl
Illustrationen: Konrad Eyferth, Hans-Jürgen Feldhaus, Volker Fredrich, Joachim Knappe, Andrea Naumann
Umschlaggestaltung: Janssen Kahlert Design & Kommunikation GmbH
Layout: KCS GmbH, Verlagsservice & Medienproduktion, Stelle/Hamburg
Druck und Bindung: Westermann Druck GmbH, Braunschweig

ISBN 978-3-14-**123089**-5

Sprechen und Zuhören

8 Kommunikation

22 Präsentation

Schreiben

32 Einen Praktikumsbericht schreiben

50 Bewerbung um eine Ausbildungsstelle

Lesen – Umgang mit Texten und Medien

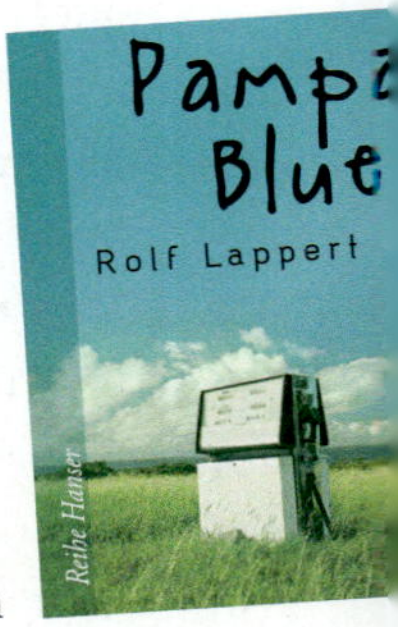

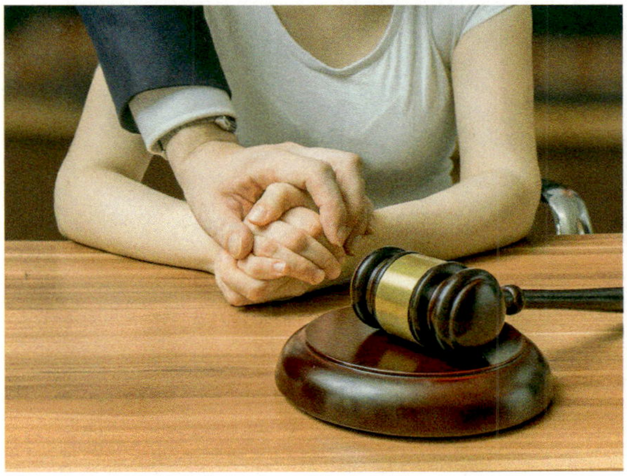

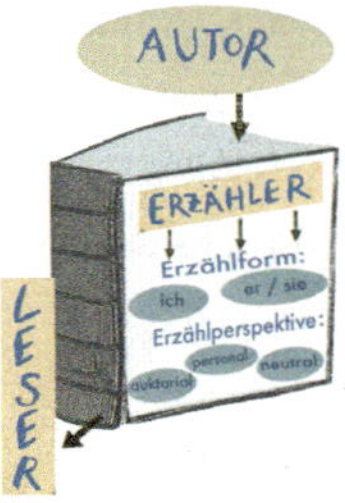
AUTOR
ERZÄHLER
Erzählform:
ich
er / sie
Erzählperspektive:
personal
neutral
LESER

ANDORR
max frisch

E-Mail

Rechtschreibung und Zeichensetzung

Sprachgebrauch und Sprachreflexion

Methoden und Arbeitstechniken

Basiswissen

Sprechen und Zuhören

Kommunikation

Immer diese Vorschriften!

1 Die Äußerungen in den Sprechblasen enthalten verschiedene Sprechabsichten. Klärt, was unter informierender und appellierender Sprechabsicht zu verstehen ist.

Folie

2 Markiere in den Sprechblasen …
- informierende Sprechabsichten rot.
- appellierende Sprechabsichten blau.

3 Nennt drei informierende Äußerungen und drei appellierende Äußerungen aus dem Text.
- Lest sie euch laut vor.
- Wie reagiert ihr auf eine informierende Äußerung und wie auf eine appellierende?

In diesem Kapitel lernst du, ...
- *die vier Botschaften einer Nachricht zu benennen.*
- *die Botschaft einer Nachricht zu ergänzen.*
- *die Botschaft einer Nachricht zu formulieren.*
- *Kritik sprachlich zu untersuchen und zu formulieren.*
- *ein Gespräch zu untersuchen.*

Sprechen und Zuhören

Kommunikation

Die vier Botschaften einer Nachricht benennen

Diese Situation kennt ihr aus eigener Erfahrung.

1 Schaut euch das Foto an und beschreibt kurz die dargestellte Situation.
- Beschäftigt euch näher mit der Mutter.
  - Was sagt die Mutter genau?
  - Was will sie mit ihrer Äußerung erreichen?
  - Was verrät die Körpersprache über mögliche Gefühle der Mutter?
- Überlegt, wie die Mutter den Satz sagen könnte.
  - Denkt dabei an Lautstärke, Tonfall, Sprechtempo oder Betonung.
  - Probiert einmal verschiedene Möglichkeiten aus, indem ihr die Äußerung „leise und enttäuscht" oder „laut und energisch" oder „schreiend und aggressiv" sprecht.

2 Versetzt euch in die Situation der Tochter und sprecht darüber,
- wie sie die Äußerung der Mutter verstehen könnte: ***Bitte, Anregung, Aufforderung, Beschimpfung, gut gemeinte Kritik, harsche Kritik, Maßregelung, Anlass für eine Bestrafung***.
- was sie in dieser Situation denken könnte.
- was ihre Körpersprache über ihre Gefühle aussagt.
- was die Tochter der Mutter entgegnen könnte.

Botschaft 1
Es geht um die Unordnung in meinem Zimmer.

Botschaft 2
Durch die Gestik und Mimik sowie Art, wie meine Mutter mit mir spricht, zeigt sie mir, dass sie verärgert ist.

Botschaft 3
Ich verstehe die Äußerung meiner Mutter als Ermahnung. Meine Mutter erwartet von mir, dass ich mein Zimmer künftig immer aufräume.

Botschaft 4
Meine Mutter ist enttäuscht von mir und mahnt die verabredeten Regeln an.

3 Bestimmt, welche Botschaften die sprachlichen Äußerungen übermitteln.

a) Ordnet die folgenden vier Botschaften den Äußerungen des Schaubilds zu:
Sachinformation, Selbstkundgabe, Appell, Beziehungsseite

b) Ordnet folgende Äußerungen einer der vier möglichen Botschaften einer Nachricht zu und begründet eure Zuordnung:
Lerne deine Vokabeln regelmäßig.
Ich bin ärgerlich, dass du schon wieder deine Vokabeln nicht gelernt hast.
Du hast für die letzte Englischarbeit deine Vokabeln nicht gelernt.
Ich möchte dich beim Lernen der Englischvokabeln unterstützen.

c) Findet zu folgenden Äußerungen jeweils die vier Botschaften, die man hören könnte.
- Frau Baum ruft ihrer Tochter zu: „Die Spülmaschine ist noch nicht ausgeräumt."
- Der Fahrlehrer sagt zu seinem Fahrschüler: „Die Ampel ist grün."
- Liane sagt zu ihrer Freundin: „Du hast ein neues Smartphone."

4 Untersucht folgendes Gespräch und begründet, woran es scheitert.

Tipp
Sprecht den Dialog zunächst mit verteilten Rollen.

Mann: In der Suppe ist etwas Grünes drin.
Frau: Immer musst du herumnörgeln.
Mann: Nein, ich möchte wissen, was das ist, das Grüne.
Frau: Gib's doch zu, dir schmeckt die Suppe nicht.
Mann: Das Grüne sieht aus wie Petersilie, schmeckt aber anders. Mich interessiert, was du für Kräuter nimmst.
Frau: Eine bessere Ausrede konnte dir wohl nicht einfallen! Warum kannst du nicht einfach sagen, dass dir die Suppe nicht schmeckt?
Mann: Du verstehst mich falsch.
Frau: Ach, dann koch' doch selbst.

Sprechen und Zuhören

Die vier Botschaften einer Nachricht

Wenn zwei Menschen miteinander sprechen, nennt man das **verbale Kommunikation**. Grundsätzlich geht es bei einer Nachricht um einen, der sie sendet (**Sender**), um einen, an den die Nachricht gerichtet ist (**Empfänger**), und um den **Sachinhalt** der Nachricht selbst.

Darüber hinaus hat eine Nachricht nach dem Psychologen Schulz von Thun noch drei weitere Botschaften, die der Empfänger gleichzeitig mit dem Hören des Sachinhalts verstehen und entschlüsseln muss.

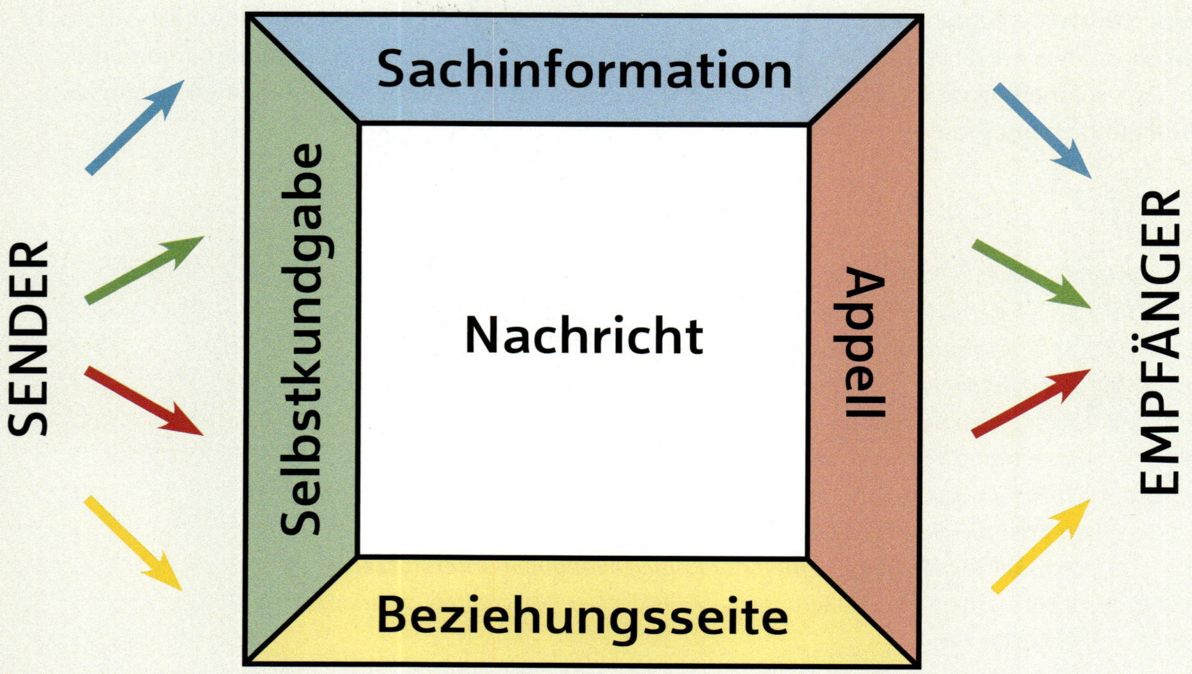

Botschaft 1 - Sachinformation: Der Sender übermittelt einen Sachverhalt.

Botschaft 2 - Selbstkundgabe: Der Sender gibt (bewusst oder unbewusst) mithilfe von sprachlichen Äußerungen und der Körpersprache etwas über sich preis, z. B. über seine Gedanken und/oder seine Gefühle.

Botschaft 3 - Appell: Der Sender fordert den Empfänger zu etwas auf und möchte ihn zu einer Handlung veranlassen. In der Appellseite steckt also eine Aufforderung, die nicht direkt ausgesprochen wird.

Botschaft 4 - Beziehungsseite: Durch seine Äußerung, die Körpersprache und die Art und Weise, wie der Sender etwas sagt, zeigt er, wie er während der Botschaft zum Empfänger steht und was er von ihm hält.

Eine Kommunikation misslingt, wenn der Empfänger etwas ganz anderes hört, als der Sender übermitteln will. So kommen Missverständnisse zustande.

Kommunikation

Die Botschaft einer Nachricht ergänzen und formulieren

A

B

1 Erläutert, worum es in diesen beiden Situationen geht.
Welche Rückschlüsse könnt ihr aus der Körpersprache der Personen ziehen?

2 Formuliert zu den sprachlichen Äußerungen die entsprechenden Botschaften.

a) Beschäftigt euch mit Kommunikationssituation A. Ergänzt folgende Botschaften, die das Mädchen hört, und bestimmt, um welche Art der Botschaft es sich handelt.
Nachricht: *Menschenskinder, war das ein Tor!*
Botschaft 1: *Es geht um …*
Botschaft 2: *Der Trainer zeigt mir durch seine Gestik und Mimik sowie mit dem Tonfall seiner Stimme, dass er …*
Botschaft 3: *Der Trainer möchte, dass ich …*
Botschaft 4: *Der Trainer ist … auf mich.*

b) Beschäftigt euch mit Kommunikationssituation B. Versetzt euch in die Lage des Jungen und formuliert die vier Botschaften, die er aus der Äußerung (Nachricht) der älteren Dame heraushören könnte. Formuliert die vier Botschaften nach dem in Aufgabe 2a) genannten Muster.
Nachricht: *Ohne dich hätte ich den Einkauf nicht geschafft.*

Sach- und adressatenspezifisch formulierte appellative Texte verfassen und dabei deren Wirkungsabsicht berücksichtigen, unterschiedliche Sprechabsichten situationsangemessen und adressatenorientiert formulieren

Sprechen und Zuhören

Kommunikation

Kritik sprachlich untersuchen und formulieren

Andere fair zu kritisieren und sich umgekehrt auch selbst kritisieren zu lassen, das ist für Jugendliche und Erwachsene nicht immer ganz leicht.

1 Lies dazu einmal die folgenden Äußerungen durch.

Julia: Ich habe es wirklich nicht nötig, mir von anderen sagen zu lassen, dass ich etwas falsch gemacht habe. Die sollen das erst einmal selbst besser machen, diese …

Lennard: Natürlich hört keiner gern Kritik. Am liebsten hat man doch Lob – ist ja klar. Aber mal ehrlich: Wenn die Kritik doch stimmt und man auch noch gesagt kriegt, wie man's besser machen kann, dann … dann hilft Kritik einem doch auch weiter, oder?

Nick: Ich hasse es einfach, kritisiert zu werden. Wenn mich jemand kritisiert, fühle ich mich gleich angegriffen und raste aus. Kritik ist überhaupt nicht mein Ding!

Christina: Der Ton macht doch die Musik! Wenn mich einer halbwegs nett kritisiert, komm' ich damit klar. Vorausgesetzt natürlich, der andere hat recht mit seiner Kritik.

Sandra: Ich habe – ehrlich gesagt – Probleme damit, andere zu kritisieren. Ich denke oft: Ach, sag besser nichts, sonst fühlt sich der andere noch verletzt und ist nachher sauer auf dich. Und darum drück' ich mich meistens davor, jemandem etwas Kritisches zu sagen.

Ron: Ich habe oft Probleme, beim Kritisieren sachlich zu bleiben. Wenn mir was nicht passt, dann lass ich direkt meinen ganzen Ärger raus und werd' manchmal auch noch ziemlich laut.

Esra: Ich find schon, dass man Kritik aushalten muss. Aber bei mir kommt es immer darauf an, wer mich kritisiert, wie er mich kritisiert und wie ich an dem Tag so drauf bin.

Sylvie: Ich finde schon, dass man das Recht hat, andere zu kritisieren. Das gehört dazu, wenn man ehrlich miteinander umgeht. Auch unter guten Freundinnen muss das drin sein. Das muss 'ne Freundschaft aushalten. Find ich jedenfalls!

Jana: Bei den Lehrern ist das ja ganz unterschiedlich. Die einen reagieren total cool auf Kritik von uns Schülern und lassen sich auch auf 'ne Diskussion ein. Aber andere … – Mann, da blocken die total ab. Kritik von Schülern geht bei manchen gar nicht!

Ludger: Mir passiert es immer wieder, dass ich mich im ersten Moment über Kritik ärgere. Nachher denke ich dann oft: Mann, da war doch irgendwie was dran. Und dann nehme ich mir die Kritik doch zu Herzen.

Frederic: Na ja, mit dem Kritisieren, das ist schon so 'ne Sache. Oft kracht es doch richtig, wenn einer kritisiert wird, und es gibt 'nen handfesten Streit. Oder seh' ich das falsch?

Angelina: Also, Kritik zieht mich immer total runter. Ehrlich! Und dann geb' ich auch immer viel zu schnell nach, ohne meinen Standpunkt mal zu verteidigen. Irgendwie geh ich bei Kritik jeder Diskussion aus dem Weg. Ich weiß auch nicht, warum.

Domenic: Manchmal hab ich das Gefühl, da kritisiert dich einer nur, weil er dich runtermachen will. Das kann ich überhaupt nicht haben!

Christian: Ich wünschte, meine Freundin würde cooler reagieren, wenn ich ihr mal was Kritisches sage. Die ist immer gleich voll beleidigt … nimmt alles persönlich! Aber ich kann doch nicht zu allem immer „Toll!“ und „Klasse!“ sagen, oder?

Franziska: Mit Kritik habe ich überhaupt keine Probleme. Beim Kritisieren geht es doch um die Sache und nicht um meine Person. Und wenn's um die Sache geht, muss man doch immer gesprächsbereit sein. Man kann doch über jede Sache in Ruhe reden, oder?

2 Markiere die Stellen im Text, bei denen Probleme zur Sprache kommen, die mit der Äußerung von Kritik zusammenhängen. Folie

3 Wertet die Äußerungen der Jugendlichen aus, indem ihr die folgenden Fragen klärt.
- Warum fällt es manchen Jugendlichen schwer, sich kritisieren zu lassen?
- Welche positiven Aspekte von Kritik werden genannt?
- Welche Jugendlichen äußern sich eher ablehnend über Kritik?

4 Tragt euer Vorwissen und eure eigenen Erfahrungen zum Thema „Kritik - Kritikfähigkeit - Kritiktoleranz“ zusammen.
Die folgenden Fragen können euch dabei eine Hilfe sein:
- Was ist für euch gute, was schlechte Kritik?
- Von wem und in welchen Bereichen eures Lebensalltags werdet ihr kritisiert?
- Welche negativen Erfahrungen mit Kritik habt ihr schon gemacht?
- Welche Vorteile seht ihr grundsätzlich in Kritik?

Sprechen und Zuhören

5 Formuliert euren Standpunkt zum Thema „Kritik – Kritikfähigkeit – Kritiktoleranz“.

a) Nutzt für euren Text einige der folgenden Satzanfänge:
Ich bin der Meinung, dass Kritik grundsätzlich etwas ... ist, weil ...
Wenn ich andere kritisiere, bemühe ich mich immer, ...
Beim Kritisieren muss man meiner Meinung nach unbedingt darauf achten, dass ...
Wenn man jemanden kritisiert, sollte man auf keinen Fall ...
Kritik bedeutet für mich, dass ich ...
Eine Kritiksituation ist für mich erfolgreich, wenn ...
Ich bewundere Menschen mit Kritiktoleranz, weil sie ...
Jemanden konstruktiv zu kritisieren bedeutet für mich ...

b) Erklärt in ein paar Sätzen,
- was die drei Begriffe für euch bedeuten.
- was eurer Meinung nach beim Kritisieren und beim Kritisiertwerden zu beachten ist.
- wie ihr es schafft, angemessen auf Kritik zu reagieren.

6 Lest euch eure Texte gegenseitig vor und besprecht sie.

Kritik und Kritikfähigkeit

Im **alltäglichen Sprachgebrauch** überwiegt leider oft die negative Bedeutung des Begriffs Kritik. Falsch formulierte Kritik und falsch verstandene Kritik sind häufige Ursachen für Konflikte.

Mit dem Begriff Kritik wird in der Regel **die Beurteilung einer Sache** gemeint. Kritik benennt zwar das Negative, hat aber immer **die Verbesserung einer Sache zum Ziel**. Da Kritik eine **Form der Meinungsäußerung** ist, kann sie ganz oder in Teilen zutreffend oder unzutreffend sein. Darüber kann nur in einem sachlichen Gespräch entschieden werden.

Kritikfähigkeit nennt man die Fähigkeit eines Menschen, Kritik angemessen – das heißt sachlich, klar und ohne persönliche Anschuldigungen – zu formulieren. Enthält die Kritik zusätzlich noch **Verbesserungsvorschläge**, so spricht man von **konstruktiver Kritik**.

Kritiktoleranz nennt man die Fähigkeit eines Menschen, auf Kritik **angemessen zu reagieren** und zutreffende Kritikpunkte ohne persönliche Betroffenheit anzunehmen, umzusetzen oder auch sachlich zurückzuweisen.

Kommunikation

Ein Gespräch untersuchen

Blöde Sprüche

Seit einiger Zeit fällt Hanna auf, dass ein paar Mädchen in den Pausen über ihre Freundin Nora blöde Sprüche machen. Das findet Hanna nicht in Ordnung. Die meisten Sprüche kommen von Leonie. Darum beschließt Hanna, mit Leonie zu reden. Als sie in die Klasse gehen, spricht sie Leonie an …

Hanna: *(lächelnd)* Hi, Leonie. Hast du nachher in der Pause mal kurz Zeit für mich?
Leonie: *(etwas überrascht)* Klar. Aber … was gibt's denn so Dringendes?
Hanna: *(runzelt leicht die Stirn)* Och … das möchte ich jetzt hier so zwischen Tür und Angel nicht sagen. Lass uns lieber nachher in aller Ruhe darüber reden.
Leonie: *(verunsichert)* Na gut ... von mir aus. Also ... dann eben nachher in der Pause.

In der Pause geht Hanna mit Leonie ein paar Schritte abseits, um in Ruhe reden zu können …

Leonie: *(etwas spöttisch)* Also, was gibt's denn so Wichtiges, das du mit mir „in aller Ruhe" besprechen willst?
Hanna: *(mit zusammengezogenen Augenbrauen)* Na ja … es geht um Nora, und ich würde gerne mit dir …
Leonie: *(mit verschränkten Armen)* Ach, Nora … Nora … Was ist denn schon wieder mit der? Hat die etwa …
Hanna: *(bleibt trotz der Unterbrechung ruhig)* Lass mich doch bitte mal ausreden, Leonie, … du weißt doch noch gar nicht, worum es geht.
Leonie: *(macht eine abfällige Bewegung mit der Hand, beruhigt sich dann aber doch)* Also gut. … Schieß los. Was ist denn nun mit deiner Nora?
Hanna: *(legt ihre Hand kurz auf Leonies Schulter)* Du weißt ja, ich kann dich gut leiden, Leonie, und ich glaube eigentlich auch, dass du das bestimmt nicht böse meinst, … aber mir ist aufgefallen, dass du in letzter Zeit öfter mal 'nen blöden Spruch über Nora machst, und das finde ich …
Leonie: *(macht eine abweisende Handbewegung und unterbricht Hanna aufbrausend)* Ach, hör doch bloß auf, Hanna! Aus so 'nem Mist machst du so'n Riesending, klaust mir die halbe Pause, weil du darüber mit mir sprechen willst? Das ist doch echt …!
Hanna: *(verliert kurz die Fassung)* Mann, Leonie! Hör doch jetzt erst mal zu, verdammt noch mal! Lass mich doch ein einziges Mal ausreden! Mann, du unterbrichst mich andauernd! *(hat sich dann aber wieder im Griff und hebt beruhigend die Hand)* Lass mich doch bitte jetzt mal erklären, worum es geht. Okay? Bitte, Leonie!
Leonie: *(gibt nach, fast versöhnlich)* Ja, … ist ja gut … also, was wolltest du sagen?
Hanna: Ich wollte nur sagen, dass ich dir nicht unterstelle, dass du Nora absichtlich beleidigen willst. Du meinst das sicher nicht so, aber ich weiß, dass deine Sprüche Nora verletzen, und das … find ich nicht gut.

Kommunikation beurteilen, Texte verfassen und dabei deren Wirkungsabsicht berücksichtigen, unterschiedliche Sprechabsichten situationsangemessen und adressatenorientiert formulieren

Sprechen und Zuhören

Leonie: *(nachdenklich die Stirn runzelnd)* Hm … echt? Wusste ich nicht.
Hanna: *(zeigt kurz mit dem Finger auf Leonie)* Na, dann versetz du dich doch mal in Noras Situation. Stell dir mal vor, ich und ein paar andere Mädchen würden jeden Tag über dich blöde Sprüche machen. Wie würdest du dich dann bitte fühlen?
Leonie: *(aufbrausend, stemmt beide Arme in die Seiten)* Ja, nicht so gut. Ist schon klar, Hanna! Aber … aber … deine Nora, … das ist auch keine Heilige. Die hat auch schon mal 'nen Spruch über mich gemacht. Und übrigens: früher über dich auch! Da staunst du, was?
Hanna: *(ziemlich genervt, wird etwas lauter)* Verdammt, hör doch jetzt mal mit so 'nem alten Kram von früher auf, und … *(hebt beschwichtigend beide Hände)* … und komm mal wieder runter, Leonie. Lass uns doch bitte in Ruhe weiterreden.
Leonie: *(etwas ruhiger, zuckt gleichgültig mit den Schultern)* Von mir aus, aber … das musste mal gesagt werden.
Hanna: *(sachlich)* Schon gut, Leonie. Also noch mal zu dem Spruch von Nora … Du musst doch einsehen, dass es ein Unterschied ist, ob man mal 'nen Spruch über jemanden macht oder ob jeden Tag Sprüche über einen gemacht werden. Oder siehst du das anders?
Leonie: *(kratzt sich nachdenklich am Kopf)* Hmm, … nee … tu ich nicht. Stimmt schon, … ist schon 'n Unterschied. … Muss ich dir recht geben.
Hanna: *(lächelt)* Na also. Ich bin froh, dass du das auch so siehst. Also: Ich fänd's toll, wenn du Nora einfach in Ruhe lassen würdest. Ihr braucht ja nicht gleich „best friends" zu werden, Leonie, aber … *(schaut Leonie fest in die Augen)* … ab jetzt bitte keine blöden Sprüche mehr über Nora! In Ordnung?
Leonie: *(nickt zustimmend mit dem Kopf)* Ja, okay, … also gut, Hanna. Ich hör auf damit. Ich hab auch eigentlich überhaupt nichts gegen …

WWW
Ihr findet das Gespräch zum Anhören im Internetportal.

1 Lest das Gespräch zuerst still durch. Verteilt anschließend die Rollen und spielt die Szene vor. Achtet dabei auf die Regieanweisungen.

2 Stelle den Verlauf des Gesprächs dar.
a) Fasse den Verlauf des Gesprächs schriftlich zusammen.
b) Beurteilt, wie Hanna ihre Kritik äußert und wie Leonie auf diese reagiert.

3 Bestimmt genauer, wie Hanna in diesem Gespräch vorgeht.
Nennt dazu Textstellen, die deutlich machen, dass Hanna als Kritikerin
- Ort und Zeitpunkt für das Gespräch gut ausgewählt hat.
- sachlich argumentiert.
- höflich bleibt.
- beschwichtigende sprachliche Formulierungen benutzt.
- Verständnis für Leonie signalisiert und etwas Positives über sie sagt.
- Leonie auffordert, sich in Noras Lage zu versetzen.
- mit Leonie eine Vereinbarung trifft.
- zwar kurzfristig die Fassung verliert, sich dann aber wieder schnell im Griff hat.

4 Obwohl Hanna mit ihrer Gesprächsführung Erfolg hat, gibt es zwei Phasen, in denen das Gespräch auch hätte kippen können.

a) Markiert diese beiden Textpassagen und lest sie laut vor.

b) Erklärt, warum Hanna in diesen schwierigen Phasen so reagiert.

c) Begründet, wie sie es schafft, das Gespräch trotzdem noch zu retten.

Folie

5 Benennt anhand passender Textstellen, wie sich Leonie im Verlauf des Gesprächs verhält.

- Sie verteidigt sich und versucht, die Kritik abzuwehren.
- Sie versucht, ihr Fehlverhalten herunterzuspielen.
- Sie reagiert teilweise unsachlich.
- Sie hält sich nicht immer an Gesprächsregeln.

6 Begründet, warum Leonie zunächst wenig Kritiktoleranz zeigt.

7 In dem Gespräch zwischen Hanna und Leonie geht es auch um faires Kritisieren und Kritiktoleranz. Lest euch dazu einmal die Regeln des fairen Kritisierens und der Kritiktoleranz durch, die eine Schülergruppe entworfen hat. Ihr findet sie hier unsortiert aufgelistet:

- den richtigen Ort und einen günstigen Zeitpunkt bestimmen,
- grundsätzlich für Kritik offen sein,
- die Kritik höflich und freundlich vorbringen,
- sich unklare Kritikpunkte genauer erklären lassen,
- auf positive Körpersprache achten,
- alle Kritikpunkte ruhig und gelassen anhören,
- Verständnis für die Situation des Kritisierten signalisieren,
- unzutreffende Kritik sachlich abweisen,
- deutlich sagen, welche Verhaltensänderungen man wünscht,
- berechtigte Kritik annehmen und umsetzen.

8 Ordnet die Regeln jetzt dem fairen Kritisieren und der Kritiktoleranz richtig zu.

- Orientiert euch an diesen Überschriften:
  - Überschrift 1: Regeln des fairen Kritisierens
  - Überschrift 2: Regeln der Kritiktoleranz.
- Hebt einzelne Regeln, die euch persönlich besonders wichtig sind, farbig hervor.
- Diskutiert, welche Regeln euch besonders wichtig sind, und begründet, warum ihr sie ausgewählt habt.

9 Einige wichtige Dinge, die man beachten sollte, haben die Schüler nicht genannt. Findet heraus, was noch zum Gelingen eines Kritikgesprächs beitragen könnte.

Kommunikation beurteilen, strukturiert und verständlich formulieren, unterschiedliche Sprechabsichten situationsangemessen und adressatenorientiert formulieren

Sprechen und Zuhören

Kommunikation

Überprüfe dein Wissen und Können

Projekt: Faires Kritisieren im Rollenspiel erproben

1 Entscheidet euch für einen Aufgabenkomplex.

Tipp
Improvisiert die Gespräche. Berücksichtigt dabei die Tipps zum Rollenspiel.

A Wählt eine der beiden folgenden Situationen:
- Schreibt ein passendes Gespräch dazu auf.
- Verteilt dann die Rollen und spielt euch euer Gespräch vor.
- Gebt euch ein Feedback zu eurem Spiel.

Situation 1
Die Brüder Jan (16) und Till (13) teilen sich zu Hause ein Zimmer. Zum Geburtstag hat Jan einen Laptop bekommen. Schon bald hat er gemerkt, dass sein jüngerer Bruder in seiner Abwesenheit unerlaubt an seinen Laptop geht. Er hat ihm schon mehrmals gesagt, dass er das lassen soll – ohne Erfolg. Jan hat sich vorgenommen, noch einmal ein ernstes Gespräch mit Till zu führen. Er will aber keinen Streit mit Till und irgendwie hat er auch ein bisschen Verständnis für seinen Bruder. Am Montag fällt für Jan der Nachmittagsunterricht aus, sodass er unerwartet früher nach Hause kommt. Dort findet er Till wieder vor seinem Computer …

Situation 2
Gina und Rebecca haben sich am Samstag zum Shoppen verabredet. Pünktlich um halb elf wollen sie sich am Elisenbrunnen treffen. Rebecca ist auf die Minute pünktlich. Gina kommt aber – wie immer – eine halbe Stunde zu spät. Das ist nicht das erste Mal. Rebecca hat schon oft auf Gina warten müssen, weil die es nie pünktlich zu einer Verabredung schafft. Rebecca hat sich schon oft vorgenommen, Gina auf ihre Unpünktlichkeit anzusprechen. Heute will sie das endlich machen. Als Gina endlich kommt, schlägt sie daher vor, zuerst einmal im Randy's einen Kaffee zu trinken und zu quatschen.

Texte, Situationen und eigene Erfahrungen szenisch gestalten, unterschiedliche Sprechabsichten situationsangemessen und adressatenorientiert formulieren, dabei auch die Körpersprache bewusst einsetzen

B Denkt euch für ein Rollenspiel eine eigene Konfliktsituation aus und arbeitet dazu schriftlich ein Gespräch aus.
- Anregungen für eine Konfliktsituation findet ihr in eurem Privatleben oder im Schulalltag. Einzige Vorgabe ist: Das Gespräch muss erfolgreich sein. Dem Kritisierenden muss es also gelingen, dass der Kritisierte die Kritikpunkte annimmt.
- Verteilt die Rollen und spielt euch die entworfenen Gespräche vor.
- Beurteilt euer Spiel und gebt euch Feedback.

Tipps zum Rollenspiel
- Konzipiert eure Rollenspiele jeweils für zwei Spieler.
- Legt den Verlauf und das Ergebnis des Gesprächs genau fest.
- Schreibt in direkter Rede auf, was die einzelnen Spieler sagen sollen.
- Notiert euch zu bestimmten Äußerungen Hinweise zu Gestik und Mimik.
- Probt das Rollenspiel mehrmals, damit ihr euch aufeinander einspielen könnt.
- Verteilt vor dem Rollenspiel an euer Publikum Beobachtungsaufgaben

Tipps zum Überprüfen des Rollenspiels
Haben die Spieler/Spielerinnen …
- ihre Rollen realistisch und glaubwürdig gespielt?
- eine für den Verlauf des Gesprächs angemessene Gestik und Mimik gezeigt?
- den Verlauf und das Ergebnis des Originaltextes weitgehend eingehalten?
- im Rahmen der Vorgaben glaubwürdig und kreativ improvisiert?

Texte, Situationen und eigene Erfahrungen szenisch gestalten, unterschiedliche Sprechabsichten situationsangemessen und adressatenorientiert formulieren, dabei auch die Körpersprache bewusst einsetzen

Sprechen und Zuhören

Präsentation

WWW
Ihr findet alle drei Plakate im Internetportal.

1 Beschreibt die Präsentationssituationen und die verwendeten Medien auf den beiden Fotos.
- Notiert gelungene und verbesserungsfähige Einzelheiten.
- Ordnet eure Notizen den Themen in der Tabelle zu.

	gelungen	verbesserungsfähig
Auftreten (Stand, Haltung, Blickrichtung ...)		
Positionierung (Abstand zu Medien und den weiteren Präsentatoren ...)		
Medien (Art, Sichtbarkeit, Gestaltung ...)		
Raumgestaltung (Ordnung, keine Ablenkung ...)		
Hilfsmittel (Stichwortkarten oder Verzicht darauf, freie Rede ...)		

2 Vergleicht eure eigenen Präsentationserfahrungen mit euren Beobachtungen aus Aufgabe 1.

3 Listet die Medien auf, mit denen ihr gute Erfahrungen gemacht habt.
- Was fiel euch schwer?
- Was konntet ihr leicht umsetzen?

In diesem Kapitel lernst du , ...
- *dich durch verschiedene Impulse einem Präsentationsthema zu nähern.*
- *Informationen aus Texten zu entnehmen, zu ordnen und zu nutzen.*
- *Schaubilder zu erschließen.*
- *eine Präsentation vorzubereiten und durchzuführen.*
- *passende Medien zu gestalten.*

Sprechen und Zuhören

Präsentation

Sich einem Präsentationsthema nähern

In diesem Kapitel lernst du, eine Präsentation in einzelnen Arbeitsschritten zu einem Sachthema zu erstellen. Dabei erschließt du mithilfe verschiedener Medien Informationen, die du für die inhaltliche Darstellung des Themas nutzt. Außerdem erwirbst du Kenntnisse zur Erstellung passender Medien. Schließlich kannst du eine Präsentation vorbereiten, durchführen und Feedback geben oder entgegennehmen.

1 Betrachtet die folgenden zwei Abbildungen.
- Beschreibt sie und sprecht über mögliche Darstellungsabsichten.
- Gebt den Abbildungen jeweils einen Titel.
- Formuliert Stichwörter für eine Präsentation zum Thema „Patient Erde".
- Schreibt Fragen auf, die ihr mit eurer Präsentation beantworten wollt.

S. 296
PowerPoint-Präsentation

2 Entwickelt aus diesen Abbildungen und euren eigenen Ideen eine Startfolie für eine PowerPoint-Präsentation zu dem Thema „Patient Erde".

S. 296
Notizzettel

3 Vergleicht eure Startfolien. Sammelt die positiven Merkmale auf einem Notizzettel.

Präsentation

Informationen aus Texten sammeln und nutzen

1 Setze dich mit dem folgenden Text auseinander.
- Äußere deine Gedanken zum Titel.
- Verknüpfe den Titel mit der Abbildung auf Seite 24.
- Achte beim ersten Lesen auf die Randnotizen.

www
Du findest den Text zum Bearbeiten im Internetportal. Dort kannst du ihn dir auch anhören.

→ S. 261
Fachwörter

Erde mit Fieber

Warum schmelzen die Polkappen ab? Diese Erscheinung hat mit der Erderwärmung zu tun, die zu einem großen Teil vom Menschen verursacht wird. Sie ist messbar und darum sehr einfach zu überprüfen. In Deutschland betrug die Erwärmung in den letzten 100 Jahren ca. ein Grad Celsius, im weltweiten Durchschnitt liegt sie bei 0,6 Grad. Man kann sagen, die Erde hat erhöhte Temperatur. **Erderwärmung**

0,6 Grad klingen nicht gerade dramatisch. Tatsache ist aber, dass schon diese geringe Erwärmung extreme Auswirkungen haben kann. Nicht nur das Klima selbst, sondern auch die Lebewesen und Lebensräume auf der Welt sind hochempfindlich und reagieren sehr stark auf solche scheinbar kleinen Veränderungen. Es gibt bereits die ersten Opfer. **Fakten/Zahlen**

Beispielsweise die Goldkröte aus Costa Rica ist ausgestorben, weil die Tümpel mit ihrem Laich wegen der wärmeren Temperaturen ausgetrocknet sind. Auch eine seltene Schneckenart auf den Aldabra-Inseln im Indischen Ozean gibt es nicht mehr. Bei uns in Mitteleuropa kann man im Sommer immer weniger Schmetterlinge sehen und manche Arten scheinen ganz verschwunden zu sein. Viele andere Tierarten sind bedroht. Die Vielfalt der Tiere und auch der Pflanzen, die auf der Erde, im Wasser, in der Luft und auf dem Land leben – die sogenannte Biodiversität –, ist in großer Gefahr. **Folgen**

Und das ist erst der Anfang. Klimaschäden machen sich nur langsam und mit Verzögerung bemerkbar. Die etwa 4,6 Millionen Jahre alte Erde misst die Zeit anders als der Mensch mit seiner begrenzten Lebenszeit. Doch in den nächsten Jahren ist mit einer spürbaren und für die Erde geradezu rapiden Veränderung des Klimas zu rechnen. Klimamodelle berechnen einen Anstieg der Temperatur bis zum Jahr 2100 um weitere fünf bis sechs Grad. **Tempo des Klimawandels**

Nun ja, fünf bis sechs Grad, dann werden die Sommer halt noch ein wenig heißer, könnte man denken. Vielleicht ein bisschen anstrengend, aber nun gut … Falsch. So wie bestimmte Körper-Funktionen nicht mehr richtig funktionieren und beeinträchtigt sind, wenn wir Fieber haben, gerät auch das Leben auf der Erde aus dem Gleichgewicht, wenn sie sich mehr und mehr erwärmt. Unsere normale Temperatur, wenn wir gesund und munter sind, liegt ziemlich genau bei 37 Grad. Schon bei einer Körpertemperatur von nur 1,1 Grad mehr, nämlich 38,1 Grad, haben wir Fieber und schon funktioniert der Körper nicht mehr richtig. **Vergleich „Fieber“**

Die Temperatur der Erde betrug in den letzten 10 000 Jahren weltweit durchschnittlich 14 Grad. Das scheinen optimale Lebensbedingungen für den Menschen und die vielen verschiedenen Tierarten und Pflanzen auf unserem Planeten zu sein. Die menschenge- **Günstiges Klima** **Verursacher Mensch**

Sprechen und Zuhören

Bedeutung der Erde

Zukunftsperspektive

Natürlicher und verursachter Klimawandel

Appell

machte Erwärmung wird das Leben auf dem einzigen bekannten belebten Himmelskörper des Universums grundlegend verändern. Es ist kaum vorstellbar, was passieren würde, wenn wir auf der Erde, wie von Klimaforschern prognostiziert, Temperaturen erzeugen, die hier mindestens seit 100 000 Jahren nicht mehr geherrscht haben.

Wie wahrscheinlich diese Entwicklung ist, kann heute niemand sagen. Dass sie eintreffen könnte, beweist ein Blick in die Vergangenheit. Das Globale Förderband und der Golfstrom haben in der Geschichte des Lebens schon mehrere Male ihre Arbeit eingestellt oder ihren Verlauf geändert. Das Klima ist letztlich immer im Wandel, ob mit oder ohne menschliches Zutun. Und die Lebewesen auf der Erde müssen sich mit diesen Veränderungen auseinandersetzen. Sie kommen entweder zurecht oder sie sterben aus. Anders als die früheren Bewohner der Erde kann der Mensch jedoch die Zusammenhänge der Natur begreifen. Es ist ihm möglich, Veränderungen über Generationen hinweg zu beobachten, zu untersuchen und zu interpretieren. Ja, er kann durch sein Verhalten sogar als Beschleuniger oder Bremser bestimmter Effekte wirken.

Das bedeutet, ganz egal, wie stark der Mensch an der derzeitigen Erwärmung der Erde beteiligt ist, es ist nun Zeit, diesem gefährlichen Prozess mit allen zur Verfügung stehenden Mitteln entgegenzuwirken.

S. 312
5-Schritt-Lesemethode

2 Arbeite mit dem Text.

a) Erschließe den Inhalt und die Aussagen des Textes mit der 5-Schritt-Lesemethode.

b) Überprüfe, ob der Text „Erde mit Fieber“ durchgängig sachlich verfasst ist.
- Enthält er Kommentierungen oder Wertungen, die die Meinung der Verfasser darstellen?
- Bewerte die Zuverlässigkeit des Textes.
- Recherchiere weitere Fakten (Daten, Zahlen, Zitate von Wissenschaftlern ...).

S. 301
Mindmap

3 Erstelle mithilfe der gewonnenen Informationen eine Mindmap.

4 Erweitert euer Sachwissen.
- Vergleicht eure Mindmaps und erstellt eine gemeinsame Fassung.
- Recherchiert anhand dieser Mindmap nach weiteren Informationen zum Thema.
- Folgende Suchbegriffe können hilfreich sein:
  Klimaschäden, Abschmelzen der Polkappen, Erderwärmung, Artensterben ...
- Erweitert eure Mindmap durch weitere Äste, Ober- und Unterbegriffe.

5 Erstellt eine inhaltliche Gliederung.
- Nummeriert dazu die Oberbegriffe der Mindmap in einer logischen Reihenfolge.
- Lasst Platz für mögliche weitere Punkte.

6 Lies den Text und recherchiere die markierten Begriffe.

Earth Overshoot Day 2017: Ressourcenbudget verbraucht

Das Ressourcen-Budget für das Jahr 2017 ist aufgebraucht: Bis zum 2. August hat die Menschheit so viel verbraucht, wie die Erde im ganzen Jahr erneuern kann. Im vergangenen Jahr stand der Earth Overshoot Day noch sechs Tage später im Kalender.

Die Menschheit hat die Ressourcen, welche die Natur in einem Jahr wiederherstellen kann, 2017 in sieben Monaten und zwei Tagen verbraucht. Die Organisation Global Footprint Network berechnet den Earth Overshoot Day mithilfe des Ökologischen Fußabdrucks. Dieser ist ein Indikator für den Ressourcenverbrauch und die Auswirkungen menschlichen Handelns auf die Umwelt. Denn die Ressourcen auf der Erde sind endlich: Wir stoßen beispielsweise mehr Kohlendioxid aus, als Wälder und Ozeane absorbieren können, fischen schneller, als sich die Bestände erholen, oder fällen mehr Bäume als nachwachsen.

Bildlich gesprochen lebt die Weltbevölkerung derzeit so, als hätte sie 1,7 Erden zur Verfügung. Die Menschen nutzen die Natur also 1,7-mal schneller, als Ökosysteme sich generieren können. Mit vielfältigen Folgen für die Umwelt, wie u. a. Klimawandel, Artensterben oder schrumpfende Wälder. Noch 1987 fiel der Earth Overshoot Day auf den 19. Dezember. Durch das hohe Konsumniveau in Industrie- und Schwellenländern sowie das schnelle Bevölkerungswachstum ist der Tag im Kalender immer weiter nach vorne gerückt. Der deutsche Overshoot Day war bereits am 24. April 2017. Mehr als drei Erden wären nötig, wenn die gesamte Weltbevölkerung auf dem hohen Konsumniveau von Deutschland leben würde.

Damit der Earth Overshoot Day wieder später im Jahr stattfindet, sind alle gefragt. Denn jede und jeder Einzelne kann einen Beitrag leisten: Energie sparen, das Auto öfter stehen lassen, saisonale Lebensmittel und langlebige Produkte mit Recyclingmaterialien kaufen und Abfälle generell vermeiden. Würden beispielsweise allein die Nahrungsmittelabfälle weltweit halbiert, würde der Earth Overshoot Day elf Tage später stattfinden. Eine Halbierung des CO_2-Ausstoßes würde das Datum um 89 Tage verschieben.

7 Erstellt einen Zeitstrahl zum „Earth Overshoot Day“.

8 Ermittle den aktuellen Stand des „Earth Overshoot Days“. Ergänze den Zeitstrahl entsprechend.

9 Setzt euch mit dem Textinhalt auseinander.
- Fasst die Textaussagen zusammen.
- Der Text hat appellativen Charakter. Belegt oder widerlegt diese Hypothese.
- Diskutiert was jede/r leisten könnte, um den „Earth Overshoot Day“ zu verzögern.

10 Erläutert, was durch die Halbierung des CO_2-Ausstoßes erreicht werden könnte.

Inhalte von Sachtexten herausarbeiten und darstellen, zu einer Hypothese argumentieren

Sprechen und Zuhören

Präsentation

Schaubilder erschließen

S. 309
Nichtlineare Texte auswerten

1 Erschließe das Schaubild auf dem Plakat.

2 Setzt euch genauer mit dem Schaubild auseinander.
a) Formuliert die Absicht des Schaubilds.
b) Vergleicht die Darstellungsabsicht des Schaubilds mit euren Ergebnissen der Aufgaben 7 und 9 von Seite 27.

M → S. 293
Ein Erklärvideo erstellen

3 Fertigt ein Erklärvideo zum Inhalt des Schaubilds an.
- Entwickelt dazu eigene Ideen.
- Überlegt, an welcher Stelle eurer Präsentation das Video zum Einsatz kommen könnte.

Präsentation

Eine Präsentation vorbereiten und durchführen

1 Sortiert eure erstellten Medien und Übersichten in einer logischen Reihenfolge.
- Nutzt dazu eure Startfolie.
- Bindet eure Mindmap passend ein.
- Ergänzt eure Gliederung.
- Auch den Zeitstrahl könnt ihr einfügen.
- Setzt das Erklärvideo an geeigneter Stelle ein.

2 Ermittelt weitere Gesichtspunkte und Themen, die ihr durch eine Recherche vertiefen wollt.
- Nehmt Kontakt zu einer Bibliothek/Mediothek in eurer Umgebung auf.
- Erkundigt euch, ob Beratungstermine angeboten werden.
- Schickt nach Möglichkeit eure Mindmap zum Präsentationsthema an eine Jugendbibliothek. Häufig könnt ihr Themenkisten mit verschiedenen Medien ausleihen, die zu eurer Präsentation passen.
- Nehmt die Service-Angebote der Bibliothek (spezielle Suchmaschinen ...) wahr. Informiert euch dort über Fachbegriffe, Zusammenhänge und Medien.
- Lasst euch in Bezug auf Zuverlässigkeit der gewählten Quellen beraten.
- Sammelt alle Quellen in einem Verzeichnis.

S. 311 *Suchstrategien*

3 Erstellt aus den neu gefundenen Informationen passende Medien und Übersichten.

4 Plant die Präsentation. Orientiert euch an der Checkliste auf der Seite 30.

Sprechen und Zuhören

WWW
Die Beobachtungs-„früchte“ findest du im Internetportal.

S. 294
Feedback geben

5 Eine Präsentation soll Früchte tragen. Damit du ein überzeugendes Feedback geben kannst, achtest du als Zuhörer während des Vortrags auf einen der folgenden Beobachtungsimpulse in den „Äpfeln“.

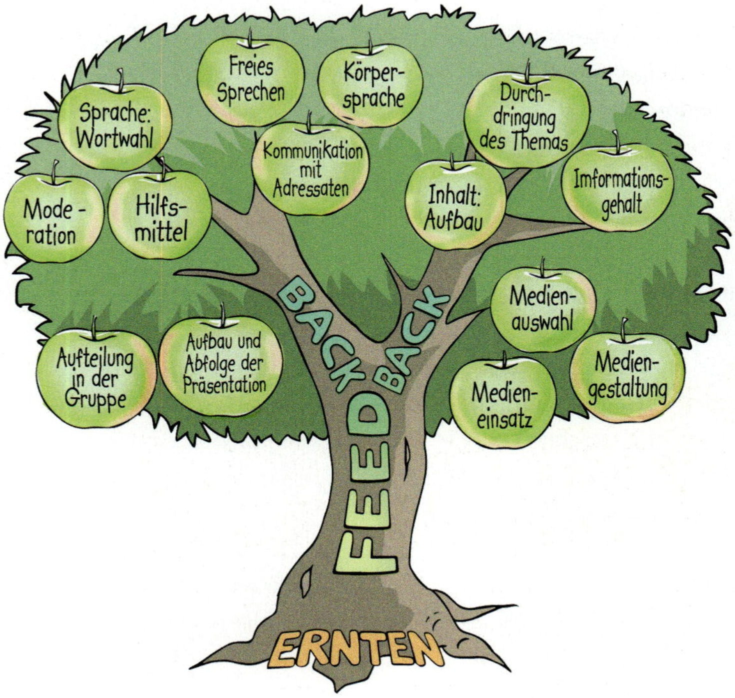

Checkliste

Eine Präsentation vorbereiten und üben

- **Erstellung des Vortragtextes:** inhaltliche Gliederung, Themenverteilung bei Gruppenpräsentation, Stichwortkarten
- **Inhaltlicher Aufbau:** motivierender Einstieg, Überblick zur Gliederung, Abrundung durch Appell, Diskussionsthema für den Austausch mit dem Publikum
- **Wahl, Inhalt und Einsatz der Medien:** Was wird Leitmedium? Was wird Begleitmedium? (*PowerPoint, Erklärvideo, Flipchart, Plakat, Pinnwand, Spielszene …*)
- **Inhalt und Einsatz des Handouts:** Thesenpapier, Kopie der Gliederung, Aufgaben für die Zuhörer (*Quiz, Fragen*), Klassengespräch
- **Vorbereitung des Ablaufs:** „Inszenierung“, Positionierung im Raum, Moderation und Reihenfolge der Sprecher bei einer Gruppenpräsentation, Medieneinsatz (*Geräte …*)
- **Art und Verwendung von Hilfsmitteln:** Stichwortkarten oder freie Rede (wichtig: kein auswendig gelernter Text)
- **Generalprobe** (vor Testpublikum): evtl. Standorte und/oder Standortwechsel festlegen (mit Kreppband markieren), Medieneinsatz

Präsentation

Überprüfe dein Wissen und Können

1 Setze dich mit dem Thema „Mein ökologischer Fußabdruck“ auseinander.
- Orientiere dich dabei an der Vorgehensweise der Internetseite „Brot für die Welt“.
- Folge der dortigen Anleitung.
- Ermittle deinen eigenen Fußabdruck.

2 Vergleicht eure Fußabdrücke.
- Beschreibt und erklärt eure Testergebnisse.
- Was findet ihr interessant, bemerkenswert oder alarmierend?
- Sprecht über die vorgeschlagenen Abhilfemaßnahmen.

3 Erstelle eine Präsentation zum Thema „Der ökologische Fußabdruck“.
- Orientiere dich dabei an den erarbeiteten Angaben im Kapitel.
- Recherchiere auch nach einem passenden Zitat als Ausstieg.

Wir haben nur eine Welt. Aber wenn wir so weiterleben, brauchen wir drei Welten.
Lutz Engelke, Chef der deutschen Kreativagentur Triad, bei der Planung zur Weltausstellung 2010

Was die Erde befällt, befällt auch die Kinder der Erde.
Indianische Weisheit

Wir brauchen eine ganz neue Art von Bildung, wenn wir überleben wollen: Denken und Handeln in Zusammenhängen, Herzensbildung, ökologische Bildung, Sinn für Schönheit und Vielfalt.
Franz Alt, Deutscher Journalist und Experte für regenerative Energie, im März 2018

Schreiben

Einen Praktikumsbericht schreiben

Zeit fürs Betriebspraktikum: zwei Wochen kein Unterricht, sondern Praxis pur! Was sollst du Lehrern, Mitschülern und Eltern über diese Zeit mitteilen? Welche Erfahrungen willst du für dich selbst festhalten? Das alles dokumentierst du in einem Praktikumsbericht.

1 Schreibt die folgenden Bestandteile eines Praktikumsberichtes in einer sinnvollen Reihenfolge auf.

a) Tagesberichte oder tägliche Kurzprotokolle
b) Reflexion
c) numerisches Inhaltsverzeichnis mit Seitenangaben
d) Lebenslauf
e) Erklärung zu Selbstständigkeit und Quellen
f) Bewerbungsanschreiben
g) ansprechend gestaltetes Deckblatt
h) Erwartungen an das Praktikum
i) einen Arbeitsvorgang beschreiben
j) ein Interview führen
k) Informationen zum Praktikumsbetrieb und Berufsfeld/Beruf

2 Ordne die Textschnipsel, sodass ein sinnvoller Tagesbericht entsteht.

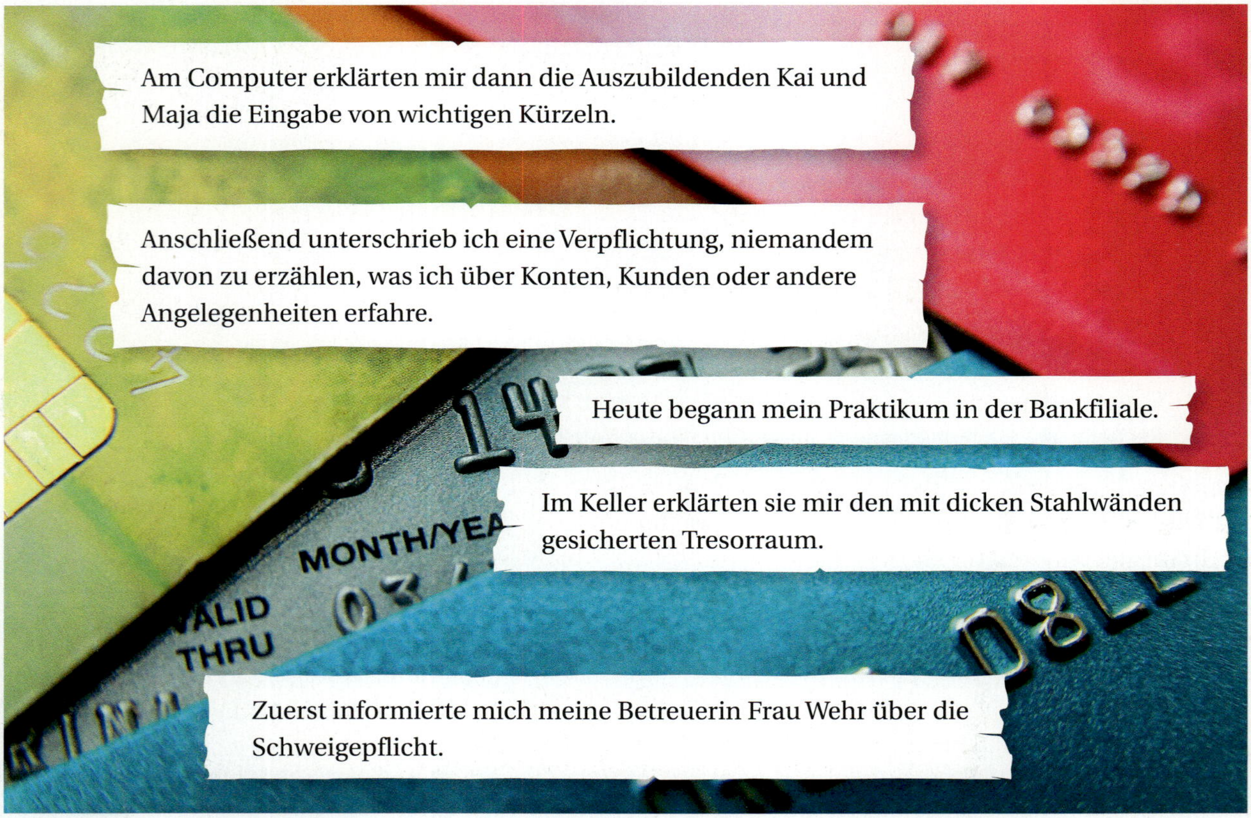

Am Computer erklärten mir dann die Auszubildenden Kai und Maja die Eingabe von wichtigen Kürzeln.

Anschließend unterschrieb ich eine Verpflichtung, niemandem davon zu erzählen, was ich über Konten, Kunden oder andere Angelegenheiten erfahre.

Heute begann mein Praktikum in der Bankfiliale.

Im Keller erklärten sie mir den mit dicken Stahlwänden gesicherten Tresorraum.

Zuerst informierte mich meine Betreuerin Frau Wehr über die Schweigepflicht.

Dort werden die Bankunterlagen, so wie es vorgeschrieben ist, zehn Jahre lang aufgehoben.

Schließlich war Feierabend und ich war ziemlich fertig von dem anstrengenden Tag.

Nach der Pause erklärte mir Frau Wehr, wie man Zahlungsbelege und Schecks ausfüllt.

Wir gingen auch ins Archiv, das sich ebenfalls im Keller befindet.

Die Mittagspause verbrachte ich gemeinsam mit den Auszubildenden.

Danach führten sie mich durch die Räumlichkeiten der Filiale.

Dann durfte ich noch die „Girobox“ mit den Überweisungen ausleeren.

In diesem Kapitel lernst du, …

- *dich mit deinen eigenen Erwartungen an das Betriebspraktikum auseinanderzusetzen.*
- *Informationen rund um Beruf und Praktikumsbetrieb zu recherchieren und diese in einem Praktikumsbericht zu verarbeiten.*
- *wie man die einzelnen Arbeitstage und ausgeführten Tätigkeiten in Form von Tagesprotokollen und -berichten dokumentiert.*
- *wie man seine Praktikumszeit bewertend reflektiert und diese festhält.*
- *ein Deckblatt und eine Gliederung zu erstellen und dabei auf formale und gestalterische Mittel zu achten.*
- *einen Arbeitsvorgang zu beschreiben.*
- *ein Interview zu führen und aufzuschreiben.*

Schreiben

Einen Praktikumsbericht schreiben

Erwartungen an das Praktikum

Tipp
Führe deinen Berufswahlordner aus dem 8. Schuljahr fort.

1 Lies die Erwartungen der Schülerin Julia an ihr Betriebspraktikum und gib sie mit eigenen Worten wieder.

① Erwartungen an das Betriebspraktikum

Im Betriebspraktikum möchte ich vor allem Erfahrungen sammeln, die mir bei meiner Berufswahl helfen. Denn eigentlich weiß ich noch nicht genau, was für mich richtig ist. Aber natürlich habe ich mir schon viele Gedanken gemacht und bin bei der Berufsberatung gewesen. Mein Berufsberater hat mir einen technischen Beruf empfohlen. Und weil ich auch gern zeichne, habe ich mich in dem Architekturbüro Runge & Kaufmann um einen Praktikumsplatz als Bauzeichnerin beworben.
Ich erwarte von meinem Praktikum, dass ich eine gute Vorstellung vom Arbeitsalltag in meinem Praktikumsbetrieb bekomme. Dort werden auf jeden Fall viele Dinge für mich neu sein. Ich möchte wissen, was Bauzeichner genau machen. Heute werden sicherlich viele Berechnungen am Computer durchgeführt. Deshalb interessiert es mich besonders, ob Bauzeichnungen überhaupt noch per Hand gezeichnet werden oder ob alles am PC konstruiert wird. Außerdem würde ich gern auf einer Baustelle sehen, wie Handwerker, Architekten und Bauzeichner zusammenarbeiten.
Wichtig für mich persönlich ist, dass ich gut mit den Mitarbeitern zurechtkomme und mich in der neuen Umgebung wohlfühle. Alles in allem wird mir das Betriebspraktikum hoffentlich einen aufschlussreichen Einblick in die Berufspraxis von Bauzeichnern ermöglichen.

2 Begründet, warum es sinnvoll ist, sich im ersten Abschnitt eines Praktikumsberichtes mit „Erwartungen an das Praktikum" zu beschäftigen.

3 Beantworte folgende Fragen.
- Warum hat sich Julia für diesen Praktikumsplatz entschieden?
- Welche Einblicke erhofft sie sich während des Praktikums?
- Welche Erfahrung ist ihr vor allem wichtig?

Folie

4 Unterstreicht im Text Formulierungshilfen für einen eigenen Praktikumsbericht. Einige Angaben wurden bereits unterstrichen.

WWW
Du findest ein Textgerüst im Internetportal.

5 Nutze die Formulierungshilfen und schreibe deine eigenen Erwartungen an dein Praktikum auf.

Aus linearen Texten Informationen entnehmen, die Intention eines Textes erkennen und bewerten, Textinformationen in das vorhandene Alltagswissen einordnen

Einen Praktikumsbericht schreiben

Informationen zu Beruf und Praktikumsbetrieb sammeln

Nun informiert sich Julia über das Berufsfeld Bauzeichner/in. Dazu nutzt sie das Internet.

1 Lies den folgenden Text und erläutere ...
- die Aufgaben und Tätigkeiten von Bauzeichnern und Bauzeichnerinnen.
- den Begriff „duale Berufsausbildung“.

2 Informationen zum Berufsfeld

2.1 Zuordnung zu Berufsfeldern

Der Beruf Bauzeichner/in gehört zu den Berufen rund um Architektur und Bautechnik, rund um Konstruktion und technisches Zeichnen und zum Bereich MINT (Mathematik, Informatik, Naturwissenschaften, Technik).

2.2 Berufstyp

Der Beruf Bauzeichner/in ist seit 2002 ein anerkannter Ausbildungsberuf. Die duale Berufsausbildung findet also im Ausbildungsbetrieb und in der Berufsschule statt.

2.3 Tätigkeiten und Aufgaben

Bauzeichner/innen erstellen vor allem Baupläne für Häuser, Brücken, Straßen oder andere Bauwerke. Nach den Vorgaben von Architekten oder Bauingenieuren fertigen sie Konstruktionszeichnungen und bautechnische Unterlagen an. Dabei müssen sie technische Vorschriften einhalten und weitere Regelungen und Gesetze beachten. Die meisten Pläne werden am Computer mit CAD-Programmen erstellt. Außerdem ermitteln sie z. B. den Bedarf an Baustoffen, erstellen Stücklisten und fertigen Aufmaße. Meistens arbeiten sie im Büro am PC. Eher selten sind sie auf Baustellen, um z. B. den Fortschritt eines Bauprojektes zu überwachen. *(Text verändert)*

2 Der Text ist im zweiten und dritten Abschnitt des Praktikumsberichtes sachlich informierend und unpersönlich formuliert. Belegt diese Aussage.

3 Unterstreicht im dritten Abschnitt Fachwörter für Dinge, die Bauzeichner herstellen, und Verben, die beschreiben, was Bauzeichner machen. Folie

4 Unterstreicht im Text Wörter, die dazu dienen, etwas unbestimmt oder eingeschränkt auszudrücken. Beispiel: *vor allem (also: nicht nur) ...* Folie

5 Informiere dich über das Berufsfeld, welches dich interessiert, im Internet oder im Berufsbildungszentrum und notiere dir Stichwörter zu den einzelnen Unterpunkten.

Tipp
Hier kannst du suchen: https://berufenet.arbeitsagentur.de oder http://planet-beruf.de.

Aus linearen Texten Informationen entnehmen, die Intention eines Textes erkennen und bewerten, Textinformationen in das vorhandene Alltagswissen einordnen

Schreiben

Julia findet im Internet weitere Sachinformationen rund um den Beruf und die Ausbildung zur Bauzeichnerin.

6 Lies die Informationen.

Bauzeichner, Bauzeichnerin/kein bestimmter Abschluss/überwiegend Auszubildende mit mittlerem Bildungsabschluss

Sorgfalt, räumliches Vorstellungsvermögen und Teamfähigkeit/gute mathematische und physikalische/technisches/der Datenverarbeitung/das rechnergestützte Zeichnen

der öffentliche Dienst, Architektur- und Ingenieurbüros oder Hoch- und Tiefbauunternehmen Büroräumen, aber manchmal auch auf Baustellen

3 Ausbildung

3.1 Voraussetzungen und Fähigkeiten

Für die Ausbildung zum/zur ... ist ... vorgeschrieben. In der Praxis stellen Betriebe aber ... ein. Um die Ausbildung erfolgreich zu bewältigen, sollte man über folgende Fähigkeiten verfügen: ...
Wichtig sind ... Kenntnisse sowie ... Verständnis. Vorkenntnisse in ... sind für ... hilfreich.

3.2 Ausbildungsplätze

Viele Ausbildungsplätze bieten ... Meistens arbeitet man in ...

3.3 Ausbildungsinhalte

Die Auszubildenden lernen im Betrieb beispielsweise im 1. und 2. Ausbildungsjahr:
- wie Zeichnungen rechnergestützt erstellt und verwaltet werden.
- ... ? ...

In der Berufsschule wird unter anderem vermittelt:
- ... ? ...

Vor Ende des 2. Ausbildungsjahres legt jede/r Auszubildende eine Zwischenprüfung ab.

Im 3. Ausbildungsjahr spezialisiert man sich auf einen Schwerpunkt: Architektur, Ingenieurbau oder Tief-, Straßen- und Landschaftsbau. Der theoretische Unterricht findet in der Berufsschule statt.
Man lernt dort auch, welche Rechte und Pflichten aus dem Ausbildungsvertrag entstehen, wie die Ausbildungsbetriebe organisiert sind, wie man Vorschriften zum Umwelt- und Arbeitsschutz und zur Unfallverhütung einhält. *(Text verändert)*

7 Schreibe die Punkte 3.1 und 3.2 mithilfe der Informationen im weißen Kasten vollständig auf.

8 Recherchiere im Internet (z. B. unter https://berufenet.arbeitsagentur.de) nach aktuellen Informationen zu „3.3 Ausbildungsinhalte" und notiere diese.

9 Informiere dich über die Ausbildung deines Wunschberufes im Internet, im Berufsbildungszentrum oder in Berufsbroschüren. Notiere dir Stichwörter zu den einzelnen Unterpunkten.

Folie

10 Geht die Texte „2. Informationen zum Berufsfeld" und „3. Ausbildung" im Hinblick auf Formulierungshilfen für den eigenen Praktikumsbericht durch und unterstreicht diese.

Im vierten Abschnitt sammelt Julia Informationen zu ihrem Praktikumsbetrieb. Diese Informationen erhält sie allerdings erst während ihres Praktikums.

11 Lies den Informationstext.

4 Informationen zum Praktikumsbetrieb

4.1 Überschrift?

Das Architekturbüro Runge & Kaufmann ist eine GmbH. Der verantwortliche Geschäftsführer ist der Diplom-Ingenieur Olaf K., er ist der Vorgesetzte von drei Angestellten – einem Architekten, zwei Bauzeichnern – und zwei Auszubildenden zu Bauzeichnerinnen im ersten und zweiten Lehrjahr.

4.2 Überschrift?

Gearbeitet wird in Projekten, die sich vom Auftrag des Kunden bis zum fertigen Bauobjekt erstrecken können. Als Erstes werden die Wünsche des Bauherrn ermittelt. Einige Kunden kommen schon mit speziellen Vorstellungen oder Skizzen, andere hingegen verlassen sich ganz auf den Architekten. Schon während des ersten Beratungsgespräches macht sich der Architekt Herr Lang ein Bild über Vorstellungen, Wünsche, aber auch über die Persönlichkeit des Auftraggebers. Schließlich soll für jeden das passende Haus gebaut werden. Dann erstellt er einen ersten Entwurf per Hand. Diese Skizze wird dem Auftraggeber vorgestellt. Am Entwurf werden so lange Veränderungen vorgenommen, bis der Kunde zufrieden ist. Die Skizze wird nun an einen der Bauzeichner weitergegeben, der sie mit Hilfe des CAD-Programms (Computer-Aided Design) im Maßstab 1:100 in den PC überträgt. Es müssen Grundrisse, Schnitte, Ansichten und ein Entwässerungsplan erstellt werden. Natürlich werden auch viele Berechnungen zur Wohnfläche (m^2) und zum umbauten Raum (m^3) durchgeführt. Nur so können die ungefähren Baukosten pro m^2 geschätzt werden. Genauere Baukosten werden von Baufirmen als LV (Leistungsverzeichnis) ermittelt. Zum Kostenvergleich werden für ein Bauvorhaben Angebote von ca. fünf verschiedenen Baufirmen eingeholt. Nun kommen die Baupläne zum Statiker, parallel hierzu wird der Bauantrag gestellt.

4.3 Überschrift?

Das große Architekturbüro ist hell und freundlich eingerichtet: Alle Mitarbeiter können sich von ihrem jeweiligen Arbeitsplatz aus gegenseitig sehen. Es gibt Grünpflanzen und sogar einen plätschernden Wasserfall. So entsteht im gesamten Raum eine angenehme, ausgeglichene Atmosphäre. Außerdem gibt es noch ein kleineres Besprechungszimmer, in dem Beratungsgespräche mit Kunden und Präsentationen stattfinden.

4.4 Überschrift?

Das Betriebsklima habe ich als sehr angenehm empfunden: ausgesprochen locker und trotzdem sehr diszipliniert. Untereinander duzen sich alle: Chef, Angestellte, Auszubildende und Praktikanten. Bei Problemen während der Arbeit helfen sich die Angestellten gegenseitig. Stressig wird es nur manchmal, wenn Abgabetermine eingehalten werden müssen.

12 Tauscht euch darüber aus, welche Informationen ihr über den Praktikumsbetrieb Runge & Kaufmann erhalten habt.

Aus linearen Texten Informationen entnehmen, die Intention eines Textes erkennen und bewerten

Schreiben

13 Finde passende Überschriften für die Punkte 4.1 bis 4.4.

a) Ordne den Unterpunkten folgende Überschriften zu.
Arbeitsräume – Betriebsform und Mitarbeiter – Betriebsklima – Arbeitsabläufe und Arbeitsteilung

b) Notiere eigene Überschriften zu den Unterpunkten.

14 Auch der vierte Abschnitt ist überwiegend sachlich und unpersönlich formuliert. Aber es gibt einige persönliche und wertende Anmerkungen. Nennt solche Textstellen.

15 Seht euch auf den Seiten 34 bis 37 die Überschriften und die Nummerierung der Abschnitte an. Beschreibt, wie der Praktikumsbericht gegliedert ist und wie das im Schriftbild deutlich gemacht wird.

Einen Praktikumsbericht schreiben

Tagesprotokolle und Tagesberichte schreiben

Julia muss jeden Praktikumstag in einem kurzen Tagesprotokoll genau dokumentieren.

5 Tagesprotokolle

Mittwoch, 28. März	
Uhrzeit	**Ausgeführte Tätigkeiten**
8:00	Arbeit am großen Zeichenbrett vorbereitet: • meine angefangene Bauzeichnung des Einfamilienhauses vom Vortag befestigt • verschiedene Tintenstifte und Schablonen bereitgelegt • Innen- und Außenansicht gezeichnet
9:30	am Computer gearbeitet: • Zeichnung des Einfamilienhauses mit dem Programm „Sketchup" • dreidimensionales Modell des Einfamilienhauses fertig gestellt
12:30	Mittagspause mit anderen Mitarbeitern in der Teeküche
13:00	am Computer gearbeitet: • dreidimensionales Modell mithilfe von Herrn Lang überarbeitet
14:30	Teilnahme an einem Beratungsgespräch mit einem Bauherrn
16:00	Arbeitsplatz aufgeräumt, Feierabend

→ S. 238 – 239
Verben und Nomen in Texten

1 Tauscht euch über den Ablauf des Tages aus.
- Welche Tätigkeiten übt Julia aus?
- Welche Werkzeuge und Geräte benutzt sie?
- Welche Erklärungen und Erläuterungen gibt Julia an?

2 Beschreibt euch gegenseitig, wie das Tagesprotokoll aufgebaut und formuliert ist.
Nutzt zur Beschreibung folgende Wörter:
Tabelle, Spalten, Zeilen, Fettdruck, Überschriften, Wochentag, Datum, Uhrzeit, linksbündig, zentriert, Aufzählungszeichen/Spiegelstriche, stichwortartig, Partizipien, Doppelpunkte, Kommas

3 Julia muss einen Tagesbericht in vollständigen Sätzen ausformulieren.

a) Schreibe diesen Tagesbericht. Du kannst den folgenden Anfang übernehmen:
Mittwoch, 28. März
Gleich um 8.00 Uhr morgens befestigte ich meine Zeichnung des Einfamilienhauses auf dem Zeichenbrett. Anschließend …

b) Schreibe Julias ausführlichen Tagesbericht. Beachte die Tipps in der Randspalte.

Tipp
Achte auf:
- *verständliche Darstellung*
- *richtige Reihenfolge*
- *Sachlichkeit*
- *abwechslungsreiche Satzanfänge*

4 Vergleicht das tabellarische Protokoll mit euren ausformulierten Berichten und beschreibt die Vor- und Nachteile der beiden Darstellungsformen.

Aus nichtlinearen Texten Informationen entnehmen, diese ordnen, prüfen und darstellen, einen Praktikumsbericht schreiben: Tagesprotokolle und Tagesberichte

Schreiben

5 Lies den Bericht über Julias ersten Praktikumstag.

Montag, 26. März, mein erster Praktikumstag

Als ich Punkt 9.00 Uhr bei dem Architekturbüro Runge & Kaufmann ankam, begrüßte mich zuerst Beate B., die Auszubildende aus dem zweiten Lehrjahr. Wir gingen dann in die Teeküche, wo ich die anderen Mitarbeiter kennen gelernt habe. Eine Viertelstunde später setzte sich mein Betreuer, der Architekt Thomas Lang, mit mir zusammen und ich konnte Fragen zum Praktikum und zur Firma stellen. Er erklärte mir, was das Architekturbüro Runge & Kaufmann genau macht, nämlich dass in Projekten gearbeitet wird, die sich vom Auftrag des Kunden bis zum fertigen Bauobjekt erstrecken können. Einige Kunden kommen schon mit eigenen Vorstellungen oder Skizzen, andere hingegen verlassen sich ganz auf den Architekten.

Gegen 10.00 Uhr bekam ich meine erste Aufgabe. Im Büro zeigte mir Herr Lang, wie man einen ersten Entwurf für ein Einfamilienhaus per Hand erstellt. Dann durfte ich nach vorgegebenen Wünschen und Vorstellungen eines Kunden meine erste Entwurfsskizze zeichnen. Ich musste mich sehr konzentrieren und aufpassen, dass ich alle Vorgaben berücksichtigte. Auch bereitete mir das maßstabsgetreue Zeichnen der Ansichten des Hauses Schwierigkeiten.

Ab 12.00 Uhr frankierte ich Geschäftsbriefe und um 12.30 Uhr war eine halbe Stunde Mittagspause. Danach fuhr Herr Lang mit mir auf eine Baustelle zu einem Rohbau. Dort zeigte er mir, dass die Decken mit Stahlträgern und -platten verarbeitet sind, die mit Beton ausgegossen wurden.

Um 15.15 Uhr waren wir zurück im Büro. Herr Lang erklärte mir, dass er zu jedem Projekt ein Bautagebuch führt, indem er alle Schritte - auch mit Fotos - von Anfang an dokumentiert. Er zeigte mir seine bisherigen Aufzeichnungen (Baupläne, Kostenrechnungen, Arbeitsschritte und Zeitpläne der Handwerker, …) und Fotos zu dem Rohbau.

Anschließend versuchte ich, zu dem Rohbau am Computer im Architektenprogramm „Vektorworks" den vorliegenden Plan abzuzeichnen. Um 17.00 Uhr hatte ich dann Feierabend.

Folie

6 Tauscht euch über den ersten Praktikumstag von Julia aus.
Markiert

- Informationen über Firma, Aufgaben und Tätigkeiten.
- typische Fachwörter.
- Wörter und Wendungen, die den zeitlichen Ablauf verdeutlichen.

7 Schreibe nun den Bericht in ein tabellarisches Tagesprotokoll um.

Montag, 26. März		
Uhrzeit	Raum	Tätigkeit
9:00	Teeküche	Ankunft in der Firma: Begrüßung; Kennenlernen meines Betreuers Thomas Lang, Informationen über den Betrieb erhalten
10:00	Büro	…

Aus linearen Texten Informationen entnehmen, diese ordnen, prüfen und darstellen, einen Praktikumsbericht schreiben: Tagesprotokoll

Einen Praktikumsbericht schreiben

Einen Arbeitsvorgang beschreiben

Zu einem Praktikumsbericht können auch genaue Beschreibungen von typischen oder besonders interessanten Arbeitsvorgängen gehören.

1 Tauscht euch darüber aus, welche Informationen ihr den Bildern entnehmen könnt.

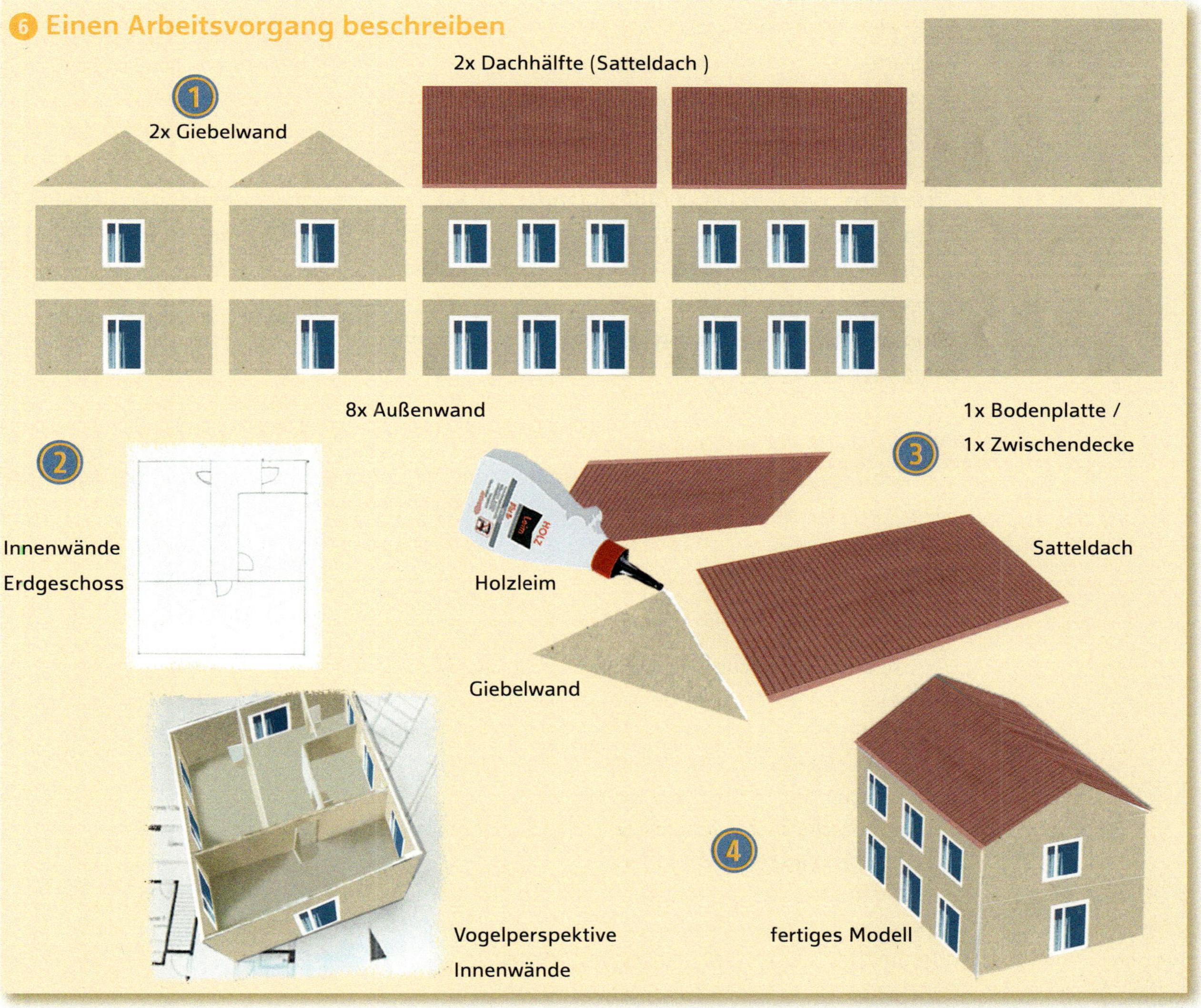

2 Erklärt euch mithilfe der Fachwörter die Arbeitsschritte beim Modellbau eines Einfamilienhauses.

3 Begründet, ob die Bilder geholfen haben, den Arbeitsvorgang und die Fachwörter besser zu verstehen.

Aus nichtlinearen Texten Informationen entnehmen, einen Praktikumsbericht schreiben: Arbeitsvorgang beschreiben

Schreiben

4 Beschreibe den Arbeitsvorgang „Modellbau eines Einfamilienhauses“ in einem zusammenhängenden Text mit vollständigen Sätzen.

a) Nutze die folgenden Satzanfänge als Schreibgerüst und verwende die Informationen der vorangegangenen Seite.

Modellbau eines Einfamilienhauses

- *In Architekturbüros baut man Modelle nach entworfenen Plänen nach, um z. B. eine bessere Vorstellung eines Einfamilienhauses zu bekommen.*
- *Zum Bau des Einfamilienhauses braucht man folgendes Werkzeug: …*
- *An Material benötigt man …*
- *Zuerst zeichnet man die Außenwände, die Öffnungen für …*
- *Anschließend schneidet man die einzelnen Teile mit Lineal und …*
- *Ist dies erledigt, klebt man die vier Außenwände …*
- *Nun steht die Außenhülle …*
- *Danach zeichnet man …*
- *Als nächstes setzt man die Innenwände maßgerecht ein und …*
- *Den gesamten Vorgang …*
- *Daraufhin zeichnet man die Giebelwände auf und …*
- *Ebenso verfährt man mit den beiden Dachhälften. Diese malt man …*
- *Nun klebt man mit dem Holzleim …*
- *Dann setzt man …*
- *Zum Schluss …*

b) Formuliere die Vorgangsbeschreibung in einem zusammenhängenden Text und nutze die Informationen der vorigen Seite sowie den Merkkasten.

Arbeitsvorgänge beschreiben

Die Beschreibung soll über den Ablauf eines Arbeitsvorganges informieren.
Sie muss so formuliert sein, dass man sich die Tätigkeit gut vorstellen kann.
In den ersten Sätzen sagt man, um welche **Tätigkeit** es geht und welche **Materialien**, **Werkzeuge**, **Geräte** und **Maschinen** man benötigt.
Dann wird der Ablauf **schrittweise** beschrieben und erklärt.
Dabei verwendet man **Fachwörter** und bezeichnet Dinge und Vorgänge **genau**: *Satteldach, maßgerecht einsetzen …*
Die **zeitliche Abfolge** wird durch Wörter deutlich gemacht wie: *zuerst, zunächst, nun, jetzt, dann, danach, schließlich, zuletzt, zum Schluss, anschließend …*
Vorgangsbeschreibungen stehen im **Präsens**.
Die Arbeitsschritte beschreibt man **unpersönlich**

- in der man-Form: *man zeichnet die Außenwände auf;*
- in der Passivform: *die Außenwände werden aufgezeichnet.*

Wenn man **etwas erklären** möchte, kann man folgendermaßen formulieren:

- In der 3. Person: Ein Computer zeigt an …
- In der Infinitivform: *Um eine bessere Vorstellung zu bekommen …*
- Man fügt die Erklärung kurz als Satzglied ein: *Innenwände maßgerecht einsetzen.*

Einen Praktikumsbericht schreiben

Ein Interview führen und aufschreiben

Julia führt mit ihrem Betreuer Herrn Lang ein Interview, um ihrem Praktikumsbericht eine persönliche Note zu geben.

→ S. 185 – 188
Fragetechniken und Antwortstrategien in Interviews untersuchen

1 Lies das Interview.

7 Interview mit Architekt Thomas Lang

Herr Lang, wie sind Sie auf die Idee gekommen, Architekt zu werden?
Bereits in der Schule interessierte ich mich sehr für die Fächer Kunst und Sprachen. Als ich damals mit 16 Jahren eine Lehrstelle als Bauzeichner angeboten bekam, nahm ich dieses Angebot an. Im Anschluss an meine Ausbildung bildete ich mich zum staatlich geprüften Bautechniker weiter. Ich arbeitete einige Jahre in diesem Beruf und entschloss mich dann zu einem Architektur-Studium an der Hochschule Karlsruhe.
Haben Sie Ihre Berufswahl jemals bereut?
Nein. Es war zwar ein langer und zum Teil auch steiniger Weg, aber es hat sich gelohnt.
Was gefällt Ihnen an Ihrem Beruf besonders?
Er ist sehr abwechslungsreich. Jede Baustelle hat ihre Eigenheiten und verlangt Organisation, Koordination mit Handwerkern und viel Kommunikation mit Bauherren und Handwerkern.
Welche Eigenschaften helfen Ihnen im Berufsalltag besonders?
Kreativ sein und eine flexible Vorstellungskraft haben, vorausschauend denken können natürlich – aber auch, dass ich gut mit Menschen umgehen kann. Denn die Bauherren erwarten, dass ich auf ihre Wünsche eingehen und sie auch sinnvoll beraten kann.
Was hat Ihnen die Schule für Ihr Berufsleben vermittelt?
Die Schule hat mir wichtige Grundkenntnisse in den Fächern Mathematik, Deutsch und Kunst vermittelt. Gerade im Fach Deutsch habe ich einen sehr offenen und freundlichen Kommunikationsstil erfahren und auch gelernt, mich schriftlich gut auszudrücken. Dies kommt mir heute noch im Umgang mit Mitarbeitern und Bauherren zugute.
Bilden Sie in Ihrem Architekturbüro auch aus?
Ja.
Bitte sagen Sie mir doch Genaueres dazu.
Zurzeit haben wir zwei Auszubildende zu Bauzeichnerinnen.
Welche Fähigkeiten sollte man heute für die Ausbildung zur Bauzeichnerin/zum Bauzeichner mitbringen?
Grundsätzlich sollte man aufmerksam und aufgeschlossen sein, da man Entwürfe des Architekten in bautechnische Zeichnungen umsetzt. Dabei müssen viele Informationen erfasst werden. Auch sollte man ein räumliches Vorstellungsvermögen besitzen und technisches Verständnis mitbringen.
Wie sehen die Arbeitsbedingungen aus?
Bauzeichner/innen arbeiten die meiste Zeit sitzend im Büro am Computer. Manchmal begleiten sie den Architekten mit auf eine Baustelle, um Vermessungen vorzunehmen.
Vielen Dank, Herr Lang, dass Sie sich Zeit für ein Gespräch genommen haben.

Schreiben

2 Tauscht euch darüber aus, was ihr über den Architekten persönlich erfahren habt.

3 Markiere im Interview die Informationen, die du über den Beruf und die Ausbildung erfahren hast.

Folie

4 Untersucht die Fragen im Interview.
- Markiert Beispiele für offene Fragen und Entscheidungsfragen.
- Untersucht, wo bei den Fragen eine Aufforderung nachgeschoben wird. Begründet.
- Schreibt auf, was ihr den Architekten noch gefragt hättet.

WWW
Ihr könnt euch das Interview auch im Internetportal anhören.

5 Formuliere für ein mögliches Interview eigene Fragen für deinen Praktikumsbericht.
- Führe das Interview mit deiner Betreuerin/deinem Betreuer während des Praktikums. Bitte rechtzeitig um ein Gespräch.
- Schreibe das Interview auf. Beachte die Checkliste.

CHECKLISTE

Ein Interview führen

Wenn du ein Interview für deinen Praktikumsbericht führen willst:

- ✔ Frage im Praktikumsbetrieb um Erlaubnis, ob du jemanden interviewen darfst.
- ✔ Bitte eine Person um ein Interview, von der du dir interessante Auskünfte versprichst. Wenn sie einverstanden ist, verabrede einen Termin.
- ✔ Schreibe dir die Fragen, die du stellen willst, vorher auf. Formuliere möglichst offene Fragen, die man nicht nur mit Ja oder Nein beantworten kann.
- ✔ „Klebe" während des Interviews nicht an deinem Zettel, sondern gehe flexibel auf dein Gegenüber ein.
- ✔ Frage nach, wenn du etwas nicht genau verstanden hast oder etwas genauer wissen möchtest: *Augenblick mal bitte ... Könnten Sie das noch einmal wiederholen/genauer erklären ...*
- ✔ Nimm das Interview auf, z. B. mit dem Handy. So geht dir nichts verloren, und du kannst dir den genauen Wortlaut mehrfach anhören. Meistens kannst du jedoch die mündliche Rede nicht einfach übernehmen. Mach dir zunächst Stichwörter und filtere die interessanten Aussagen heraus. Schreibe dann das Interview in Schriftsprache auf.
- ✔ Lass das fertige Interview autorisieren. Das heißt, gib den Text deinem/r Interviewpartner/in zu lesen und frage, ob er/sie damit einverstanden ist.

Einen Praktikumsbericht schreiben

Das Praktikum reflektieren

1 Julia sollte zum Schluss des Praktikumsberichtes über ihre gewonnenen Eindrücke und Erfahrungen reflektieren. Lies ihre Reflexion.

8 Reflexion

Im Praktikum konnte ich viele Erfahrungen sammeln. Am Anfang fand ich den achtstündigen Arbeitstag sehr anstrengend. Vor allem das lange Arbeiten im Sitzen war sehr ungewohnt und hat mich gestört. Auch das präzise Zeichnen war zunächst schwieriger, als ich gedacht hatte. Aber als ich dann kleine Zeichenerfolge erkennen konnte, war ich sogar etwas stolz auf meine Zeichnungen.

Einmal durfte ich sogar mit dem Architekten eine Baustelle besuchen. Das war eine interessante Abwechslung für mich. Allerdings – so wurde mir erklärt – nehmen die Besuche auf Baustellen immer mehr ab und stattdessen nimmt die Büroarbeit zu.

Ich habe mich in meinem Praktikumsbetrieb wohlgefühlt. Alle Mitarbeiter waren sehr freundlich und hilfsbereit. Besonders mein Betreuer hat mir vieles erklärt und gezeigt, sodass ich mich rundum gut betreut fühlte. Meine Fragen sowohl im Büro als auch auf der Baustelle wurden gut und ausführlich beantwortet.

Im Großen und Ganzen haben sich meine Erwartungen an das Praktikum erfüllt. Jetzt kann ich mir genau vorstellen, wie die Arbeitstage von Bauzeichnern ablaufen. Und ich habe auch viel über mich selbst gelernt. Es war eine wichtige Erfahrung für mich, dass ich gut mit der neuen Situation zurechtgekommen bin. Das hat mir Selbstvertrauen gegeben.

Ob für mich aber eine Ausbildung zur Bauzeichnerin infrage kommt, kann ich momentan noch nicht entscheiden. Einerseits hat mir die Arbeit am Zeichenbrett und am PC durchaus Freude gemacht, andererseits hat es mir aber an Bewegung und Kontakt zu Menschen gefehlt. Deshalb werde ich mich weiter informieren, um einen technischen Beruf zu finden, bei dem ich mehr mit praktischen Arbeitsabläufen und Menschen zu tun habe.

2 Benennt Eindrücke und Erfahrungen, die in der Reflexion wiedergegeben werden.

3 Finde zu jedem Absatz eine Zwischenüberschrift und gib dabei wieder, worum es in dem Absatz geht.
Beispiel: *Absatz 1 (Zeile 1–5): Schwierigkeiten und Erfolgserlebnisse*

4 Markiert Formulierungen, mit denen Julia ... Folie
- etwas positiv bewertet.
- etwas eher negativ bewertet.
- Erfahrungen gegeneinander abwägt.
- eine persönliche Schlussfolgerung zieht.

Methoden der Texterschließung anwenden: markieren, Verständnisfragen formulieren, einen Praktikumsbericht schreiben: Reflexion

Schreiben

Einen Praktikumsbericht schreiben

Deckblatt, Gliederung und Erklärung erstellen

Julias Praktikumsbericht soll auch auf den ersten Blick einen guten Eindruck machen. Das erreicht sie mit einem ansprechend gestalteten Deckblatt. Für mehr Übersichtlichkeit und eine schnellere Orientierung legt sie auch ein Inhaltsverzeichnis an.

1 Seht euch das Deckblatt an.
- Welche Informationen enthält es?
- Beschreibt, wie es gestaltet ist.
- Wie sind die Daten geordnet?
- Sprecht über eigene Gestaltungsideen.

2 Gestalte ein eigenes Deckblatt am PC für ein Praktikum nach deinen Vorstellungen.

www
Ihr findet das Deckblatt auch im Internetportal.

Längere Schriftdokumente haben oft eine numerische Gliederung, d. h., Ober- und Unterpunkte werden mit Zahlen gekennzeichnet und geordnet. Diese Zahlen tauchen sowohl in den Überschriften als auch im Inhaltsverzeichnis auf.

3 Schaut euch das numerisch gegliederte Inhaltsverzeichnis an und beschreibt seine Form mithilfe folgender Fachwörter: *Linksbündigkeit, Spalten, Leerzeile, Fettdruck, Schriftgröße, Schriftart*

Inhaltsverzeichnis

		Seite
1	Erwartungen an das Betriebspraktikum	?
2	Informationen zum Berufsfeld	?
2.1	Zuordnung zu Berufsfeldern	?
2.2	Berufstyp	?
2.3	Tätigkeiten und Aufgaben	?
3	Ausbildung	?
3.1	Voraussetzungen und Fähigkeiten	?
3.2	Ausbildungsplätze	?
3.3	...	...

Tipp
Nutze den Tabulator für einen gleichmäßigen Abstand.

4 Vervollständige Julias Inhaltsverzeichnis mithilfe der Seiten 34 bis 45 und schreibe es formgerecht am Computer auf.

Am Ende des Praktikumsberichtes muss Julia noch eine persönliche Erklärung abgeben.

5 Tauscht euch darüber aus, für wen die Erklärung bestimmt ist und warum sie wichtig ist.

9 Erklärung und Quellenangaben

Ich versichere, dass ich den Praktikumsbericht selbstständig und wahrheitsgemäß angefertigt habe. Für Informationen rund um den Beruf Bauzeichner/in habe ich folgende Internetquellen genutzt: ...

Freiburg,	15. April 20..	J. Mertens
Ort	Datum	Unterschrift

Wirkung von Gestaltungsmitteln (Layout, Überschriften, Bildunterschriften, Abbildungen) beschreiben, einen Praktikumsbericht schreiben: Deckblatt, Inhaltsverzeichnis, Erklärung

Checkliste

Einen Praktikumsbericht schreiben und überarbeiten

Ich habe ...

✔ ein ansprechendes Deckblatt gestaltet und mit den erforderlichen Angaben versehen.	• Name, Klasse, Schule, Ort • Art und Termin des Praktikums, evtl. Name des/der betreuenden Lehrers/Lehrerin • Adresse des Praktikumsbetriebs, evtl. Name der Betreuerin/des Betreuers • als Illustration beispielsweise das Firmenlogo einfügen oder Fotos vom Firmengebäude von typischen Produkten oder aus dem Praktikum
✔ ein übersichtliches Inhaltsverzeichnis angelegt.	• Kapitelüberschriften numerisch gliedern und mit Seitenangaben versehen • die Tabulatorfunktion (Tabstopps) für exakte Spalten nutzen
✔ meine persönlichen Erwartungen an das Praktikum aufgeschrieben.	• Ich freue mich auf das Praktikum, weil ... • Ich erhoffe mir, dass ... • Mich interessiert besonders ... • Am meisten gespannt bin ich ... • Etwas Kopfzerbrechen bereitet mir aber ... • Hoffentlich ... • Ich denke, das Praktikum wird ... • Auf jeden Fall möchte ich ...
✔ über den Beruf, das Berufsfeld, den Praktikumsbetrieb, seine Mitarbeiter, Aufgaben und Tätigkeiten informiert.	• Der Beruf ... wird dem Berufsfeld ... zugeordnet. • Die Ausbildung ... • Hauptaufgabe von ... ist ... • Typische Tätigkeiten sind ... • Voraussetzung für die Ausbildung sind... • Man sollte folgende Fähigkeiten mitbringen ... • Die Ausbildung dauert ... und findet ... statt. • Wichtige Inhalte sind ... • Mein Praktikumsbetrieb ist ... • Dort sind ... beschäftigt. • Vorgesetzter/Chef/Geschäftsführer ist ... • Die Firma beschäftigt sich vor allem mit ... • Ihre Auftraggeber/Kunden sind ... • Die Räumlichkeiten bestehen aus ... • Sie machen einen ... Eindruck, weil ... • Das Betriebsklima fand ich ..., denn ...

CHECKLISTE

✔ jeden Praktikumstag in täglichen Kurzprotokollen oder Tagesberichten dokumentiert.	• Angaben zu Tag, Datum, Arbeitszeit, Arbeitsplatz • Beschreibung der ausgeführten Tätigkeiten: Materialien, Werkzeuge, Maschinen • Unterstützung durch Mitarbeiter • besondere Anforderungen oder Belastungen
✔ persönliche Schlussüberlegungen formuliert und ein Fazit gezogen.	• In meinem Praktikum habe ich Einblicke in folgenden Beruf/folgende Berufe gewonnen ... • Meine Fragen wurden ausführlich/vollständig/teilweise beantwortet. • Gut/Weniger gut hat mir gefallen, ... • Gern hätte ich mehr erfahren über ... • Meine Erwartungen an das Praktikum wurden voll/zum Teil/kaum erfüllt, weil ... • Für mich selbst war wichtig zu erfahren, dass ich ... • Einerseits hat mir gefallen, dass ..., aber andererseits ... • Ich kann mir gut/nicht vorstellen, eine Ausbildung ... • Eine Alternative für mich wäre ... • Insgesamt fand ich das Praktikum ...
✔ auf eine saubere äußere Form, die sprachliche Richtigkeit und Verständlichkeit der Texte sowie Rechtschreibung und Zeichensetzung geachtet.	• gut lesbare Schriftarten auswählen, wie z. B. Arial, Palatino Linotype, Calibri oder Times New Roman • Schriftgröße 12 wählen • Texte einheitlich formatieren: kein überflüssiger „Schnickschnack“ • Blätter ordentlich in einer sauberen Mappe abheften, möglichst eine Klemmmappe verwenden • Texte in der Schreibkonferenz überprüfen (Schreibprogramme zeigen viele, aber nicht alle Fehler an!) • eine Person des Vertrauens Korrektur lesen lassen
✔ erklärt, dass ich den Bericht selbstständig verfasst und nur die angegebenen Quellen benutzt habe.	• Ort, Datum, Unterschrift • Quellenangabe korrekt angeben: z. B. Titel von Informationsbroschüren, Internetadressen • aber auch Internetquellen nicht vergessen, z. B. für heruntergeladene Abbildungen oder Textzitate die Internetadresse und das Datum des Downloads angeben

Einen Praktikumsbericht schreiben

Überprüfe dein Wissen und Können

1 Schreibe zu den einzelnen Bestandteilen eines Praktikumsberichtes stichwortartig auf, was du beachten sollst.

a) Erwartungen an das Betriebspraktikum
b) Informationen zum Berufsfeld
c) Informationen zur Ausbildung
d) Informationen zum Praktikumsbetrieb
e) Tagesberichte oder Tagesprotokolle
f) Einen Arbeitsvorgang beschreiben
g) Ein Interview führen
h) Reflexion
i) Deckblatt
j) Inhaltsverzeichnis
k) Erklärung und Quellen

2 Überarbeite die Sätze aus einem Tagesbericht und schreibe sie korrigiert auf.
- Setze in den Sätzen 1), 2), 3) passende Tempusformen ein.
- Forme die Sätze 4), 5), 6) ins Aktiv um: Handelnde Personen, also das Subjekt, sollen die beiden Auszubildenden Lukas und Anna sein.
- Korrigiere in den Sätzen 7), 8), 9) sieben Rechtschreibfehler.
- In den Sätzen 10), 11), 12) stört „Dann". Ersetze es durch passende Wörter.

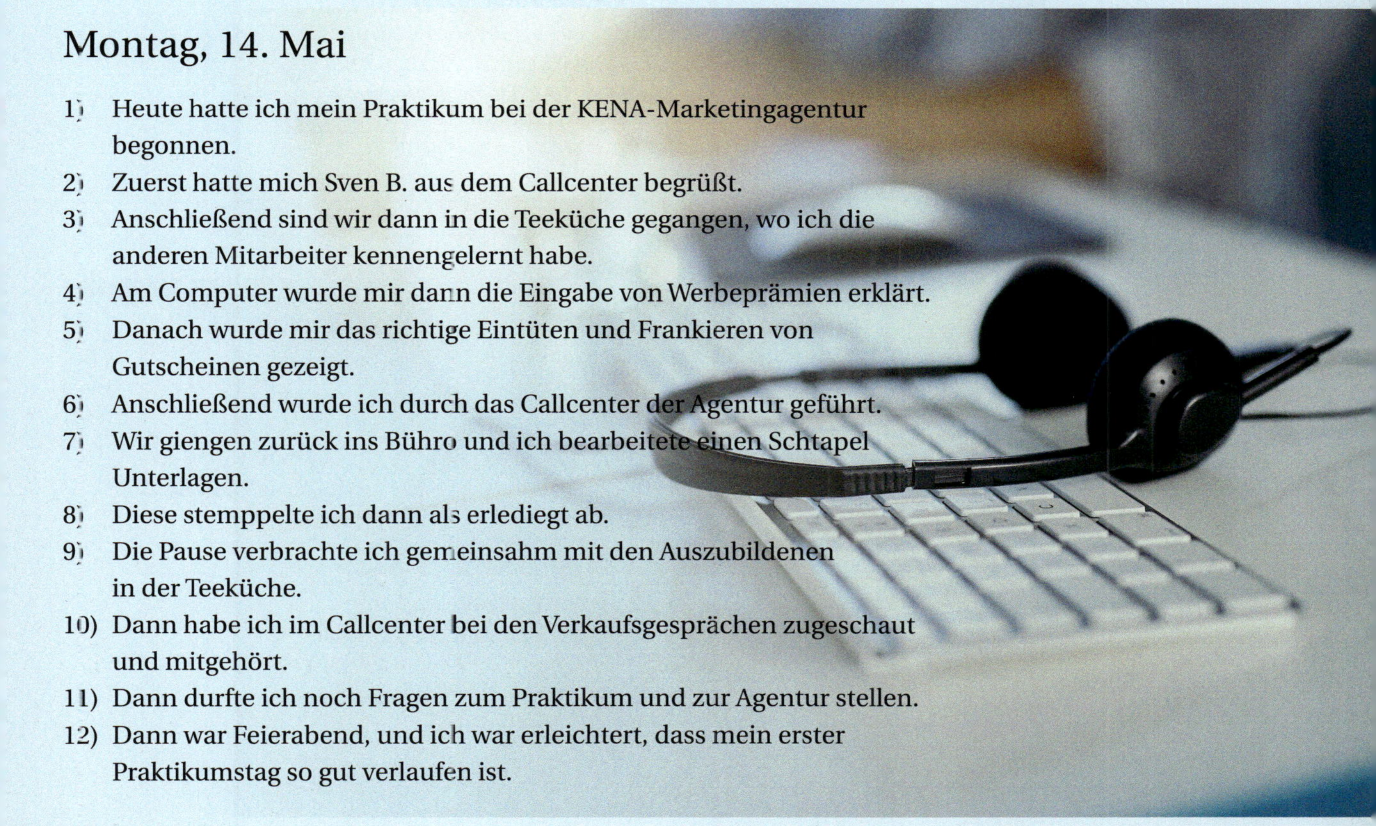

Montag, 14. Mai

1) Heute hatte ich mein Praktikum bei der KENA-Marketingagentur begonnen.
2) Zuerst hatte mich Sven B. aus dem Callcenter begrüßt.
3) Anschließend sind wir dann in die Teeküche gegangen, wo ich die anderen Mitarbeiter kennengelernt habe.
4) Am Computer wurde mir dann die Eingabe von Werbeprämien erklärt.
5) Danach wurde mir das richtige Eintüten und Frankieren von Gutscheinen gezeigt.
6) Anschließend wurde ich durch das Callcenter der Agentur geführt.
7) Wir giengen zurück ins Bühro und ich bearbeitete einen Schtapel Unterlagen.
8) Diese stemppelte ich dann als erlediegt ab.
9) Die Pause verbrachte ich gemeinsahm mit den Auszubildenen in der Teeküche.
10) Dann habe ich im Callcenter bei den Verkaufsgesprächen zugeschaut und mitgehört.
11) Dann durfte ich noch Fragen zum Praktikum und zur Agentur stellen.
12) Dann war Feierabend, und ich war erleichtert, dass mein erster Praktikumstag so gut verlaufen ist.

Schreiben

Bewerbung um eine Ausbildungsstelle

1 Betrachtet die Fotos.

- Lest die Gedanken der Schüler und diskutiert, ob euch die Begründung des Berufswunsches überzeugt.

*Ich würde gern
Torten und Gebäck professionell herstellen können.
Für die Dekoration einer tollen Torte braucht
man Fantasie und Fingerspitzengefühl.*
Aylin

*Als Schornsteinfeger
kann ich etwas für den Brandschutz
und für die Umwelt tun. Außerdem mag ich
es, „anderen aufs Dach zu steigen“.*
Jannik

*Bloß kein Bürojob.
Das ist nichts für mich. Mein Lieblingsfach
war immer schon Technik. Besonders mag ich
den Umgang mit Metall und Maschinen.*
Mia

*Von klein auf
zog es mich in große Höhen.
Auch wollte ich immer im Freien arbeiten und Holz
als Werkstoff hat mich schon immer fasziniert.*
Alexander

Ich möchte vor allem im Service arbeiten. Durch den Kontakt zu immer neuen Gästen wird es bestimmt nie langweilig.
Laura

- Ordnet die folgenden Berufsbezeichnungen den Fotos zu.

Konditor/in – Industriemechaniker/in – Dachdecker/in – Restaurantfachmann/frau – Schornsteinfeger/in

- Könnt ihr euch vorstellen, in einem dieser Berufe eine Ausbildung zu machen?

2 Ordnet die folgenden Aussagen den genannten Berufen zu. Manche Aussagen können auf mehrere Berufe zutreffen.

a) Auf jeden Fall braucht man viel handwerkliches Geschick.
b) Man arbeitet, wenn die anderen schon lange Feierabend haben.
c) Besonders wichtig ist, immer höflich und freundlich zu bleiben.
d) Man muss großen Wert auf eine gepflegte äußere Erscheinung legen.
e) Meistens arbeitet man im Team.
f) Durch die ständig wechselnden Arbeitsstellen ist man viel unterwegs.
g) Für jemanden, der einen großen Bewegungsdrang hat, ist dieser Beruf nicht geeignet.
h) Gefragt sind Fantasie, Kreativität und neue Ideen.
i) Technisches Verständnis ist ein absolutes Muss.

3 Stelle dar, wie deine Gedanken, Wünsche und Vorstellungen zu deinem eigenen Berufswunsch aussehen.
- Nutze auch das Internet.
- Gestalte ein Plakat zu deinen Gedanken, Wünschen und Vorstellungen rund um deinen Berufswunsch. Du kannst dazu schreiben, zeichnen und Bilder ausdrucken.

Tipp
Gestaltet eine Informationswand zum Thema „Berufswünsche" mit Informationen über eure Wunschberufe.

In diesem Kapitel lernst du (,) ...
- *deine eigenen Stärken einzuschätzen.*
- *ein eigenes Anschreiben zu verfassen.*
- *einen Lebenslauf zu überprüfen und einen eigenen zu erstellen.*
- *die Vorgehensweise bei Online-Bewerbungen kennen.*
- *den Aufbau und Inhalt einer Bewerbung per E-Mail kennen.*
- *ein Vorstellungsgespräch zu analysieren und in einem Rollenspiel zu erproben.*

Schreiben

Bewerbung um eine Ausbildungsstelle

Schlüsselqualifikationen definieren – sich selbst einschätzen

Beim Eintritt in das Berufsleben werden von euch bestimmte Fähigkeiten gefordert. Je nach Berufswunsch gehören zum Beispiel Kenntnisse in Deutsch, Fremdsprachen, Mathematik, Naturwissenschaften und Technik dazu. Darüber hinaus erwarten die Betriebe aber auch noch weitere Fähigkeiten, die sogenannten Schlüsselqualifikationen.

1 Schreibt auf, welche Anforderungen ihr hinter den einzelnen Schlüsselqualifikationen vermutet.

Teamfähigkeit *Belastbarkeit* *Kommunikationsfähigkeit* *Allgemeinbildung* *Leistungsbereitschaft* *Mobilität* *Kritikfähigkeit* *Zuverlässigkeit*

2 Tauscht euch über eure Gedanken aus und überlegt, warum diese Fähigkeiten so wichtig sind.

3 Lest die Aussagen. Begründet, welche Schlüsselqualifikationen bei der Bewältigung dieses Berufsalltages besonders wichtig sind.

Ich wasche, schneide, färbe, drehe Locken ein. Alles im Stehen. Das ist körperlich sehr anstrengend. Natürlich gehe ich auf die Wünsche der Kunden ein und berate sie. Oft unterhalte ich mich mit ihnen, während ich gleichzeitig arbeiten muss. Für eine perfekte Frisur braucht man viel Fingerspitzengefühl, Geschmack und Vorstellungsvermögen. Schließlich geht es um die Köpfe meiner Kunden.

In modernen Autos steckt viel Elektronik. Da muss ich mich ständig weiterbilden. Man darf auch keine Scheu haben, sich die Finger schmutzig zu machen. Im Team arbeiten wir Hand in Hand, häufig auch unter Zeitdruck. Trotzdem müssen wir zuverlässig und genau arbeiten. Denn das Wichtigste ist, dass der Kunde ein sicheres Auto bekommt. Dafür ist das Team verantwortlich.

S. 316 *Infinitiv*

4 Ordnet die folgenden Erklärungen den Schlüsselqualifikationen zu und schreibt die Begriffe und ihre passenden Erklärungen in der Infinitivform auf.
Beispiel: ***Belastbarkeit:*** *Nicht den Überblick verlieren, unter Zeitdruck gut arbeiten …*

A Du verlierst nicht den Überblick, wenn viele Aufgaben auf einmal anstehen. Auch unter Zeitdruck kannst du deine Aufgaben organisiert erledigen.

B Du kannst dich gut in eine Gruppe einfügen. Zusammen mit anderen arbeitest du sorgfältig und verantwortungsbewusst.

linearen und nichtlinearen Texten zielgerichtet Informationen entnehmen, ordnen, prüfen und strukturiert wiedergeben

C Du kannst Kontakt zu anderen herstellen, mit ihnen ins Gespräch kommen. Du triffst den richtigen Umgangston mit Kollegen, dem Chef und Kunden.

D Du bist gut informiert. Weil du täglich Nachrichten hörst und Zeitung liest, kannst du bei vielen Dingen mitreden.

E Du kannst auf Kritik an deinem Verhalten oder deiner Arbeit sachlich reagieren, gegebenenfalls aber auch berechtigte Beschwerden höflich äußern.

F Auf dich kann man sich verlassen. Verantwortungsbewusst erledigst du deine Aufgaben pünktlich und gewissenhaft.

G Für deinen Arbeitsplatz bist du bereit, täglich größere Strecken zu pendeln oder sogar in einen anderen Ort umzuziehen.

H Du bist motiviert, mehr zu leisten als üblich, denn du hast Freude an der Arbeit und willst gern etwas dazulernen.

Schlüsselqualifikationen	So sehe ich mich	So sehen mich andere	Übereinstimmungen
Fitness			
sprachliche Sicherheit			
Mathematik-Kenntnisse			
technisches Verständnis			
Kommunikationsfähigkeit			
Zuverlässigkeit			
Lern- und Leistungsbereitschaft			
Belastbarkeit			
Fingerfertigkeit, Geschicklichkeit			
Allgemeinbildung			
Teamfähigkeit			
...?			

5 Schreibe die Liste mit den Schlüsselqualifikationen untereinander auf und ergänze sie gegebenenfalls.
A = super, B = in Ordnung, C = geht so, D = nicht gut.
- Versuche zuerst selbst einzuschätzen, wo deine Stärken liegen.
- Lass dich auch von anderen Personen (Eltern, Lehrern, Freunden) einschätzen.

www
Du findest die Liste auch im Internetportal.

6 Denke nun in aller Ruhe über deine Ergebnisse nach.
- Wie hast du dich selbst beurteilt? Wie beurteilen dich andere? Fühlst du dich eher bestätigt oder irritiert?
- Überlege, mit wem du über deine Stärken und deine Schwächen sprechen möchtest (Freunde, Lehrer, Eltern).
- Markiere in deiner Liste die Punkte, an denen du arbeiten möchtest, und notiere für dich, was und wie du das tun kannst.

linearen und nichtlinearen Texten zielgerichtet Informationen entnehmen, ordnen, prüfen und strukturiert wiedergeben

Schreiben

Bewerbung um eine Ausbildungsstelle

Selbstständig ein Anschreiben verfassen

1 Lies die beiden Angebote einer Ausbildungsbörse im Internet und entscheide dich für eine.

Ausbildungsberuf: Kaufmann/-frau für Dialogmarketing
Beginn der Ausbildung: 01. Oktober 20..

Das sind wir!
STARTINGCANADA ist ein junges, dynamisches Dienstleistungsunternehmen mit Hauptsitz in Toronto und Vertretungsbüro in Stuttgart. Unser Hauptfokus liegt auf Vertrieb und Marketing. Wir helfen mittelständischen Software-Unternehmen aus Deutschland und Kanada bei der Geschäftsanbahnung und Partnervermittlung.

Das erwarten wir von Ihnen:
- Sie haben die Schule mit dem Sekundarabschluss I erfolgreich abgeschlossen.
- Sie verfügen über eine sichere mündliche und schriftliche Ausdrucksfähigkeit in der deutschen Sprache und bringen gute Englischkenntnisse mit.
- Sie sind zuverlässig, belastbar und engagiert.
- Sie gehen gerne auf Menschen zu und haben Spaß am telefonischen Kontakt.
- Sie haben bereits Erfahrungen mit Office-Programmen und dem Internet.

Ihre Ausbildungsinhalte:
Sie werden in der telefonischen Kundengewinnung und -betreuung geschult. Sie lernen sichere und kompetente Kommunikation und Korrespondenz mit Kunden.
Sie unterstützen Kollegen bei der Bearbeitung von Kundenanfragen, Aufträgen und Reklamationen.
Mehrwöchige Einblicke in die Marketing-Abteilung und den Customer Service ergänzen Ihre Ausbildung.

Sie wollen neue Dinge kennenlernen und in einem kleinen, jungen und aufgeschlossenen Team arbeiten? Dann freut sich auf Ihre Bewerbung Herr Volker Dammann. Senden Sie uns bitte Ihre vollständigen Bewerbungsunterlagen vorzugsweise per E-Mail.

Kontakt: Volker.Dammann-startingcanada@email.com
STARTINGCANADA – Mannheimer Str. 86 – 70173 Stuttgart – Tel. 0711 XXXXXXXX

Ausbildungsplatzangebot: Auszubildende/er im Schreinerhandwerk (Tischler/in)
Ausbildungsbeginn: 01. September 20..
Schulabschluss mindestens: qualifizierter Hauptschulabschluss
Stellenbeschreibung:

Als führender Küchenmöbelhersteller mit Direktvertrieb am südlichen Oberrhein fertigen, liefern und montieren wir Küchenmöbel, Badmöbel, Schlaf- und Wohnraummöbel in einem modern aufgestellten Unternehmen.
Wir erwarten von Ihnen Freude am Umgang mit dem Werkstoff Holz und Holzwerkstoffen, Kunststoff, Glas und Metall. Sie verfügen über Kreativität, handwerkliches Geschick und räumliches Vorstellungsvermögen? Sie erkennen und verstehen schnell logische Betriebsabläufe und verfügen über sehr gute mathematische Kenntnisse? Sie haben eine abgeschlossene Schulbildung (min. Hauptschulabschluss)? Ein korrektes und freundliches Auftreten gegenüber Kunden und Mitarbeitern ist Voraussetzung. Die Kombination unseres modernen Maschinenparks mit dem traditionellen Schreinerhandwerk weckt Ihr Interesse?

Arbeitsort:	Bahlingen am Kaiserstuhl, Baden-Württemberg
Arbeitszeit:	Vollzeit – 38 Wochenstunden
Rückfragen und Bewerbungen an	Maier-Küchen GmbH Frau Beate Maier Unter Gereuth 5, 79353 Bahlingen am Kaiserstuhl
Telekommunikation	Telefon: +49 (7663) 93300, Fax: + 49 (7663) 933033
E-Mail	beate.maier@maier-kuechen.de
Gewünschte Bewerbungsarten	per E-Mail, schriftlich, persönlich
Internetadresse:	http://www.maier-kuechen.de/
Bewerbungsende:	30.04.20..
Angaben zur Bewerbung:	geforderte Anlagen: Lebenslauf, Zeugnisse

Schreiben

2 Untersuche dein ausgewähltes Angebot und beantworte folgende Fragen:
- Welcher Ausbildungsberuf wird angeboten?
- Wann beginnt die Ausbildung und an welchem Ort?
- Was erfährst du über das Berufsfeld, den Betrieb und die Ausbildung?
- Welche Voraussetzungen sollten zukünftige Auszubildende mitbringen, was wird erwartet?
- Was muss die Bewerbung alles beinhalten?
- Wie sollen die Bewerbungsunterlagen übermittelt werden?
- Wer ist der Ansprechpartner für die Bewerbung?

Tipp
Falls du eine andere Stelle gefunden hast, auf die du dich bewerben willst, dann verfasse dafür dein Anschreiben.

3 Verfasse ein eigenes Anschreiben zu deinem gewählten Angebot am Computer. Das folgende Schreibgerüst kann dir helfen.

Eigene Adressangaben

Adressangaben der Firma

Ort und Datum

Bewerbung um einen Ausbildungsplatz als ... zum ...

Sehr geehrte/r Frau/Herr ...,

- mit großem Interesse habe ich im Internet ... hiermit bewerbe ich mich um die von Ihnen ausgeschriebene Ausbildungsstelle zur/zum ...
- Ich möchte mich Ihnen kurz vorstellen: Ich bin ... Jahre alt und werde meine Schulausbildung im ... mit einem ...abschluss beenden.
- In einem Praktikum bei der Firma ... konnte ich bereits erste Einblicke ... Das hat mir gut gefallen und hat meinen Berufswunsch ...
- In Ihrer Annonce suchen Sie ... Diese persönlichen Stärken bringe ich mit, weil ... Auch hat man mir im Praktikumszeugnis bescheinigt, dass ich ... Außerdem verfüge ich über ...
- Besonders gefällt mir, dass ich während der Ausbildung in Ihrem Betrieb ... Deshalb möchte ich meine berufliche Ausbildung gern ...
- Auf die Einladung zu einem Vorstellungsgespräch ...

Mit ...

Unterschrift

Anlagen

Lebenslauf mit ...

Letztes Schulzeugnis ...

S. 299
Anschreiben

Tipp
Überprüfe dein Anschreiben mithilfe des „Orthografischen Lesens".

M → S. 289
Orthografisches Lesen

Bewerbung um eine Ausbildungsstelle

Einen Lebenslauf überprüfen

Lebenslauf

Zur Person

Name:	Philip da Mota
Anschrift:	Ludwigstraße 35 77966 Kappel-Grafenhausen Tel.: 07822 7654321 E-Mail: philip.da-mota@webnet.de
Geburtstag:	9. Januar 19..
Eltern:	Susanne Mertens und Vittorio da Mota
Hobbys:	Lesen, Basketball im Verein, Jugendrotkreuz

Erfahrungen mit der Berufswelt

seit Mai 2013	Nebenjob im Café Klönschnack, Lahr
März 2012	dreiwöchiges Schülerpraktikum im Landhotel Rust

Schulbildung

Schulabschluss:	Sekundarabschluss I im Juli 20..
seit 01.08.20..	Otto-Hahn-Schule, Lahr
01.08.20..–31.07.20..	Grundschule Kappel, Kappel-Grafenhausen

Persönliche Fähigkeiten und Kompetenzen

Computerkenntnisse:	Kurs „Textverarbeitung und Tabellenkalkulation"
Sprachkenntnisse:	Grundkenntnisse Englisch
Persönliche Stärken:	Zuverlässigkeit, Teamfähigkeit, Belastbarkeit, Freundlichkeit, Kommunikationsfähigkeit

Kappel-Grafenhausen, 28. August 20..

Philip da Mota

1 Überprüfe den Lebenslauf. Welche Punkte der Checkliste sind berücksichtigt?

2 Schreibe deinen eigenen tabellarischen Lebenslauf am Computer und lass ihn von anderen gegenlesen.

Tipp
Setze die Doppelpunkte direkt hinter die Stichwörter und benutze dann den Tabulator für einen gleichmäßigen Abstand.

www
Du findest einen Lebenslauf mit den formalen Vorgaben auch im Internetportal.

CHECKLISTE

Der Lebenslauf ...
- hält sich an formale Vorgaben (*Absätze/Leerzeichen, Seitenränder, Seiteneinteilung*).
- ist linksbündig ausgerichtet.
- ist inhaltlich gegliedert und mit Zwischenüberschriften versehen.
- informiert über wesentliche Fakten in knappen Stichwörtern.
- beginnt mit dem Aktuellen, z. B. *mit der Schulbildung*.
- kann Angaben zu Neigungsfächern und zum Berufswunsch enthalten.
- hat dasselbe Datum wie das Anschreiben, zu dem es gehört.
- enthält keine Grußformel, sondern nur eine Unterschrift.
- bietet Platz für das Bewerbungsfoto.

Schreiben

Bewerbung um eine Ausbildungsstelle

Sich online bewerben

Tipp
Falls du durch deine Recherche auf ein Ausbildungsangebot stößt, welches dich interessiert, dann kannst du deine Online-Bewerbung dafür vorbereiten.

1 Schaut euch die Auszüge aus dem Online-Portal eines großen deutschen Automobilkonzerns an.
- Beschreibt die Vorgehensweise bei einer Online-Bewerbung.
- Entnehmt aus den Auszügen Tipps für die Online-Bewerbung.
- Informiert euch über den Bewerbungsablauf bei einer Online-Bewerbung.
- Recherchiert nach weiteren Unternehmen, die Online-Bewerbungen anbieten, und untersucht, wie deren Bewerbungsportale aufgebaut sind.
- Nennt Vorteile einer Online-Bewerbung für die Arbeitgeber und für Bewerber und Bewerberinnen.
- Gibt es etwas, das ihr bei einer Online-Bewerbung kritisch seht?

www.daimler.de

Bewerbungstipps
Der erste Eindruck zählt.

Bei Daimler können Sie sich nur online bewerben. Das ist schnell, einfach und fair.
- Unser Online-Tool für Bewerbungen erleichtert Ihnen und uns das Bewerbungs-Procedere. Bewerben Sie sich darum ausschließlich über das Online-Tool – Papier- oder E-Mail-Bewerbungen können wir leider nicht berücksichtigen.
- Bitte bewerben Sie sich nur auf Stellenausschreibungen um einen Ausbildungsplatz oder um ein Duales Studium.
- Vor Ihrer ersten Bewerbung bei Daimler: Registrieren Sie sich mit E-Mail-Adresse und Passwort und geben Sie Ihre Profildaten ein – so sind Ihre Daten und Ihre Bewerbung(en) von Anfang an zentral hinterlegt und geschützt.
- Ihre Bewerbungsunterlagen müssen vollständig sein: Lebenslauf (tabellarisch), die letzten beiden Schulzeugnisse, Motivationsschreiben (bitte nutzen Sie das entsprechende Formularfeld im Online-Tool). Falls weitere Unterlagen erforderlich sind, steht das in der Stellenausschreibung.
- Achten Sie bei Anhängen (z. B. Zeugnisse) auf Folgendes: Hängen Sie alle geforderten Nachweise an. Achten Sie auf Größe und Auflösung und bei Scans auf Lesbarkeit. Benennen Sie die Dateien richtig und wählen Sie als Dateiformat am besten .doc oder .pdf
- Sollten Sie technische Fragen haben, wir helfen Ihnen gerne weiter – ganz unkompliziert am Telefon: Montag bis Freitag, 14:00 – 19:00 Uhr unter der Hotline +49-(0)711-17-95126

Online-Bewerbung

- Informiere dich auf der Startseite des Unternehmens über das Bewerbungsverfahren. Oft musst du dich auch erst registrieren, um dich auf eine Stellenanzeige bewerben zu können.
- Lies dir die Bewerbungsformulare gut durch und fülle sie sorgfältig und fehlerfrei aus.
- Lade alle benötigten Unterlagen (persönliches Anschreiben, Lebenslauf, Zeugnisse) hoch. Fasse sie in einer Datei mit maximal drei MB zusammen.
- Am Ende des Formulars solltest du noch einmal alles kontrollieren und die Version speichern oder ausdrucken.
- Schicke deine Bewerbung erst ab, wenn du sie gründlich geprüft hast.

Bewerbung um eine Ausbildungsstelle

Sich per E-Mail bewerben

1 Schaut die E-Mail eines Bewerbers genau an und klärt ihren Aufbau und Inhalt.

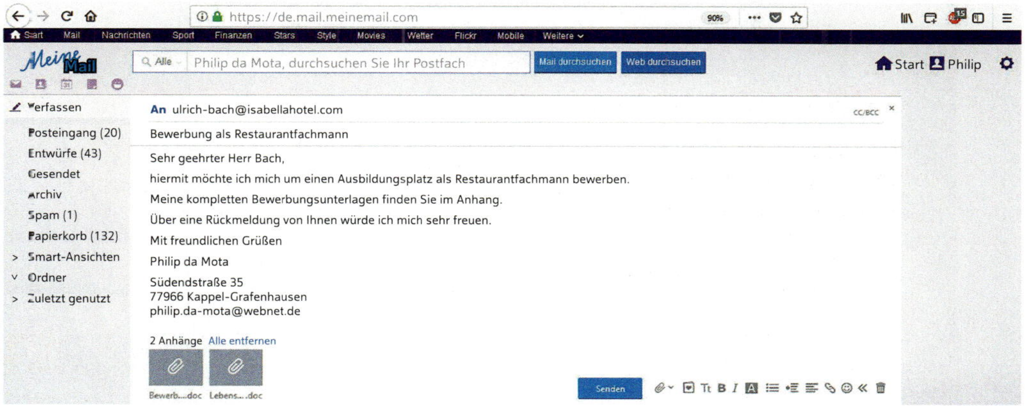

2 Überprüft, wie die Punkte des Merkkastens in der E-Mail umgesetzt werden.

3 Probiere das Versenden deiner Bewerbungsunterlagen aus, indem du sie an einen Mitschüler oder an deine Eltern verschickst.
- Formuliere ein kurzes Anschreiben.
- Hänge deine Bewerbungsunterlagen als PDF-Datei an.
- Lass dir eine Rückmeldung geben, ob die Bewerbung angekommen und fehlerfrei ist.

Online-Bewerbung per E-Mail

Nutze ein gängiges **E-Mail-Programm**, damit die Personalabteilung alles problemlos öffnen kann.
Verwende eine seriöse **E-Mail-Adresse**, in der dein richtiger Name steht, am besten in der Form: *Vorname.Nachname@E-Mail-Anbieter.de*
Formuliere die **Betreffzeile** der E-Mail kurz und eindeutig, z. B. *Bewerbung als auszubildende Restaurantfachfrau*.
Formuliere ein kurzes fehlerfreies **Anschreiben**. Ans Ende des E-Mail-Textes gehört immer eine Aufzählung der **Anlagen**, also der angehängten Unterlagen. Trenne die Anrede mit einer Leerzeile vom Text ab. Lass am Ende zwischen Text, Grußformel und deinem Namen jeweils eine Leerzeile frei.
Unterzeichne die **E-Mail** zum Abschluss mit Namen und nenne deine **Kontaktdaten**: *Adresse, Telefonnummer, E-Mail-Adresse*.
Verschicke nur eine Datei als **Anhang**. Füge dafür alle Bewerbungsbestandteile in einer Datei zusammen, und zwar in der Reihenfolge Bewerbungsschreiben, Lebenslauf mit Foto, Zeugnisse und Bescheinigungen. Wandle diese Datei ins PDF-Format um, z. B. mit kostenlosen Programmen aus dem Netz. Achte auch auf die Größe des Anhangs, größer als drei MB sollte er nicht sein.

Tipp
Im Duden-Kapitel „Gestaltung von geschäftlichen E-Mails“ kannst du dich über das korrekte Erstellen von E-Mails informieren.

Linearen und nichtlinearen Texten Informationen entnehmen und prüfen,
Lineare und nichtlineare Texte gestalten, auch zur Erstellung von Bewerbungen

Schreiben

Bewerbung um eine Ausbildungsstelle

Ein Vorstellungsgespräch analysieren

1 Schaut euch die Fotos an und begründet, ob die Jugendlichen für ein Vorstellungsgespräch passend gekleidet sind.

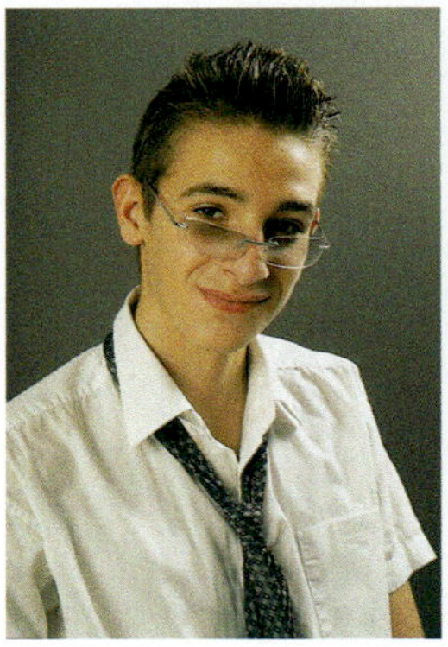

2 Bereitet euch auf ein Vorstellungsgespräch vor, indem ihr das Cluster ergänzt.

- Ordnet das folgende Wortmaterial zu.

zur Anreise – zu meinen Stärken – zum Unternehmen – zu deinem Alltag – zur Berufsschule – dem Gegenüber in die Augen schauen – zu meinem Lebenslauf – zur Homepage – zum Unternehmen – zur Berufswahl – aufrecht sitzen

WWW
Ihr findet das Cluster zum Bearbeiten im Internetportal.

3 Tauscht euch über euer Cluster aus.

- Ergänzt euer Cluster gegenseitig.
- Formuliert einige Fragen schriftlich aus.
- Stellt euch gegenseitig die Fragen und beantwortet sie.

Zusammenhänge zwischen verbalen und nonverbalen Ausdrucksmitteln erkennen und wesentliche Faktoren beschreiben, die die mündliche Kommunikation prägen

4 Spielt das folgende Vorstellungsgespräch mit verteilten Rollen nach.

Ein Vorstellungsgespräch

Im Personalbüro: Die Ausbildungsleiterin sitzt hinter dem Schreibtisch, es klopft.

FRAU MAY *(lautstark, freundlich)*: Ja, bitte! *(Jan öffnet die Tür, wartet ab.)*

FRAU MAY *(steht auf – wendet sich dem Besucher zu, lächelt)*: Jan Krüger? Guten Tag und herzlich willkommen hier bei uns im Medien-Fachmarkt. Mein Name ist Rita May. Ich bin die Ausbildungsleiterin.

Jan *(geht auf Frau May zu und streckt ihr die Hand entgegen)*: Hallo, mein Name ist Jan Krüger.

FRAU MAY *(schüttelt nach kurzem Zögern Jans ausgestreckte Hand, weist auf den Besucherstuhl)*: Nehmen Sie doch bitte Platz, Herr Krüger.

Jan *(lässt sich auf den Stuhl fallen, sieht sich interessiert im Büro um)*: Danke. Schickes Büro, so eins hätt' ich auch gern mal!

FRAU MAY *(zurückhaltend, aber bestimmt)*: Sie suchen also einen Ausbildungsplatz. Wann sind Sie denn mit der Schule fertig?

Jan *(fröhlich, lässig)*: Wenn alles klappt – in drei Monaten. Gott sei Dank!

FRAU MAY *(sieht Jan an)*: So besonders gerne gehen Sie wohl nicht in die Schule?

Jan *(verschränkt die Arme – schaut zur Seite – Pause – sieht Frau May an)*: Na ja – das will ich so nicht sagen. In der Schule ist vieles auch gut. Aber ich freu' mich darauf, dass ich bald was Praktisches machen kann.

FRAU MAY *(lächelt)*: Haben Sie schon praktische Erfahrungen während Ihrer Schulzeit sammeln können?

Jan *(überlegt und kommt ins Stocken)*: Also, wenn ich ehrlich bin, dann war ich während meines Praktikums bei unserem Bäcker im Ort. War ja ganz interessant, aber ist nichts für mich.

FRAU MAY *(kritisch und bestimmt)*: Dann erzählen Sie doch bitte einmal, warum Sie sich gerade hier bei uns beworben haben.

Jan *(setzt sich aufrechter hin und unterstreicht die Rede mit Gesten)*: Na ja – bin ein echter Computerfreak. Da find' ich den Laden hier natürlich total spannend. Ich war schon öfter mal da mit meinen Freunden – zuerst nur, um neue Spiele auszuprobieren und so. Aber irgendwann hab ich mich dann aus Interesse genauer umgesehen. Und dann hab ich gedacht – das wär doch vielleicht beruflich was für mich … Als meine Eltern mir auch dazu geraten haben, hab' ich mich halt beworben. Kenn' mich inzwischen mit der Materie bestens aus.

FRAU MAY *(kritisch)*: So, so! Meinen Sie das? Wo haben Sie sich sonst noch über unsere Firma informiert?

Jan *(bewegt sich unruhig auf dem Stuhl)*: Ähm, hab' mir Ihre Website angeschaut.

FRAU MAY *(bestimmt)*: Dann erzählen Sie doch einmal, was Sie alles über unsere Firma erfahren haben. Wie stellen Sie sich denn so Ihren Arbeitsalltag vor?

Jan *(das Handy klingelt, er wird rot, hektisches Ausstellen des Handys, er reagiert verlegen und kleinlaut)*: Uups, wie peinlich. Sorry! Habe in der Aufregung ganz vergessen, mein Handy auszustellen. 'tschuldigung. Könnten Sie die letzte Frage bitte noch mal wiederholen? …

Tipp
Beachtet die Regieanweisungen.

www
Ihr könnt euch das Gespräch im Internetportal anhören.

Zusammenhänge zwischen verbalen und nonverbalen Ausdrucksmitteln erkennen und wesentliche Faktoren beschreiben, die die mündliche Kommunikation prägen: Gestik, Mimik, Stimme

Schreiben

5 Vermutet, ob dieses Gespräch erfolgreich für Jan ausgehen wird.
- Bezieht euer Cluster aus Aufgabe 2 ein und begründet, ob Jan sich auf sein Vorstellungsgespräch vorbereitet hat.

Folie

6 Untersucht den Verlauf des Gespräches und begründet folgende Fragen:
- Wo gelingt die Kommunikation?
- Wo gibt es Blockaden und das Gespräch stockt?
- Wodurch kommt es zu Irritationen?

→ S. 8 – 21 *Kommunikation*

7 Vergleicht das Verhalten der Gesprächspartner in Bezug auf
– die **inhaltliche** Ebene. → Welche Informationen werden gegeben oder verlangt?
– die **sprachliche** Ebene. → Standard-/Umgangssprache? Un-/vollständige Sätze/ Wörter?
– die **gestischen** Mittel. → Blickkontakt? Mimik? Gebärden? Körperhaltung?
– die **Beziehungsebene**. → Was erfährt Frau May über Jan? Was hält sie von ihm? Was erfährt Jan über Frau May? Was hält er von ihr?

- Legt eine Tabelle an und füllt sie mit Beispielen aus.

www
Ihr findet die Tabelle zum Ausfüllen im Internetportal

Verhalten der Gesprächspartner	Frau May	Jan
inhaltliche Ebene		
sprachliche Ebene		
gestische Mittel		
Beziehungsebene		

- Überprüft Jans Verhalten und markiert die Dinge, die er hätte anders machen sollen.

8 Schreibt die Verbesserungsvorschläge auf und spielt das Bewerbungsgespräch jetzt einmal so, dass es ein voller Erfolg für Jan werden kann.

Ein Vorstellungsgespräch führen

Bei der **Begrüßung** bittet dich der/die Firmen- oder Personalchef/in ins Büro und bietet dir einen Platz an. Um eine angenehme Atmosphäre zu schaffen und einen ersten Eindruck von dir zu erhalten, stellt er/sie dir **alltägliche Fragen**.
Im Verlauf des Gesprächs stellt er/sie dir Fragen zu deinem **Lebenslauf**, deiner **Persönlichkeit** (Interessen), deiner **Bewerbung** und **Berufswahl**. Wenn dich dein Gesprächspartner während des Gesprächs auffordert, etwas von dir zu erzählen, dann stelle deine Stärken glaubhaft dar.
Anschließend hast auch du die Möglichkeit, Fragen zum **Unternehmen**, zum Ablauf der **Ausbildung**, zur **Berufsschule** ... zu stellen.
Achte während des ganzen Vorstellungsgesprächs auf die Formen der **Höflichkeit**.

Bewerbung um eine Ausbildungsstelle

Überprüfe dein Wissen und Können

Projekt: Vorstellungsgespräche im Rollenspiel erproben

1 Probiert Bewerbungsgespräche im Rollenspiel aus. Bildet kleinere Spielgruppen, damit sich jeder einmal bewerben kann und auch in die Rolle von Chef oder Chefin schlüpft.

2 Bereitet euch auf eure Rolle vor.
- Überlegt euch konkret einen Ausbildungsberuf und einen Ausbildungsbetrieb.
- Legt eine Rollenkarte an, die ihr während des Spiels benutzen könnt. Notiert darauf Namen, Berufsbezeichnungen, Fragen und Antworten.

Rollenkarte „Bewerber / Bewerberin“
- Lehre als Floristin im Blumengeschäft Müller
- mag Blumen, arrangiere sie gern
- Betriebspraktikum in der Gärtnerei ...
- Wie sind die Arbeitszeiten geregelt?
- ...

Rollenkarte „Chef / Chefin“
- Frau Müller
- Inhaberin des Blumenladens „Meine Blume“
- Warum möchten Sie Floristin werden?
- ...
- ...

Tipp
Ihr könnt euer Rollenspiel mit einem Camcorder oder Smartphone aufnehmen

3 Als Zuschauer beobachtet ihr das Verhalten der Spieler.
- Teilt euch auf: Die einen beobachten den Chef oder die Chefin, die anderen den Bewerber oder die Bewerberin
- Achtet auf die Wirkung, die von verschiedenen Ebenen des Gesprächsverlaufs ausgeht, indem ihr den Beobachtungsbogen ausfüllt. Ihr könnt weitere Kriterien hinzufügen.

a) die Umgangsformen, die Höflichkeit;
b) den Blickkontakt, das Lächeln, die Körperhaltung …;
c) die Sprech- und Ausdrucksweise;
d) die inhaltliche Qualität der Fragen und Antworten.

www
Ihr findet die Rollen- und Fragekarten auch im Internetportal.

www
Im Internetportal findet ihr einen Beobachtungsbogen.

4 Besprecht nun euer Rollenspiel. Vergesst dabei nicht, immer mit einem Lob zu beginnen und bei Kritik fair zu bleiben.

- Als Spieler (Bewerber/Bewerberin oder Chef/Chefin) sprecht ihr zuerst über eure Eindrücke. Wie hast du dich bei dem Gespräch gefühlt?

- Als Zuschauer äußert ihr euch anschließend, wie die Szene auf euch gewirkt hat. Gebt dann den Spielern eine sachliche Rückmeldung zu den einzelnen Beobachtungspunkten. Macht auch Verbesserungsvorschläge.

S. 294
Feedback geben

Unterschiedliche Sprechabsichten situationsangemessen und adressatenorientiert formulieren, dabei auch die Körpersprache bewusst einsetzen, nach vorgegebenen Kriterien Rückmeldungen zu Präsentationen formulieren

Schrei-ben

Inhaltsangabe

Der hilflose Knabe

Bertolt Brecht

Herr K. sprach über die Unart, erlittenes Unrecht stillschweigend in sich hineinzufressen, und erzählte folgende Geschichte:

„Einen vor sich hin weinenden Jungen fragte ein Vorübergehender nach dem Grund seines Kummers.

‚Ich hatte zwei Groschen für das Kino beisammen', sagte der Knabe, ‚da kam ein Junge und riß mir einen aus der Hand', und er zeigte auf einen Jungen, der in einiger Entfernung zu sehen war.

‚Hast du denn nicht um Hilfe geschrien?', fragte ihn der Mann.

‚Doch', sagte der Junge und schluchzte ein wenig stärker.

‚Hat dich denn niemand gehört?', fragte der Mann weiter, ihn liebevoll streichelnd. ‚Nein', schluchzte der Junge. ‚Kannst du denn nicht lauter schreien?', fragte der Mann. ‚Nein', sagte der Junge und blickte ihn mit neuer Hoffnung an. Denn der Mann lächelte.

‚Dann gib auch den her', sagte er, nahm ihm den letzten Groschen aus der Hand und ging unbekümmert weiter.

Der hilflose Knabe

Eine Inhaltsangabe

In seiner Keuner-Geschichte gibt Herr K. folgendes Beispiel über die Unart, …:

Ein Mann fragt einen weinenden Knaben nach dem Grund seines Kummers.
Der antwortet, ein Junge habe ihm einen seiner zwei Groschen weggenommen.

Ob er nicht um Hilfe geschrien habe.

Doch, sagt der Junge.

Ob ihn niemand … Und ob er nicht …

Der Junge verneint …

Da nimmt …

1 Lies die Keuner-Geschichte „Der hilflose Knabe" von Bertolt Brecht.

2 Vergleicht den Ausgangstext nun mit der Inhaltsangabe. Erläutert, wie die folgenden Merkmale einer Inhaltsangabe umgesetzt wurden:

informierendes Zusammenfassen / Haupttempus Präsens / verkürzte direkte Reden im Konjunktiv I / Personalform er oder sie

3 Schreibe die gesamte Inhaltsangabe auf.

In diesem Kapitel lernst du, …

- *Inhaltsangaben zu ergänzen.*
- *eine Inhaltsangabe als Teil einer Textbeschreibung zu verfassen.*

Inhaltsangabe

Eine Inhaltsangabe ergänzen

Ein Wort gibt das andere

Johann Peter Hebel

Ein reicher Herr im Schwabenland schickte seinen Sohn nach Paris, damit er Französisch lernen sollte. Nach einem Jahr kommt der Knecht des Vaters auch nach Paris. Als der junge Herr den Knecht erblickt, rief er voller Freude aus: „Ei, Hans, wie steht es zu Hause, und was gibt's Neues?“ – „Nicht viel Neues, Herr Wilhelm“, antwortete der Knecht, „außer dass Euer schöner Rabe krepiert ist, den Euch vor einem Jahr der Jäger geschenkt hat.“ – „O, das arme Tier“, erwidert Wilhelm. „Was hat ihm denn gefehlt?“ – „Nun, hat er halt zu viel totes Fleisch gefressen, als unsere Pferde, eins nach dem anderen, tot umfielen.“ – „Wie! Meines Vaters schöne Schimmel sind tot?“, fragte Herr Wilhelm bestürzt. „Wie ging das zu?“ – „Nun, sie sind überanstrengt worden durch das viele Löschwasserholen, als unser Haus und Hof verbrannte, und es hat doch nichts geholfen. Hab ich doch gleich gesagt!“ – „Um Gottes willen!“, rief Herr Wilhelm voll Schrecken. „Ist unser schönes Haus verbrannt? Wieso denn?“ – „Nun, hat man nicht aufs Feuer achtgegeben, als Ihr Vater im Fackelschein begraben worden ist. So ein Funke springt leicht über!“ – „Was? Mein Vater ist tot?“, rief Wilhelm voller Entsetzen. „Und wie geht's meiner Schwester?“ – „Nun, Ihr Vater ist vor Ärger gestorben, als Ihre Schwester ein Kind gebar und keinen Vater dazu hatte. Es ist ein Büblein.“ Dann fügte er noch hinzu: „Aber sonst gibt's nicht viel Neues. Sag ich doch!“

1 Ergänze die Inhaltsangabe. Beachte dabei den Merkkasten.

In der Kalendergeschichte von Johann Peter Hebel schickt ein reicher Herr seinen Sohn Wilhelm nach Frankreich. Nach einem Jahr kommt der Knecht des Vaters auch nach Paris. Von dem will Wilhelm wissen, was es zu Hause ___. Dass sein Rabe krepiert ___, antwortet der Knecht. Wilhelm erkundigt sich danach, was ___. Der Knecht sagt, er habe ___. Wilhelm hakt nach, wie die Pferde ___. Durch Überanstrengung ___, erwidert der Knecht. Wilhelm ___, wieso ___. Der Knecht sagt, man habe beim Begräbnis seines Vaters ___. Wilhelm erkundigt sich voller Entsetzen zuletzt nach ___. Die habe, sagt der Knecht, einen Jungen geboren, aber keinen Vater dazu gehabt, und deswegen ___. Aber sonst ___.

2 Verfasse eine Inhaltsangabe. Die direkten Reden sollen im Konjunktiv I oder mit Verben wiedergegeben werden, welche die Rede einleiten:
sich erkundigen / wissen wollen / fragen / nachfragen / nachforschen / informieren / antworten / beantworten / entgegnen / erwidern

S. 312 *Zitieren*

Inhaltsangabe

Eine Inhaltsangabe **informiert** zusammenfassend über den Inhalt eines Ausgangstextes. Sie ist ein **sachlicher** Text, der auf alle Elemente der Veranschaulichung und Spannung verzichtet. Ihr Haupttempus ist das **Präsens**. Direkte Reden werden **verkürzt** im **Konjunktiv I** oder durch **die Rede zusammenfassende Verben** wiedergegeben. Die Ich-/Du-Form des Ausgangstextes wird in die **Personalform** mit **er** oder **sie** umgeformt.

Schreiben

Inhaltsangabe

Die Inhaltsangabe als Teil einer Textbeschreibung

www
Du findest den Text zum Bearbeiten im Internetportal.

Um dem Leser zu verdeutlichen, worum es in einem Text überhaupt geht, steht am Anfang einer Textbeschreibung in der Regel eine Inhaltsangabe. Sie ist dort kein selbstständiger Text und darf daher besonders kurz sein, denn in der anschließenden Textbeschreibung geht man ja noch einmal deutend auf einzelne Inhalte ein.

1 Überfliege die drei unterschiedlichen Texte und entscheide dich für einen.

→ S. 92–111
Gedichte

A Gedicht

Humpelnde Welt

Joachim Ringelnatz

Es bleibt nicht aus, dass man den Mut verliert,
Wenn man schon längere Zeit mit seinen wunden
Füßen herumexperimentiert. –
Ich hatte noch immer nicht den richtigen Schuh,
Die richtige Sohle, die richtige Salbe gefunden;
Ich sah – fast getröstet – anderen Humpelnden zu.

lyrisches Ich hat wundgelaufene Füße, wird langsam verzweifelt

findet Trost in Gleichgesinnten

Und kam ein Morgen, ein kalter, unangenehmer,
Der hatte – mir günstig – mir freudige Post beschert.
Ich humpelte weinwärts, aber ich hinkte bequemer
Als sonst. Und fand alles Leben so lebenswert.

Ich glaube: es schneite, donnerte, regnete,
Rauchte – aber für mich nicht bestellt.
Mir lächelte alles, was mir begegnete.
Auch du kannst so schön sein, humpelnde Welt.

S. 308
Lyrisches Ich

2 Beschreibe das lyrische Ich. Was kann man über es sagen? Treten auch andere Personen auf? Wenn ja, welche?

3 Diskutiert darüber, welche der folgenden Kernaussagen zutreffen können.

Das Gedicht handelt von einem Wanderer, der sich auf seiner Reise den Fuß gebrochen hat.	*In dem Gedicht geht es um einen Unbekannten, der dem lyrischen Ich eine gute Nachricht überbringt.*	*Das Gedicht handelt von einer Person, die nach einer frohen Botschaft das Schöne in einer unvollkommenen Welt sehen kann.*

Folie

4 Bereite eine Inhaltsangabe vor. Markiere zunächst wichtige Wörter. Notiere dann kurz, was in jeder Strophe passiert.

5 Schreibe nun die Inhaltsangabe. Nutze dabei deine ausgewählte Kernaussage.

6 Überprüft anhand der Checkliste (Seite 69) eure Inhaltsangaben gegenseitig.

B Erzählung

→ S. 130 – 147
Erzählende Texte

Wir sind fünf

Gina Ruck-Pauquèt

„Warum der immer rumsteht!“, sagte Ante.

„Ist doch klar“, sagte Florian. „Der will zu uns, der Itaker.“

Er trat einen Stein in die Richtung des fremden Jungen. Der grinste und schoss den Stein zurück.

„Nee“, sagte Florian. „Wir sind vier. Das genügt.“

„Und ausgerechnet so’n Plüschauge“, sagte Mali.

„Ich finde, er sieht süß aus“, sagte Susanne.

„Die ist in ihn verknallt!“, sagte Ante. „Das kann ja heiter werden.“ Susanne wurde rot.

„Italiener spielen Gitarre und singen dazu“, sagte Mali. „Die andere Zeit essen sie Nudeln.“

„Und Engländer?“, fragte Susanne.

„Die trinken Tee“, sagte Florian. „Sie denken sich höfliche Sätze aus und gehen zum Fußball.“

Ante lachte. „Und Amerikaner kaufen Kaugummi. Sie fahren große Autos und machen sich kalte Drinks.“

„Russen spielen Balalaika“, sagte Susanne. „Sie besaufen sich mit Wodka und tanzen. So’n Quatsch!“, sagte sie.

„Na ja, die tun alle auch noch ein paar andere Dinge“, sagte Florian.

„Welche denn?“, fragte Mali.

„Wahrscheinlich ähnliche wie wir“, sagte Susanne.

„Die Italiener schneiden sich die Fußnägel, sie lesen Gedichte und haben Halsschmerzen“, sagte Florian. Mali lachte.

„Und die Engländer klettern auf Bäume, putzen sich die Nase und küssen einander“, sagte Ante.

„Die Amerikaner streicheln siamesische Katzen, die machen Federzeichnungen und träumen schlecht“, sagte Susanne.

„Und die Russen“, sagte Mali, „die Russen erzählen ihren Kindern Märchen, sie fahren Motorrad und häkeln sich Mützen.“

Eine Weile sagten sie gar nichts. Dann gingen sie langsam zu dem Jungen rüber. Was machte es schon, dass sie nun fünf waren?

Itaker
eine abfällige Bezeichnung für einen Italiener

Balalaika
ein russisches Zupfinstrument

Siamesische Katzen
Katzenart aus Asien; Siam heißt heute Thailand

Schreiben

1 Lies die möglichen Kernaussagen durch und entscheide, welche am besten passt.

Den Kindern wird durch ihre abgewandelten Vorurteile ihre Zurückhaltung vor dem fremden Jungen genommen.	*Susanne ist in den fremden Jungen verliebt, also versucht sie, ihn in ihre Freundesgruppe aufzunehmen.*	*Susanne macht ihren Freunden deutlich, dass Menschen aus anderen Ländern gar nicht so verschieden von ihnen sind.*

2 Teile den Text in Sinnabschnitte ein und gib ihnen passende Überschriften.

3 Schreibe nun die Inhaltsangabe.

4 Überprüft anhand der Checkliste (Seite 69) eure Inhaltsangaben gegenseitig.

→ S. 170 – 191 *Sachtexte*

C Sachtext

Die Vorfahren unserer Vögel

Blenden wir 65 Millionen Jahre zurück: Ein riesiger Meteorit prallt mit Tempo 30 000 auf die Erde. Die Erschütterung ist so gewaltig, dass weltweit Vulkane ausbrechen und Asche ausstoßen. Deren Wolken verdunkeln die Sonne. Die Folge: Das Leben erstarrt vor Kälte. Durch diese Katastrophe könnten, so nehmen viele Forscher an, die Dinosaurier von unserem Planeten verschwunden sein. Aber wirklich alle? Manche Paläontologen, wie die Erforscher der Frühgeschichte heißen, glauben nicht daran. So behauptet beispielsweise der Amerikaner Robert Bakker: Noch heute existieren Saurier auf der Erden – nämlich unsere Vögel.

Auf diese Spur führte der Urvogel Archaeopteryx, der vor etwa 150 Millionen Jahren zur gleichen Zeit wie die Dinosaurier lebte. Seine Vorderbeine hatten sich zu Flügeln mit Federn entwickelt. Außerdem hatte er ein sogenanntes Gabelbein (eine Knochenspange am Schulterblatt) – zwei Eigenheiten, die man nur bei Vögeln findet. Allerdings hatte der etwa taubengroße Archaeopteryx Zähne, Krallen an den Flügeln und einen Schwanz aus Knochen wie die Saurier. Und ihm fehlte ein typisches Merkmal heutiger Vögel: das Brustbein, an dem die Flugmuskeln sitzen.

Bakker und andere Urzeitforscher vermuten, dass der Archaeopteryx eine Art Zwischenstation in der Entwicklung vom Saurier zum Vogel darstellt. Der angebliche Urvogel war noch ein ganz schlechter Flieger. Vermutlich konnte er mit ausgebreiteten Schwingen allenfalls wie mit einem Fallschirm von Bäumen herabsegeln und so seinen Feinden entkommen.

Stimmt also die Vermutung Bakkers, dass unsere Vögel Nachfolger von Sauriern sind? Nun, es gibt da einen kleinen Haken. Inzwischen wurden Fossilien von Tieren gefunden, die heutigen Vögeln viel ähnlicher sind als der Archaeopteryx. Diese Tiere lebten schon, als sich die Saurier gerade erst auf der Erde ausbreiteten. Deshalb gehen einige Forscher von einem gemeinsamen Vorfahren der Vögel und der Dinosaurier aus. Aus diesem gemeinsamen Vorfahren soll sich ein sogenannter Proavis als Vorläufer der heutigen Vögel entwickelt haben.

Noch streiten sich die Forscher darüber, wer denn nun der wahre Vorfahr der Vögel ist: der Archaeopteryx, ein Verwandter der Saurier, oder der Proavis, ein Vogel, der schon vor den Sauriern lebte – oder vielleicht auch ein ganz anderer. So existieren heute zwei Theorien nebeneinander: die „Vögel-sind-Dinosaurier-Theorie" und die „Vögel-sind-keine-Dinosaurier-Theorie". Bis sich die Gelehrten geeinigt haben, lassen wir das Tier, das am Morgen mit seinem Krähen den Menschen weckt, am besten weiterhin als Hahn gelten – und nicht als krähenden Dino.

1 Lies dir den Text durch. Markiere Schlüsselwörter sowie Dinge, die dir noch unklar sind.

Folie

2 Tauscht euch über unklare Wörter aus.

3 Diskutiert folgende Fragen zum Text:

- Was nehmen Forscher über das Verschwinden der Dinosaurier an?
- Was lässt sich über den Archaeopteryx sagen?
- Welche andere Art gilt als möglicher Urvogel? Was weiß man über ihn?
- Welche Theorien existieren nebeneinander?

4 Bereite eine Inhaltsangabe vor. Teile dazu den Text in Sinnabschnitte ein und fasse sie jeweils in einem Satz zusammen.

5 Schreibe nun die Inhaltsangabe.

6 Überprüft anhand der Checkliste eure Inhaltsangaben gegenseitig.

Checkliste

Eine Inhaltsangabe schreiben

Ich habe ...

- ✔ ... in der Einleitung den Verfasser, den Titel, die literarische Form und bei einer Erzählung die Zeit genannt, in der diese spielt.
- ✔ ... beachtet, dass eine Inhaltsangabe im Präsens steht.
- ✔ ... auf Anschaulichkeit und Spannung verzichtet und mich auf sachliche Informationen beschränkt.
- ✔ ... die direkten Reden und die Gedankenreden entweder weggelassen oder zusammenfassend im Konjunktiv I wiedergegeben.
- ✔ ... am Schluss auf den Punkt gebracht, worum es in dem Text geht.

Schrei-ben

Inhaltsangabe

Überprüfe dein Wissen und Können

A Gedicht

Der April

Rose Ausländer

Da kommt er
wirft Luftlappen ins Gesicht
drückt Sonne auf den Rücken
lacht überlaut wickelt den
Park in grünen Taft zerreißt
ihn wieder stellenweise
pufft die Kinder spielt mit den
Röcken erschreckter Gouvernanten
drückt alle Regenhebel
macht los die Nordhunde von den Ketten und
lässt sie laufen nach Windlust

Ein toller Geselle
eine Art Eulenspiegel
auch gangsterhafte Gesten hat er
(jaja mein Lieber du
machst es uns nicht leicht
dich lieb zu haben)

Und doch und doch
im Großen und Ganzen
ein prächtiger Kerl
dieser April

B Erzählung

Die Kirschen

Wolfgang Borchert

Nebenan klirrte ein Glas. Jetzt isst er die Kirschen auf, die für mich sind, dachte er. Dabei habe ich das Fieber. Sie hat die Kirschen extra vors Fenster gestellt, damit sie ganz kalt sind. Jetzt hat er das Glas hingeschmissen. Und ich hab das Fieber.

Der Kranke stand auf. Er schob sich die Wand entlang. Dann sah er durch die Tür, dass sein Vater auf der Erde saß. Er hatte die ganze Hand voll Kirschsaft.

Alles voll Kirschen, dachte der Kranke, alles voll Kirschen. Dabei sollte ich sie essen. Ich hab doch das Fieber. Er hat die ganze Hand voll Kirschsaft. Die waren sicher schön kalt. Sie hat sie doch extra vors Fenster gestellt für das Fieber. Und er isst mir die ganzen Kirschen auf. Jetzt sitzt er auf der Erde und hat die ganze Hand davon voll. Und ich hab das Fieber. Und er hat den kalten Kirschsaft auf der Hand. Den schönen kalten Kirschsaft. Er war bestimmt ganz kalt. Er stand doch extra vorm Fenster. Für das Fieber.

Er hielt sich am Türdrücker. Als der quietschte, sah der Vater auf.

Junge, du musst doch zu Bett. Mit dem Fieber, Junge. Du musst sofort zu Bett.

Alles voll Kirschen, flüsterte der Kranke. Er sah auf die Hand. Alles voll Kirschen.

Du musst sofort zu Bett, Junge. Der Vater versuchte aufzustehen und verzog das Gesicht. Es tropfte von seiner Hand. Alles Kirschen, flüsterte der Kranke. Alles meine Kirschen.

Waren sie kalt? fragte er laut. Ja? Sie waren doch sicher schön kalt, wie? Sie hat sie doch extra vors Fenster gestellt, damit sie ganz kalt sind. Damit sie ganz kalt sind.

Der Vater sah ihn hilflos von unten an. Er lächelte etwas. Ich komme nicht wieder hoch, lächelte er und verzog das Gesicht. Das ist doch zu dumm, ich komme buchstäblich nicht wieder hoch.

Der Kranke hielt sich an der Tür. Die bewegte sich leise hin und her von seinem Schwanken. Waren sie schön kalt? flüsterte er, ja?

Ich bin nämlich hingefallen, sagte der Vater. Aber es ist wohl nur der Schreck. Ich bin ganz lahm, lächelte er. Das kommt von dem Schreck. Es geht gleich wieder. Dann bring ich dich zu Bett. Du musst ganz schnell zu Bett.

Der Kranke sah auf die Hand.

Ach, das ist nicht so schlimm. Das ist nur ein kleiner Schnitt. Das hört gleich auf. Das kommt von der Tasse, winkte der Vater ab. Er sah hoch und verzog das Gesicht. Hoffentlich schimpft sie nicht. Sie mochte gerade diese Tasse so gern. Jetzt hab ich sie kaputt gemacht. Ausgerechnet diese Tasse, die sie so gern mochte. Ich wollte sie ausspülen, da bin ich ausgerutscht. Ich wollte sie nur ein bisschen kalt ausspülen und deine Kirschen da hinein tun. Aus dem Glas trinkt es sich so schlecht im Bett. Das weiß ich noch. Daraus trinkt es sich ganz schlecht im Bett.

Der Kranke sah auf die Hand. Die Kirschen, flüsterte er, meine Kirschen?

Der Vater versuchte noch einmal, hochzukommen. Die bring ich dir gleich, sagte er. Gleich, Junge. Geh schnell zu Bett mit deinem Fieber. Ich bring sie dir gleich. Sie stehen noch vorm Fenster, damit sie schön kalt sind. Ich bring sie dir sofort.

Der Kranke schob sich an der Wand zurück zu seinem Bett. Als der Vater mit den Kirschen kam, hatte er den Kopf tief unter die Decke gesteckt

C Sachtext

Steigender Absatz von Fairtrade-Kakao

Nach Angaben der Organisation Fairtrade Labelling Organizations hat der weltweite Absatz von fair gehandeltem Kakao stark zugenommen. Immer mehr Schokoladenhersteller nutzen für ihre Produkte Fairtrade-Kakao. Doch auch wenn in Deutschland immer mehr Verbraucher Produkte mit fair gehandeltem Kakao kaufen, so macht dieser Anteil weniger als 0,1 Prozent der gesamten Kakaoproduktion aus. Eine positive Entwicklung ist in Irland und Großbritannien zu beobachten: Seit Januar 2010 gibt es den Schokoriegel Kit Kat mit Fairtrade-Siegel. Hintergrund für diese Entwicklung ist, dass sich einige Hersteller vermehrt um die langfristige Sicherung ihres Bedarfs an Rohkakao sorgen, denn viele Bauern überlegen aufgrund der schlechten Bedingungen des Kakaomarkts, auf andere Früchte umzusteigen. Darüber hinaus wollen immer mehr Verbraucher Produkte kaufen, die ohne Ausbeutung und Umweltschäden hergestellt wurden.

(Text verändert)

1 Schreibe zu einem der Texte eine Inhaltsangabe und beachte dabei die Merkmale dieser Textsorte.

Das eigene Wissen über das Verfassen einer Inhaltsangabe anwenden

Schreiben

Erörterung

Am Nachmittag vorlesen
Hast du Lust, an einem Nachmittag in der Woche alten Menschen eine große Freude zu machen?
Es ist ganz einfach: Du kommst zu uns, nimmst dir die Tageszeitung und liest vor, was so in unserer Stadt und in der Welt passiert. Die alten Menschen brauchen dich, denn sie können nicht mehr so gut lesen.

Also komm zu uns ins Seniorenheim „Sonnenberg“, An der Lehensweide 10, 89079 Ulm.
Wir freuen uns über jedes Engagement.

Bäume pflanzen im Stöcklewald
Im Naturschutzgebiet Stöcklewald sollen am Sonntag neue Eichen gepflanzt werden. In dem geschützten Waldgebiet hat der Sturm „Friederike“ eine Schneise gerissen. Die dort stehenden Fichten mussten gefällt werden. Wir brauchen viele jugendliche Helfer, die uns bei dieser Pflanzaktion unterstützen. Helft uns, ein besonders schönes Erholungsgebiet wieder aufzuforsten.
Treffpunkt: Wanderparkplatz „Rundweg“, Sonntag, 10:00 Uhr

1 Entscheidet euch für eine der beiden Anzeigen und besprecht, was für und was gegen eine Mitarbeit sprechen könnte.
- Legt dazu eine Tabelle mit den Spalten Pro und Kontra an.
- Bereitet ein Plakat vor und stellt der Klasse eure Argumente vor.
- Überlegt euch weitere Tätigkeitsbereiche, bei denen Jugendliche wertvolle ehrenamtliche Unterstützung leisten könnten.

2 Wählt nun ein euch wichtig erscheinendes Pro- und ein Kontra-Argument aus und findet
- eine Begründung,
- ein passendes Beispiel,
- sowie eine Schlussfolgerung aus euren Überlegungen.

In diesem Kapitel lernst du, …
- *Argumente zu strukturieren.*
- *eine Erörterung zu planen.*
- *die einzelnen Bausteine einer Erörterung zu schreiben.*
- *ein Thema selbstständig schriftlich zu erörtern.*

Erörterung

Argumente erfassen und strukturieren

1 Lest die folgende Erörterung. Sie ist fast vollständig abgedruckt. Folie
- Findet die zwei Thesen, die aufgestellt werden, und markiert sie.
- Kennzeichnet nun die Pro-Argumente und die Kontra-Argumente unterschiedlich.

2 Ergänzt eure Tabelle von Seite 72, Aufgabe 1 mit Argumenten aus dem Text.

Sollten Jugendliche ein Ehrenamt ausüben?

Das Thema einer dialektischen Erörterung ist meist als Entscheidungsfrage formuliert.

Ein Ehrenamt – klingt das nicht ziemlich „uncool“? Aber viele Jugendliche in unserem Alter üben tatsächlich ein Ehrenamt aus. Sie kümmern sich in ihrer Freizeit um alte Leute und Kranke, sorgen für Tiere, engagieren sich für den Umweltschutz oder helfen in Vereinen und gemeinnützigen Organisationen. Bei den 14- bis 19-Jährigen sind es 36 Prozent, so steht es im Bildungsbericht 2016, die dafür meistens zwischen drei und fünf Arbeitsstunden pro Woche leisten – ohne dafür bezahlt zu werden. Auch ich habe schon darüber nachgedacht, ob ich ein Ehrenamt übernehmen könnte. Oder sollte man in seiner freien Zeit sich doch lieber mit Freunden treffen oder einfach „chillen“?

Vorstellung des **Themas**: Wie wird die Themenfrage aufgegriffen?
Was wird zur Sache erklärt?
Welche Zahlen und Fakten werden genannt und aus welcher Quelle stammen sie?

Wie stellt der Verfasser / die Verfasserin einen persönlichen Bezug her?
Was bewirkt diese Frage am Ende der Einleitung?

Es spricht ja einiges dafür, dass Jugendliche kein Ehrenamt ausüben sollten. Das wichtigste Argument ist dabei wohl der hohe Zeitaufwand, den die Ausübung eines Ehrenamtes erfordert. Denn … **A**

Beschreibt die Überleitung zur **ersten These**.
Wie lautet sie? Ist es die Pro- oder die Kontra-These?
Nennt das **erste Argument**.

Außerdem ist auch der Einwand wichtig, dass ehrenamtliche Arbeit trotz des hohen Zeitaufwandes nicht bezahlt wird – und manchmal sogar noch Extrakosten verursacht, beispielsweise für Fahrten oder persönliche Ausrüstungsgegenstände. Für viele Jugendliche ist das ein echtes Problem. Meine Freundin ist zum Beispiel darauf angewiesen, ihr mageres Taschengeld durch Babysitten aufzubessern, ein Job, in dem man zeitlich flexibel sein muss. Da kann sie sich in ihrer ohnehin knappen

Nennt das **zweite Argument.**
Wie ist es inhaltlich mit dem vorhergehenden verknüpft?
Womit wird es erläutert und sogar noch verschärft?
Welches Beispiel aus der persönlichen Erfahrung belegt das Argument?

Sach- und Gebrauchstexte verstehen, Thesen, Argumente und Beispiele in Texten unterscheiden und bestimmen, Methoden der Texterschließung anwenden, Informationen ordnen

Freizeit nicht auch noch unentgeltlich für ein Ehrenamt engagieren.

Schreiben

Nennt die Formulierung, die zum **dritten Argument** überleitet. Mit welchem Wort bewertet der Verfasser/die Verfasserin hier etwas?
Wie wird das Argument begründet?
Womit wird es belegt?

Nicht ganz so wichtig, aber doch erwähnenswert ist, dass es leider auch bei ehrenamtlichen Tätigkeiten zu zwischenmenschlichen Konflikten kommen kann. Denn wenn die „Chemie" im Team nicht stimmt, wenn es statt Lob nur Kritik hagelt und die verdiente Anerkennung ausbleibt, sind die Jugendlichen schließlich so frustriert, dass sie sich nicht länger engagieren wollen. Ein enttäuschter Klassenkamerad hat mir erzählt, dass ihn die ständige Nörgelei von anderen Vereinsmitgliedern dazu gebracht hat, seine freiwillige Mitarbeit im Sportverein aufzugeben.

Hier wird zu den **Argumenten der Gegenseite** übergeleitet – mit welcher Begründung?
Nennt die **zweite These**. Es ist die Pro-These.
Nennt das **vierte Argument**.
Erläutert, durch welche Beispiele es untermauert wird.

Andererseits darf man keinesfalls nur die negativen Aspekte eines Ehrenamtes sehen. Denn wenn so viele Jugendliche sich regelmäßig sozial engagieren, dann müssen sie gute Gründe dafür haben. Ein Argument ist sicherlich das hohe gesellschaftliche Ansehen, das Ehrenämter genießen. Wie wichtig soziales Engagement ist, zeigt zum Beispiel, dass die Europäische Union das Jahr 2011 zum *Jahr des Ehrenamtes* ausgerufen hat. Mit dieser Aktion werden die Leistungen von Freiwilligen gewürdigt, auf die sie zu Recht stolz sein dürfen. Sehr stolz war auch meine Schwester, als sie zum Neujahrsempfang beim Bürgermeister eingeladen und für ihr Engagement bei der Betreuung kranker Kinder ausgezeichnet wurde.

Europäisches Jahr der Freiwilligentätigkeit 2011

Wie schließt das **fünfte Argument** an das vorhergehende an?
Nennt das Argument.
Erläutert, wie es begründet und belegt wird.

Wichtig ist ebenfalls, dass Jugendliche durch ihre freiwillige Arbeit soziale Kompetenz erwerben. Man gewinnt nämlich an Lebenserfahrung, wenn man mit anderen Menschen umgehen und sich in unterschiedlichen Situationen zurechtfinden muss. So arbeitet man etwa bei der freiwilligen Feuerwehr im Team und lernt, Verantwortung zu übernehmen. Die Jugendlichen erfahren hier, dass sie sich auf andere verlassen können und dass sich andere auch auf sie verlassen. Weil die meisten Arbeitgeber soziale Kompetenzen zu schätzen wissen, kann sich ein Ehrenamt bei der Bewerbung um einen Ausbildungsplatz durchaus bezahlt machen. Darauf weisen auch die Berufsberater immer wieder hin.

Warum wird hier auf Experten verwiesen?

Aber für mich ausschlaggebend ist das Argument, dass viele Jugendliche den Wunsch haben, zu helfen und sich für eine gute Sache einzusetzen. … **B**

Nennt das **sechste Argument**. Welchen besonderen Stellenwert hat es?

Wenn ich die Argumente gegeneinander abwäge, komme ich zu der Meinung, dass sich möglichst viele Jugendliche ehrenamtlich engagieren sollten. Allerdings sollte man es nicht übertreiben und daneben ausreichend Zeit fürs Privatleben und die Schulaufgaben reservieren. Es will auch gut überlegt sein, wo man sich engagiert, weil die Tätigkeit einem liegen muss. Auch das Team und die Bedingungen sollten passen. Nur dann werden die Jugendlichen Freude an ihrem Ehrenamt haben und es dauerhaft und erfolgreich ausüben. Ich könnte mir deshalb vorstellen, der Jugendgruppe des Arbeiter-Samariter-Bundes beizutreten, von der mir Freunde viel Positives erzählt haben. Das ist vielleicht das Richtige für mich, weil ich als Schulsanitäter schon einige Erfahrungen in diesem Bereich gesammelt habe. Und da weiß ich natürlich auch, wie gut es sich anfühlt, wenn man anderen helfen kann.

Wie lautet die Formulierung, die den Schluss, die **Synthese** einleitet?

Für welchen Standpunkt entscheidet sich der Verfasser, die Verfasserin? Welche Bedingungen und Forderungen werden als Voraussetzung aufgestellt?

Erläutert, wie auf diese Weise die Annäherung von Pro- und Kontra-These gelingt.

Erläutert die möglichen Konsequenzen für das persönliche Verhalten, die der Verfasser/die Verfasserin aufzeigt, und begründet diese.

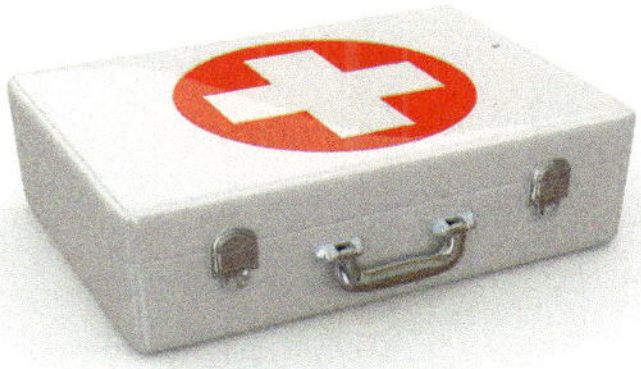

Abschließend möchte ich noch einmal betonen, dass es richtig und wichtig ist, wenn sich Jugendliche den Wunsch nach einem Ehrenamt erfüllen und sich freiwillig für eine gute Sache einsetzen.

Womit setzt der Verfasser/die Verfasserin noch einmal einen deutlichen Schlusspunkt?

3 Geht die Erörterung noch einmal abschnittsweise durch und besprecht die Hinweise und Fragen am Rand.

4 Schaut euch nun den ersten Textabschnitt (S. 73, Z. 15 bis S. 74, Z. 31) an:
- Nennt die erste These.
- Bestimmt die zwei Argumente, die zur Begründung genannt werden. Sind es Pro- oder Kontra-Argumente?
- Nennt zu Argument 2 das Beispiel aus dem Text.
- Beschreibt, in welcher Reihenfolge die Argumente des gesamten Textes genannt werden.

Thesen, Argumente und Beispiele in Texten unterscheiden und bestimmen, die Problemstellung, den inhaltlichen Zusammenhang und die Positionen in argumentativen Texten erfassen

Schreiben

5 Seht auf die markierten Wörter im gesamten Text. Sie tragen in Erörterungstexten dazu bei,

- die Abfolge der Argumente zu strukturieren,
- etwas zu begründen,
- auf Beispiele hinzuweisen,
- etwas einzuschränken,
- Bedingungen zu nennen,
- den eigenen Standpunkt zu äußern.

Findet Textbeispiele für die einzelnen genannten Punkte.

6 Zwei Argumente sind unvollständig. Sie sind im Text mit **A** (S. 73, Z. 19) und **B** (S. 75, Z. 76) gekennzeichnet. Vervollständige sie schriftlich.

a) Nutze die folgenden Stichwörter, um das Argument **A** zu entfalten und auszuformulieren.

- *Einerseits spricht einiges dafür, dass Jugendliche kein Ehrenamt ausüben sollten.*
- *Das wichtigste Argument ist dabei wohl der hohe Zeitaufwand, den die Ausübung eines Ehrenamtes erfordert.*
- *Denn … viele Schüler und Schülerinnen / nach langem Schultag / nur wenig freie Zeit*
- *Beispiel: Ganztagsschüler, Fahrschüler / in der Woche erst am späten Nachmittag zu Hause / dann noch im Haushalt helfen / Lektüre lesen / Referat vorbereiten / für Arbeiten lernen*
- *in der Woche: kaum Zeit für ehrenamtliche Arbeit*
- *Beispiel: meine Cousine / Wunsch / im Reit- und Fahrverein / Voltigierkinder betreuen / hat nicht geklappt / wegen Nachmittagsunterricht*
- *Schule und Ehrenamt / manchmal nicht zu vereinbaren*

b) Entfalte das Argument **B**. Begründe es und finde anschauliche Beispiele.

Argumente erfassen und strukturieren

Ein Argument entfalten bedeutet, Argumente zu begründen und sie mit Beispielen aus der allgemeinen Erfahrung und persönlichen Beobachtung zu verdeutlichen.
Dadurch werden die Argumente klarer und wirken überzeugender.
So kann man ein entfaltetes Argument aufbauen:

THESE
↓
Argument = Begründung + Beispiel
↓
Schlussfolgerung

Erörterung

Aufbau einer Erörterung

1 Erklärt das Schaubild.
- Wie ist die Abfolge der beiden Thesen geregelt?
- Nach welchem Prinzip werden die Argumente der ersten These geordnet, nach welchem die Argumente der zweiten?
- Überlegt, warum eine Erörterung nach dem Sanduhrprinzip auf die Leser besonders überzeugend wirken kann.

WWW
Ihr findet die Sanduhr auch im Internetportal.

Aufbau einer dialektischen Erörterung nach dem Sanduhrprinzip

Thema: meist in Form einer Entscheidungsfrage
Einleitung:
stellt das Thema vor, gebt Erklärungen zur Sache, stellt einen persönlichen Bezug zum Thema her, öffnet es für die Argumentation
Hauptteil:
Erste These: These, die dem eigenen Standpunkt eher **nicht entspricht**; entweder die Pro- oder die Kontra-These
Erstes Argument: sehr wichtiges Argument zur ersten These + Begründung + Beispiel
Zweites Argument: wichtiges Argument zur ersten These + Begründung + Beispiel
Drittes Argument: erwähnenswertes Argument zur ersten These + Begründung + Beispiel
Zweite These: These, die dem eigenen Standpunkt eher **entspricht**, entweder die Pro- oder die Kontra-These
Viertes Argument: wichtiges Argument zur zweiten These + Begründung + Beispiel
Fünftes Argument: sehr wichtiges Argument zur zweiten These + Begründung + Beispiel
Sechstes Argument: ausschlaggebendes Argument zur zweiten These + Begründung + Beispiel
Schluss:
in der **Synthese** Pro und Kontra abwägen, sich persönlich entscheiden, etwas fordern, den eigenen Standpunkt bekräftigen, eventuell Gesichtspunkte aus der Einleitung wieder aufgreifen

2 Überprüft an der Erörterung S. 73–75,
- ob Einleitung und Schluss den Vorgaben im Schaubild entsprechen.
- ob die Argumente nach dem Sanduhrprinzip geordnet sind.

Arbeitsschritte festlegen: Informationen sammeln, ordnen, ergänzen, Sach- und Gebrauchstexte verstehen, Thesen, Argumente und Beispiele in Texten unterscheiden und bestimmen, Informationen ordnen

Schreiben

Sollten Jugendliche ein Ehrenamt ausüben?

Erste These (Kontra-These):
Jugendliche sollten kein Ehrenamt ausüben.

Erstes Argument:
sehr wichtiges Kontra-Argument + Begründung + Beispiel
Ein Ehrenamt auszuüben, kostet viel Zeit.

Zweites Argument:
wichtiges Kontra-Argument + Begründung + Beispiel
Ehrenamtliche Arbeit …

Drittes Argument:
weiteres Kontra-Argument + Begründung + Beispiel
Konflikte und fehlende Anerkennung …

Zweite These (Pro-These):
Jugendliche sollten ein Ehrenamt ausüben.

Viertes Argument:
wichtiges Pro-Argument + Begründung + Beispiel
…

Fünftes Argument:
sehr wichtiges Pro-Argument + Begründung + Beispiel
…

Sechstes Argument:
ausschlaggebendes Pro-Argument + Begründung + Beispiel

www
Ihr findet die Sanduhr zum Ausfüllen im Internetportal.

3 Schreibt das Textgerüst ab.
- Nennt das vierte, fünfte und sechste Pro-Argument mithilfe des Schülertextes auf Seite 73 bis 75 und ergänzt das Textgerüst.

4 Entscheidet, ob ein Argument stark oder schwach ist.
- Seid ihr mit der Reihenfolge der Argumente einverstanden? Entspricht die Gewichtung der Argumente im Schülertext eurer Meinung?
- Welche anderen Argumente sprechen für oder gegen ein Ehrenamt? Wie würdet ihr die Argumente des Textes gewichten?

5 Notiere deine drei stärksten Pro-Argumente zum Thema Ehrenamt für Jugendliche.
- Gewichte und ordne sie dabei nach dem Sanduhrprinzip.
- Entscheide, ob du mit deiner Anordnung eher die Pro- oder die Kontra-These unterstützen willst.

6 Vergleicht eure Ergebnisse.

Arbeitsschritte festlegen: Informationen sammeln, ordnen, ergänzen, Sach- und Gebrauchstexte verstehen, Thesen, Argumente und Beispiele in Texten unterscheiden und bestimmen, Informationen ordnen

Erörterung

Sich informieren – Argumente gewinnen

Ist ein Nebenjob für Schülerinnen und Schüler empfehlenswert?

1 Informiert euch, wann ein Schülerjob erlaubt ist und wann nicht.
In der Tabelle sind einige wichtige Bestimmungen aus dem Jugendarbeitsschutzgesetz aufgelistet:

M → S. 284
Gesetzestexte erschließen

Was Schülerjobber beachten müssen		
bis 12 Jahre	Kinder dürfen nicht arbeiten.	nur wenige Ausnahmen
13 und 14 Jahre	**erlaubt**: nur leichte Beschäftigungen, z. B. Zeitungen austragen, Handreichungen beim Sport	nur nach der Schule, nicht zwischen 18 und 8 Uhr, maximal 2 Stunden pro Werktag
15 Jahre	**erlaubt**: regelmäßige Arbeitsverhältnisse **verboten**: gefährliche Tätigkeiten, z. B. Arbeiten mit giftigen Stoffen	nicht zwischen 20 Uhr und 6 Uhr, maximal 8 Stunden pro Werktag, Arbeit darf Jugendliche nicht überfordern
16 Jahre	**erlaubt**: Arbeit in Mehrschichtbetrieben **erlaubt**: Arbeit in der Gastronomie	• zwischen 5 Uhr früh und 23 Uhr • bis 22 Uhr
ab 18 Jahren	kein Jugendarbeitsschutz mehr	keine besonderen Einschränkungen, Arbeitsschutz für Erwachsene gültig

2 Tauscht euch über die folgende Fragen aus.
- Welchem Ziel dienen diese Bestimmungen eurer Meinung nach?
- Welche Regelung gilt für euch?

Lohnsteuer und Sozialversicherung, Minijobs und Saisonbeschäftigung

Für Sie als Schüler gelten die gleichen Lohnsteuer- und Sozialversicherungsregelungen wie für alle anderen Arbeitnehmer, mit der Ausnahme, dass Sie als Schüler in der Arbeitslosenversicherung frei sind (Sie können ja auch nicht arbeitslos werden).

Wahrscheinlich allerdings werden Sie Ihren Ferienjob nicht auf Lohnsteuerkarte, sondern im Rahmen eines Minijobs oder einer Saisonbeschäftigung ausüben. Diese Beschäftigungsverhältnisse sind gänzlich sozialversicherungsfrei und die hierbei fällige (pauschale) Lohnsteuer wird vom Arbeitgeber an das Finanzamt abgeführt.

Es ist übrigens völlig normal, wenn sich Ihr Arbeitgeber für Sie als schulpflichtigen Beschäftigten eine Einverständniserklärung Ihrer Erziehungsberechtigten vorlegen lässt.

Tipp
*Kostenlose Infobroschüre **„Klare Sache“** vom Bundesministerium für Arbeit und Soziales*

3 Lest den Text und markiert die für euch wichtigen Informationen.

Folie

4 Erstellt einen Merkkasten, der die wichtigsten Informationen aus dem Jugendarbeitsschutzgesetz und aus dem Text zur Sozialversicherung zusammenfasst.

Sach- und Gebrauchstexte verstehen, Thesen, Argumente und Beispiele in Texten unterscheiden und bestimmen, Methoden der Texterschließung anwenden, Informationen ordnen

Schreiben

Erörterung

Einzelne Bausteine einer Erörterung formulieren

Nach Schulschluss Geld verdienen

Barbara Esser

Das Wochenende von Lion beginnt in der Regel erst am späten Freitagabend. Dann hat der Schüler, wie auch am Tag zuvor, viereinhalb Stunden an der Supermarktkasse gesessen und Berge von Lebensmitteln über den rot flimmernden Laserstrahl gezogen. Er hat viele Tausend Male den Bestätigungspieps des Scanners vernommen, hat Brezeln aufgebacken, die Obst- und Gemüsesteigen aufgefüllt und Pfandgläser einsortiert. Eigentlich macht Lion in seiner Freizeit am liebsten mit seiner Rockband Musik. Aber weil sein Hobby teuer ist, er gern CDs kauft und häufig auf Konzerte geht, muss das Taschengeld aufgebessert werden. Seit zwei Jahren jobbt der 18-Jährige nun für knapp neun Euro Stundenlohn im Supermarkt. Rund 300 Euro kommen so monatlich zusammen. „Anfangs“, sagt er, „war es stressig für mich, mit den Tasten, dem Scannen, dem Geld, aber dann fand ich es extrem gut für mein Selbstbewusstsein.“ Selbst erarbeitetes Geld zu haben findet Lion „geil, weil es mein eigenes Ding ist“. Seine Mutter drückt es eleganter aus: „Er hat einen ernsthaften Bezug zum Thema Geld bekommen, seit er weiß, dass man sich jeden einzelnen Euro erarbeiten muss. Und er genießt das Gefühl, über das Selbstverdiente zu verfügen.“ Die anfängliche Sorge der Mutter, die Schulleistungen könnten unter dem Job leiden, erwiesen sich als unbegründet. „Er teilt sich das prima ein.“ Schule plus Job – die Kombination ist deutscher Alltag.

Am Ende ihrer Schulzeit haben vier Fünftel der Schülerinnen und Schüler Erfahrungen mit einem Nebenjob. Im Schnitt verdienen sie zwischen 13 und 15 Jahren fünf bis sieben Euro in der Stunde, die Älteren kommen auf bis zu zehn Euro. Aber wie findet man gute Jobs? Klassiker wie Nachhilfe, Babysitten, Zeitung austragen oder Mithilfe im Getränkemarkt lassen sich schon durch Herumhören im Bekanntenkreis oder durch Anzeigenblätter ergattern. Aushilfsjobs im Büro oder im Lager vergeben in der Regel eher kleinere Betriebe, hier macht sich persönliches Vorsprechen bezahlt. Schülerjobs in Großkonzernen werden indes immer rarer, Siemens z. B. stellt nur noch Werkstudenten ein. Dafür öffnen sich über das Internet neue Vermittlungswege. So hat die 13-jährige Sabrina ihre neue Beschäftigung online unter dem Stichwort Gassi gehen entdeckt. Seit einer Weile führt die Achtklässlerin nun die Hunde anderer Leute aus. Sie verdient mindestens fünf Euro pro Stunde. Das Geld gibt sie für Klamotten aus, „aber so wichtig ist es mir gar nicht, ich liebe einfach Hunde".

Auf lokalen Nachbarschaftsnetzwerken inserieren Familien, die Schüler als Babysitter oder als Nachhilfelehrer suchen. Auch andere Portale wenden sich an Schülerjobber. „Leere Plastiktöpfe in Kisten stellen, mit Erde anfüllen, Zwiebel einsetzen, Erde auffüllen, etikettieren, Aufstapelung der bepflanzten Kisten, ab 16, sechs Euro", heißt es da zum Beispiel. „Solche Jobs sind für Schüler ideal, sie können eigenes Geld verdienen und lernen auch, Verantwortung zu übernehmen", findet Sascha Rupertz. Der Geschäftsführer eines Internetportals versichert, jedes Angebot auf Seriosität zu prüfen: Anzeigen für private Fotoshootings, Heimarbeit und „Schmuddeljobs" landen automatisch auf dem Index.

Nicht alle Jobangebote sind sauber. In den dunklen Nischen des Internets tummeln sich allerlei zwielichtige Angebote, die – finanziell durchaus verlockend – vor allem junge Mädchen ansprechen sollen. „Fotos im Stil der Bravo", „freizügige Fotos", halbseidene Hostessen-Angebote finden sich hier. „Eltern sollten ihre Kinder bei der Suche nach einem Schülerjob unbedingt beraten und begleiten", rät Paula Honkanen-Schoberth, Geschäftsführerin des Deutschen Kinderschutzbunds. „Da wird mit guten Honoraren gelockt, und manche Mädchen bieten sich selbst in ihrer Naivität auch etwas sehr keck an." Bei seriösen Online-Vermittlern werden weder Fotos noch Telefonnummern oder Familiennamen genannt. Der Kontakt läuft erst auf ausdrücklichen Wunsch über den Anbieter. Ganz ohne Aufsicht eines Erwachsenen geht es eben nicht. Das gilt auch für das Arbeitspensum. Eltern sollten aktiv mit beobachten und einschätzen, wie viel Nebenjob ihre Kinder vertragen, empfiehlt Josef Kraus, Vorsitzender des Deutschen Lehrerverbands.

Schreiben

„Wenn die Noten stimmen, ist ein Nachmittag pro Woche sicher in Ordnung und steigert auch das Selbstbewusstsein." Zweischneidig werde es, wenn sich durch Schülerarbeit die Prioritäten zu Lasten der Schule verschieben, warnt der Pädagoge. „Manche pennen in der Schule vor sich hin, oder es häufen sich die Fehltage." Bei Verdacht auf hyperaktives Jobben schickt Kraus Schüler auch mal zur Überprüfung zum Schularzt. Doch solche Fälle schulexterner Arbeitswut dürften eher unter der Rubrik „Ausnahme" rangieren. Immerhin kommt eine Untersuchung des Deutschen Instituts für Wirtschaftsforschung zu dem Ergebnis, dass Schülerjobs meist keinen negativen Einfluss auf die Schulleistungen haben. Mit demselben Pragmatismus, mit dem sie für passable Noten pauken, scheinen deutsche Schülerinnen und Schüler auch mit ihren Nebeneinkünften umzugehen. Die 17-jährige Sarina gibt an zwei Nachmittagen Nachhilfe und arbeitet an einem Abend als Babysitterin. Damit kommt die Schülerin auf bis zu 40 Euro die Woche. Der Minijob ermöglicht Extras bei Kleidung, Geschenken, Kino und Ausgehen. „Babysitten macht mir mehr Spaß, als in einer Boutique zu jobben", sagt sie. Und die Schule? „Die hat immer Priorität, ich lasse nichts schleifen, lieber sage ich einen Job ab." Beim Babysitten könne man sowieso prima lernen, wenn die Kleinen erst mal schlafen. Sie scheinen viel zu schlafen, die lieben Kleinen. Sarinas Notenschnitt liegt bei 1,8. ◇

1 Überlegt, ob dieser Zeitungsartikel Schülerjobs positiv oder negativ beurteilt.

2 Lest den Text noch einmal im Hinblick auf die Erörterungsfrage „Ist ein Nebenjob für Schüler und Schülerinnen empfehlenswert?" durch.

Folie

- Markiert Pro- und Kontra-Argumente unterschiedlich.
- Haltet die Pro- und Kontra-Argumente sowie Beispiele in einer Tabelle fest:

Pro-These: Ein Nebenjob ist empfehlenswert		Kontra-These: Ein Nebenjob ist nicht empfehlenswert	
Pro-Argumente	Beispiel	Kontra-Argumente	Beispiel
es ist gut für's Selbstbewusstsein	*Lion …*	*zu wenig Zeit für Hobbys*	…

3 Markiere in deiner Tabelle die Pro- und Kontra-Argumente, die du in deiner Erörterung nutzen willst.

4 Ergänze die Tabelle um eigene Argumente und Beispiele und notiere diese.

5 Gewichte und nummeriere die Argumente nach dem Sanduhrprinzip. Entscheide dabei, ob du eine Pro- oder Kontra-Haltung zu diesem Thema einnimmst.
Beispiel: *Es ist sinnvoll, dass Schülerinnen und Schüler einen Nebenjob ausüben. Denn …*
Es ist nicht sinnvoll … Denn …

www
Du findest im Internetportal eine Sanduhr, die du mit deinen Argumenten füllen kannst.

6 Schreibe nun die Argumente, die du verwenden willst, nach dem Sanduhrprinzip geordnet auf.

Argumente mit plausibler Begründung formulieren und durch geeignete Belege, Beispiele und Beweise stützen, Thesen, Argumente und Beispiele in Texten unterscheiden und bestimmen

Erörterung

Eine Erörterung schreiben

1. Die Einleitung

1 Verfasse eine Einleitung zu dem Thema „Ist ein Nebenjob für Schüler und Schülerinnen empfehlenswert?“.

a) Vervollständige die folgende Einleitung:
Ein Blick ins leere Portemonnaie zeigt: Höchste Zeit, das Taschengeld aufzubessern! So geht es vielen Jugendlichen. Mein Freund Max trägt Zeitungen aus, andere Freunde arbeiten täglich ein, zwei Stunden …
Auch ich habe schon über einen Job nachgedacht, aber was ist dann …?
Ist Jobben neben der Schule wirklich …?

b) Schreibe eine eigene Einleitung. Du kannst dazu die nachfolgenden Sätze als Anregung benutzen.
- *Kino, Smartphone oder Eis – alles kostet Geld. So ist es nicht verwunderlich, dass …*
- *Ein eigener Motorroller – das wär's. Um mir diesen Traum zu erfüllen, jobbe ich seit …*
- *Es ist ganz normal, dass Leute in meinem Alter jobben. Sie verdienen sich ihr Geld …*
- *Wie fühlt sich Arbeit an? Das wollte ich wissen und habe mir einen Job …*
- *Seit ich 13 Jahre alt bin, verteile ich zweimal in der Woche Anzeigenblätter in unserem Viertel. …*
- *Das Thema Jobben ist bei uns zu Hause heiß umstritten. Meine Mutter meint … Mein Vater aber denkt … Und ich …*
- *An den Anschlagbrettern im Supermarkt, in den Jobbörsen im Internet, überall werden Jobs für Schüler angeboten. Das klingt schon verlockend. Aber …*
- *Ich möchte später einmal Fahrradmechaniker werden. Als sich mir die Gelegenheit bot, einmal in der Woche bei unserem Fahrradhändler zu jobben, da …*

Arbeitsschritte festlegen: Informationen sammeln, ordnen, ergänzen, Argumente mit plausibler Begründung formulieren und durch geeignete Belege, Beispiele und Beweise stützen

Schreiben

Tipp
Nutze deine Tabelle von Seite 82.

www
Du findest die Sanduhr zum Ausfüllen im Internetportal

2. Den Hauptteil nach dem Sanduhrprinzip schreiben

1 Leite nach deiner Einleitung zu deiner Pro- oder Kontra-These über und formuliere das erste Argument.
Folgende Formulierungshilfen können dir nützlich sein:
Wenn du den Hauptteil mit der Pro-These beginnst:
- *Einerseits spricht vieles dafür, dass Jugendliche neben der Schule einem bezahlten Job nachgehen.*
- *Ein besonders wichtiger Grund ist ... Denn die Jugendlichen ... Das zeigt auch das folgende Beispiel ...*
- *Obwohl Schülerjobs sicherlich auch Schattenseiten haben, lassen sich einige Vorzüge nicht von der Hand weisen.*
- *Das wichtigste Argument dabei ist ...*
- *Denn Schülerjobs können ... Experten weisen darauf hin ...*
- *Viele Schülerjobber berichten ... Zum Beispiel ...*

Wenn du den Hauptteil mit der Kontra-These beginnst:
- *Einerseits spricht vieles gegen das Jobben nach Schulschluss. Denn Experten weisen darauf hin, dass ...*
- *Wie berechtigt solche Warnungen sind, zeigt auch folgendes Beispiel ...*
- *Sicherlich gibt es vieles, was für Schülerjobs spricht, aber sie haben auch Schattenseiten. Ein besonders wichtiges Argument ist, ...*
- *Denn ... Beispielsweise ...*

2 Entfalte auch das zweite und dritte Argument und schreibe es auf.
- *Ein zweiter wichtiger Grund ist, ... weil ...*
- *Als Beispiel möchte ich dazu Folgendes anführen ...*
- *Außerdem sollte man auch nicht vergessen, dass ... Zum Beispiel ...*

3 Leite nun zu der zweiten These (Pro oder Kontra) über und entfalte die Argumente.
- *Andererseits gibt es natürlich gute Gründe, die für/gegen Schülerjobs sprechen.*
- *So darf nicht unerwähnt bleiben, dass ...*
- *Denn ... Beispielsweise ...*
- *Wichtig ist auch ..., weil ...*
- *Wie man auch am Beispiel ... sehen kann, ...*
- *Das wichtigste Argument aber ...*
- *Es ist doch so, ...*
- *Das lässt sich eindrucksvoll mit folgendem Beispiel belegen. ...*

3. Den Schluss schreiben

1 Formuliere einen Schluss.

a) Hier sind zwei mögliche Vorschläge. Wähle einen aus und schreibe den Schluss vollständig auf.

Wenn du dich gegen das Jobben neben der Schule aussprichst:

Nachdem ich nun Pro und Kontra erörtert habe, lässt sich Folgendes zusammenfassen. Für das Jobben neben der Schule spricht zweifellos …
Dagegen spricht aus meiner Sicht vor allem …
Zwar ist es für mich in Ordnung, wenn Jugendliche sich etwas Taschengeld hinzuverdienen möchten. Allerdings sollten sie dann darauf achten …
Ich möchte aber nicht auch noch nach dem Unterricht …
Denn dann brauche ich Erholung und Zeit für …
Deshalb kommt für mich … nicht infrage.

Wenn du dich für das Jobben neben der Schule aussprichst:

Zwar lässt sich gegen das Jobben nach der Schule einwenden, dass …
Doch wenn ich das Pro und Kontra abwäge, überwiegen für mich klar die Vorteile. Neben der Aufbesserung des Taschengeldes sprechen für einen Schülerjob vor allem …
Allerdings räume ich ein, dass man bei der Auswahl eines Jobangebots …
So muss man beachten …
Aber wer die Eltern an seiner Seite hat, wird eine Arbeitsstelle finden, die …
Für mich gehört ein Schülerjob zum Erwachsenwerden unbedingt dazu.
Deshalb werde ich …

b) Schreibe einen eigenen Schluss.
Berücksichtige dabei folgende Formulierungshilfen:
Wenn ich das Pro und Kontra abwäge, kann ich Folgendes zusammenfassen. … Nachdem ich nun Pro und Kontra erörtert habe, überwiegen für mich … Neben … sprechen vor allem dafür /dagegen, dass … Ausschlaggebend ist für mich aber … Allerdings räume ich ein, dass … Darum finde ich es wichtig, … Für mich steht fest … Ich selbst werde deshalb …

Tipp
Vergleicht eure Texte gegenseitig und macht Verbesserungsvorschläge.

Argumente zu einer Argumentationskette verknüpfen und gewichten, Gegenargumente formulieren, prüfen und einbeziehen, eigenständige Schlussfolgerungen ziehen und begründet Stellung nehmen

Schreiben

Erörterung

In einer **Erörterung** wird ein Problem von zwei Seiten dargestellt.
Ausgangspunkt ist oft eine **Entscheidungsfrage**, zu der die **Einleitung** hinführt. Die Antwort auf diese Frage lässt man in der Einleitung offen.
Die **Pro-** und die **Kontra-These** werden im **Hauptteil** durch **Argumente** zusammen mit den **Begründungen** und **Beispielen** aus eigener Erfahrung und Informationstexten belegt.
Dabei kann man sie nach dem **Sanduhrprinzip** ordnen, um so die These zu unterstützen, die der eigenen Meinung eher entspricht.
Am Ende der Erörterung wägt man Pro und Kontra ab und versucht eine Annäherung der gegensätzlichen Standpunkte. Ganz zum **Schluss** des Erörterungsaufsatzes begründet man seinen persönlichen Standpunkt.

Aufbau einer Erörterung
Mit einer interessanten **Einleitung** erweckst du die Aufmerksamkeit der Leser für das Thema. Du hast viele Möglichkeiten. So kannst du mit einem anschaulichen Beispiel beginnen, einen persönlichen Bezug zum Thema herstellen oder über die Sache informieren. Stelle dann das Thema in Form einer Frage vor. Leite dann zur Pro- oder Kontra-These über.

Hauptteil einer Erörterung
Zunächst stellst du die These (Pro- oder Kontra) auf, die du weniger unterstützen willst. Diese These begründest du mit mehreren Argumenten, die du nach dem Sanduhrprinzip aufbaust. Als „Eselsbrücke" kannst du dir merken, dass du **die drei Bs** berücksichtigen musst (**B**ehauptung/Argument, **B**egründung, **B**eispiel).
Dann leitest du zu deiner zweiten gegenteiligen These über und verfährst wieder nach dem Sanduhrprinzip. Das **wichtigste Argument** bringst du **zuletzt**.

Benutze beim Schreiben deine Materialsammlung (*Tabelle, Stichworte, Gewichtung der Argumente*).

Im **Schluss einer Erörterung** begründest du deinen **eigenen Standpunkt**. Dazu überlegst du, welches der Argumente den Ausschlag für deinen Standpunkt gibt, und bekräftigst damit diesen. Du solltest auch überlegen, ob es eine Kompromisslösung geben kann (*einerseits … andererseits*). So zeigst du, dass du bei deinem eigenen Standpunkt auch andere Auffassungen bedacht hast.

Erörterung

Eine Erörterung überprüfen

Sollen Jugendliche neben der Schule noch einen Nebenjob haben?

Datenvolumen verbraucht und kein Geld zum Aufstocken. Wer kennt das nicht? Der Normalzustand eines Schülerportemonnaies ist gähnende Leere, es sei denn, die Großmutter hat ein Erbarmen. Diese Abhängigkeit von Geldgebern aus der Familie kennen alle Schüler. Man will sich die neuesten Sneaker gönnen. Geht nicht! Die anderen haben bereits das coole I-Phone, das gerade auf den Markt gekommen ist. Man muss warten bis zum Geburtstag oder Weihnachten. Dann legt vielleicht gnädigerweise die Familie zusammen und man bekommt es geschenkt. Wenig selbstbestimmt, oder? Also, was tun?

Ich möchte gern arbeiten. Sollen Schüler dies tun, um ihre finanzielle Situation zu verbessern? Ich finde ja, denn so mache ich mich unabhängig von der Zustimmung meiner Eltern. Da fällt mir ein, dass ich auch noch einen neuen Laptop brauche. Die Reise mit Interrail haben mir meine Eltern gerade aus Kostengründen verboten. Wenn Jugendliche fragen, ob sie einen Nebenjob wie Zeitung austragen oder im Café kellnern annehmen dürfen, behaupten die Eltern, dass die Schule vernachlässigt werden könnte. Mein Freund Tom hat erst neulich in Mathe eine super Arbeit hingelegt, obwohl er regelmäßig das Wochenblatt in die Briefkästen wirft. Aber sogar die Nachbarn haben ihn schon darauf angesprochen, dass so ein Job für einen Schüler unpassend sei.

Ich muss zugeben, dass für manche Schüler die Schule anstrengend genug ist und man die Hausaufgaben zu erledigen hat. Die sind dann vielleicht überfordert. Wenn man zwei oder drei Tage die Woche gleich nach der Schule arbeitet und dann erst abends nach Hause kommt, kann man sich nicht mehr auf die Hausaufgaben konzentrieren. Die Klassenarbeiten würden dann nicht mehr so gut ausfallen, da nicht mehr so viel Zeit für das Lernen und für die Hausaufgaben bleibt. Aber das kann man widerlegen. Mein Freund Tom ist das beste Beispiel und ich weiß, dass ich die Arbeit eher als Abwechslung gegenüber dem eintönigen Schulvormittag empfinden würde. Meine Leistungen würden bestimmt nicht leiden. Für Schüler, die sich dann für eine richtige Ausbildung oder Arbeit bewerben, könnte ein schlechteres Zeugnis zum Verhängnis werden.

Bedenken muss man, dass die Arbeitgeber der Nebenjobs die Jugendlichen oft ausnützen, weil beispielsweise meine Cousine im Supermarkt die übriggebliebene Arbeit ma-

Schreiben

chen muss und nicht so gut bezahlt wird, wie sie es vielleicht verdient hätte. Sie muss oft Regale einräumen oder Listen mit unendlich vielen Zahlen ausfüllen. Als sie mal einen Fehler gemacht hat, bekam sie richtig viel Ärger. In manchen Jobs muss man viel stehen oder laufen, was auch körperlich sehr anstrengend werden kann, wenn es jeden Tag so geht. Kein Wunder, dass man dann abends erschöpft ist, und das ist ungünstig, wenn man am nächsten Tag wieder früh aufstehen und fit sein muss, weil die nächste Klassenarbeit ansteht. Eigentlich bin ich der Meinung, dass ein Nebenjob nur sinnvoll ist, wenn derjenige keine Probleme in der Schule hat. Ich selbst würde mir zutrauen, die Hausaufgaben nicht zu vernachlässigen, und es ist auch nicht zu viel für mich. Es lohnt sich auf jeden Fall, denn mit dem Zusatz an Geld stehen mir neue Türen offen. Zudem gewinnt man an Erfahrung, was im späteren Berufsleben nützlich ist.

Da fällt mir noch ein Pro-Punkt ein. Man lernt kennen, wie es ist zu arbeiten. Damit wird man belastbarer und weiß, worauf es ankommt. Im späteren Berufsleben kann das von Vorteil sein, wenn man schon mal eine Arbeit durchgehalten hat. Man weiß zum Beispiel, wie man sich ausdrückt, was von einem erwartet wird oder wie man in einem Job, in welchem man mit Kunden zu tun hat, mit denen umzugehen hat. Wenn man zuvor noch nie gearbeitet hat, dann ist man vielleicht unsicher und braucht mehr Zeit, um eingelernt zu werden. Das ist heutzutage nicht gut, weil eher erwartet wird, dass man alles schon kann.

Arbeiten kann aber auch stressig sein. Die Schüler sind dann müde, schlecht gelaunt und haben Angst, Fehler zu machen. Wenn der Druck von schulischer Seite und von der Arbeit her zu groß ist, sollte man es lieber lassen. Auf der einen Seite will der Lehrer, dass man die Hausaufgaben täglich dabeihat und fit genug für den Unterricht ist. Auf der anderen Seite will der Arbeitgeber, dass man stets tut, was er sagt, und es wird erwartet, dass keine Fehler gemacht werden. Den ganzen Tag lang konzentrieren, das kann wohl kaum einer. Der Stress kann sich dann negativ auswirken, auch auf die Familie und Freunde. Ich möchte jedenfalls nicht mit meinen Eltern und Freunden Stress haben, weil ich vor lauter Überlastung nur noch gereizt bin.

Trotz dieses Arguments gegen den Nebenjob gibt es auch gute Seiten, die wirklich wichtig sind. Man lernt, Verantwortung zu tragen. Die Jugendlichen werden selbstständiger, wenn sie einen eigenen Job haben, und lernen, wie man damit umgeht. Wenn man eine Aufgabe bekommt, will man diese natürlich auch gut erledigen, und nach der Zeit lernt man auch, wie man Verantwortung übernimmt, was im späteren Job nützlich sein kann. Es macht sich gut im Lebenslauf, wenn ich aufführen kann, welche Tätigkeiten ich zur Zufriedenheit hinbekommen habe. Meistens kann man sich auch eine Beurteilung geben lassen für das sogenannte Portfolio. Denn wenn ein Arbeitgeber sieht, dass man schon mit so einigen Aufgaben gut umgegangen ist, hat man größere Chancen, den Ausbildungsplatz auch zu bekommen.

Doch nicht nur für die Schule ist weniger Zeit zur Verfügung, man hat auch weniger Freizeit und das ist wichtig zu bedenken. Wenn ich mittags von der Schule nach Hause kom-

me, nur schnell etwas essen kann und dann schon wieder zur Arbeit muss und die Hausaufgaben natürlich abends auch noch erledigen muss, habe ich logischerweise keine Zeit mehr für mich und meine Freunde. Auch meine Familie muss warten, bis ich entweder mal nicht arbeiten muss oder keine Hausaufgaben habe. Meine Klassenkameradin Sabine kann zum Beispiel nach der Schule nicht mehr zum Reiten oder sich mit ihren Freundinnen treffen. Wenn man also arbeiten möchte, sollte man sich genau überlegen, ob man zu einem Verzicht auf Freizeit und Zusammensein mit Familie und Freunden bereit ist.

Der häufigste Grund, weswegen Jugendliche einen Nebenjob annehmen, ist das Geld, welches man verdient. Die meisten haben ein Taschengeld, mit dem man kaum über den Monat kommt, geschweige denn sich noch Extras leisten kann. Um es aufzustocken, gehen sie arbeiten. Es bringt einige Vorteile, zum Beispiel muss man die Eltern nicht mehr nach Geld fragen, weil man nun genug hat, um sich die Dinge zu kaufen, die man haben möchte. Aber ich lerne auch, mit Geld umzugehen. Ich glaube, dass man bei Geld, wofür man selbst gearbeitet hat, genauer überlegt, ob man eine Sache wirklich braucht. Ich würde das Geld lieber aufs Sparbuch bringen, weil ich so schnell wie möglich den Führerschein machen möchte.

Zum Abschluss möchte ich sagen, dass jeder selbst wissen muss, ob er einen Nebenjob annimmt oder nicht. Auch Eltern sollten einmal darüber nachdenken, ob ihre kritische Haltung zu dem Thema sinnvoll ist. Ich jedenfalls werde bei meinen Eltern noch Überzeugungsarbeit leisten. Meinem Freund Tom ist dies schon mit Erfolg gelungen. Er darf sogar noch einen Job am Samstag im Supermarkt annehmen.

1 Lest die Erörterung.
- Markiert die Pro- und Kontra-These sowie die passenden Argumente und Beispiele.
- Diskutiert, welche Fehler beim Aufbau der Erörterung gemacht worden sind.
- Überlegt, was bei diesem Erörterungsbeispiel gut gelungen ist.

Folie

Tipp
Der Merkkasten auf der Seite 86 kann euch helfen.

Methoden der Texterschließung anwenden, Informationen ordnen, Vorwissen aktivieren und in Zusammenhang mit dem Text bringen

Checkliste

Formulierungshilfen und weitere Hinweise

Im **Hauptteil** habe ich ...

- [x] zur ersten These übergeleitet.
- [x] die These mit mehreren überzeugenden Argumenten gestützt.
- [x] zur zweiten These übergeleitet.
- [x] die These mit mehreren überzeugenden Argumenten gestützt.
- [x] das Sanduhrprinzip beachtet.

- Einerseits spricht vieles für/gegen ...
- Das stärkste Argument ist sicherlich ...
- Wichtig ist außerdem, dass ...
- Nicht ganz so wichtig, aber erwähnenswert ...
- Andererseits ... Denn wenn ..., dann muss es dafür gute Gründe geben.
- Ein Grund, den man nicht außer Acht lassen darf, ist ...
- Ebenso wichtig ist ...
- Das ausschlaggebende Argument ist aber ...

Die **Argumente** habe ich ...

- [x] vollständig entfaltet, und zwar
- [x] mit schlüssigen Begründungen,
- [x] anschaulichen Beispielen,
- [x] Zahlen und Fakten.

- denn, weil, da, also, nämlich ...
- deshalb, darum, deswegen, schließlich ...
- In den Medien kann man etwa immer wieder lesen ...
- Zum Beispiel Freunde ... Meine Cousine beispielsweise ...
- Statistische Erhebungen von ... zeigen, dass im Jahr ...

Im **Schluss** (Synthese) habe ich ...

- [x] Pro und Kontra abgewogen.
- [x] meinen Standpunkt geäußert und begründet.
- [x] etwas zum persönlichen Umgang mit dem Thema erklärt.
- [x] Gegenargumente gewürdigt.
- [x] Forderungen, Bedingungen gestellt, Kompromisse angeboten.
- [x] meine Meinung abschließend noch einmal bekräftigt.

- Wenn ich nun Pro und Kontra gegeneinander abwäge, bin ich schließlich der Ansicht, dass ...
- Ich befürworte / lehne ... ab ...
- Denn für mich ist entscheidend ...
- Ich persönlich ...
- Natürlich will ich die Gegenargumente nicht ganz von der Hand weisen. So räume ich ein ...
- Allerdings sollte man dann ... Ein Kompromiss wäre ...
- Obwohl ich also akzeptiere, dass manchmal ..., steht meine Meinung grundsätzlich fest.
- Schülerinnen und Schüler sollten ...

Ich habe ...

- [x] mich verständlich ausgedrückt.
- [x] verknüpfende Formulierungen verwendet.
- [x] Umgangssprache vermieden und bin sachlich geblieben.

- Keine „Bandwurmsätze"! Öfter mal einen Punkt setzen.
- Außerdem möchte ich noch betonen / erläutern / erwähnen ...
- So lässt sich feststellen, dass ...
- ~~nix~~ → nichts;
  ~~geil, super, cool~~ → gut, hervorragend, ausgezeichnet;
  ~~echt total bescheuert~~ → überhaupt nicht in Ordnung;
  ~~meckern~~ → kritisieren; ~~Quatsch~~ → Unsinn

Ich habe ...

- [x] die Erörterung optisch gegliedert.
- [x] meinen Text orthografisch gelesen.
- [x] in Zweifelsfällen nachgeschlagen.
- [x] Fehler korrigiert.

- Nach jedem Gliederungspunkt einen Absatz machen.
- Beim Lesen den Text leise Wort für Wort sprechen.
- Ein Wörterbuch sollte immer auf dem Tisch liegen.
- Bei der Zeichensetzung hilft das Punkt-und-Komma-Lesen.

Erörterung

Überprüfe dein Wissen und Können

1 Markiere, welche Aussagen über eine Erörterung nicht richtig sind.

Folie

a) Das Thema ist meistens als Entscheidungsfrage formuliert.
b) In der Einleitung äußert man seinen Standpunkt.
c) Der Hauptteil beginnt grundsätzlich mit der Kontra-These.
d) Mit dem Sanduhrprinzip kann man die Argumente im Hauptteil so ordnen, dass der eigene Standpunkt dadurch bekräftigt wird.
e) Am Schluss versucht man, die Gegensätze von Pro- und Kontra-These einander anzunähern.
g) Im Schlussteil sollte man den Leser noch mit zwei, drei neuen Argumenten überraschen.

2 Ordne die folgenden sechs Argumente Pro und Kontra zu und gewichte sie nach dem Sanduhrprinzip. Schreibe dazu eine Übersicht nach dem Sanduhrprinzip auf.

Sollten Jugendliche abends länger ausgehen dürfen?
a) Längere Ausgehzeiten gefährden die Gesundheit von Jugendlichen.
b) Die Leistungen sacken ab, wenn man morgens übernächtigt im Unterricht sitzt.
c) Strenge Regeln laden nur dazu ein, mit Tricks dagegen zu verstoßen.
d) Spätabends sind Jugendliche zu vielen Gefahren ausgesetzt.
e) Kurze Ausgehzeiten verderben Jugendlichen den Spaß in der Disco.
f) Jugendliche sind erwachsen genug, um länger auszugehen.

3 Wähle aus folgenden Themen eines aus und schreibe eine Erörterung.
- Sollten YouTuber als eigenständige Berufstätige anerkannt werden?
- Sollten sich Jugendliche Schönheits-Operationen unterziehen?
- Das Wahlrecht mit 16 – sollte es eingeführt werden?

Immer mehr Jugendliche wollen Schönheits-OP
Schönheitsoperationen wie Brustvergrößerungen, Lippen- oder Nasenkorrekturen stehen bei Jugendlichen immer häufiger auf den Wunschzetteln zum Geburtstag oder zum Abitur.

Bertolt-Brecht-Gymnasium, Steinhausen/Aktuelles
Die Klasse 9a lädt zu einer schulinternen Runde „Jugend debattiert" ein. Thema: Sollen Jugendliche mit 16 wählen dürfen?
Die Schülerinnen und Schüler wollen zeigen, dass sie in der Lage sind, gut begründete Standpunkte zu äußern. Eltern und Mitglieder des Stadtrats sind daher besonders herzlich eingeladen.

Irgendwann hatte er die ersten 500 Follower zusammen, die er fortan fast täglich mit neuen Videos bediente. Nach einer Umstrukturierung in seiner Firma nutzte er die gute Abfindung, um sich als Vollzeit-YouTuber zu versuchen. „Ein Schritt, der bei meinen Freunden eher auf Unverständnis stieß." Und was sagten seine Eltern? „Sie glaubten an mich, weil auch meine bisherigen Jobs immer irgendwie funktioniert hatten."

Lesen – Umgang mit Texten und Medien

Gedichte

Tang-Dynastie
Chinesische Kaiserdynastie, die von 618 bis 907 n. Chr. an der Macht war

Jan Wagner
*(*18.10.1971) Mit Wagners Gedichtband „Regentonnenvariationen“ erhielt 2015 erstmals ein Lyriktitel den Preis der Leipziger Buchmesse.*

„Lyrik ist das punktuelle Zünden der Welt. Ein paar Quadratzentimeter weißes Papier, bedruckt mit einer Handvoll Wörter, mehr braucht es nicht, um größte zeitliche wie räumliche Distanzen zu überwinden: Ich schlage die Seite um – und ein chinesischer Dichter der Tang-Dynastie spricht mir plötzlich aus dem Herzen.“ *(Text verändert)*
(Jan Wagner)

1 Tauscht euch über die Worte Jan Wagners aus. Wie versteht ihr sie?

2 Lies das Gedicht. Beschreibe das Gefühl, das der Sprecher im Gedicht hat.

Zur Nacht

Li Tai-Bo

Vor meinem Bette lag
vom Mond ein heller Schein.
Es war mir fast, als sei
es Reif am dunklen Rain.

Da hob ich meinen Kopf,
sah in den Mond gebannt
Und senkte ihn: Mein Sinn
ging in mein Heimatland.

Reif
gefrorenes Wasser in Bodennähe; sieht aus wie Schnee

Rain
Acker(grenze)

3 Notiert „große Gefühle“, die Gedichte zum Thema haben können. Legt ein Cluster an.

4 Beschreibt, inwiefern die Worte von Jan Wagner auf Li Tai-Bos Gedicht zutreffen. Nehmt für eure Überlegungen die Cluster aus Aufgabe 3 zu Hilfe.

5 Lies das Gedicht von Katrine von Hutten. Benenne die Gefühle, die in diesem Gedicht eine Rolle spielen. Ergänze „neue“ Gefühle in deinem Cluster.

Die Liebe liebt das Wandern

Katrine von Hutten

Sie taucht auf aus heiterem
oder bewölktem Himmel
sie lässt sich nicht beschreiben
sie lässt sich nicht fotografieren
sie ist jedenfalls wetterunabhängig.

Sie entwaffnet oder beflügelt
oder bewaffnet oder entflügelt uns
sie nistet sich ein. Sie baut sich
aus unseren zwei Herzen ein schönes Nest.

Und Freitag oder Samstag
nach einem Monat oder vielen Jahren
ist der Vogel weg, der uns die Ohren
voll gesungen hat mit süßen
und giftigen Liedern und wir stehn da
befreit, ja wirklich schrecklich frei.

6 Beschreibe die äußere Form des Gedichtes.

7 Betrachtet die Gestaltung des Gedichtes. Macht euch Notizen zu folgenden Aspekten:
- Wortwahl und Satzbau
- sprachliche Bilder
- weitere Gestaltungsmittel: Enjambement, Atmosphäre ...

Äußere Form
– Strophe
– Reim
– Vers

8 Setzt euch mit der Wirkung der sprachlichen Gestaltung des Gedichtes auseinander.
- Wählt ein sprachliches Mittel und beschreibt seine Wirkung.
- Erklärt, was mit den folgenden Gegensätzen gemeint ist: Der „Vogel“ (Vers 12) singt mit „süßen und giftigen Liedern“ (Verse 13 – 14) und „wir stehn da/befreit, ja wirklich schrecklich frei“ (Verse 14 – 15).

9 Vergleicht die Atmosphäre in dem Gedicht „Die Liebe liebt das Wandern“ mit der Stimmung im Gedicht von Li Tai-Bo. Nehmt das Wortmaterial zu Hilfe.

gespenstisch – trist – heiter – ruhig – nüchtern – kühl – frostig – angespannt – anmutig – geheimnisvoll – harmonisch

10 Schreibe ein eigenes Gefühlsgedicht. Verwende dazu passende formale und sprachliche Mittel.

In diesem Kapitel lernst du , ...
- *den Inhalt eines Gedichtes wiederzugeben.*
- *Gedichte in ihrer äußeren Form zu beschreiben.*
- *die Kadenz als formales Gestaltungsmittel zu erkennen.*
- *sprachliche Gestaltungsmittel in lyrischen Texten zu untersuchen.*
- *Form und Inhalt eines Gedichtes in Beziehung zu setzen.*
- *eine Textbeschreibung zu verfassen.*

Lesen – Umgang mit Texten und Medien

Gedichte

Den Inhalt eines Gedichtes wiedergeben

1 Habt ihr schon einmal vom „verflixten siebten Jahr“ gehört? Tauscht euch darüber aus.

2 Besprecht, nachdem ihr den Text gelesen habt, ob ihr eure Ideen wiederfindet.

Das verflixte siebte Jahr

Das verflixte siebte Jahr wurde bei uns allgemein bekannt und populär durch den gleichnamigen Spielfilm mit Marilyn Monroe aus dem Jahr 1955. Dieser Film trägt im englischen Original den Titel *The Seven Year Itch* […].

Im […] Film droht im siebten Jahr der Ehe des Hauptdarstellers ‚Gefahr‘ in Gestalt einer schönen Nachbarin. […] Der Filmtitel wurde somit – englisch wie deutsch – zum geflügelten Wort für die vermeintlich kritischste Phase einer Ehe oder Beziehung.

(Text verändert)

Geflügeltes Wort
Sprichwort, Redewendung

3 Lies das Gedicht „Sachliche Romanze“ von Erich Kästner.

Sachliche Romanze

Erich Kästner

Als sie einander acht Jahre kannten
(und man darf sagen: sie kannten sich gut),
kam ihre Liebe plötzlich abhanden.
Wie andern Leuten ein Stock oder Hut.

Sie waren traurig, betrugen sich heiter,
versuchten Küsse, als ob nichts sei,
und sahen sich an und wussten nicht weiter.
Da weinte sie schließlich. Und er stand dabei.

Vom Fenster aus konnte man Schiffen winken.
Er sagte, es wäre schon Viertel nach vier
und Zeit, irgendwo Kaffee zu trinken.
Nebenan übte ein Mensch Klavier.

Sie gingen ins kleinste Café am Ort
und rührten in ihren Tassen.
Am Abend saßen sie immer noch dort.
Sie saßen allein, und sie sprachen kein Wort
und konnten es einfach nicht fassen.

4 Stelle einen Zusammenhang zwischen dem Text und dem Gedicht her.
- a) Markiere im Gedicht die Stellen, die die Beziehung des Paares beschreiben. Überprüfe dann, inwiefern der Text zum Gedicht passt.
- b) Beschreibe die Beziehung des Paares in eigenen Worten. Belege deine Aussagen mit Versangaben. Stelle dann einen Zusammenhang zum Text her.

Folie

5 Diskutiert die für euch passendste Kernaussage zu dem Gedicht.

- *In dem Gedicht „Sachliche Romanze“ von Erich Kästner geht es um ein Paar, das sich trotz langer Beziehung gegenseitig betrügt.*
- *Das Gedicht „Sachliche Romanze“ von Erich Kästner handelt von einer kurzen, unglücklichen Beziehung.*
- *Das Gedicht „Sachliche Romanze“ von Erich Kästner handelt vom Ende einer Beziehung.*

6 Bereite eine Inhaltsangabe zu Kästners Gedicht vor.
- Markiere wichtige Wörter zum Inhalt.
- Notiere stichpunktartig, was in jeder Strophe passiert.

Folie

Als sie einander acht Jahre kannten
(und man darf sagen: sie kannten sich gut),
kam ihre Liebe plötzlich abhanden.
Wie andern Leuten ein Stock oder Hut

→ acht Jahre ein Paar

→ auseinandergelebt

www
Du findest den Text zum Bearbeiten im Internetportal.

7 Schreibe nun die Inhaltsangabe.

- Beginne mit der Kernaussage. Du kannst eine passende Kernaussage aus Aufgabe 5 verwenden oder eine eigene formulieren.
- Fasse nun den Inhalt der Strophen in eigenen Worten zusammen. Nutze deine Stichpunkte aus Aufgabe 6. Schreibe im Präsens.

Tipp
Beginne nach der Kernaussage mit einem neuen Absatz.

8 Überprüft eure Inhaltsangaben gegenseitig. Nutzt dafür die Checkliste.

CHECKLISTE

Den Inhalt von Gedichten wiedergeben

Wie auch bei den erzählenden Texten fasst die Inhaltsangabe kurz und prägnant zusammen, worum es im Gedicht geht.

- ✔ Ich habe mit einer **Kernaussage**, die das Thema enthält, begonnen.
- ✔ Dann habe ich einen Absatz gemacht und **den Inhalt** entweder **strophenweise** oder **nach Sinnabschnitten** wiedergegeben.
- ✔ Ich habe den Inhalt mit **eigenen Worte** wiedergegeben.
- ✔ Ich habe das **Präsens** genutzt und in einem **sachlichen Stil** geschrieben.

→ S. 64 – 71
Inhaltsangabe

Lesen – Umgang mit Texten und Medien

Gedichte

Die äußere Form eines Gedichtes beschreiben

Meeresstrand

Theodor Storm

Haff
ein vom offenen Meer abgetrenntes Gewässer an einer Flachküste

Watten
Wattenmeer

Ans Haff nun fliegt die Möwe,
Und Dämm'rung bricht herein.
Über die feuchten Watten
Spiegelt der ___.

Graues Geflügel huschet
Neben dem Wasser her.
Wie Träume liegen die Inseln
Im Nebel auf dem ___.

Ich höre des gärenden Schlammes
Geheimnisvollen ___,
Einsames Vogelrufen –
So war es immer schon.

Noch einmal schauert leise
Und schweiget dann der ___;
Vernehmlich werden die Stimmen,
Die über der Tiefe sind.

1 Lies das Gedicht und schreibe es mit den passenden Nomen aus dem Wortmaterial vollständig auf.

Abendschein *Wind* *Ton* *Meer*

2 Vergleicht eure Lösung und klärt, wie ihr auf sie gekommen seid.

3 Beschreibt die äußere Form des Gedichtes in ganzen Sätzen.

a) Beschreibt die Anzahl der Strophen und Verse sowie die Reimform.

S. 309
Metrum

b) Geht in eurer Beschreibung auf folgende Gestaltungsmittel ein: Strophe, Vers, Reimform, Metrum.

4 Setzt euch mit der Wirkung der äußeren Form des Gedichtes auseinander. Ergänzt euren Text aus Aufgabe 3 mit der passenden Aussage.

Die unregelmäßige äußere Form des Gedichtes erzeugt Unruhe.
Die regelmäßige äußere Form des Gedichtes erzeugt Hektik.
Die regelmäßige äußere Form des Gedichtes erzeugt Ruhe und Harmonie.

Gedichte

Form und Inhalt eines Gedichtes in Beziehung setzen

Meer

Erich Fried

Wenn man ans Meer kommt
soll man zu schweigen beginnen
Bei den letzten Grashalmen
soll man den Faden verlieren

Und den Salzschaum
Und das scharfe Zischen des Windes
Einatmen
Und ausatmen
Und wieder einatmen

Wenn man den Sand sägen hört
Und das Schlurfen der kleinen Steine
in langen Wellen
soll man aufhören zu sollen
und nichts mehr wollen wollen
nur Meer

Nur Meer

www
Du findest den Text zum Bearbeiten im Internetportal.

S. 297
Vorlesezeichen

Folie

1 Lies das Gedicht. Bereite dann einen Gedichtvortrag vor, indem du den Text mit Vorlesezeichen versiehst. Beispiel: *Wenn man ans Meer kommt*
soll man zu schweigen beginnen ||

2 Tragt euch das Gedicht gegenseitig vor. Überprüft, ob ihr die Vorlesezeichen ähnlich gesetzt habt.

3 Verfasse eine Inhaltsangabe zum Gedicht.

→ S. 64 – 71
Inhaltsangabe

4 Beschreibt das Gedicht in seiner äußeren Form und haltet Auffälligkeiten fest.

5 Obwohl das Gedicht keine regelmäßige Form aufweist, konntet ihr es sinngebend vortragen. Besprecht, woran das liegt.

6 Beschreibt mithilfe des Merkkastens den Zusammenhang von äußerer Form und Inhalt. Nutzt dafür eure Ergebnisse aus Aufgabe 3.

! Form und Inhalt eines Gedichtes in Beziehung setzen

In einem Gedicht wirken Inhalt und Form zusammen. So bilden auch Gedichte, die keinen klassischen Aufbau aufweisen, harmonische **Gefüge zwischen äußerer Form und Inhalt**. Daher muss man Gedichte stets in diesem Zusammenspiel lesen und erschließen. Setzt sich ein Vers formal von anderen ab, indem er beispielweise verkürzt ist oder nur aus einem Wort besteht, kann man meist einen Zusammenhang zum Inhalt herstellen. So sollte man Auffälligkeiten stets auch in ihrer **Wirkung** beschreiben.

Form und Inhalt eines Gedichts in Beziehung setzen, Inhalte von Texten herausarbeiten und zusammenfassen, Fachbegriffe zur formalen Beschreibung von Texten verwenden, Vortragstechniken anwenden

Lesen – Umgang mit Texten und Medien

Gedichte

Die Kadenz als formales Gestaltungsmittel erkennen

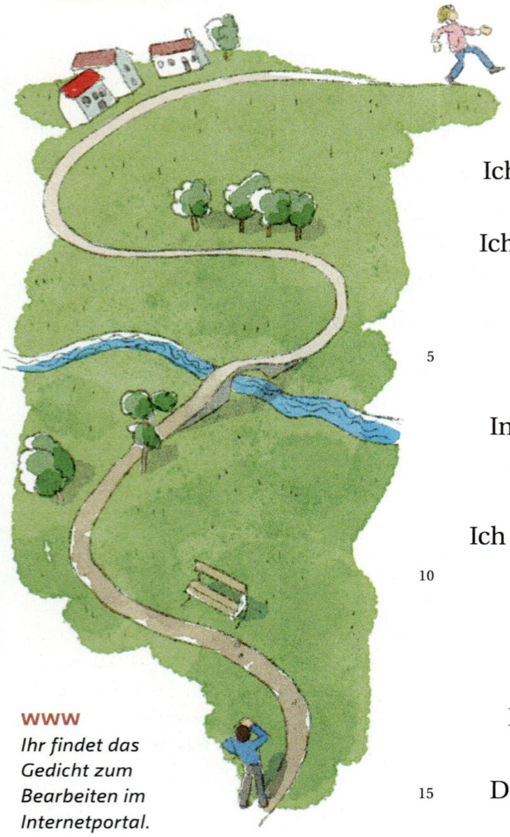

Nähe des Geliebten

Johann Wolfgang von Goethe

Ich denke dein, wenn mir der Sonne Schimmer
Vom Meere strahlt;
Ich denke dein, wenn sich des Mondes Flimmer
In Quellen malt.

Ich sehe dich, wenn auf dem fernen Wege
Der Staub sich hebt;
In tiefer Nacht, wenn auf dem schmalen Stege
Der Wandrer bebt.

Ich höre dich, wenn dort mit dumpfem Rauschen
Die Welle steigt.
Im stillen Haine geh' ich oft zu lauschen,
Wenn alles schweigt.

Ich bin bei dir, du seist auch noch so ferne,
Du bist mir nah!
Die Sonne sinkt, bald leuchten mir die Sterne.
O, wärst du da!

WWW
Ihr findet das Gedicht zum Bearbeiten im Internetportal.

1 Besprecht, ob ihr euch über einen Brief dieser Art freuen würdet.

Folie

2 Bestimmt das Metrum. Verseht dafür die betonten Silben mit Betonungszeichen.

Folie

3 Unterstreicht jeweils das letzte Wort in jedem Vers. Ermittelt, ob die unterstrichenen Wörter auf eine betonte oder unbetonte Silbe enden. Notiert eure Beobachtungen.

S. 309 *Metrum*

4 Bestimmt die Kadenz. Nehmt den Merkkasten zur Hilfe.

5 Überlegt, welche Wirkung die Kadenz in diesem Gedicht erzeugt.

Die Kadenz

Eine Kadenz beschreibt das Ende eines Verses.
Eine **männliche, stumpfe Kadenz** liegt vor, wenn ein Vers auf einer **betonten Silbe** endet.
Eine **weibliche, klingende Kadenz** liegt vor, wenn ein Vers auf einer **unbetonten Silbe** endet.

Gedichte

Sprachliche Gestaltungsmittel in lyrischen Texten untersuchen

1 Lies den folgenden Textauszug aus Mark Forsters Lied „Willkommen zurück“.

Willkommen zurück

Mark Forster

Ich hör die Streicher in meinem Kopf,
sie klingen bedrohlich,
als kommt Darth Vader gleich vorbei und holt mich,
als wär das U-Boot kurz vorm Sinken, Rotlicht,
als käm' jetzt gleich die Drama-Hook wie bei Coldplay.
In meinem Kopf spielt ein Quartett,
so schrecklich rhythmisch,
als wär die Stadt evakuiert, weil's kein Zurück gibt.
Als bliebe Kevin ganz allein, weil er nix mitkriegt,
als könnt man alles dazu fühlen, nur nie sich glücklich.

Vielleicht lief es zu perfekt
und jetzt kommt's, wie's kommen musste,
Ich hol sie nach Haus,
meine abgefuckten Muster,
mein easy Weg aus Holz,
der verlockend glänzt wie Gold
und mich immer wieder kreuzt.

Refrain:
Willkommen zurück,
meine bösen Geister,
meine treuesten Begleiter,
ich hab die ganze Zeit geahnt,
dass ihr mit dabei wart.
Und alles, was mich vor euch schützte,
ist auf einmal weg, zerquetscht, zerdrückt,
willkommen zurück.

Ich hör die Schläge in meinem Ohr:
klick, klick, klack,
als wär's ein Morsealphabet, das nix sagt,
als wär in meinem Kopf 'ne 808 von Rick Ross,
als wär die Zeitbombe so weit, dass sie jetzt platzt.

Tipp
Im Internet und bei Musikdiensten kannst du nach dem Lied suchen und es anhören.

Mark Forster *(*11.01.1984): deutscher Sänger und Songwriter*

Hookline *für ein Musikstück charakteristische eingängige Melodiephrase oder Textzeile, die den Wiedererkennungswert für das Stück ausmacht*

Das Morsealphabet *Möglichkeit, um Buchstaben, Zahlen und Zeichen zu übermitteln*

TR-808 *einer der beliebtesten analogen Drum-Synthesizer aller Zeiten*

Rick Ross *amerikanischer Rapper*

Lesen – Umgang mit Texten und Medien

Ich fühl den Beat bis in den Bauch,
er tritt und boxt mich,
als wär's sein allergrößter Kampf wie bei Rocky,
als wär mein Puls so hoch wie nie,
weil er geschockt ist,
weil das, was lange tief verbuddelt war, auf einmal
wieder doch spricht.

Vielleicht lief es zu perfekt
und jetzt kommt's, wie's kommen musste,
ich hol sie nach Haus,
meine abgefuckten Muster,
mein easy Weg aus Holz,
der verlockend glänzt wie Gold
und mich immer wieder kreuzt.

>Refrain (2x)
[…]

2 Der Text behandelt etwas, das „zurückkommt". Erarbeite, welche Gefühle für den Sprecher damit verbunden sind.

Folie

a) Markiere Wörter und Wortgruppen im Text, die einen Hinweis auf die Gefühle der Person geben.

b) Wähle aus dem Wortmaterial zum Text passende Gefühle aus. Begründe mithilfe der von dir markierten Wörter.
Vorfreude – Aufregung – Glück – Bedrohung - Angst – Panik – Ernüchterung

c) Schreibe die markierten Elemente heraus und finde Oberbegriffe für die vorhandenen Gefühle.

3 Mark Forster arbeitet mit vielen sprachlichen Bildern. Zeigt diese am Text auf.

S. 312 *Vergleich*

S. 318 *Metapher*

S. 310 *Personifikation*

a) Schreibt drei Vergleiche aus dem Text heraus.

b) Schreibt einen Vergleich, eine Metapher und eine Personifikation aus dem Text heraus. Erklärt dann die Bedeutung der sprachlichen Bilder.

c) Untersucht den Text auf sprachliche Vergleiche, Metaphern und Personifikationen. Ermittelt dann die Funktion der sprachlichen Bilder für den Text. Haltet eure Ergebnisse in einem Text fest.

4 In einem Interview wurde Mark Forster die Frage gestellt, inwiefern sich sein Leben durch seinen Erfolg verändert habe. Er beantwortet die Frage mit einem Vergleich. Lest seine Antwort und besprecht, was diese bedeuten soll.

Mein Leben hat sich natürlich schon verändert. Zum Beispiel, dass ich nach New York fliegen und mit einem Chor abhängen durfte oder dass wir viele Touren spielen. Aber so eine richtig tiefe Veränderung gibt es bei mir nicht. Erfolg vergleiche ich immer mit einem Orkan: Um einen herum ist ganz viel Wind, es fliegen eine Kuh und ein Hausdach vorbei. Aber in der Mitte, wo ich sozusagen stehe, ist es gar nicht so windig.

5 Lies nun das Gedicht von Mascha Kaléko.

Das bißchen Ruhm

Mascha Kaléko

Was ähnelt wohl dem bißchen Ruhme
So sehr wie eine Treibhausblume?
Soll dir das arme Pflänzchen sprießen,
Mußt du es täglich brav begießen.
Und Dünger streun. Und Unkraut jäten.
Aufs Wetter sehn. Und leise treten.
Doch pfeifst du drauf, so wirst du nie
Gekrönt von der A-ka-de-mie.

6 Überprüft, ob die folgenden Aussagen für das Gedicht zutreffen.

Für das lyrische Ich ist schon ein bisschen Ruhm …
… sehr erstrebenswert, da man sich wie eine Treibhausblume täglich umsorgen lassen kann.
… konstante Arbeit, für die man bereit sein muss, viel zu geben.
… eine Investition fürs Leben, die jeder anstreben sollte.

7 Betrachtet das Bild der Treibhausblume genauer.
- Benennt, was alles mit der Treibhausblume geschehen muss, damit das „Pflänzchen" sprießt.
- Setzt das Bild der Treibhausblume in Bezug zum „Ruhm".
- Nennt den Fachbegriff für das sprachliche Bild.

8 Betrachtet die Verse 5 und 6 genauer.
- Überlegt, warum gerade an dieser Stelle deutlich wird, dass das lyrische Ich von der Idee, die Treibhausblume bzw. den Erfolg zu „züchten", wenig begeistert ist.
- Benennt die sprachlichen Mittel, die in diesen Versen verwendet werden. Nehmt den Merkkasten auf Seite 102 zu Hilfe.

Fachbegriffe zur formalen Beschreibung von Texten verwenden: lyrisches Ich, Metapher, Anapher, Parallelismus, Ellipse

Lesen – Umgang mit Texten und Medien

9 Lies einen weiteren Text von Mark Forster. Was stellst du dir unter einem „schönen Scherbenhaufen“ vor?

Schöner Scherbenhaufen

Mark Forster

Guck' uns an, ein Häufchen Glück,
und alles spricht dagegen.
Kilometerweit, kein Weg zurück,
von roten Ampeln umgeben.
Alle Warnsirenen klingen wie Musik
auf dieser kleinen Insel.
Nur du und ich und tausend Neins,
die wieder langsam verschwinden [...]

Schöner Scherbenhaufen, perfektes Desaster
Wär' besser wegzulaufen, schnell weg und das war's dann.

Schöner Scherbenhaufen und ich kann Scherben nicht leiden
Ausreden gäb' es tausend, doch verdammt, ich will bleiben.

M → S. 282

Ein Standbild bauen

10 Stellt die Beziehung des „Du und Ichs (V.7) “ in einem Standbild dar. Vergleicht eure Umsetzungen mit anderen Gruppen.

11 Der Text ist von Gegensätzen geprägt. Betrachtet diese genauer.

- Zeigt Gegensätze am Text auf und notiert diese.
  Beispiel: *schöner* ↔ *Scherbenhaufen*
- Benennt das sprachliche Gestaltungsmittel, das hier verwendet wurde.
  Nehmt den Merkkasten zu Hilfe.
- Erklärt die Wirkung des sprachlichen Mittels für den Text.

Sprachliche Gestaltungsmittel in Gedichten

Neben den sprachlichen Bildern (Vergleich, Metapher, Personifikation) gibt es **weitere Gestaltungsmittel**, mit denen man in Gedichten oder Liedern **eine bestimmte Wirkung** hervorrufen kann:

Die Anapher: Mehrere Verse/Strophen beginnen mit dem gleichen Wort/den gleichen Wörtern: *„Gestern fuhr ich, ... Gestern ist es ...“.* Der Versinhalt wird durch dieses Mittel hervorgehoben, betont.
Der Parallelismus: Dieselbe Wortreihenfolge oder Satzkonstruktion wird wiederholt: *„Wer lacht hier, hat gelacht? ... Wer weint hier, hat geweint?“.* Durch dieses Mittel wird Eindringlichkeit, manchmal auch Monotonie erzeugt, der Inhalt soll „im Gedächtnis“ bleiben.
Die Ellipse: Ein Satz oder Vers ist grammatikalisch verkürzt: *Was tun, wie denken?* anstelle von *Was soll ich tun, wie soll ich denken?*
Ellipsen drücken Erregtheit und Leidenschaft aus, können aber auch gegenteilig wirken und so Ernüchterung ausdrücken.
Die Antithese: Ausdrücke, die im Gegensatz zueinander stehen, werden verwendet: *„So weit im Leben ist zu nah dem Tod!“* Durch den Kontrast soll der Leser auf den Inhalt aufmerksam und aufgerüttelt werden.

Fachbegriffe zur formalen Beschreibung von Texten verwenden: lyrisches Ich, Metapher, Anapher, Parallelismus, Ellipse , Antithese

Gedichte

Eine Textbeschreibung verfassen

Kleine Auseinandersetzung

Mascha Kaléko

Du hast mir nur ein kleines Wort gesagt,
Und Worte kann man leider nicht radieren.
Nun geht das kleine Wort mit mir spazieren
Und nagt …

Uns reift so manches stumm in Herz und Hirn,
Den andern fremd, uns selbst nur nah im stillen.
Das schläft, solang die Lippen es verhüllen,
Entschlüpft nur unbewacht, um zu verwirrn.

Was war es doch? Ein Nichts. Ein dummes Wort …
So kurz und spitz. Leis fühlte ich das Stechen.
In solchen Fällen kann ich selten sprechen,
Drum ging ich fort.

Nun wird ein Abend wie der andre sein,
Sinnlos mein Schweigen, ziellos mein Beginnen.
Leer wird die Zeit mir durch die Finger rinnen.
Das macht: ich weiß mich ohne dich allein.

… Ich muß schon manchmal an das Ende denken
Und werde dabei langsam Pessimist.
So ein paar kleine Silben können kränken.
– Ob dies das letzte Wort gewesen ist?

Schritt 1: Sich einem Gedicht inhaltlich nähern

1 Lies das Gedicht erst einmal leise. Lest es euch dann gegenseitig laut vor.

2 Um einen Text zu beschreiben, sollte man sich ihm zunächst inhaltlich nähern. Bearbeite das Gedicht zunächst „mit dem Stift“. Markiere wichtige und auffällige Verse, Schlüsselwörter und formuliere Fragen, die du an den Text hast. Folie

3 Sprecht nun über das Gedicht. Nehmt die folgenden Fragen zu Hilfe.
- Was ist auffällig an dem Gedicht?
- Gibt es etwas, worüber ihr euch wundert?

Lesen – Umgang mit Texten und Medien

- Was ist das für ein Wort, von dem hier die Rede ist?
- Wie versteht ihr den Titel des Gedichtes?
- Welche Fragen stellen sich euch beim Nachdenken über den Text?

4 Lest nun das folgende Gespräch über das Gedicht „Kleine Auseinandersetzung“. Habt ihr euch ähnliche Fragen gestellt?

JOANA: Das ist auf jeden Fall ein Gedicht über ein Wort. Ein Wort, das man zu jemandem gesagt hat.

PIA: Ja, auf jeden Fall. Nur blöd, dass wir nicht wissen, was für ein Wort es war.

MARKUS: Ich glaube, es war nicht so nett.

JOANA: Ich habe auch das Gefühl, dass es nicht so nett war. Aber dann heißt es ja wieder „ein kleines Wort“. Das kann ja eigentlich nicht so schlimm sein.

MARKUS: Ja, echt, voll übertrieben. Wie oft sagen wir uns Wörter, die vielleicht nicht so nett sind, aber trotzdem sind wir dann nicht ewig beleidigt.

PIA: Na ja, es kommt ja schon darauf an, was für ein Wort es ist und von wem es kommt. Wenn dir eine Person wichtig ist, kann es schon sehr wehtun. Im Gedicht steht auch, dass „schon ein paar kleine Silben“ kränken können.

JOANA: Ja, stimmt auch wieder. Vielleicht war es echt fies. Und die Person im Gedicht will ja eigentlich auch gar nicht so jammern, sagt ja sogar, dass es eigentlich ein „Nichts“ war.

MARKUS: Kann nicht aus ihrer Haut irgendwie. Aber das ist auch schwer, hatte ich auch schon mal, dass ich sauer war und dann die Situation nicht klären konnte, obwohl ich es mir gewünscht hätte.

PIA: Das kenne ich auch.

JOANA: Habt ihr eigentlich von dem Mädchen gehört, das auf Facebook so beleidigt worden ist, dass sie sich umbringen wollte?

PIA: Ja, echt krass, was Wörter anrichten können.

MARKUS: Habe auch davon gehört. Aber hier im Gedicht geht es um ein Paar oder was denkt ihr?

PIA: Könnte sein. Strophe 3 und 4 klingen irgendwie so.

JOANA: Könnte schon auch freundschaftlich oder familiär sein. Ich denke, dass das „Du“ und „Ich“ für zwei Menschen stehen, die sich nahestehen.

MARKUS: Kann auch sein … Auslegungssache … wie so oft bei Gedichten.

JOANA: Ich für meinen Fall denke auf jeden Fall in Zukunft darüber nach, was ich zu anderen sage. Mir tut die Person im Gedicht irgendwie total leid. Man sieht schon, dass sie sehr zu kämpfen hat.

PIA: Ja, die ist echt am Ende.

MARKUS: Na ja, vielleicht vertragen sie sich ja wieder. Immerhin heißt das Gedicht ja „kleine Auseinandersetzung“.

JOANA: … vielleicht mit großen Folgen. Ich hoffe aber auch, dass sie sich aussprechen.

Schritt 2: Den Inhalt wiedergeben

1 Verfasse eine Inhaltsangabe des Gedichtes für deine Textbeschreibung.

→ S. 64 – 71 *Inhaltsangabe*

→ S. 94 – 95 *Den Inhalt eines Gedichtes wiedergeben*

a) Beginne deine Inhaltsangabe mit der Formulierung der Kernaussage.

b) Schreibe die Inhaltsangabe. Nutze die Stichpunkte zu den einzelnen Strophen.
Strophe 1: *Sprecher kann das Wort nicht vergessen*
Strophe 2: *das ausgesprochene Wort verwirrt*
Strophe 3: *denkt jetzt viel über das Wort nach*
Strophe 4: *ist alleine, sehnt sich nach dem „Du“*
Strophe 5: *Hoffnung auf ein versöhnliches Wort, glaubt aber nicht daran*

c) Schreibe die Inhaltsangabe. Mache dir vorher Notizen zum Inhalt der einzelnen Strophen und verwende den Begriff des lyrischen Ichs.

Schritt 3: Die äußere Form beschreiben

1 Beschreibe die äußere Form des Gedichtes.

a) Berücksichtige den Strophenaufbau und die Reimform.
b) Berücksichtige Strophenaufbau, Reimform und Metrum.
c) Berücksichtige Strophenaufbau, Reimform, Metrum und Kadenz.

2 Setze dich mit der Bedeutung der äußeren Form für das Gedicht auseinander.

a) Stelle fest, ob eine regelmäßige oder unregelmäßige äußere Form vorliegt. Überlege dann, wie diese Form die Situation im Gedicht betont. Nutze das Wortmaterial.
Regelmäßige Form: *Stille, Ruhe, Gewissheit, Ohnmacht, Trauer ...*
Unregelmäßige Form: *Aufregung, Hektik, Wut, Panik ...*

b) Beschreibe die Wirkung der äußeren Form. Wähle dafür treffende Begriffe aus dem Wortmaterial.
Ruhe, Hektik, Gewissheit, Harmonie, Ohnmacht, Wut, Trauer, Panik, Aufregung

3 Füge deine Ergebnisse in einem Text zusammen. Verwende die Checkliste auf Seite 107 bis Schritt 3, um deinen Text zu überprüfen.

Lesen – Umgang mit Texten und Medien

S. 305
Enjambement

Schritt 4: Sprachliche Gestaltungsmittel und ihre Wirkung beschreiben

1 Schreibe sprachliche Gestaltungsmittel aus dem Text heraus.
- Untersuche den Text auf all die Gestaltungsmittel, die du bisher kennengelernt hast: sprachliche Bilder (Vergleich, Metapher, Personifikation), Enjambement, Anapher, Parallelismus, Antithese, Ellipse.
- Überlege, wie die sprachlichen Gestaltungsmittel die Situation des lyrischen Ichs unterstreichen. Berücksichtige dabei die Atmosphäre im Gedicht.

2 Formuliere deine Ergebnisse aus Aufgabe 1 in einem zusammenhängenden Text.

Schritt 5: Ein Fazit formulieren

1 Du hast das Gedicht bereits in seinen Einzelheiten erschlossen. Schließe die Analyse nun ab, indem du deine Untersuchungsergebnisse mit einem abschließenden Gedanken, einem Fazit, zusammenfasst.

Schritt 6: Die Wirkungsabsicht benennen

1 Ergänze dein Fazit, indem du die mögliche Wirkungsabsicht der Dichterin formulierst. Was könnte die Absicht des Gedichtes sein?

Schritt 7: Persönlich Stellung beziehen

1 Schließe deine Textbeschreibung ab, indem du zum Gedicht Stellung nimmst.
Du hast folgende Möglichkeiten:
- Nimm Stellung zu der Gesamtaussage.
- Beziehe dich bei deiner Stellungnahme auf eine bestimmte Textstelle.
- Kommentiere die Gestaltung des Gedichtes, indem du beschreibst, was dir an dem Gedicht (nicht) gefallen hat.

Schritt 8: Die Textbeschreibung überprüfen

1 Überprüfe deinen Text mithilfe der Checkliste rechts.

Eine Textbeschreibung verfassen: Fachbegriffe zur formalen Beschreibung verwenden, Wirkung vonGestaltungsmitteln erkennen und erläutern, Deutungen entwickeln, begründen und am Text belegen, Texte begründet beurteilen

Checkliste

Eine Textbeschreibung verfassen

Schritt 1

- ✓ Vor dem Schreiben habe ich das Gedicht gründlich bearbeitet und wichtige Verse und Schlüsselwörter markiert.

Schritt 2

- ✓ Ich habe die Kernaussage zu Beginn meiner Inhaltsangabe formuliert. Die Kernaussage enthält die Textsorte, den Titel, den Verfasser, falls vorhanden die Quelle und das Erscheinungsjahr, und das Thema des Gedichtes.
- ✓ Ich habe die wichtigsten Inhalte zusammengefasst.
- ✓ Ich habe im Präsens geschrieben.
- ✓ Ich habe meine eigenen Worte benutzt.
- ✓ Ich habe in einem sachlichen Stil geschrieben.

Schritt 3

- ✓ Ich habe die äußere Form des Gedichtes beschrieben (*Strophenaufbau, Reimform, Metrum, Kadenz* ...) und Auffälligkeiten benannt.
- ✓ Ich habe diese in Beziehung zum Inhalt gesetzt und in ihrer Bedeutung erschlossen.

Schritt 4

- ✓ Ich habe sprachliche Gestaltungsmittel mit ihren Fachbegriffen benannt.
- ✓ Ich habe sie in ihrer inhaltlichen Wirkung beschrieben.

Schritt 5

- ✓ Ich habe meine Ergebnisse in einem Fazit zusammengefasst.

Schritt 6

- ✓ Ich habe die mögliche Wirkungsabsicht des Dichters/der Dichterin benannt.

Schritt 7

- ✓ Ich habe die Textbeschreibung mit einer Stellungnahme zum Gedicht abgeschlossen.
- ✓ Ich habe meine Meinung ausreichend begründet.

Nach dem Schreiben

- ✓ Ich habe meine Textbeschreibung noch einmal gründlich durchgelesen.
- ✓ Ich habe meinen Text sprachlich korrigiert und dabei auf folgende Aspekte geachtet:

Rechtschreibung: z. B. Groß- und Kleinschreibung
Grammatik: z. B. Tempus
Satzbau: Hast du in ganzen Sätzen geschrieben? Liest sich dein Text flüssig? Hast du deine Sätze sinnvoll mit Konjunktionen verknüpft?
Wortwahl, Ausdruck: Ist dein Text formal korrekt oder enthält er Umgangssprache? Hast du Fachbegriffe korrekt verwendet?
Stil: Ist dein Text sachlich oder ist er subjektiv und emotional geschrieben? Beachte, dass du nur in Schritt 7 deine eigene Meinung äußern darfst.

WWW
Du findest Formulierungshilfen für deine Textbeschreibung im Internetportal.

Lesen – Umgang mit Texten und Medien

Gedichte

Eine Textbeschreibung überarbeiten

1 Lies die Gedichtbeschreibung einer Schülerin.

Thema

Das Gedicht „Kleine Auseinandersetzung“ von Mascha Kaléko handelt von einem überflüssigen Streit.

Fachbegriff

Die Person im Gedicht leidet darunter, dass ihr eine andere, offenbar nahestehende Person, ein Wort gesagt hat, das eigentlich hätte unausgesprochen bleiben sollen.

Sie macht sich über die Zukunft Gedanken und hofft auf Versöhnung, ist aber zutiefst verunsichert.

Reimform

Das Gedicht besteht aus 5 Strophen mit jeweils 4 Versen und ist überwiegend in einem Kreuzreim verfasst. Nur in der letzten Strophe ist ein umarmender Reim zu finden.

Das zugrundeliegende Metrum ist ein 5-hebiger Jambus, der nur gelegentlich unterbrochen wird.

Äußere Form

Obwohl das lyrische Ich im Gedicht verunsichert ist, erzeugt die unregelmäßige äußere Form Ruhe und Stille. Es scheint, als hätte das lyrische Ich schon lange über die Situation nachgedacht. So äußert sich die Verzweiflung nicht in Wut, sondern in stillen, traurigen Gedankengängen. Der Wechsel der Reimform in der letzten Strophe unterstreicht den subtilen Stimmungswechsel, denn am Ende tut sich ein kleiner Hoffnungsschimmer auf (vgl. V. 20).

Beleg

Wertung

Ausdruck/Stil

Fachbegriff

Ausdruck

Das Gedicht ist in einer sehr bildlichen Sprache verfasst. Das Wort ist scharf, „kurz und spitz“ (V. 23) wie ein Messer, das ins Herz sticht (vgl. V. 10). Überhaupt ist das Wort sehr selbstständig, es geht mit dem lyrischen Ich „spazieren“ (V. 3) und „nagt“ (V. 4). Das verstehe ich auch nicht so ganz, aber vielleicht ist dies eine Metapher. Es hat sich zu einem ständigen Begleiter für das lyrische Ich entwickelt, dieses jedoch würde es gerne los sein, aber das Wort hat sich in die Seele gebrannt, wie ein Dämon! Manchmal sollte man Worte nicht aussprechen. Dass das Wort nicht weggeht, wird auch in Vers 2 deutlich. „(...) Worte kann man leider nicht radieren“, müsste ja bedeuten, dass es geschrieben ist, aber das Wort wurde „gesagt“ (V. 1), „ein kleines Wort“ (V. 1). Hier liegt also ein Gegensatz vor, der zeigt, wie krass das Wort gewesen sein muss, dass es das lyrische Ich so depressiv macht.

Fachbegriff

Wie schon vorher erwähnt, ist das lyrische Ich sehr ruhig. Trotz der Kränkung scheint es die Schuld nicht beim „Du“ zu suchen. Der Vergleich in Strophe 2 zeigt das, denn hier wird das Wort wieder mit einem Lebewesen verglichen, das sich einfach aus dem Mund schleicht, sofern es „unbewacht“ (V. 8) ist (vgl. Strophe 2).

Wort/Ausdruck

Stattdessen sucht das Ich die Fehler bei sich selbst, denn schließlich „ging [es] fort“ (V. 12), weil es nicht darüber sprechen konnte (vgl. V. 11). In Strophe 4 scheint es sich dann völlig aufgegeben zu haben: „Sinnlos mein Schweigen, ziellos mein Beginnen“ (V. 14). Der Parallelismus bestärkt die Depressivität der Frau.

Wertung/Stil

Glücklicherweise relativiert der letzte Vers diese Stimmung wieder, indem ein Funken Hoffnung aufkeimt.

Im Großen und Ganzen geht es in dem Gedicht also darum, dass Worte sehr verletzend sein können und sehr viel Schaden anrichten können.

Ich könnte mir vorstellen, dass Mascha Kaléko aus ihrem Leben erzählt. Ich kenne die Dichterin nicht, aber wenn wir ehrlich zueinander sind, hat uns doch alle schon einmal ein Wort gekränkt.

Ausdruck/Stil

Mir gefällt das Gedicht, weil es gut geschrieben ist.

ungenau

Und der Kerl sollte sich schämen, seine Freundin so zu verletzen! Ich hatte letzte Woche auch Stress mit meinem Freund, aber niemals würde er so ein Wort zu mir sagen. Das muss ja ein ganz grässliches Wort gewesen sein, dass ich hier nicht aussprechen möchte, weil ich sonst sicher eine schlechte Note bekomme. Also öfters lieber mal den Mund halten!

Ausdruck/Stil

2 Der Schülerin ist einiges gut gelungen, es haben sich aber auch Fehler eingeschlichen. Markiert diese im Text. Die Hinweise in der Randspalte helfen euch dabei.

Folie

3 Überarbeite den Text.

- a) Schreibe den Text korrigiert auf.
- b) Die Schülerin hat in ihrem Text vergessen, die Kadenz zu beschreiben. Ergänze den Text. Schreibe dann die korrigierte Version des Textes auf.

Lesen – Umgang mit Texten und Medien

Gedichte

Überprüfe dein Wissen und Können

Nie mehr

Ulla Hahn

Das hab ich nie mehr gewollt
Um das Telefon streichen am Fenster stehn
Keinen Schritt aus dem Haus gehn Gespenster sehn
Das hab ich nie mehr gewollt

Das hab ich nie mehr gewollt
Briefe die triefen schreiben zerreißen
Mich linksseitig quälen bis zu den Nägeln
Das hab ich nie mehr gewollt

Das hab ich nie mehr gewollt
Soll dich der Teufel holen.
Herbringen. Schnell.
Mehr hab ich das nie gewollt.

1 Lies das Gedicht.

Folie

2 Untersuche den Titel genauer.

a) Markiere die Verse, die beschreiben, was der Sprecher im Gedicht nie mehr „gewollt hat".

b) Überlege, ausgehend von diesen Versen, in welcher Situation sich der Sprecher befindet.

c) Beschreibe die Situation des lyrischen Ichs und erkläre, was es „nie mehr gewollt" hat.

3 Der sich stets wiederholende Vers „Das hab ich nie mehr gewollt“ (Verse 1, 4, 5,8, 9) wird am Ende zu „Mehr hab ich das nie gewollt“ (Vers 12). Erkläre diese Veränderung.

a) Betrachte hierfür die letzte Strophe genau: Wer könnte das „Du“ sein, das hier angesprochen wird? In welchem Verhältnis steht der Sprecher zu dem „Du“? Was wünscht er sich?

b) Untersuche hierfür die letzte Strophe genau. Erkläre dann den letzten Vers.

c) Benenne das sprachliche Mittel, das hier genutzt wurde.

4 Verfasse eine Inhaltsangabe zum Gedicht.

5 Beschreibe die äußere Form des Gedichtes.

6 Setze deine Ergebnisse in Bezug zum Inhalt.

a) Überprüfe, inwiefern sich die äußere Form und der Inhalt des Gedichtes ergänzen: Gibt es Auffälligkeiten in der Strophen- , Vers- oder Reimstruktur, die sich auch inhaltlich widerspiegeln?

b) Untersuche das Zusammenspiel zwischen der äußeren Form und dem Inhalt des Gedichtes. Achte dabei auf die Gestaltung von Strophe, Vers, Reim und Metrum.

c) Erschließe das Zusammenspiel zwischen der äußeren Form und dem Inhalt des Gedichtes in seiner Bedeutung für den Text. Achte dabei auf die Gestaltung von Strophe, Vers, Reim, Metrum und Kadenz.

d) Das Gedicht weist formal nur in der letzten Strophe Satzzeichen auf. Finde eine mögliche Erklärung auf der inhaltlichen Ebene dafür.

7 In den Versen 6 und 7 sind sprachliche Bilder verwendet worden. Benenne diese und erschließe sie in ihrer Wirkung.

8 Fertige eine Textbeschreibung für das Gedicht an. Nutze deine Ergebnisse aus den Aufgaben 1–7.

9 Überprüfe deine Textbeschreibung mithilfe der Checkliste auf Seite 107.

Jugendliteratur

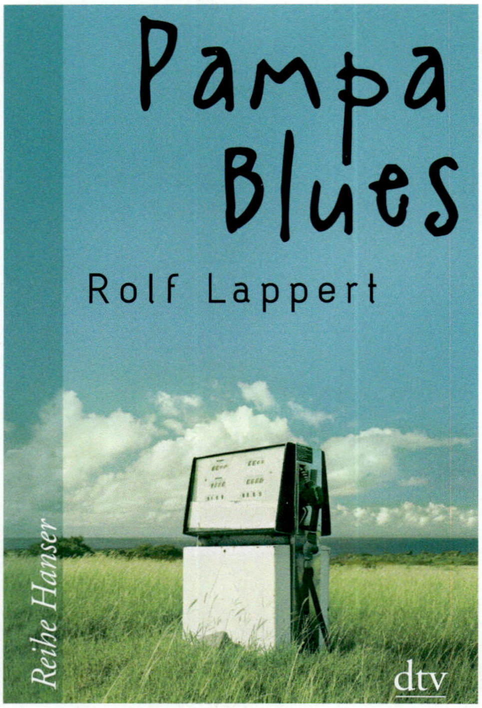

Pampa, die
ebene, baumarme Grassteppe in Südamerika, besonders in Argentinien <in übertragener Bedeutung>: er wohnt irgendwo in der Pampa (umgangssprachlich, oft scherzhaft; ganz weit außerhalb)

Blues, der
zur Kunstform entwickeltes, schwermütiges Volkslied der nordamerikanischen Schwarzen, das sich von der Phrase „to feel blue" (traurig sein) ableitet

1 Betrachte das Buchcover.
- Beschreibe genau, was dargestellt ist.
- Welche Gedanken und Gefühle löst das Bild in dir aus?

Tipp
Im Internet und bei Musikdiensten kannst du nach dem Musikgenre „Blues" suchen.

2 Höre dir einen Blues an und beschreibe, welche Stimmung er vermittelt.

3 Lies nun die beiden Definitionen. Schreibe in einigen Sätzen deine Erwartungen an den Inhalt des Buches auf.

4 Lies den Klappentext und überprüfe, ob sich dieser mit deinen Erwartungen an das Buch deckt.

Ben ist 16 und sitzt in dem verschlafenen Kaff Wingroden fest, weil seine Mutter mal wieder mit ihrer Band durch die Lande tingelt und er auf seinen greisen Großvater und die Gärtnerei achtgeben muss. Ein bisschen Schwung in sein Leben bringt Lena, die mit ihrem klapprigen Peugeot ebenfalls hier gestrandet ist. Aber auch Maslow, der Visionär des Dorfes, sorgt mit seinen ausgefallenen Ideen für ausreichend Aufregung. Denn bald kreuzen nicht nur UFOs den Himmel über Wingroden, sondern auch junge Hochzeitspaare pilgern in Scharen herbei.

5 Lies dir die Textauszüge aus dem Roman „Pampa Blues" durch und ordne sie den Frames der gleichnamigen Literaturverfilmung zu.

Frames
Fachwort für ein Einzelbild in einem Film.

Schaut man von hier die Straße herunter, sieht man den Dorfladen, die Tankstelle, die Werkstatt und, weiter hinten, das Haus von Anna und Georgi. […] Außer Sichtweise liegen die Fabrikruine und die Höfe von Otto, Horst und Willi.

„Alters- und Pflegeheim Lindenhof, Friese am Apparat?" „In ihrem Garten sitzt ein Mann", sage ich, „sein Name ist Karl Schilling. Er ist ab sofort Ihr Gast." „Wie bitte? Wer spricht denn da?" „Unwichtig. Seine Medikamente und Ausweise sowie Kleidung sind in einem Koffer, der vorne am Eingangstor steht. Bitte kümmern Sie sich gut um ihn. Danke!"

Ich trockne Karl den Rücken ab, weil er das nicht mehr selber kann. Was Karl alles nicht mehr kann, würde ganze Bücher füllen. Karl schwankt und streckt die Arme nach der Wand aus. In fünfundsechzig Jahren bin ich so alt wie er jetzt.

„Wie im Knast komme ich mir auch vor, nur dass es meiner Mutter egal ist, was ich tu und lasse." Ich trinke die halbe Flasche leer. Lenas Pech, wenn sie ein Problem damit hat.

Tipp
Leiht euch den Film aus, um passende Filmsequenzen anzusehen.

6 Überlegt mithilfe der Film- und Textauszüge, warum der Titel „Pampa Blues" gewählt wurde.

In diesem Kapitel lernst du (,) …

- *ein Jugendbuch kennen.*
- *Auszüge aus einer Literaturverfilmung mit der Textvorlage zu vergleichen.*
- *literarische Figuren zu beschreiben und zu charakterisieren.*
- *aus Textauszügen ein Drehbuch zu schreiben, dieses in einem Rollenspiel darzustellen und mit der Verfilmung zu vergleichen.*

Lesen – Umgang mit Texten und Medien

Jugendliteratur

Einen Handlungsort erfassen

1 Ordnet die Buchstaben des Ortsnamens neu an. Ihr erhaltet dann ein Wort, das Bens Sicht auf seine Heimat deutlich macht.

Folie

2 Lies die Textauszüge und unterstreiche Informationen, die du über den Ort „Wingroden“ erhältst.

In einer Ecke summt leise ein Kühlregal. Ein Plakat warnt vor Tollwut. An einer Wand ist ein Holzregal befestigt, das in zwanzig Quadrate aufgeteilt ist, kleine Briefkästen, weil die Post schon seit Jahren nicht mehr ausgetragen wird. Über jeder Öffnung ist ein Namensschild angebracht: KURT, WILLI, HORST, OTTO, ANNA/GEORGI, JOJO, KARL/BEN. Die restlichen dreizehn Fächer sind leer, an einem steht noch HERMANN, aber der ist schon seit fünf Jahren tot. Als ich ein Kind war, gab es fast für jedes Fach einen Besitzer. Achtzehn Fächer, fünfundzwanzig Einwohner. Damals war Otto noch verheiratet, und es gab eine Kiesgrube mit Besitzer samt Familie. Die Grube ist mittlerweile ein See, an den Ufern liegen verrostete Förderbänder und zusammengefallene Holzhütten. Im Sommer, wenn ich es vor Langeweile und Hitze nicht mehr aushalte, fahre ich hin und plansche ein bisschen herum. Am Grund des Sees liegt eine Baggerschaufel, die mit ihren gezackten Rändern wie das Maul eines Ungeheuers aussieht.

Auf der linken Seite befindet sich ein großer Parkplatz. Früher standen hier die Busse, in denen die Besucher der Wingrodener Glasmanufaktur angereist kamen. Rechts war damals die Terrasse mit den Tischen und Stühlen für die Gäste, die bei gutem Wetter draußen sitzen konnten. Schaut man von hier die Straße herunter, sieht man den Dorfladen, die Tankstelle, die Werkstatt, und weiter hinten, das Haus von Anna und Georgi. An schönen Tagen glitzert Jojos Wohnwagen im Sonnenlicht. In die andere Richtung geht es aus dem Ort hinaus. Außer Sichtweite liegen die Fabrikruine und die Höfe von Otto, Horst und Willy. Kurts Wohnhaus und den Stall kann man gerade noch erkennen, weit weg, am Ende der Felder, die jetzt ein gelbes Meer aus Weizenhalmen sind.

Wesentliche Elemente eines Textes bestimmen und in ihrer Funktion beschreiben (Raumdarstellung), Deutungen eines Textes entwickeln, begründen, am Text belegen und mit anderen Deutungen vergleichen

3 Ordne passende Adjektive als Cluster um den Namen des Dorfes an und beziehe dabei auch treffende Textstellen mit ein.

S. 299
Cluster

4 Vergleicht eure Ergebnisse und ergänzt passende Begriffe.

5 Stellt euch das Dorf mithilfe der Informationen aus den Textauszügen genau vor.

a) Fertigt eine Zeichnung des Dorfes an. Entscheidet euch für eine geeignete Perspektive.

→ S. 211
Perspektiven untersuchen und anwenden

b) Besprecht, wodurch die besondere Stimmung in euren Bildern eingefangen werden konnte. Geht dabei unter anderem auf Farben, Details und Positionierung der Gebäude ein.

c) Vergleicht eure Darstellung mit der Literaturverfilmung.

www
Ihr findet einen passenden Frame im Internetportal.

Nach Wingroden kommt kein Schwein, nicht einmal ein Einbrecher

6 An Bens Gedanken merkt man, dass er ungern in Wingroden lebt. Tauscht euch über Vor- und Nachteile des Stadt- und Landlebens aus.

7 In der Literaturverfilmung lautet der Name des Dorfes nicht „Wingroden“, sondern „Endlingen“ und spielt im Ostalbkreis.
- Recherchiert, ob es diesen Ort wirklich gibt.
- Besprecht mögliche Gründe, warum das Drehbuch des Films hier von der Textvorlage abgewichen ist.

8 Hört den Titelsong des Films an. Schreibt einen deutschen Songtext über das Dorf dazu. Versucht, Bens Eindruck des Dorfes darin zum Ausdruck zu bringen.

Tipp
Leiht euch den Film aus, um den Filmsong anzuhören.

Lesen – Umgang mit Texten und Medien

Jugendliteratur

Ein zentrales Thema erschließen

1 Lies dir den Textauszug durch.

2 Fülle die Sprechblasen mit den Gedanken, die Ben oder Maslow in dieser Situation durch den Kopf gehen.

Der Blechschuppen misst etwa fünf mal zehn Meter. Zwei Neonröhren erhellen ihn notdürftig. Meine Augen brauchen eine Weile, bis sie sich an das diffuse Licht gewöhnt haben. Dann erkenne ich ein Modell aus Pappmaschee, das unser Dorf darstellen soll, und jede Menge Skizzen, Pläne, Zeitungsauschnitte und Fotos an den Wänden. Ein Vorhang aus alten, fleckigen Bettlaken trennt einen Teil des Raumes ab. Auf einem langen Brettertisch liegen Werkzeuge, Holzreste, Pappe, Drähte, Farb- und Leimtöpfe und sonstiger Bastelkram. Ich sehe mir das Modelldorf an. Da ist die Tankstelle, da die Werkstatt und sogar Jojos Wohnwagen. Ich sehe den Laden, den „Schimmel“, Annas Haus, die Höfe und Karls Gärtnerei. Kein Golfplatz. Keine Pferderennbahn. Kein Freizeitpark. Gar nichts. Nur das öde Wingroden als Miniaturausgabe.

„Und was soll das?“, frage ich. Maslow grinst, zieht an der Zigarette und bläst eine Rauchwolke aus. „Kannst du ein Geheimnis für dich behalten?“ Ich zucke mit den Schultern. „Kommt drauf an.“ „Ja oder nein?“ „Schon gut. Ja!“

Maslow geht zu dem Vorhang und greift mit der rechten Hand danach. Er gibt sich große Mühe, ernst und feierlich auszusehen, als würde er gleich sein eigenes Denkmal enthüllen. „Ich zähle auf deine Verschwiegenheit!“ „Ist ja gut, Maslow! Ich hab nicht die ganze Nacht Zeit!“ Endlich zieht er den Vorhang zur Seite.

Ich traue meinen Augen nicht. Von der Decke hängt ein – UFO!

Ich starre das Ding an. Es ist vielleicht drei Meter breit und einen Meter hoch.[…]

„Na?“ Maslow strahlt mich an. „Lass mich raten: das ist das UFO, das Kurt gesehen hat.“ Maslow strahlt noch mehr. „Stimmt genau!“

„Du hast dieses Ding gebaut, nur um Kurt zu verarschen?“ „Natürlich nicht!“ Maslow schaltet die Lichter und den Ton am UFO aus, nimmt die Kopie einer Zeitungsseite von der Wand und hält sie mir hin. Die Schlagzeile des Artikels lautet: ROSWELL, WALLFAHRTSORT FÜR UFO-GLÄUBIGE.

Maslow wedelt mit dem Blatt vor meinem Gesicht herum. „Da soll in den Vierzigerjahren ein Raumschiff abgestürzt sein. Die Regierung und das Militär halten bis heute alles geheim, aber trotzdem pilgern da jedes Jahr Tausende Menschen hin. Tausende!“

„Na und?“ „Die Leute kaufen Andenken!“ Maslow greift in eine Kiste und stellt ein offensichtlich selbst gebasteltes Gebäude aus Pappe, Holz und Papier neben die Tankstelle. Auf dem Dach des Gebäudes steht in Großbuchstaben UFO-RAMA.

„Und sie übernachten! Und essen!“ Maslow ersetzt den alten „Schimmel“ durch eine neue, schönere Version. „Tut mir leid, ich kapier's nicht.“

„Roswell war ein verschlafenes Nest in New Mexico, bevor die Sache mit dem UFO passiert ist. Genau wie Wingroden! Dann findet ein Bauer auf seinem Land Trümmerteile, und plötzlich brodelt die Gerüchteküche.“ „Was für Gerüchte?“ „Das Militär behauptet, sie sind von einem Wetterballon, aber damit kommen sie nicht durch! Die Menschen wollen an UFOs und Außerirdische glauben!“

„Aber Kurt hat dieses Ding hier gesehen und keine Trümmerteile gefunden.“

„Das ist doch viel besser!“, ruft Maslow. Er stellt sich vor das Pappmascheemodell und zeigt auf Kurts Haus. „Gestern hat Kurt das UFO gesehen.“ Er zeigt auf Willis Haus. „Heute Nacht wird es Willi sehen.“ Er zeigt auf Ottos Haus. „Übermorgen ist Otto dran und dann Horst.“

„Und wozu?“ „Damit sie es den Reportern erzählen!“ „Welchen Reportern?“ „Den Reportern, die bald hierherkommen und über das UFO-Phänomen berichten!“

Ich setze mich auf einen der beiden Plastikstühle. „Warum sollen die herkommen? Wegen ein paar Bauern, die besoffen im Bett liegen und meinen, sie sehen ein UFO?“ Maslow zieht den Vorhang zu. „Es muss sich nur ein Reporter die Geschichten anhören und darüber schreiben! Meinetwegen, dass hier alle spinnen! Der Rest ist Marketing! Die Gerüchteküche in Gang bringen.“

„Aber warum dieser Aufwand? Warum gibst du nicht einfach allen eine Woche lang Freibier aus, damit sie erzählen, sie hätten ein UFO gesehen?“ „Die sollen es nicht nur erzählen, die sollen es glauben. Oder kannst du dir Willi als Schauspieler vorstellen? Oder Kurt? Der wird ja schon rot, wenn er beim Skat bescheißt!“ „Du willst also alle hier verarschen!“ „Warum denn verarschen?“ Maslow tut, als hätte ich ihn schwer beleidigt. „Die werden alle berühmt! Und reich!“ Er nimmt die alten Bauernhöfe vom Modell und ersetzt sie durch Villen. Zuletzt stellt er ein modernes Haus an die Stelle von Karls Bruchbude und strahlt mich an.

„Du bist verrückt, Maslow.“

„Ganz Wingroden ist ein Museum. Bloß ohne Besucher.“ Maslow sieht mich an. „Lass mich die Sache durchziehen, Ben. Bitte.“

Ich sage nichts und starre auf Maslows weiße Segeltuchschuhe. Vom Büro her dringt das Rattern des Klimageräts herüber. Ab und zu lässt die Hitze das Wellblech knacken. „Dass du mir nicht helfen willst, akzeptiere ich. Aber ich wäre dir wirklich sehr dankbar, wenn du mein Projekt nicht sabotieren würdest.“

„Ich finde, was du da machst, ist falsch. Das ist fies, wie du alle hier für deine Zwecke missbrauchst.“

„Meine Zwecke?!“, ruft Maslow. Dann senkt er seine Stimme, bis er beinahe flüstert. „Das tue ich doch nicht für mich! Das hilft ganz Wingroden!“

www
Ihr findet den Textauszug im Internetportal.

3 Fügt in der zweiten Hälfte des Textes ebenfalls passende Gedankenblasen ein.

Lesen – Umgang mit Texten und Medien

4 Stellt eure Ergebnisse der Klasse vor. Wählt dafür einzelne oder mehrere Schüler aus, die den Text laut vorlesen. Positioniert hinter die Vorleser je eine/n Schüler/in für Maslow und eine/n für Ben. Lasst die beiden die Gedanken der Figuren an der richtigen Stelle aus dem „Off" einsprechen.

5 Maslow hat einen Plan, wie er Wingroden wieder attraktiv machen kann. Gebt in eigenen Worten wieder, welchen Plan er verfolgt und wie er auf diese Idee gekommen ist.

6 Sammelt weitere Ideen, wie man mit wenig Geld einen Ort attraktiv machen könnte.

7 Ben und Maslow sind nicht einer Meinung, was den UFO-Plan angeht.
Diskutiert folgende Fragen:

- Welches Problem hat Ben mit Maslows Plan?
- Wie rechtfertigt Maslow seinen Plan?
- Welche Argumente könnte man Ben entgegensetzen, welche Maslow?
- Welchen Eindruck habt ihr von Maslow gewonnen?

8 Lest den folgenden Textabschnitt und diskutiert, ob sich dadurch etwas an euren Meinungen ändert.

„Weißt du eigentlich, warum Otto, Horst und Willi ihre Höfe noch haben?", fragt Maslow schließlich. „Warum sie noch hier sind und nicht längst weg?" „Keine Ahnung", sage ich. „Weil sie sonst nichts haben, wo sie hingehen können?"

„Weil ich ihnen Geld gebe." Ich sage nichts. Wir sind beim Auto. Ich lege eine Hand auf das warme Blech. „Seit Jahren bekommen sie von mir Kredite. Zinslos. Die sie nicht zurückzahlen müssen. Deshalb sind sie alle noch hier."

„Kannst du dir das leisten?" Ich öffne die Beifahrertür, damit kalte Luft ins Wageninnere dringen kann. „Eben nicht! Meine Reserven sind bald aufgebraucht! Ich bin so gut wie pleite!" Maslow spielt mit dem Schlüsselbund. Das leise Klimpern mischt sich mit dem Zirpen der Grillen, die langsam munter werden.

„Und jetzt?" „Jetzt ist das UFO-Projekt unsere letzte Chance." „Unsere?" „Wenn das nicht klappt, gibt es Wingroden in ein paar Monaten nicht mehr. Dann ist hier alles dicht."

„Die Tankstelle auch?", frage ich. „Die Werkstatt?" Maslow nickt. „Der Laden, die Kneipe, alles."

Jugendliteratur

Figuren beschreiben

1 Arbeitet mit den Textauszügen.

Folie

- Teilt euch auf, sodass jeder einen Auszug bearbeitet.
- Lest euren Textausschnitt gründlich und unterstreicht alle Informationen zu Ben.
- Fülle die Figurine mit den Informationen deines Ausschnittes für Ben aus.
- Tauscht euch anschließend in der Gruppe aus und ergänzt eure Figurinen zu Ben mit den Informationen der anderen Gruppenteilnehmer.

www
Die Vorlage für die Figurine findet ihr im Internetportal.

Ben und Karl

ICH HASSE MEIN LEBEN. In drei Jahren werde ich zwanzig, das ist die Hälfte von vierzig. In acht Jahren ist Karl neunzig, und ich bin fünfundzwanzig und vielleicht noch immer hier. Mit ihm. Das will ich mir gar nicht erst vorstellen. Die Realität reicht mir völlig.

Karl steht vor mir, splitternackt. Schaum liegt auf seinen knochigen Schultern wie Schnee. Er schlottert ein wenig, dabei ist es warm im Badezimmer. Der Spiegel hat sich beschlagen, unter der Decke hängen Dampfschwaden. Ich trockne Karl den Rücken ab, weil er das nicht mehr selber kann. Was Karl alles nicht mehr selber kann, würde ganze Bücher füllen. Karl schwankt und streckt die Arme nach der Wand aus. In fünfundsechzig Jahren bin ich so alt wie er jetzt. […] Mit Karl geht es bergab. Wenn sein Gehirn den Betrieb irgendwann völlig aufgibt, können wir uns überhaupt nicht mehr unterhalten. Ich weiß nicht, ob ich es vermissen werde.

Mit fünfzehn habe ich bei Karl eine Lehre als Gärtner angefangen. Meine Mutter hielt das für eine tolle Idee, aber das war nur eine Notlösung, die einfachste Art, mich nach dem Tod meines Vaters abzuschieben. Karl durfte eigentlich gar keine Lehrlinge mehr ausbilden. Sein Gehirn funktionierte damals zwar noch ziemlich tadellos, aber er war alt, hatte kaputte Knie und werkelte nur noch zum Vergnügen im Garten vor sich hin. Trotzdem schaffte meine Mutter es irgendwie, die Sache mit den Behörden zu regeln.

Hin und wieder, nicht sehr oft, stelle ich mir vor, wie es wäre, wenn Karl sterben würde. Ganz selten wünsche ich mir, ihn am Morgen tot in seinem Bett zu finden. Wenn meine Großmutter nicht weggegangen wäre, hätte sie Karl am Hals. Wer behauptet, man könne über sein Leben selber bestimmen, hat keine Ahnung. Und bestimmt keinen senilen Opa, um den er sich kümmern muss.

Karl zeigt auf das Glas mit den Nougatbrocken und sieht mich an. Er kann kaum ordentlich den Tisch decken und weiß zwischendurch nicht mehr, wie er heißt, aber dass er bei jedem Friseurbesuch einen Nougatbrocken kriegt, daran erinnert er sich wie ein Elefant. Manchmal habe ich den Verdacht, dass Karl nur so tut, als ob er immer vergesslicher wird. Aber dann finde ich ihn am Morgen in seinem Zimmer, nackt und fröstelnd, weil er

Wesentliche Elemente eines Textes bestimmen: Figuren, Handlungen und Verhaltensweisen literarischer Figuren beschreiben, Beziehungen von Figuren beschreiben

Lesen – Umgang mit Texten und Medien

den Schlafanzug ausgezogen hat und sich nicht daran erinnern kann, dass seine Kleider im Schrank liegen. Oder er sitzt auf der Veranda und weint vor sich hin, weil die Tür klemmt und er meint, ich hätte ihn ausgesperrt. Dann weiß ich, dass er nicht spielt. Es ist ihm jedes Mal furchtbar peinlich, wenn ich ihm zum tausendsten Mal zeigen muss, wo seine Unterwäsche, die Socken, Hosen und Hemden sind. Wenn ich ihn auf der Veranda finde, strahlt er mich immer an, als würde ich ihm alle seine Fehler und all den Mist, den er dauernd anstellt, verzeihen und ihn wieder aufnehmen. In solchen Augenblicken weiß ich nie so recht, was ich für Karl wirklich empfinde. Einerseits ist er mein Großvater und so ziemlich der einzige Verwandte, den ich habe. Ich müsste ihn eigentlich lieben und mich freuen, dass es ihn gibt. Andererseits ist er der Grund dafür, dass ich in diesem Kaff festsitze und Koch geworden bin, Chauffeur und Pfleger und überhaupt das verdammte Mädchen für alles. Es wäre gelogen, wenn ich behaupten würde, dass ich Karl liebe, aber um ihn wirklich zu hassen, habe ich ihn vermutlich noch nicht lange genug am Hals. Am ehesten ist es Mitleid, was ich spüre. Mitleid und ein Rest an Zuneigung für einen alten hilflosen Mann, den Vater meines Vaters.

Frau Wernicke untersucht Karl immer im Wohnzimmer. Ich habe ihn gebadet, rasiert, mit Kölnischwasser eingerieben und in einen frischen Schlafanzug gesteckt. Jetzt liegt er auf dem Sofa, und sie horcht und tastet ihn ab. [...] Ich erwische mich wieder bei dem Gedanken, dass es mir nicht viel ausmachen würde, wenn Frau Wernicke mir mitteilen würde, Karl sei sehr krank und müsse bald sterben. Ich hasse mich dafür und wünschte, ich würde anders ticken. [...] Karl sitzt immer noch auf dem Sofa. Ich habe so ein schlechtes Gewissen wegen meiner fiesen Gedanken, dass ich mich neben ihn setze und seine Hand nehme. „Kalte Hände", sagt Karl. Ich lasse seine Hand los. „Die Frau." „Oh, Frau Wernicke hat kalte Hände?" Karl nickt. „Selma nicht." Meine Großmutter hat Karl vor mehr als zwanzig Jahren verlassen. Sie hat wieder geheiratet und wohnt schon lange in Neuseeland. Manchmal schickt sie uns einen Brief oder eine Postkarte. Wenn ich Karl vorlese, was sie geschrieben hat, weiß ich nie, ob er es begreift. Und dann erinnert er sich plötzlich daran, dass sie warme Hände hatte. Das menschliche Gehirn ist ein erstaunlicher Apparat. Ich stelle es mir als eine riesige Kiste vor, gefüllt mit altem Kram, vergilbten Fotos und Tagebüchern, mit Erinnerungen und Gefühlen.

Ben und seine Eltern

Der Name meines Vaters ist Paul Schilling. Er starb, als ich neun war. Ich muss nur die Augen schließen, und es ist, als würde er vor mir stehen. Er ist groß und ziemlich dünn, aber er hat Kraft und vor nichts Angst. Über seinem rechten Auge verläuft eine fünf Zentimeter lange Narbe, die hell bleibt, auch wenn seine Haut von der Sonne gebräunt ist. Er kann auf mindestens zehn verschiedene Arten lachen, und jede klingt so komisch, dass man davon angesteckt wird, wie von einer gutartigen Krankheit. Seine Haare sind hellbraun, seine Augen grün, genau wie meine. Als er jung war, studierte er Biologie und Ethnologie. Er spielte Gitarre in einer Band [...]. Mit vierundzwanzig arbeitet er für den Hamburger Zoo, ein Jahr später ging er nach Botswana, um ein Schutzprojekt für Spitzmaulnashörner mit aufzubauen. [...] Er mochte keine Großstädte, keine Autos, keine Supermärkte. Was er mochte, waren Lagerfeuer, Regenwolken über der Savanne und das Glitzern der Sterne. Musik mochte er auch, vor allem Blues. [...] Wohin er auch ging, nahm er seine Gitarre mit. Ich glaube, er beherrschte nur wenige Griffe, aber das war ihm egal. Und den Leuten, die ihm zuhörten, war es auch egal. Denn er hatte eine tolle Stimme, tief und kräftig und gleichzeitig brüchig, genau richtig für traurige Bluessongs. Meine Mutter lernte er bei einem Konzert in Hamburg kennen. Sie war damals eine von drei Background-Sängerinnen einer Bluesband aus Berlin. Nach ihrem Auftritt trank sie ein Bier an der Bar, und er sprach sie an. Danach gingen sie ein paarmal zusammen aus, aber dann zog meine Mutter mit der Band weiter [...]. Als die Band in Kiel spielte, fuhr mein Vater mit der Bahn hin. Wahrscheinlich hat es da richtig gefunkt, denn neun Monate später kam ich zur Welt. Da war meine Mutter dreiundzwanzig, mein Vater acht Jahre älter. Ich weiß nicht, ob ich geplant war, aber auf jeden Fall heirateten die beiden und lebten in Hamburg, weil mein Vater dort immer noch für den Zoo arbeitete. [...] Eines Abends kam mein Vater von der Arbeit und sagte, die Zoologische Gesellschaft schicke ihn für ein Jahr nach Tansania. [...] Das war im März 2004. Im Mai wurde ich neun und im Juli flog mein Vater nach Afrika.

In der Nacht des 11. Oktober 2004 kam das Auto, mit dem die Band von einem Konzert zurück nach Hamburg fuhr, von der Straße ab und prallte frontal gegen einen Baum. [...] Meine Mutter hatte auf dem Beifahrersitz geschlafen und erlitt neben Schnittwunden an den Armen einen Schädelbruch und einen Milzriss. [...] Das passierte um vier Uhr morgens, um acht stand ich bei meiner Mutter am Krankenhausbett. Sie war operiert worden und noch nicht bei Bewusstsein, aber ich hielt trotzdem ihre Hand und sagte ihr immer wieder, dass alles gut werden würde. Als ihre Schwester Julia aus Dortmund kam, wurde meine Mutter wach. Bei meinem Anblick lächelte sie zuerst, dann weinte sie, bis ich und Julia ebenfalls losheulten. Am späteren Morgen kamen ihre Eltern [...]. Als Karl und seine Schwester Henriette kamen, musste ich Stühle vom Flur holen, damit alle sitzen konnten. Irgendwann nach dem Mittagessen zwängte sich der Chefarzt ins Zimmer und teilte uns mit, in einer Woche sei meine Mutter wieder gesund und dürfe wieder nach Hause. [...] Henriette legte einen Arm um mich, und Karl tätschelte meinen Kopf. Da wusste ich, dass wirklich alles gut werden würde.

Mein Vater starb etwa drei Stunden später. Die einmotorige Piper PA-28 Cherokee Warrior sollte ihn von Musoma nach Dar-es-Salaam bringen, von wo aus Flüge nach Deutschland gingen. Er wusste, dass die Operation gut verlaufen war und es meiner Mutter schon viel besser ging, aber er wollte bei ihr sein. Warum die Maschine abstürzte, wurde nie ganz geklärt. Im offiziellen Bericht hieß es, das Höhenruder sei beschädigt gewesen. Möglicherweise habe es einen Zusammenprall mit einem großen Vogel gegeben, einem Ibis oder Reiher. Augenzeugen sagten aus, sie hätten gehört, wie der Motor gestottert habe und irgendwann ausgegangen sei. Aber Motoren gehen nicht einfach so aus. Motoren laufen ewig, wenn man sich gut um sie kümmert. Vielleicht ist mein Vater tot, weil jemand eine defekte Benzinpumpe nicht ausgewechselt, einen Luftfilter nicht gereinigt, einen Öldruckmesser nicht kontrolliert hat. Gut möglich, dass ich deswegen Mechaniker werden will. Weil man dafür sorgen muss, dass ein Motor funktioniert. Das Leben eines Menschen könnte davon abhängen.

„Hallo, Mam.“ Ich lege mich auf das Sofa und halte den Hörer ein Stück von meinem Ohr weg. „Tut mir leid, dass ich mich fast eine Woche nicht gemeldet habe!“ „Schon gut,“ sage ich und erwähne nicht, dass es neun Tage waren. „Wie geht es euch? Habe ich dich geweckt?“ „Nein, nein. Es geht uns gut. Wo bist du?“ „In Kopenhagen! Das ist in Dänemark!“ „Ich weiß. Geht es dir gut?“ „Mir geht es blendend. Wir sollen eine große Tour machen!“ „Wann kommst du zurück?“ „Deshalb rufe ich an, Ben.“ Stille. Nur das leise Rauschen in der Telefonleitung. „Ja?“ Ich ahne nichts Gutes. „Man hat uns ein tolles Angebot gemacht, Ben. Dänemark und Schweden. Ein Dutzend Auftritte. [...] Ich weiß, das war nicht geplant.“ Ein Feuerzeug klickt, meine Mutter zündet sich eine Zigarette an. „Ich wollte Mitte des Monats bei euch sein, ehrlich. Aber so eine Gelegenheit bekommt man nicht jeden Tag.“ Sie inhaliert geräuschvoll. Bestimmt ist sie total nervös und hat ein schlechtes Gewissen. „Kannst du das verstehen, Ben?“. „Ja.“ „Und du bist mir nicht böse?“ „Nein“, antworte ich, weil es sowieso nichts bringt, wenn ich es ihr sage. Natürlich bin ich ihr böse. Ich bin stinksauer auf meine Mutter. Aber ich behalte es für mich. Wozu darüber reden. [...] Meine Mutter gibt mir echt den Rest. Als sie vor fünf Wochen mit der Band nach Frankreich gefahren ist, sagte sie, sie würde Anfang Juli zurück sein. Dann rief sie an und sagte, die Tour würde bis Mitte Juli dauern. Und jetzt kann ich froh sein, wenn sie vor Ende der Sommerferien aufkreuzt.

Alles, was ich wollte, sind ein paar Tage für mich alleine, ohne Karl. Ich hatte vor, in die Stadt zu fahren, ins Kino zu gehen und zu einem Konzert, dem ersten meines Lebens. „Green Day“ spielen in Deutschland, eine meiner Lieblingsbands. Vielleicht hätte ich bei dem Konzert ein Mädchen kennen gelernt, und wir wären nachher noch etwas trinken gegangen. Vielleicht hätten wir uns am Bahnhof zum Abschied geküsst, und vielleicht wäre es kein Abschied für immer gewesen.

Ben und Lena

Im Schankraum ist es angenehm kühl und auf eine gemütliche Art düster. Es riecht nach Bohnerwachs und Bier und kaltem Zigarettenrauch. Willi steht neben dem Stammtisch und balanciert einen Stuhl auf seinem Kinn. Die Nummer führt er jedem vor, den es nach Wingroden verschlägt. Eine Frau, die mit dem Rücken zu mir dasteht, klatscht begeistert Beifall. Sie ist etwa so groß wie ich, hat kurze braune Haare und trägt ein weißes T-Shirt und eine grüne Cargohose, die nur aus Taschen zu bestehen scheint. [...] Ich muss einmal leer schlucken. Sie ist weder fünfzig, noch sieht sie annähernd wie die Ökotante aus, die ich mir wegen des Autos vorgestellt hatte. Ich schätze sie auf Mitte zwanzig, aber sie kann genauso gut zwei oder drei Jahre älter oder jünger sein. Quer über ihrem T-Shirt steht in schwarzen Buchstaben EL CAPITAN. Sie hat braune Augen und eine verschorfte Stelle an der Oberlippe.

Zum Baggersee fährt man erst drei Kilometer auf der Landstraße und dann etwa fünfhundert Meter über einen Schotterweg. [...] Heute ist das erste Mal, dass außer Karl noch jemand dabei ist. Ein seltsames Gefühl. Aber ein gutes. Wenn Lena lacht, hallt es von den Grubenwänden zurück, und mein Bauch füllt sich mit kribbelnder Wärme. Als ich die Baggerschaufel erwähnt habe, ist sie mit mir hinuntergetaucht, immerhin vier Meter tief. Sie schwimmt wie ein Fisch und kann die Luft länger anhalten als ich. […] Ich muss das Ganze realistisch betrachten: Ich habe vielleicht ein paar Muskeln, bin ziemlich braun gebrannt, nicht allzu dumm und laut Heike Bormann ein hübscher Junge, aber eben erst sechzehneinhalb. Und Lena ist mindestens zwanzig. Vier Jahre sind eine Menge Zeit. Zwischen uns klafft eine Lücke, so gigantisch wie der Grand Canyon. Ich kann Lena auf der anderen Seite sehen und ihr zuwinken, aber erreichen kann ich sie nicht. Selbst wenn der Altersunterschied keine Rolle spielen würde, hätte ich bei ihr nicht den Hauch einer Chance. Bestimmt hat sie einen Freund, so einen Supersportler, neben dem ich wie ein Zwerg mit Bulimie aussehe. […] „Wie alt bist du eigentlich?", fragt Lena, nachdem sie den Becher gefüllt hat und mit einem Zug geleert hat. Sie nimmt die Sonnenbrille ab, um mich genauer anzusehen. „Siebzehn", sage ich. „Maslow meint, knapp über sechzehn." „In fünf Monaten bin ich siebzehn", sage ich und nehme mir vor, Maslow in den Arsch zu treten. Ich würde gerne wissen, was er Lena sonst noch alles über mich erzählt hat. „Bisschen früh für Bier, oder?" „Meinst du mein Alter oder die Uhrzeit?" „Beides. Ich hab damit gewartet, bis ich achtzehn war." „Du bist ja auch nicht hier draußen aufgewachsen." „Nein, in der Stadt. Und meine Mutter hat auf mich aufgepasst wie eine Gefängniswärterin." […] „Wie im Knast komme ich mir auch vor, nur dass es meiner Mutter egal ist, was ich tu und lasse." Ich trinke die halbe Flasche leer. Lenas Pech, wenn sie ein Problem damit hat. „Wo ist sie?" „Unterwegs. Als Sängerin". […] „Und du?", frage ich nach einer Weile. „Was?" „Wie alt bist du?" „Das fragt man eine Frau nicht." „Tut mir leid." Lena lacht. „Das war ein Witz. Neunzehn." „Ohne Scheiß? Ich meine wirklich?" „Warum? Sehe ich aus wie vierzig?" „Nein, nein, das wollte ich damit nicht sagen." „Entspann dich. Du hast es nicht so mit Scherzen, was?" Ich zucke die Schultern. „Hier ist eben nicht alles spaßig."

„Ich finde es gar nicht so übel. Das Dorf. Die Gärtnerei. Dieser See. Und natürlich die netten Menschen." Lena lächelt mich an, füllt den Becher und schraubt die Flasche zu. Dabei kippt die Flasche um, und ich greife nach ihr, erwische aber Lenas Handgelenk. Zwei oder drei Sekunden lang halte ich es fest.

Eine Ewigkeit.

Irgendwann lasse ich los. Danach weiß ich auch nicht genau, was ich mache. Ich lehne mich nach vorne und will Lena küssen, aber sie weicht zurück und sagt sowas wie „Uups". Ich Volltrottel habe auch noch die Augen geschlossen. Als ich sie öffne, sehe ich Lenas Gesicht, in dem Verwunderung liegt und, was noch viel schlimmer ist, Erheiterung.

Die Zeit bleibt stehen. Es ist alles so unendlich peinlich, dass mir schlecht wird. Plötzlich spüre ich die Hitze auf meinem Schädel und die Kopfschmerzen, die ich völlig vergessen hatte. Lena

Lesen – Umgang mit Texten und Medien

grinst, dann erhebt sie sich. „Komm mit ins Wasser. Ein wenig Abkühlung wird dir guttun.“ Sie legt ihre Sonnenbrille auf das Badetuch und geht zum See. Ich glühe. Schweiß läuft mir über die Stirn und in die Augen. Am liebsten würde ich im Boden versinken. […] „Na los, komm!“, ruft Lena. Ihre Stimme klingt wie von sehr weit her. Wie von der anderen Seite des Grand Canyons.

Bens Pläne

In der Scheune steht ein alter VW-Bus. Eigentlich ist es nur eine halb verrostete Karosserie unter einer Plane. Die Sitze lehnen an der Wand, von leeren Düngersäcken notdürftig gegen die staubige Erde geschützt, die der Wind durch die Bretterritzen weht. Der Motor liegt in einer Holzkiste wie in einem Sarg. Alle paar Wochen treibt Maslow ein Ersatzteil auf, manchmal kommt monatelang nichts. Wenn es in dem Tempo weitergeht, bin ich dreißig, bis der Bus restauriert ist.

Und eigentlich müsste ich jede freie Minute an meinem VW-Bus arbeiten, damit er fertig ist, wenn ich achtzehn bin und nach Afrika fahren kann. Aber am Motor und an der Elektrik muss noch viel ausgetauscht werden, und es ist schwierig, Ersatzteile zu finden. Teuer ist es auch. […] Am späten Nachmittag setzte ich mich mit Karl auf die Veranda. Er macht Schnipsel, und ich zeichne Skizzen von meinem Bus, wie er mal aussehen soll. Außen schwanke ich noch zwischen Zebra- und Leopardenfell-Lackierung, und innen muss ich mich entscheiden, ob ich zwei Liegeflächen will oder nur eine, was Platz für eine Kochnische lassen würde. Ich bin auch nicht sicher, was ich mit dem Dach tun soll. Ein Metallgitter, auf das ich mein Zelt stellen könnte, wäre praktisch, vor allem im Busch, wo nachts die wilden Tiere herumschleichen. Ein Panoramafenster hätte jedoch auch seine Vorteile, ebenso ein Schiebedach.

Mir ist klar, dass es für diese Detailplanung noch ein bisschen früh ist. Aber irgendwie muss ich mir ja die Zeit vertreiben. Sämtliche Bücher, die mir mein Vater hinterlassen hat, habe ich schon mindestens zweimal gelesen. […] Ich weiß so viel über den Schwarzen Kontinent, ich könnte in einer Quizsendung auftreten. […] Ich weiß, wie ein Spitz- und wie ein Breitmaulnashorn aussieht, dass eine schwarze Mamba bis zu vier Meter lang wird und wie man sauberes Trinkwasser macht. Außerdem kann ich mit zwei Holzstücken Feuer machen, im Stockdunkeln ein Zelt aufbauen und mit der Armbanduhr bestimmen, wo Norden liegt. Mein Wissen verdanke ich Reiseführern, Dokumentarfilmen und den Tagebüchern meines Vaters. Die praktischen Dinge habe ich so lange geübt, bis jeder Handgriff saß.

Manchmal schlafe ich hier draußen im Zelt und stelle mir vor, in Tansania oder Botswana zu sein. Dann träume ich von Gnuherden, die durch die Savanne ziehen, von Flamingoschwärmen über dem Tanganikasee und vom schneebedeckten Dach des Kilimandscharo. Meine Mutter hat mir von einer ihrer Tourneen eine CD mit Naturgeräuschen mitgebracht, zum Beispiel das Plätschern eines Bachs, Vögelzwitschern und die Rufe von Affen. Mein Lieblingsstellen sind natürlich die mit dem Löwengebrüll, dem Elefan-

Wesentliche Elemente eines Textes bestimmen: Figuren, Handlungen und Verhaltensweisen literarischer Figuren beschreiben, Beziehungen von Figuren beschreiben

tentrompeten und dem Hyänengebell. Wenn ich das anhöre, passierte etwas ganz Eigenartiges mit mir. Ich spüre großes Glück und noch größere Sehnsucht. Gleichzeitig wird mein Herz schwer, wie ein Schwamm, der sich vollsaugt, bis kein Tropfen mehr hineinpasst. Dann liege ich da, weiß nicht, wohin mit den ganzen Gefühlen, die mir von innen so heftig gegen die Brust drücken, dass es wehtut.

2 Diskutiert, inwiefern die Filmfiguren den Romanfiguren gleichen. Findet ihr, dass die Schauspieler gute Besetzungen für die Rollen sind?

3 Baut ein Standbild rund um Ben.

M → S. 282
Ein Standbild bauen

4 Schaut den Anfang des Filmes von Minute 0:33 bis Minute 1:50 an.
- Achtet darauf, wie Ben und Karl vorgestellt werden.
- Vergleicht den Anfang des Filmes mit dem Anfang des Buches (S. 119 – Ben und Karl) und notiert, inwiefern sich die Teile gleichen.

Tipp
Leiht euch den Film aus, um die Anfangsszene anzusehen.

5 Verfasse mithilfe der Figurine und des Merkkastens eine Charakterisierung von Ben.

Eine Charakterisierung schreiben

Eine Charakterisierung beschreibt die Innenwelt einer Figur. Darum ist es wichtig, vorab den Text gründlich zu untersuchen. Zu diesem Zweck ist die Figurine optimal geeignet, da sie all die Bereiche, die für eine Charakterisierung notwendig sind, beleuchtet. Wie alle Aufsätze ist die Charakterisierung in drei Teile gegliedert:

1. **Einleitung:** Titel, Autor, Textart, Inhalt in einem Satz, Einordnung des Charakters in das Gesamtwerk (*Ben ist der Protagonist in Pampa Blues, aus dessen Sicht erzählt wird …*), Beziehung der Figur zu anderen Figuren.
2. **Hauptteil:** Hier werden die einzelnen Bereiche der Figurine beschrieben: Figur, Gedanken und Gefühle, innerer Konflikt, Beziehung zu anderen Figuren, Entwicklung.
   Es ist wichtig, alles mit Zitaten und Zeilenangaben zu belegen. Am besten notiert man sich diese gleich in der Figurine.
3. **Schluss:** Einen Ausblick geben.

Wesentliche Elemente eines Textes bestimmen: Figuren, Handlungen und Verhaltensweisen literarischer Figuren beschreiben, Beziehungen von Figuren beschreiben

Lesen – Umgang mit Texten und Medien

Jugendliteratur

Aus einer Textvorlage ein Drehbuch schreiben

Ursprünglich war der Jugendroman „Pampa Blues“ als Drehbuch konzipiert, wurde aber zu einem Roman umgeschrieben, nachdem das Filmprojekt zunächst gescheitert war. Aus diesem Grund sind besonders viele filmische Aspekte im Roman verankert, die man auch jetzt noch im Fließtext entdecken kann. Manche Szenen wirken gerade so, als wären sie für ein Schauspiel im Film oder auf der Bühne entworfen worden.

1 Vergleicht den Ausschnitt des Drehbuches mit dem Textausschnitt des Jugendromans.

Szene: Stammtisch im Schimmel, abends
Alle sitzen am Stammtisch. Will bückt sich hinter die Musikbox.
WILL: (*taucht hinter der Musikbox auf*) Maslow, die Kiste braucht ein paar Ersatzteile, wenn du mich fragst!
MASLOW: (*räumt die leeren Gläser vom Tisch auf die Theke*) Lohnt sich nicht.
OTTO: (*sarkastisch*) Endlich mal 'ne gute Nachricht.

Will taucht hinter der Musikbox auf. Er hält irgendwas in der Hand und betrachtet es nachdenklich. „Maslow, die Kiste braucht ein paar Ersatzteile, wenn du mich fragst!“
„Lohnt sich nicht“, sagt Maslow, nimmt die leeren Gläser und geht zurück hinter den Tresen. „Endlich mal 'ne gute Nachricht“, sagt Otto.

2 Entwerft nun zu dem folgenden Textausschnitt ein eigenes Drehbuch.
- Lest den Text gründlich durch.
- Schreibt zunächst auf, wo die Szene spielt und wer beteiligt ist.
- Markiert die direkte Rede, die ihr übernehmen wollt.
- Markiert die Handlungen, die ihr in euer Drehbuch übernehmen wollt.
- Notiert passende Gefühlsäußerungen neben den Text.
- Erarbeitet mithilfe des Merkkastens ein Drehbuch für diese Szene.

Folie

www
Die Szenen und die Drehbuchvorlage könnt ihr euch im Internetportal ausdrucken.

Tipp
Ihr könnt auch weniger wichtige Stellen rausstreichen.

Will taucht hinter der Musikbox auf. Er hält irgendwas in der Hand und betrachtet es nachdenklich. „Maslow, die Kiste braucht ein paar Ersatzteile, wenn du mich fragst!“

„Lohnt sich nicht“, sagt Maslow, nimmt die leeren Gläser und geht zurück hinter den Tresen. „Endlich mal 'ne gute Nachricht“, sagt Otto.

„Ich kaufe eine neue!“, verkündet Maslow. Otto verschluckt sich an seinem Bier. „Spinnst du? Hier geht alles den Bach runter, und du willst dir einen neuen Dudelkasten anschaffen?“

„Na klar! Kein Untergang ohne Musik! Wie auf der Titanik!“

„Teitänic!“, ruft Horst genervt.

Eine literarische Vorlage medial umformen und die Wirkung ihrer Gestaltunsgentscheidung erläutern und reflektieren, nach Kritereien Auszüge aus einer Literaturverfilmung mit der Textvorlage vergleichen

„Außerdem geht nicht alles den Bach runter!" Maslow bringt zwei frisch gezapfte Bier für Otto und Horst und eine Flasche alkoholfreies Pils für Alfons. „Die Zeiten werden wieder besser! Wartet's nur ab!"

Willi taucht hinter der Musikbox auf. „He, seht mal! Ein Zweimarkstück!" Er hält die Münze in die Höhe und strahlt über das ganze Gesicht. „Nix mehr wert", grummelt Otto. „Wie unsere Höfe."

„Ihr müsst lernen, positiv zu denken!", sagt Maslow. „Ihr müsst euch jeden Tag …" Er verstummt, weil die Tür aufgeht und Kurt mit seinem Hund Rühmann reinkommt. „Ach, sieh an, wer da endlich eintrudelt!" Er geht mit der leeren Flasche zur Theke, wo er zwei Bier zapft.

Ich und die anderen nuscheln unsere Begrüßungen, aber Kurt hebt nur die Hand und setzt sich zu uns an den Tisch. […]

„Wo warst du denn?" fragt Horst. „Fast wäre ich losgegangen, um nachzusehen, ob du in die Jauchegrube gefallen bist."

Kurt sitzt nur stumm da. „Hat dir der Fahrtwind die Sprache verschlagen?", fragt Willi. Er und Otto kichern.

„Schlecht geschlafen", murmelt Kurt. So sieht er auch aus. Maslow bringt zwei Bier, eins im Glas und eins in einer Schüssel. Die Schüssel stellt er vor Rührmann, der so heißt, weil Heinz Rührmann Kurts Lieblingsschauspieler ist. Der Hund fängt gleich an zu trinken, aber Kurt starrt sein Glas an, als hätte er noch nie im Leben ein Bier gesehen.

„Was ist?", fragt Maslow. „Alles in Ordnung?"

„Hoch die Tassen!", ruft Otto und hebt sein Glas.

Ich und die anderen halten ebenfalls unsere Gläser hoch, sogar Karl, der sich immer wie ein Schneekönig freut, wenn er mit allen in der Runde anstoßen kann.

Kurt sieht Maslow mit leerem Blick an. „Ich glaube, ich nehme heute mal eins ohne", sagt er leise.

„Ohne was?", fragt Maslow. „Schaum?"

Otto und Willi lachen. „Ohne Alkohol", flüstert Kurt.

Jetzt machen alle am Tisch große Augen. Nur Karl hat nichts begriffen, und ich stoße kurz mit ihm an, damit er einen Schluck nehmen und sein noch fast volles Glas wieder abstellen kann.

Das hat es noch nie gegeben. Otto, Willi, Horst und Kurt brauchen jeden Abend ihre vier, fünf Bier. Sie müssen sich die Birne vernebeln, um es in diesem Kaff auszuhalten. Nüchtern ist das Leben in Wingroden kaum zu ertragen. Ich weiß, wovon ich rede. Bier dient bei uns als eine Art Schluckimpfung gegen den täglichen Stumpfsinn.

„Jetzt mal ohne Scherz, Kurt. Was ist los?" Horst scheint der Einzige zu sein, der sich Sorgen macht.

Kurt sieht ihn mit glasigen Augen an. Es dauert eine Ewigkeit, bis er den Mund aufmacht. Dann haucht er kaum hörbar: „Versprecht ihr, nicht zu lachen, wenn ich euch was erzähle?"

Otto, Willi, Horst und ich sehen uns an, dann nicken wir.

„Klar", sagt Otto. „Ehrensache", sagt Willi. „Sicher", sagt Horst.

Sogar Alfons, der die ganze Zeit im Lohenfelder Anzeiger gelesen und erst jetzt die Brille abgenommen hat, sagt lächelnd: „Versprochen."

Lesen – Umgang mit Texten und Medien

Alle sehen mich an. „Ja ja", sage ich leicht genervt, weil ich mir schon denken kann, was Kurt uns gleich Weltbewegendes mitteilen wird. [...] Kurt holt tief Luft. „Ich hab letzte Nacht ein UFO gesehen."

Otto und Willi sehen einander an, dann lachen sie brüllend los. Willi wischt sich stöhnend die Tränen aus den Augen, dann nimmt er Kurts Glas und kippt es in einem Zug herunter. Kurt schmollt. Sein Kopf ist noch roter als rot. „Ein UFO!", stößt Otto hervor, und er und Willi brechen erneut in wildes Gelächter aus.

Tipp
Ihr könnt euer Rollenspiel mit einer Kamera oder einem Handy filmen.

3 Überprüft, ob euer Drehbuch gelungen ist, indem ihr es in einer ersten Version in eurer Gruppe spielt. Überarbeitet sie anschließend entsprechend der Rückmeldungen.

4 Übt eure Szenen ein und stellt sie den anderen Gruppen vor. Vergleicht sie miteinander und besprecht, welche Unterschiede ihr feststellt.

5 Schaut euch die Szene im Film an. Vergleicht euer Rollenspiel mit der Filmszene.
- Wie unterscheiden sich eure Szenen von der des Films?
- Welche Angaben wurden möglicherweise im Drehbuch des Films gemacht, die ihr nicht aufgenommen habt?
- Habt ihr Ideen in eurem Drehbuch umgesetzt, die im Film nicht vorkamen?

Ein Drehbuch schreiben

Gefühle und Gedanken eines Textes werden im Film durch Handlungen, Sprache und Bilder ersetzt.
Das Layout eines Drehbuchs muss für die Schauspieler klar und übersichtlich sein. Jede Szene beginnt mit einer **Szenenüberschrift**, die den Ort angibt. Daran schließen sich **Handlungsanweisungen** an, gefolgt von den Dialogen. Vor jeder Sprechhandlung steht der Name der Figur und gegebenenfalls **Regieanweisungen**, die in Klammer angegeben werden.

Beispiel:

WERKSTATT
MASLOW, KARL und BEN sitzen in der Werkstatt auf dem Sofa. Maslow legt einen Arm um Ben. Beide trinken Bier.
MASLOW: Hier wird sich einiges ändern. Sehr bald. Wirst schon sehen.
BEN: Ist ja mal was ganz Neues.
MASLOW: (*aufgeregt gestikulierend*) Das wird eine große Sache, Ben. Wingroden wird weltberühmt.

Jugendliteratur

Überprüfe dein Wissen und Können

Projekt

Die Heimat beschreiben

1 Heimat bedeutet für jeden etwas anderes. Tauscht euch aus.

2 Rolf Lappert beschreibt Wingroden sehr genau. Um deine Heimat genauso zu beschreiben, musst du erst einmal Eindrücke sammeln:
- Stelle dir den Ort vor, den du beschreiben willst.
- Notiere alle Sinneseindrücke, die du wahrnimmst:
  - Schließe die Augen: Was hörst du? Was riechst du? Was fühlst du?
  - Öffne die Augen: Was siehst du? Wie sieht es genau aus? Welches Geräusch macht es? Welchen Geruch hat es? Wie fühlt es sich an?
- Beschreibe nun den Ort so detailliert wie möglich. Greife dabei auf die gesammelten Sinneseindrücke zurück. Verwende Vergleiche und – wenn du willst – auch eine ironische Übertreibung.

Tipp
Wenn es möglich ist, kannst du natürlich auch an den Ort gehen, den du beschreiben willst.

3 Nutze nun deine Eindrücke aus Aufgabe 2 und stelle deine Heimat dar. Hierbei kannst du kreativ sein: Erstelle zum Beispiel
- eine Collage mit Bildern und Text.
- ein Video.
- ein Drehbuch.
- ein Lied oder einen Rap.
- eine Fotostory.
- ...

4 Präsentiert eure Ergebnisse und gebt euch Feedback.

Arbeitsschritte festlegen, nach Impulsen schreiben, Emotionen und Befindlichkeiten ausdrücken und dabei angemessene sprachliche Mittel nutzen

Lesen – Umgang mit Texten und Medien

Erzählende Texte

1 Lest den Text und diskutiert die Fragen.
- Wo tauchen Bücher in eurem Alltag auf?
- Was bedeuten Bücher für euch?
- Leben wir schon in einer Welt ohne Bücher?

Das letzte Buch

Marie Luise Kaschnitz

Das Kind kam heute spät aus der Schule heim. „Wir waren im Museum“, sagte es. „Wir haben das letzte Buch gesehen." Unwillkürlich blickte ich auf die lange Wand unseres Wohnzimmers, die früher einmal mehrere Regale voller Bücher verdeckt haben, die aber jetzt leer ist und weiß getüncht, damit das neue plastische Fernsehen drauf erscheinen kann. „Ja und“, sagte ich erschrocken, „was war das für ein Buch?“

„Eben ein Buch“, sagte das Kind. „Es hat einen Deckel und einen Rücken und Seiten, die man umblättern kann.“ „Und was war darin gedruckt?“, fragte ich. „Das kann ich doch nicht wissen“, sagte das Kind. „Wir durften es nicht anfassen. Es liegt unter Glas.“ „Schade“, sagte ich. Aber das Kind war schon weggesprungen, um an den Knöpfen des Fernsehapparates zu drehen. Die große weiße Wand fing an, sich zu beleben, sie zeigte eine Herde von Elefanten, die im Dschungel eine Furt durchquerte. Der trübe Fluss schmatzte, die eingeborenen Treiber schrien. Das Kind hockte auf dem Teppich und sah die riesigen Tiere mit Entzücken an. „Was kann da schon drinstehen“, murmelte es, „in so einem Buch.“

Furt
eine weniger tiefe Stelle in einem Fluss an der man ihn durchqueren kann

2 Besprecht, was der Unterschied zwischen einem Buch und dargestellten Bildern auf dem Fernsehapparat ist.

3 Erklärt, warum dieser Text ein erzählender Text ist.

4 Fasst den Inhalt des Textes kurz zusammen.

5 Lest den markierten Satz und diskutiert, warum die Mutter erschrickt.

In diesem Kapitel lernst du (,) ...
- *die Merkmale der Kurzgeschichte kennen.*
- *die Erzählperspektive zu bestimmen.*
- *Zeitdarstellungen zu untersuchen.*
- *sprachliche Gestaltungsmittel in einem Text zu untersuchen.*
- *den Inhalt von erzählenden Texten zu erfassen und zu beschreiben.*
- *eine Textbeschreibung zu verfassen.*

Erzählende Texte

Eine Kurzgeschichte kennenlernen

Die Küchenuhr

Wolfgang Borchert

Wolfgang Borchert (1921 – 1947) war ein deutscher Schriftsteller und hat viele Kurzgeschichten über Menschen im Krieg und in der Nachkriegszeit geschrieben. Diese Geschichte handelt von einem jungen Mann, der in den Trümmern seines zerbombten Elternhauses die Küchenuhr seiner Eltern findet.

Sie sahen ihn schon von Weitem auf sich zukommen, denn er fiel auf. Er hatte ein ganz altes Gesicht, aber wie er ging, daran sah man, dass er erst zwanzig war. Er setzte sich mit seinem alten Gesicht zu ihnen auf die Bank. Und dann zeigte er ihnen, was er in der Hand trug.

Das war unsere Küchenuhr, sagte er und sah sie alle der Reihe nach an, die auf der Bank in der Sonne saßen. Ja, ich habe sie noch gefunden. Sie ist übrig geblieben.

Er hielt eine runde tellerweiße Küchenuhr vor sich hin und tupfte mit dem Finger die blau gemalten Zahlen ab.

Sie hat weiter keinen Wert, meinte er entschuldigend, das weiß ich auch. Und sie ist auch nicht so besonders schön. Sie ist nur wie ein Teller, so mit weißem Lack. Aber die blauen Zahlen sehen doch ganz hübsch aus, finde ich. Die Zeiger sind natürlich nur aus Blech. Und nun gehen sie auch nicht mehr. Nein. Innerlich ist sie kaputt, das steht fest. Aber sie sieht noch aus wie immer. Auch wenn sie jetzt nicht mehr geht.

Er machte mit der Fingerspitze einen vorsichtigen Kreis auf dem Rand der Telleruhr entlang. Und er sagte leise: Und sie ist übrig geblieben.

Die auf der Bank in der Sonne saßen, sahen ihn nicht an. Einer sah auf seine Schuhe und die Frau sah in ihren Kinderwagen. Dann sagte jemand:

Sie haben wohl alles verloren?

Ja, ja, sagte er freudig, denken Sie, aber auch alles! Nur sie hier, sie ist übrig. Und er hob die Uhr wieder hoch, als ob die anderen sie noch nicht kannten.

Aber sie geht doch nicht mehr, sagte die Frau.

Nein, nein, das nicht. Kaputt ist sie, das weiß ich wohl. Aber sonst ist sie doch noch ganz wie immer: weiß und blau. Und wieder zeigte er ihnen seine Uhr. Und was das Schönste ist, fuhr er aufgeregt fort, das habe ich Ihnen ja überhaupt noch nicht erzählt. Das Schönste kommt nämlich noch: Denken Sie mal, sie ist um halb drei stehen geblieben. Ausgerechnet um halb drei, denken Sie mal!

Dann wurde Ihr Haus sicher um halb drei getroffen, sagte der Mann und schob wichtig die Unterlippe vor. Das habe ich schon oft gehört. Wenn die Bombe runtergeht, bleiben die Uhren stehen. Das kommt von dem Druck.

Er sah seine Uhr an und schüttelte überlegen den Kopf. Nein, lieber Herr, nein, da irren Sie sich. Das hat mit den Bomben nichts zu tun. Sie müssen nicht immer von den Bomben reden. Nein. Um halb drei war ganz etwas anderes, das wissen Sie nur nicht. Das ist nämlich der Witz, dass sie gerade um halb drei stehen geblieben ist. Und nicht um Viertel nach vier oder um sieben. Um halb drei kam ich nämlich immer nach Hause. Nachts, meine ich. Fast immer um halb drei. Das ist ja gerade der Witz.

Leseeindruck und erstes Textverständnis erläutern und begründen, Inhalte herausarbeiten, zusammenfassen und dazu aussagekräftige Textbelege wählen

Lesen – Umgang mit Texten und Medien

Er sah die anderen an, aber die hatten ihre Augen von ihm weggenommen. Er fand sie nicht. Da nickte er seiner Uhr zu: Dann hatte ich natürlich Hunger, nicht wahr? Und ich ging immer gleich in die Küche. Da war es dann fast immer halb drei. Und dann, dann kam nämlich meine Mutter. Ich konnte noch so leise die Tür aufmachen, sie hat mich immer gehört. Und wenn ich in der dunklen Küche etwas zu essen suchte, ging plötzlich das Licht an. Dann stand sie da in ihrer Wolljacke und mit einem roten Schal um. Und barfuß. Immer barfuß. Und dabei war unsere Küche gekachelt. Und sie machte ihre Augen ganz klein, weil ihr das Licht so hell war. Denn sie hatte ja schon geschlafen. Es war ja Nacht. So spät wieder, sagte sie dann. Mehr sagte sie nie. Nur: So spät wieder. Und dann machte sie mir das Abendbrot warm und sah zu, wie ich aß. Dabei scheuerte sie immer die Füße aneinander, weil die Kacheln so kalt waren. Schuhe zog sie nachts nie an. Und sie saß so lange bei mir, bis ich satt war. Und dann hörte ich sie noch die Teller wegsetzen, wenn ich in meinem Zimmer schon das Licht ausgemacht hatte. Jede Nacht war es so. Und meistens immer um halb drei. Das war ganz selbstverständlich, fand ich, dass sie mir nachts um halb drei in der Küche das Essen machte. Ich fand das ganz selbstverständlich. Sie tat das ja immer. Und sie hat nie mehr gesagt als: So spät wieder. Aber das sagte sie jedes Mal. Und ich dachte, das könnte nie aufhören. Es war mir so selbstverständlich. Das alles war doch immer so gewesen.

Einen Atemzug lang war es ganz still auf der Bank. Dann sagte er leise: Und jetzt? Er sah die anderen an. Aber er fand sie nicht. Da sagte er der Uhr leise ins weißblaue runde Gesicht: Jetzt, jetzt weiß ich, dass es das Paradies war. Das richtige Paradies.

Auf der Bank war es ganz still. Dann fragte die Frau: Und Ihre Familie?

Er lächelte sie verlegen an: Ach, Sie meinen meine Eltern? Ja, die sind auch mit weg. Alles ist weg. Alles, stellen Sie sich vor. Alles weg.

Er lächelte verlegen von einem zum anderen. Aber sie sahen ihn nicht an.

Da hob er wieder die Uhr hoch und er lachte. Er lachte: Nur sie hier. Sie ist übrig. Und das Schönste ist ja, dass sie ausgerechnet um halb drei stehen geblieben ist. Ausgerechnet um halb drei.

Dann sagte er nichts mehr. Aber er hatte ein ganz altes Gesicht. Und der Mann, der neben ihm saß, sah auf seine Schuhe. Aber er sah seine Schuhe nicht. Er dachte immerzu an das Wort Paradies.

1 Notiert zwei bis drei Sätze oder Fragen, die euch spontan zu Borcherts „Küchenuhr“ einfallen, und tauscht euch anschließend darüber aus.

2 Setzt euch nun intensiver mit dem Inhalt der Geschichte auseinander, indem ihr eine Skizze mit Sprech- und Gedankenblasen zu der Szene auf der Bank anfertigt. Beantwortet vorab folgende Fragen:
- Wie viele Personen sitzen auf der Bank?
- Was könnten die Personen sagen oder über den jungen Mann denken?

WWW
Ihr findet im Internetportal eine passende Vorlage, um eure Sprech- und Gedankenblasen einzutragen.

Leseeindruck und erstes Textverständnis erläutern und begründen, Inhalte herausarbeiten, zusammenfassen und dazu aussagekräftige Textbelege wählen

3 Erschließt euch Borcherts Kurzgeschichte mithilfe der folgenden Fragen:

Fragen zum Ort:
- An welchem Ort spielt die Geschichte und was erfährt man über ihn?
- Was kann man alles von der Bank aus sehen?

Fragen zur Zeit:
- In welcher Zeit spielt die Geschichte?
- Welche Verbindung sieht man zu Wolfgang Borcherts Leben?

Fragen zur Handlung:
- Was geschieht in dieser Kurzgeschichte?
- Wie lange hat die erzählte Handlung wohl in Wirklichkeit gedauert?

Fragen zu den literarischen Figuren:
- Wer ist die Hauptfigur der Geschichte und was erfährt man über sie?
- Welche Nebenfiguren gibt es und was erfährt man über sie?
- Was könnten die Nebenfiguren über die Hauptfigur denken?
- Wie erklärt ihr euch das Lachen der Hauptfigur, obwohl ihr so etwas Schlimmes widerfahren ist?

Fragen zum zentralen Gegenstand der Kurzgeschichte:
- Wie beschreibt der Erzähler die Küchenuhr und woran erkennt man, dass sie der zentrale Gegenstand ist?
- Warum ist die Uhrzeit halb drei für die Hauptfigur so wichtig?
- Welche symbolische Bedeutung hat die Küchenuhr für die Hauptfigur?

Fragen zum Anfang und zum Schluss:
- Was ist das Besondere am Anfang der Kurzgeschichte?
- Wie könnte die Geschichte weitergehen?
- Was bedeutet ein offener Schluss für den Leser?

Fragen zur Sprache:
- Enthält die Kurzgeschichte eher kompliziert oder eher einfach gebaute Sätze? Nennt Beispiele.
- Wie reden die Figuren in dieser Kurzgeschichte: alltäglich und einfach oder anspruchsvoll?

4 Auf der nächsten Seite findet ihr im Merkkasten die zehn wichtigsten Merkmale von Kurzgeschichten. Lest euch die Merkmale durch und markiert passende Textpassagen in der Kurzgeschichte.

Folie

Grundlegende literarische Gattungen definieren und deren Merkmale für das Textverständnis nutzen, die Gattungszugehörigkeit lyrischer, epischer, dramatischer Texte nach ihren spezifischen Merkmalen unterscheiden

Lesen – Umgang mit Texten und Medien

Die Kurzgeschichte

Die Kurzgeschichte ist eine noch sehr junge Gattung. Sie kommt aus dem Amerikanischen und entstand im 19. Jahrhundert. Zu dieser Zeit wurden die ersten Zeitungen gelesen, welche nur wenig Platz boten. Der amerikanische Urvater der Kurzgeschichte ist Ernest Hemingway. In Deutschland wurde die Kurzgeschichte sogar noch später bekannt: Autoren wie Wolfgang Borchert oder auch Marie Luise Kaschnitz setzten sich mit den Folgen des 2. Weltkrieges kritisch auseinander.
Die Kurzgeschichte ist eine Art von Erzählung, die aber bestimmte Merkmale aufweist:

- **1. offener Anfang:**
  Die meisten Kurzgeschichten haben keine Einleitung, sondern beginnen ganz unvermittelt. Der Leser wird sozusagen direkt in die Handlung „hineingeworfen".
- **2. begrenzte Anzahl von Figuren:**
  Es gibt nur wenige Figuren in einer Kurzgeschichte. Sie werden kaum beschrieben. Oft haben sie noch nicht einmal einen Namen.
- **3. „Momentaufnahme" der Hauptfigur(en):**
  Ähnlich wie bei einem Schnappschuss mit einem Fotoapparat berichtet die Kurzgeschichte in einer erzählten „Momentaufnahme" von einer entscheidenden Situation im Leben der Hauptfigur(en). Aus diesem Grund ist sie auch so kurz, dass man sie in einem Zug liest. Die Hauptfiguren befinden sich meist in einer problematischen Situation.
- **4. räumlich begrenzter Ort:**
  Die Handlung spielt meist nur an einem einzigen Ort, zum Beispiel auf einer Bank oder in einer Küche.
- **5. offener Schluss:**
  Kurzgeschichten haben oft einen offenen Schluss. Die Handlung bricht dann einfach ab und wird nicht zu Ende erzählt. Daher haben sie auch meistens kein Happy End.
- **6. Erzähler:**
  Kurzgeschichten werden oft in der Er-, Sie oder Ich-Form erzählt. Dabei stehen meist die Gedanken und Gefühle der Hauptfigur(en) im Vordergrund.
- **7. sachlicher Erzählstil:**
  Der Erzähler berichtet das Geschehen sachlich, ohne es emotional zu bewerten.
- **8. einfacher Satzbau:**
  Lange und komplizierte Sätze werden in Kurzgeschichten vermieden. Es überwiegt ein einfacher Satzbau, zum Beispiel kurze Hauptsätze.
- **9. Alltagssprache:**
  Die Sprache der Kurzgeschichte ist an die Alltagssprache angelehnt.
- **10. zentraler Gegenstand:**
  In manchen Kurzgeschichten haben einzelne Gegenstände eine besondere Bedeutung.

Merkmale der Kurzgeschichte festhalten

Erzählende Texte

Die Erzählperspektive bestimmen

1 Tauscht euch aus, wie man Menschen glücklich machen könnte.

Der Mann, der Menschen glücklich macht

Mario Vargas Llosa

Er malt und zeichnet Portraits, doch würde jemand diesen Mann fragen, was seine wahre Berufung ist, so würde er, ohne nachzudenken, ohne einen Augenblick des Zögerns antworten: „Menschen glücklich zu machen". Nichts bringt diesem Herzen, das seit über siebzig Lenzen schlägt, mehr Genugtuung als die Freude auf dem Gesicht eines Passanten, der ihm ein paar Minuten lang Modell gesessen hat und nun sein Gesicht auf dem Skizzenblock erkennt – ein wenig geschönt gegenüber dem wahren Leben. „Nein, wie gut Sie mich getroffen habe, Señor", sagt jeder. „Ich sehe ja richtig gut aus." Und die Mädchen, glücklich, sich dank seines Bleistiftes oder Pinsels so hübsch zu sehen, drücken ihm oft einen Kuss auf die Wange. Das Glück, das er anderen schenkt, macht auch den Künstler glücklich. Es gibt so viel Elend auf dieser Welt, dass es schon eine gute Tat ist, jemandes Stimmung zu heben und ihn – und sei es nur für eine Minute – glauben zu lassen, dass das Leben lebenswert ist. Und ist es nicht wunderbar, dies durch Zeichnen und Malen zu tun, die befriedigendste aller Berufungen?

Die Faszination des Zeichnens hat er schon als kleiner Junge entdeckt, und obwohl er sein ganzes Leben lang Künstler war, hat seine Arbeit immer noch die Kraft, ihn zu bewegen, zu begeistern und zu beflügeln – und sich die Frage zu stellen, ob Zeichnen und Malen denn nicht auch eine Art Wunder sind. Denn genau dies fühlt er, wenn die Kohlestriche auf seinem Skizzenblock sich zu einem Gesicht zu fügen beginnen, das nicht nur die Züge seines Modells einfängt, sondern darüber hinaus auch dessen Charakter, Träume und sogar seine Seele. Da das Leben hart ist und der Mensch essen muss, lässt er sich für seine Arbeit bezahlen. Nicht viel. Einen fairen Preis, nicht mehr. Aber wenn ihn ein Gesicht aus irgendeinem Grund ganz besonders fesselt, dann arbeitet er auch umsonst, allein um der Genugtuung willen, etwas gemalt zu haben, was des Malens wert ist. Zwar zeichnet er Jung und Alt, Männer und Frauen, doch sein Lieblingsmotiv sind Kinder. Damit sie, so wie dieses kleine Mädchen, ruhig sitzen, erzählt er ihnen Geschichten, während er ihnen zugleich ihre Geheimnisse entlockt und sie in das Portrait einfließen lässt. Auf diese Weise macht er sie doppelt glücklich. Wer würde daran zweifeln, dass das Leben schön ist, wenn man an einer Arbeit sitzt, die man liebt?

Lenzen
anderes Wort für Jahre

2 Lies den Text nochmal gründlich und löse folgende Aufgaben:
- Beschreibe den Maler, die Umgebung, in der er arbeitet, und die Menschen, die er zeichnet.
- Gib wieder, was in der Erzählung über die Kunst des Malens erzählt wird und wer dies erzählt.

Lesen – Umgang mit Texten und Medien

3 Im Text wird eine bestimmte Erzählperspektive eingenommen.
- Wo erfährt man etwas über die Gedanken und Gefühle des Malers?
- Lies die Zeilen 9 bis 13. Begründe, ob dies nur die Gedanken des Malers sind.
- Lies den Merkkasten und bestimme nun die Erzählperspektive.

4 Lies den Merkkasten und bestimme die Erzählform im Text.

5 Der Text „Der Mann, der Menschen glücklich macht" wurde von einem Schüler umgeschrieben.
- Wie verändern sich die Einblicke, die der Leser nun bekommt?
- Wie wirkt der Text auf dich?
- Bestimme die Erzählform.
- Schreibe den Rest des Textes (ab Zeile 14) um.

Meine Berufung ist es, Menschen glücklich zu machen. Nichts macht mir mehr Freude als das Lächeln eines Passanten, der seine Gesichtszüge erkennt, nachdem er mir ein paar Minuten Modell saß. Das Schönste ist es, wenn mir ein Mädchen einen Kuss auf die Wange drückt, weil ich es so gut getroffen habe.
Ich bin froh, dass ich mit meinem Hobby, das mich glücklich macht, anderen Menschen eine Freude machen kann.

Folie

6 Schreibe den Originaltext nun in eine neutrale Erzählperspektive um.
- Streiche zuerst alles, was die Gedanken des Erzählers sind.
- Schreibe nun den neuen Text auf.

7 Tauscht euch aus, welche Wirkung die verschiedenen Erzählperspektiven haben.

Erzählperspektive und Erzählform

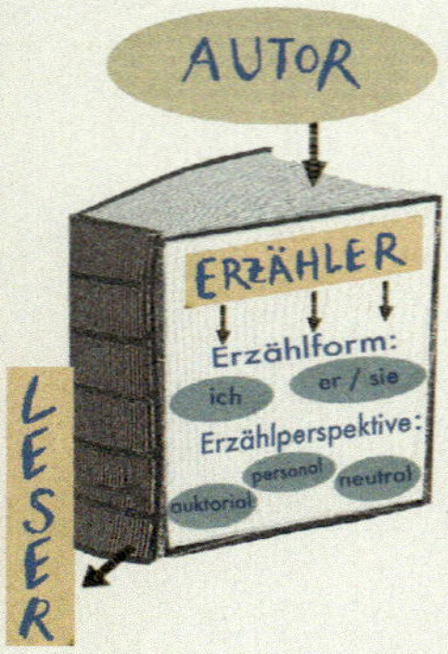

In einem Text kann der Erzähler aus verschiedenen Perspektiven erzählen bzw. ein bestimmtes Erzählverhalten aufzeigen. Dabei wählt er eine bestimmte Erzählform und -perspektive:

Erzählperspektive:

1) Auktorialer (allwissender) Erzähler: Er überblickt die Handlung und kennt die Gedanken aller. Manchmal richtet er sich direkt an den Leser.

2) Personaler Erzähler: Er erzählt aus der Sicht von einer oder mehreren Figuren und weiß nur, was diese wissen.

3) Neutraler Erzähler: Er berichtet sachlich und distanziert über das Geschehen und hat nur eine Außensicht auf die Figuren.

Erzählform:

1) Er-/Sie-Form: Ein Er-/Sie-Erzähler erzählt von einer dritten Person und tritt dabei in den Hintergrund. Hier beschreibt der Erzähler die Erlebnisse anderer in der 3. Person Singular.

2) Ich-Form: Ist die Erzählung in der Ich-Form geschrieben, werden die Ereignisse vom Erzähler selbst erlebt dargestellt.

Fachbegriffe zur formalen und stilistischen Beschreibung von Texten verwenden: Erzählform, Erzählperspektive, mit handlungs- und produktionsorientierten Verfahren Textverständnis herausarbeiten: Texttransformation

Erzählende Texte

Zeitdarstellungen untersuchen

1 Erstellt, nach Lesen des Textes, einen Zeitstrahl, der die Stationen des Stuhls im Leben des Ich-Erzählers kenntlich macht.

Folie

Allererste Wohnung/ Junggesellenbude

Mein französischer Bistrostuhl

Alex Capus

Es gibt Dinge im Leben, die wird man einfach nicht mehr los. Eines meiner allerersten Möbelstücke in meiner allerersten Wohnung war ein französischer Bistrostuhl mit runder, halbhoher Rückenlehne, den ich in der Oltner Heilsarmee-Brockenstube für zwölf Franken gekauft hatte. Ich finde ihn ganz hübsch und recht bequem, und ich bilde mir gern ein, dass er über hundert Jahre alt sei.

Andrerseits kann man ihn wegen seiner geschwungenen Armlehnen nicht unter den Tisch schieben, weil die Armlehnen zu hoch sind, und beim Reinemachen kann man ihn wegen der runden Armlehnen nicht verkehrt herum auf den Tisch stellen. Kommt hinzu, dass im Sperrholz der Sitzfläche ein böser Spalt klafft. Meinen Jeans und Cordhosen macht das nichts aus, aber wenn sich weniger rustikal gekleidete Menschen draufsetzen, bleiben sie mit ihren Strümpfen und feinen Tüchern hängen.

So entfernte ich also eines Tages den Stuhl aus meiner Junggesellenbude und brachte ihn zurück in die Brockenstube. Dort stand er eine Weile. Ich besuchte ihn gelegentlich, setzte mich auf ihn und dachte an all die schönen Dinge, die ich mit ihm erlebt hatte. Dann war er plötzlich weg, jemand hatte ihn gekauft. Auch gut, dachte ich, das Leben geht weiter.

Einige Zeit später lernte ich eine Frau kennen. Wir bezogen eine gemeinsame Wohnung und bekamen Kinder. Eines Tages kehrte die Frau mit einem

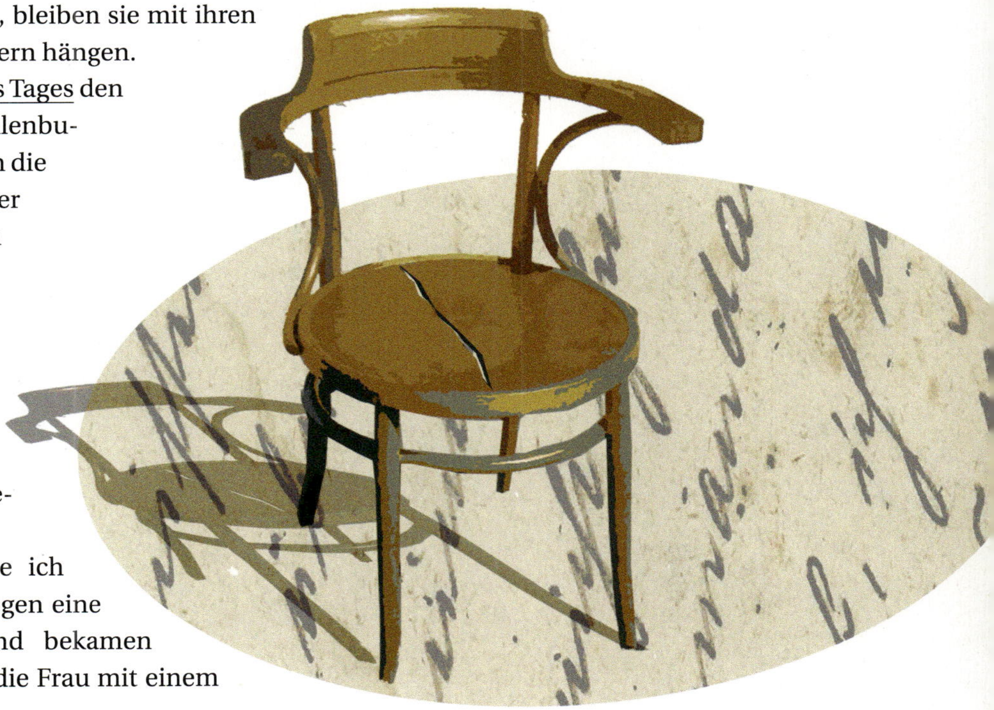

Brockenstube
Laden in der Schweiz, in dem man Gebrauchtes kaufen kann. Heute sagt man "Brocki".

Franken
Währung der Schweiz

Lesen – Umgang mit Texten und Medien

hübschen, nur ein klein wenig unpraktischen Stuhl aus der Brockenstube zurück – es war mein französischer Bistrostuhl, ich erkannte ihn sofort am klaffenden Spalt. So stand er wieder an meinem Tisch für ein paar Jahre, wir feierten einige wirklich schöne Feste miteinander; dann siegte doch wieder die Vernunft. Wir brachten ihn zurück in die Brockenstube, wo er wiederum eine Weile umherstand und dann mit unbekannter Destination verschwand.

Destination englisches Wort für Ziel

Vor ein paar Wochen nun unternahm mein erstgeborener Sohn, der jetzt auch schon einundzwanzig Jahre alt ist und vom Vater eine Vorliebe für alten Kram geerbt hat, einen Streifzug durch die Brockenstuben der Stadt. Er kaufte einen alten Medizinball aus Leder, eine Fotografenleuchte aus Aluminium und einen französischen Bistrostuhl, der bis auf einen klaffenden Spalt in der Sitzfläche recht gut erhalten ist.

Ich bin sehr glücklich, dass er wieder da ist. Er gehört mir allein. Wenn ich im Haus bin, untersteht sich niemand, darauf Platz zu nehmen. Vielleicht sollte ich das Sperrholz der Sitzfläche gelegentlich ersetzen lassen. Andrerseits: Wär's dann noch mein Stuhl? Und würde ich ihn beim nächsten Mal in der Brockenstube wiedererkennen?

Folie

2 Unterstreiche die Wörter im Text, an denen man die zeitliche Abfolge erkennen kann. Trage sie zu den jeweiligen Stationen auf dem Zeitstrahl ein. Zwei Angaben sind bereits vorgegeben.

S. 322 *Tempusform*

3 Bestimmt das Tempus in den markierten Stellen und vergleicht sie mit dem Rest des Textes.

4 Untersucht den Text noch einmal genauer.
- Findet die Textstelle, die den Ich-Erzähler dazu bringt, sich an die Geschichte des Stuhls zu erinnern.
- Überlegt, warum Alex Capus die Geschichte gerade in dieser Reihenfolge erzählt, und dabei die Rückblende einsetzt.

5 Überlegt, was die nächste Station des Stuhls sein könnte.
- Zeichnet diese Station auf eurem Zeitstrahl aus Aufgabe 1 ein.
- Überfliegt den Text noch mal bis Zeile 42 und verfasst dann eine Vorausdeutung. Der Merkkasten hilft euch dabei. So könntet ihr anfangen: *Wenn ich gewusst hätte, dass …*

Vorausdeutung und Rückblende

Ein Text wird nicht immer linear (in zeitlich richtiger Abfolge) erzählt, sondern es wird etwas vorab bekannt (**Vorausdeutung**) oder erst im Nachhinein erklärt (**Rückblende**). Dadurch wird ein Text spannender und interessanter. Beides ist oft an einem Tempuswechsel zu erkennen.

Wesentliche Elemente eines Textes bestimmen: Zeitdarstellung, Fachbegriffezur formalen Beschreibung von Texten verwenden: Vorausdeutung und Rückblende

Erzählende Texte

Sprachliche Gestaltungsmittel untersuchen

An manchen Tagen

Nadja Einzmann

An manchen Tagen warte ich, dass etwas passiert. Auf einen Anruf, dass das Haus einstürzt; oder der Arzt mir sagt, dass ich nur noch wenige Wochen zu leben habe. Ich sitze im Bett und warte, und meine Mutter klopft an die Türe. Zu berichten hat sie nichts. Sei so gut, sagt sie, bring den Müll hinunter, oder: Wie wäre es mit einem Spaziergang, es ist ein wunderbarer Tag, sonnig, und die Spatzen pfeifen es von allen Dächern. Nein, rufe ich ihr zu, durch die geschlossene Tür, mir ist nicht danach, mir ist nicht nach Welt. Und ich sitze im Bett, der Himmel schaut blau durch mein Fenster oder umwölkt sich, oder ein Gewitter zieht auf. Mein Bett ist mein Schiff, mein Bett ist mein Floß, ich treibe dahin, Haie und andere Meerestiere unter mir und Sterne und Himmel über mir.

Was soll ich unternehmen mit dir, sagt meine Mutter und stellt mir das Abendessen vor die Tür. Keines meiner Kinder, keines meiner Kinder, alle sind sie normal und gehen zur Arbeit, gehen morgens aus dem Haus und kehren abends zurück, nur du nicht. Was soll nur werden mit dir?

Es gab Zeiten, da ich anders war, solche Zeiten hat es gegeben. Ausgesprochen lebhaft war ich. Keine Aufgabe war sicher vor mir, und dann noch zum bloßen Zeitvertreib zeichnete ich und voltigierte und focht und tanzte die Nächte durch. Meine Geschwister sahen müde aus, wenn sie von der Arbeit kamen. Sie hatten sich das Weiß in ihren Augen blutig gesehen über den Tag, und auch ihre Hände waren wund und schmerzten. Mir sah man keine Mühen an. Nie. Ich schwebte über den Boden, wo andere gingen, und dass ich mich bückte, kam nur sehr selten vor. Ja, es hat Zeiten gegeben, da ich anders war, und ich trauere ihnen nicht nach. Packt eure Herzen in Alufolie, dass sie geschützt sind, wenn ihr aus dem Haus geht, und reicht sie nicht frei herum!

Es hat Zeiten gegeben, da ich anders war, und meine Mutter trauert ihnen nach. Kind, sagt sie, willst du nicht aufstehen, dass dein Vater mit dir fischen gehen kann und deine Geschwister dir berichten von ihrem Tag? Nein, sage ich, mir ist nicht nach Welt. In meinem Bett sitze ich, das mein Floß ist, und der Seegang ist hoch. Salziger Wind fährt mir durchs Haar und die Wellen überschlagen sich.

1 Dieser Text enthält „bildhafte Sprache". Beschreibe die Bilder, die beim Lesen in deinem Kopf entstehen.

2 Im Text kommen mehrere Wiederholungen vor. Unterstreiche sie und überlege dir, wie der Text durch sie wirkt.

Lesen – Umgang mit Texten und Medien

3 Analysiere den folgenden Textauszug genauer.
Was bewirkt die Verwendung der vielen Kommata und Nomen?

Mein Bett ist mein Schiff, mein Bett ist mein Floß, ich treibe dahin, Haie und andere Meerestiere unter mir und Sterne und Himmel über mir.

4 Analysiere, welches Tempus in dem ganzen Text verwendet wurde. Beschreibe die Wirkung.

5 Hier wird der Imperativ verwendet. Deute diesen Satz in Bezug auf den ganzen Text.

Packt eure Herzen in Alufolie, dass sie geschützt sind, wenn ihr aus dem Haus geht, und reicht sie nicht frei herum!

S. 310
Personifikation

6 Finde die Personifikation im ersten Absatz. Wie wirkt sie auf dich?

7 In dem Text wird das Bett als ein Floß beschrieben. Erkläre, wie dieses Motiv zu verstehen ist.

Die sprachliche Gestaltung eines Textes

Autoren verwenden absichtlich bestimmte Wörter oder einen bestimmten Satzbau, um die Aussage ihrer Texte zu verdeutlichen. Darum sollte man diese immer genauer untersuchen und sich deren Bedeutung überlegen.

Wortwahl:
- Häufige Verwendung einer Wortart (*Nomen, Pronomen, Adjektive …*)
- Wiederholung von Wörtern oder wiederholtes auftauchen von Wörtern am Satzanfang (*Anapher*)
- Gebrauch von außergewöhnlichen Wörtern (*Wortneuschöpfungen, Wörter aus anderen Sprachen*)
- Verwendung von sprachlichen Bildern (*Motive, Metaphern, Vergleiche …*)
- Verwendung verschiedener Tempusformen (*Präsens, Perfekt …*)

Satzbau:
- Gebrauch von einfachen oder komplexen Sätzen
- Verwendung von Satzreihen oder Satzgefügen
- Auftauchen von unvollständigen Sätzen (*Ellipsen*) oder andere Auffälligkeiten
- dasselbe Schema kommt öfter hintereinander (*Parallelismus*) vor
- Satzglieder sind in einer anderen Reihe aufgeführt als dem üblichen Subjekt-Prädikat-Objekt (*Inversion*)

Nachdem du die Wortwahl und den Satzbau genau untersucht hast, solltest du dir immer überlegen, wie Sprache und Inhalt zusammenhängen und erklären, welche Wirkung der Autor mit der sprachlichen Gestaltung erzielen will. Er könnte Aussagen z. B. eindeutiger oder anschaulicher machen oder sie besonders hervorheben:
Die Autorin verwendet viele Wiederholungen, um die Stimmung der Hauptfigur zu verdeutlichen und hervorzuheben.

Erzählende Texte

Den Inhalt erfassen und beschreiben

1 Lies zunächst nur die Überschrift und überlege, wovon der Text handeln könnte.

2 Lies jetzt den ganzen Text.
- a) Achte dabei auf die Stichwörter der einzelnen Abschnitte am Rand. Finde für jede davon eine passende Überschrift.
- b) Notiere in zwei bis drei Sätzen, wie du den Text deutest.

Ein Strauß Schnecken

Marlene Röder, 2011

„Bitte mach ein Foto von mir!" Wie oft habe ich diesen Satz von dir gehört, früher. Du wusstest, dass ich meine Kamera stets bei mir trug. Und ich habe dich immer brav geknipst, deine treue Chronistin.

Ein ganzes Album habe ich noch, mit Fotos von dir, die im Laufe der Jahre zusammengekommen sind. Manchmal hast du in ihnen geblättert, in all deinen Abbildern. Mit unzufrieden gerunzelter Stirn, fast als suchtest du etwas.

Damals habe ich gedacht, dein Fototick sei reine Eitelkeit. Aber inzwischen glaube ich, du wolltest etwas von dir sichtbar machen. Es festhalten, dich festhalten.

Was für eine Ironie, dass nach all deinen Anstrengungen ich diejenige bin, die noch hier ist.

Während du nur noch Stein bist.

Ich setze mich auf die Bank gegenüber von dem, was von dir geblieben ist. Buchstaben und Zahlen auf schwarzem Marmor. Seit der Beerdigung war ich nicht mehr hier. Ich erinnere mich an die vielen weinenden Menschen, die Blumen auf deinen Sarg warfen. Ich weinte nicht. Am liebsten hätte ich auf dein Grab gespuckt.

Ich konnte dir nicht verzeihen, glaube ich. Oder mir.

Es war mein erster Tod.

Erinnerungen, ein Mädchen fotografiert zu haben; kann Tod nicht verzeihen

Danach wollte ich dich eigentlich nie wiedersehen. Ich habe jetzt ein neues Leben, in einer anderen Stadt, weit weg von dir. Das dachte ich zumindest. Aber dann habe ich vor zwei Wochen beim Aufräumen das Fotoalbum wiedergefunden. Ich habe es dir mitgebracht. Es steckt in meiner Handtasche, zusammen mit dem Schneckenglas.

Wusstest du, dass die Indianer früher dachten, dass der Fotograf ihnen ein Stückchen ihrer Seele stiehlt? Die Seele auf Papier gebannt, komisch, dass mir das gerade jetzt einfällt. Vielleicht sollte ich das Album verbrennen, um dich zu befreien. Aber so gestellt die Fotos auch sind, sie verraten trotzdem einiges über dich: du an Fasching, in einem Kleid aus Kunstseide und mit einem Krönchen auf dem Kopf. Du auf einem Brunnenrand balancierend, die Arme ausgestreckt. Du, wie du beim Tanzen dein Haar zurückwirfst – und die magnetisierten Blicke der beiden Jungs daneben. Wir beide, Wange an Wange, per Selbstauslöser.

will Freundin vergessen; findet Fotoalbum

Inhalte von Texten herausarbeiten und dazu aussagekräftige Textbelege auswählen und zitieren, Deutungen eines Textes entwickeln, begründen und am Text belegen

Lesen – Umgang mit Texten und Medien

Hundertmal du. Mit Pickeln und mit kurzen Haaren am Anfang, später dann mit langem Haar in unterschiedlichen Tönungen. Nur Schwarz stand dir nicht.

Auf den Fotos ist auch zu sehen, wie du über die Jahre immer schmaler wurdest, schwandest. Viel deutlicher ist das da zu sehen. Auf den letzten Bildern bist du schon fast durchsichtig. Am Badesee.

Der Tag am Badesee; Sorge um Freundin; Freundin lächelt diese weg

Die anderen waren schwimmen gegangen, aber du wolltest nicht. Wir saßen unten am Strand und sahen zu, wie in der Ferne ein Sommergewitter heraufzog. Du hattest dich in deinen Schlabberpulli verkrochen, ihn über die Knie gezogen. Doch selbst darunter konnte ich erkennen, wie dünn du geworden warst. Die Handgelenke mit den vielen Armbändern – wie die Knöchelchen eines Vogels.

Es erschreckte mich so, dass ich fragen musste, ob alles in Ordnung ist. „Ja klar", hast du geantwortet. „Du weißt doch, die Schule. Der Stress. Kein Grund, gleich Sorgenfalten zu kriegen, Süße." Selbst da hattest du es noch, dein funkelndes Lächeln. Das Einzige, was auf allen Fotos gleich ist. Das Lächeln war dein Versteck. Ich wollte ihm glauben, weil es alles einfacher machte. Erst später habe ich verstanden, dass du dich in dir nie zu Hause gefühlt hast.

Schnecken; das einzig echte Bild

Ich betrachte das Foto. Das einzige echte Foto, das ich von dir habe. Es ist schon ganz zerknittert, siehst du, weil ich es immer bei mir trage.

Dein Gesicht darauf ist nass vom Regen, der plötzlich losbrach, an diesem Tag am See. Wir rannten in den Wald, um uns unterzustellen. Ich hörte das Lachen und Kreischen der anderen zwischen den Bäumen. Dann dein Japsen hinter mir: „Warte, warte doch mal, Frauke!" Ich blieb stehen, drehte mich zu dir um, sah dich an einem Baum lehnen. Die Hände auf die Knie gestützt, keuchtest du: „Scheiß-Kondition."

Die moosige grüne Stille, nur durchbrochen vom Fallen der Tropfen und deinem Atem, der sich langsam wieder beruhigte. Plötzlich hast du gerufen: „Hey guck mal, lauter Schnecken!"

Tatsächlich, sie waren überall. Auf dem Weg, den Bäumen ringsum. Kleine, große, ihre Fühler dem Regen entgegenstreckend.

Die Begeisterung in deiner Stimme verblüffte mich. Mir fielen auf Anhieb zehn Tiere ein, die besser zu dir gepasst hätten. „Sag bloß, du magst Schnecken!", rief ich. „Die sind doch so klein und hässlich."

Du hast sofort widersprochen: „Quatsch, schau sie dir doch mal an! Schnecken sind toll! Die tragen ihr Zuhause immer mit sich, wohin sie auch gehen. Ist doch total praktisch."

Ich lachte, du lachtest auch, machtest einen Schritt auf mich zu. In diesem Moment sah ich dich erstarren, in die Hocke sinken.

Ich fragte, was denn los sei.

„Ich bin auf sie draufgetreten", hast du geflüstert. „Auf die Schnecke. Ich hab sie kaputt gemacht." Dein Gesicht war nass. Dein Lächeln, deine Maske weggeschwemmt.

Es war dieser eine echte Augenblick. Ich habe es damals gespürt. Das war der Augenblick, in dem ich das Foto schoss.

Klick.

Hinterher habe ich mich entschuldigt.

Ich finde, das Bild sagt viel über uns aus. Du, über eine obdachlose Schnecke trauernd. Ich, die auf den Auslöser drückte, statt zu dir zu gehen und dich in den Arm zu nehmen. In diesem Bild steckt schon alles, was wir nun sind.

Heute kann ich nur noch deinen Stein fotografieren, der immer gleich bleibt, ob bei Regen oder Sonne. Glatt und kühl ist er unter meiner Hand.

Klick.

Ich werde das Foto in mein Album kleben. Nein, ich werde die hundert falschen Fotos nicht verbrennen, das wäre zu leicht.

Stattdessen stecke ich das Album wieder in meine Tasche und hole das Marmeladenglas mit den Schnecken heraus. Ich habe sie selbst gesammelt, sie sind mein Geschenk für dich. Ein Strauß Schnecken ist doch mal was anderes, oder?

Ich setze sie auf deinen Stein. Weinbergschnecken, Schnecken mit gelb geringelten Häusern. Langsam strecken sie ihre Fühler hervor und fangen an, sich zu bewegen. Sie ziehen silbrige Spuren. Ich versuche vergeblich, ein Muster darin zu erkennen.

Ich hoffe, du magst das Gefühl.

Wahrscheinlich werden die Schnecken die hübschen Blümchen anfressen. All das verlogene, sorgsam gepflanzte Grün, bis es verdorrt und nur der nackte Stein übrig bleibt, und so soll es sein.

Verhältnis zur Toten; Schuldgefühle; Strauß Schnecken

3 Begründe, ob sich deine Vermutung aus Aufgabe 1 bestätigt hat.

4 Setze dich mit folgenden Fragen auseinander.
- Woran ist die Freundin gestorben?
- Warum sind die Schnecken in der Erzählung so wichtig?
- Was bedeutet das „Klick". Warum steht es in einer extra Zeile?
- Warum erwähnt Frauke den Indianer-Glauben in Zeile 22 ff.?

5 Lies die gelb markierten Textstellen.
- Was drücken sie aus?
- Was bewirken sie in dir?

6 Lies nochmal Zeile 69 bis 70 im Text und begründe, warum dies dem Mädchen als der „eine echte Augenblick" erscheint.

7 Erläutere, was für dich ein Zuhause ist. Warum wurde hier das Bild der Schnecke gewählt?

8 Schreibe nun eine Inhaltsangabe zum Text.

9 Formuliere eine Aussageabsicht passend zum Text.

→ S. 64 – 71 *Inhaltsangabe*

Aussageabsicht
Etwas wie eine Lehre oder eine Erkenntnis, die man aus dem Text zieht. Sie muss mit Textstellen belegt werden.

Inhalte von Texten herausarbeiten und dazu aussagekräftige Textbelege auswählen und zitieren, Deutungen eines Textes entwickeln, begründen und am Text belegen

Lesen – Umgang mit Texten und Medien

Erzählende Texte

Eine Textbeschreibung verfassen

Du hast dich mit dem Inhalt des Textes „Ein Strauß Schnecken" bereits auseinandergesetzt. Um nun deine Textbeschreibung zu verfassen, solltest du den Text erneut durcharbeiten.

1 Setze dich mit dem Text intensiv auseinander.

a) Beantworte folgende Fragen zum Text:

Fragen zur Einleitung

- Wer ist der Autor?
- Was ist der Titel?
- Wann wurde der Text geschrieben?
- Worum geht es?

Fragen zum Hauptteil

- Wo spielt die Handlung?
- Wann spielt die Handlung?
- Wer sind die Hauptfiguren im Text?
- Was passiert? (Handlung)
- Was ist der Konflikt und wird dieser gelöst?
- Was fällt dir an der Sprache auf?

Fragen zum Schluss

- Was ist deine Meinung zum Text? Begründe.
- Würdest du ihn weiterempfehlen? Begründe.

b) Betrachtet den Schreibplan und besprecht ihn.

	Arbeitsschritte	Formulierungshilfen	Meine Notizen
Einleitung	Einleitungssatz • Textsorte • Autor • Titel • Thema • Erscheinungsjahr	*In der Erzählung … von … wird beschrieben, wie …*	
Hauptteil	Inhaltsangabe	*In dem Text geht es um …*	
	Ort	*Die Hauptperson ist … Ort und Zeit …*	
	Zeit		
	Figuren		
	Formale Gestaltung • Handlungsverlauf	*Durch den unvermittelten Anfang … Die Außensicht*	

	• Höhepunkt • Erzählperspektive	*zeigt …* *Es wird aus der Sicht von … erzählt …*	
	Sprachliche Gestaltung • Wortwahl • Satzbau • Gestaltungsmittel	*Der Satzbau …*	
	Aussageabsicht	*Die Aussageabsicht des Textes ist …*	
Schluss	Stellungnahme		

www
Du findest im Internetportal den Schreibplan zum Ausfüllen.

- c) Schreibe den Schreibplan ohne die Formulierungshilfen ab und fülle die letzte Spalte mit deinen eigenen Notizen.
- d) Schreibe nun den Schreibplan ohne die Formulierungshilfen ab und sortiere an passender Stelle folgende Begriffe ein: Rückblende/Vorausdeutung, Erzählform. Fülle anschließend die letzte Spalte mit deinen Notizen.

Tipp
Du kannst deine Inhaltsangabe von Seite 143 nutzen

2 Verfasse eine Textbeschreibung.

- a) Vervollständige das folgende Textgerüst und schreibe es auf.
  In der Erzählung … von … erschienen im Jahr … wird beschrieben wie …
  In dem Text geht es um … (Inhaltsangabe).
  Es ist nicht wichtig, wo die Handlung spielt, da so etwas immer und überall passieren kann. Die Hauptfiguren sind … und … Die Freundin ist … und Frauke muss mit ansehen, wie ihre beste Freundin … Dabei macht sie sich Vorwürfe, da …
  Die Erzählung ist in Haupt- und … verfasst. An manchen Stellen ist die … eingefügt. So erscheinen die Erinnerungen Fraukes lebendiger.
  Meiner Meinung nach ist der Text … da … Ich würde ihn (nicht) empfehlen … da …
- b) Verfasse mithilfe deiner Notizen deine eigene Textbeschreibung im Präsens.

3 Tauscht eure Textbeschreibungen aus und gebt euch ein Feedback.

S. 294
Feedback geben

4 Überarbeitet die folgende Textbeschreibung eines Schülers mithilfe eures Schreibplans.

- a) Verbessert die Fehler.
- b) Verbessert die Fehler und ergänzt den Text mit folgenden Aspekten: *Rückblende/Vorausdeutung, Erzählform.*

In der Erzählung „Ein Strauß Schnecken" von Marlene Röder wird beschrieben, wie eine junge Frau das Grab einer Freundin besucht.
Frauke erinnert sich daran, ihre Freundin, an deren Grab sie sitzt, fotografiert zu haben. Sie kann dieser nicht verzeihen, dass sie gestorben ist, was ich gut nachvollziehen kann.
Das Mädchen möchte die Freundin nach deren Tod vergessen, doch dann findet sie ein Album mit Bildern von ihr (Z. 20). Sie erinnert sich an den gemeinsamen Tag am Badesee. Dort fällt ihr auf,

Thema nicht ganz erfasst

Zusammenfassung zu knapp formuliert/keine eigene Meinung in Inhaltsangabe

Lesen – Umgang mit Texten und Medien

wie dünn und schwach die Freundin ist. Doch deren Lächeln und die beruhigenden Worte lassen sie glauben, dass alles in Ordnung sei (Z. 40 ff.). Frauke ist verwundert, als die Freundin sagt, sie möge Schnecken. Als diese dann ein Tier zertritt und um es trauert, fotografiert Frauke dies. Dieses Foto ist das einzige echte Bild ihrer Freundin (Z. 69 f.) und sie trägt es bei sich. Die junge Frau denkt über das Verhältnis zur Toten nach. Sie fühlt sich mitschuldig an deren Tod. Darum bringt sie einen Strauß aus Schnecken mit, die sie am Grab aussetzt (Z. 85).

Beleg fehlt
Höhepunkt fehlt
Konflikt nicht vollständig beschrieben

Die Hauptperson ist Frauke, die das Grab ihrer vor einiger Zeit verstorbener Freundin besucht. Ort und Zeit sind nicht genau beschrieben, aber die Handlung scheint in der heutigen Zeit zu spielen. Durch den unvermittelten Anfang ist der Leser sofort mitten im Geschehen. Aus der Sicht einer Ich-Erzählerin erfährt der Leser erst Stück für Stück, wer die tote Freundin ist und wie sie starb. Anhand von Erinnerungen wird die Geschichte der beiden Mädchen erzählt. Die Außensicht zeigt den Besuch der jungen Frau am Grab der Freundin. Mithilfe eines Fotoalbums erinnert sie sich an die Zeit mit der Verstorbenen. Dabei beschreibt sie sich selbst als die „treue Chronistin" (Z. 3), die den Verlauf der Essstörung ihrer Freundin dokumentiert, ohne ihr jedoch zu helfen. Die Autorin gibt eine Innensicht auf die Erinnerungen. Das Motiv des Fotografierens zieht sich durch den ganzen Text. Die Freundin fordert oft ein, fotografiert zu werden. Nachträglich stellt Frauke fest, dass sie sich hinter ihrer Kamera versteckt hat, anstatt der Freundin zu helfen.

Beispiele für Erinnerung fehlen

Beispiele für bildhafte Sprache fehlen.

Sprachlich ist der Text größtenteils in einfachen Sätzen verfasst. Oft werden erklärende Nebensätze verwendet, die etwas genauer beschreiben. Die Autorin verwendet eine bildhafte Sprache. Die Überschrift ist erst nachvollziehbar und macht Sinn, nachdem man den Text gelesen hat und weiß, dass die Lieblingstiere der Freundin die Schnecken waren. Als Frauke diese Tiere am Grab der Freundin aussetzt, hofft sie, dass die Pflanzen auf dem perfekt gepflegten Grab durch die Schnecken angefressen werden, da diese für die Verlogenheit der Familie steht, die der Freundin auch nicht half und sie sterben ließ. Richtig gekannt hat also nur Frauke die Tote.

Schluss/Stellungnahme fehlt

Die Autorin zeigt, wie schwer es ist, mit der Essstörung von Freunden oder Familienmitgliedern umzugehen. Man fühlt sich hilflos und macht sich Vorwürfe.

Die Textbeschreibung

Wenn man einen Text genau untersucht und ihn dann schriftlich beschreibt, geht man nach einer festen Struktur vor und schreibt im Präsens.

Einleitung:
– Einleitungssatz (Textsorte, Autor, Titel, Thema, Erscheinungsjahr)

Hauptteil:
a) Knappe Inhaltsangabe in eigenen Worten
b) Analyse und Deutung der Erzählung

- Ort (*Wo?*)
- Zeit (*Wann?*)
- Figuren (*Wer?*)
- formale Gestaltung (*Handlungsverlauf, Erzählperspektive, Höhepunkt, Vorausdeutungen/Rückblenden …*)
- sprachliche Gestaltung (*Wortwahl, Satzbau, Stilmittel …*)
- Aussageabsicht des Textes

Schluss: Stellungnahme und Empfehlung

Erzählende Texte

Überprüfe dein Wissen und Können

Einen Text untersuchen

Beste Geschichte meines Lebens

Wolfdietrich Schnurre, 1978

Beste Geschichte meines Lebens. Anderthalb Maschinenseiten vielleicht. Autor vergessen; in der Zeitung gelesen. Zwei Schwerkranke im selben Zimmer. Einer an der Türe liegend, einer am Fenster. Nur der am Fenster kann hinaussehen. Der andere keinen größeren Wunsch, als das Fensterbett zu erhalten. Der am Fenster leidet darunter. Um den anderen zu entschädigen, erzählt er ihm täglich stundenlang, was draußen zu sehen ist, was draußen passiert. Eines Nachts bekommt er einen Erstickungsanfall. Der an der Tür könnte die Schwester rufen. Unterlässt es; denkt an das Bett. Am Morgen ist der andere tot; erstickt. Sein Fensterbett wird geräumt; der bisher an der Tür lag, erhält es. Sein Wunsch ist in Erfüllung gegangen. Gierig, erwartungsvoll wendet er das Gesicht zum Fenster. Nichts; nur eine Mauer.

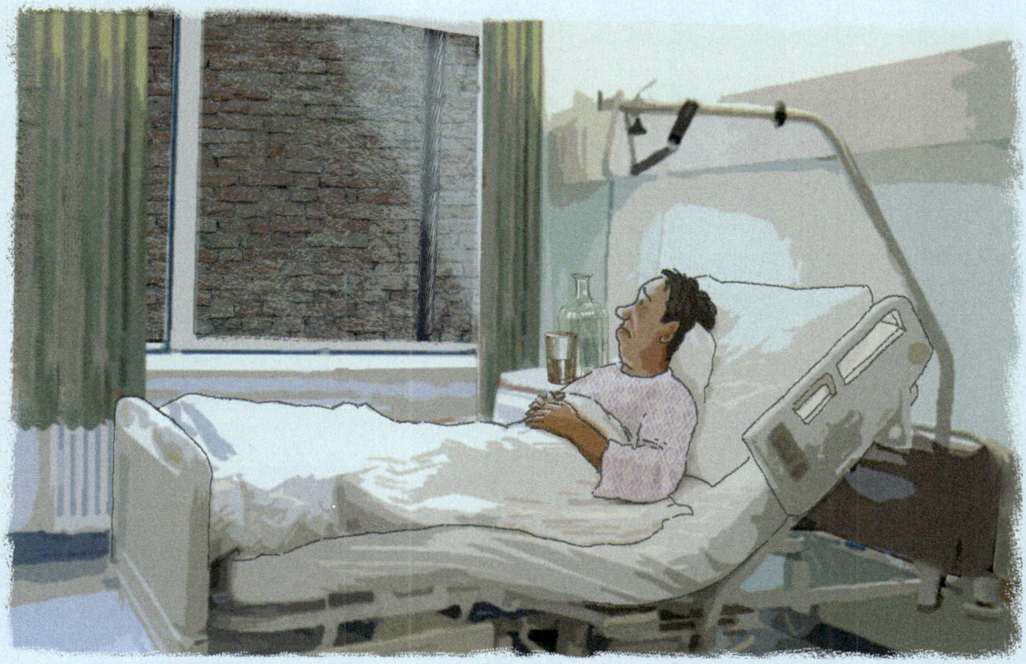

1 Notiere dir drei Sätze, in denen du deinen ersten Eindruck vom Text festhältst.

2 Verfasse nun eine Textbeschreibung. Gehe dabei so vor, wie du es gelernt hast.

Drama

Max Frisch: Andorra

1 „Andorra“ zählt zu den bekanntesten Theaterstücken des Schweizers Max Frisch. Informiert euch auf diesen zwei Seiten über den Autor und sein Drama. Recherchiert unbekannte Begriffe.

Schul- und Jugendzeit
Max Frisch, geboren 1911, wächst in Zürich auf. Als Schüler des Realgymnasiums interessieren ihn vor allem die Fächer Deutsch und Zeichnen. Er ist begeisterter Theaterbesucher und schreibt schon früh dramatische Texte auf einer ausgeliehenen Schreibmaschine. Er versucht – zunächst erfolglos – diese aufführen zu lassen. Alle frühen Stücke sind verschollen. Ab 1930 studiert er Germanistik und schreibt für Zeitungen.

Erfahrungen mit Bildern
Während seiner Schulzeit litt Frisch unter „schmerzhaft äußerlichen“ Bildern, die sich andere von ihm machten. „Seine halbgeschlossenen Augen befremdeten […]“, so eine Schulkameradin. Ein frühes Augenleiden […] machte ihn, wie er sagte, zum „Chinesen“. Eine Lähmung der Lider. Die Behandlung beim Augenarzt „brannte höllisch, half aber wenig.“ Auch seine „asiatisch kleine Nase“ störte ihn. Er „massierte sie, um sie zu verlängern“.

Beziehung zum Vater
Frisch hat eine enge Beziehung zu seiner Mutter, während das Verhältnis zu seinem Vater sehr angespannt ist. Erst nach dem Tod seines Vaters (1932), eines Alkoholikers, wendet er sich ausschließlich dem Schreiben zu. Ein Essay aus dieser Zeit trägt den Titel „Was bin ich?“. Darin ist das Thema Identität , das ihn später immer wieder beschäftigt, bereits dargelegt. Auch die Vater-Figur taucht in vielen späteren Werken auf.

Das Thema Vorurteile
In „Andorra“ geht es unter anderem darum, wie Vorurteile entstehen, sich verfestigen und was sie bewirken können. Damit hängen aber auch die Angst vor Fremdem und die Furcht vor Wahrheiten zusammen.

„Andorra“ – der Inhalt
Andri (21) soll ein adoptiertes Judenkind des Lehrers Can und dessen Frau sein. Er ist jedoch sein unehelicher Sohn. Seit Andris angeblicher „Rettung“ vor einer antisemitischen Macht gilt er in Andorra als Jude. Diese Macht sind die Schwarzen aus einem Nachbarstaat, die Andorra immer mehr bedrohen. Gleichzeitig wird Andri zunehmend ausgegrenzt. Schließlich akzeptiert er das Bild, das sich die anderen von ihm machen. Nach dem Einmarsch der Schwarzen nimmt das katastrophale Schicksal des „Juden“ Andri und seiner Familie seinen Lauf.

„Andorra“ – ein (realer?) Ort
Das „Andorra“ in Frischs Drama ist ein erfundener Modellstaat, der überall auf der Welt existieren könnte. Die einzige Gemeinsamkeit mit dem realen Staat Andorra besteht darin, dass auch Frischs Andorra ein kleines Land ist, das von großen Nachbarstaaten umgeben ist.

„Andorra“ – die Anfänge
In Max Frischs Tagebüchern (1946–1949) findet sich bereits eine Prosafassung mit dem Titel „Andorra“. Später schreibt er: „Erst nach Jahren […] entdeckte ich, dass das ein großer Stoff ist, so groß, dass er mir […] Lust und Angst zugleich […]“ machte. „Ich habe das Stück fünfmal geschrieben, bevor ich es aus der Hand gab.“
„Andorra“ wurde 1961 im Schauspielhaus in Zürich uraufgeführt. In deutschen Theatern wurde es ein großer Erfolg.
Bis heute gehört „Andorra“ zu den Werken, die häufig in Schulen gelesen und in Theatern aufgeführt werden.

2 Fertigt ein Plakat zum Thema „Max Frisch – Leben und Werk“ an.

S. 296 *Plakate gestalten*

3 Betrachtet das Aufführungsplakat.
- Notiert eure Eindrücke dazu.
- Formuliert Erwartungen und Vorstellungen zum Inhalt des Dramas.

In diesem Kapitel lernst du (,) …
- *wie ein literarischer Text mit dem Leben des Autors zusammenhängen kann.*
- *einen Textauszug eines Dramas zu inszenieren.*
- *den Handlungsverlauf zu erschließen.*
- *eine Figurenkonstellation zu erstellen.*
- *dich mit dem Kernthema auseinanderzusetzen.*
- *Handlungsebenen zu erkennen.*
- *den Aufbau des Dramas in einer Spannungskurve darzustellen.*
- *Gestaltungsmittel einer Inszenierung zu benennen und zu interpretieren.*
- *einen Theaterbesuch zu planen und vorzubereiten.*

Lesen – Umgang mit Texten und Medien

Drama

Einen Textauszug des Dramas inszenieren

Zum Inhalt des „Dritten Bildes“: Andris Berufswunsch ist es, Tischler zu werden. Sein Vater, Lehrer Can, setzt 50 Pfund ein, damit ihn der Tischler Prader in die Ausbildung nimmt. Dieser ist mit dem Vorurteil behaftet, dass Juden nicht für das Handwerk geeignet seien. Vielmehr würden sie seiner Meinung nach wegen ihrer Liebe zum Geld in den Verkauf gehören. Nur das völlig überzogene Lehrgeld Cans bewirkt, dass Prader ihn einstellt. Das folgende Bild gibt Einblick in diese Ausbildungssituation.

Folie

1 Lies das „Dritte Bild“ und markiere unklare Textstellen.

Bilder
„Andorra“ ist in zwölf sogenannte „Bilder“ gegliedert.

Drittes Bild

Man hört eine Fräse, Tischlerei, Andri und ein Geselle je mit einem fertigen Stuhl.

ANDRI Ich habe auch schon Linksaußen gespielt, wenn kein andrer wollte. Natürlich will ich, wenn eure Mannschaft mich nimmt.
GESELLE Hast du Fußballschuh?
ANDRI Nein.
GESELLE Brauchst du aber.
ANDRI Was kosten die?
GESELLE Ich hab ein altes Paar, ich verkaufe sie dir. Ferner brauchst du natürlich schwarze Shorts und ein gelbes Tschersi, das ist klar, und gelbe Strümpfe natürlich.
ANDRI Rechts bin ich stärker, aber wenn ihr einen Linksaußen braucht, also einen Eckball bring ich schon herein.
Andri reibt sich die Hände.
Das ist toll, Fedri, wenn das klappt.
GESELLE Warum soll's nicht?
ANDRI Das ist toll.
GESELLE Ich bin Käpten, und du bist mein Freund.
ANDRI Ich werde trainieren.
GESELLE Aber reib nicht immer die Hände, sonst lacht die ganze Tribüne. *Andri steckt die Hände in die Hosentaschen.*
Hast du Zigaretten? So gib schon. Mich bellt er nicht an! Sonst erschrickt er nämlich über sein Echo. Oder hast du je gehört, daß der mich anbellt?
Der Geselle steckt sich eine Zigarette an.
ANDRI Das ist toll, Fedri, daß du mein Freund bist.
GESELLE Dein erster Stuhl?
ANDRI Wie findest du ihn?
Der Geselle nimmt den Stuhl von Andri und versucht ein Stuhlbein herauszureißen, Andri lacht.
Die sind nicht zum Ausreißen!

Tschersi
ist ein anderes Wort für Sporttrikot. Es leitet sich von dem Wort Jersey ab.

Methoden der Texterschließung und unterschiedliche Lesetechniken anwenden sowie Verstehensschwierigkeiten benennen

GESELLE So macht er's nämlich.

ANDRI Versuch's nur!

Der Geselle versucht es vergeblich.

Er kommt.

GESELLE Du hast Glück.

ANDRI Jeder rechte Stuhl ist verzapft. Wieso Glück? Nur was geleimt ist, geht aus dem Leim.

TISCHLER … schreiben Sie diesen Herrschaften, ich heiße Prader. Ein Stuhl von Prader bricht nicht zusammen, das weiß jedes Kind, ein Stuhl von Prader ist ein Stuhl von Prader. Und überhaupt: bezahlt ist bezahlt. Mit einem Wort: Ich feilsche nicht.

Zu den beiden:

Habt ihr Ferien?

Der Geselle verzieht sich flink.

Wer hat hier wieder geraucht?

Andri schweigt.

Ich riech es ja.

Andri schweigt.

Wenn du wenigstens den Schneid hättest –

ANDRI Heut ist Sonnabend.

TISCHLER Was hat das damit zu tun?

ANDRI Wegen meiner Lehrlingsprobe. Sie haben gesagt: Am letzten Sonnabend in diesem Monat. Hier ist mein erster Stuhl.

Der Tischler nimmt einen Stuhl.

Nicht dieser, Meister, der andere!

TISCHLER Tischler werden ist nicht einfach, wenn's einer nicht im Blut hat. Nicht einfach. Woher sollst du's im Blut haben. Das hab ich deinem Vater aber gleich gesagt. Warum gehst du nicht in den Verkauf? Wenn einer nicht aufgewachsen ist mit dem Holz, siehst du, mit unserem Holz – lobpreiset eure Zedern vom Libanon, aber hierzulande wird in andorranischer Eiche gearbeitet, mein Junge.

ANDRI Das ist Buche.

TISCHLER Meinst du, du mußt mich belehren?

ANDRI Sie wollen mich prüfen, meinte ich.

TISCHLER *versucht ein Stuhlbein auszureißen.*

ANDRI Meister, das ist aber nicht meiner!

TISCHLER Da –

Der Tischler reißt ein erstes Stuhlbein aus.

Was hab ich gesagt?

Der Tischler reißt die andern drei Stuhlbeine aus.

– wie die Froschbeine, wie die Froschbeine. Und so ein Humbug soll in den Verkauf. Ein Stuhl von Prader, weißt du, was das heißt? – da,

Der Tischler wirft ihm die Trümmer vor die Füße.

schau's dir an!

ANDRI Sie irren sich.

TISCHLER Hier – das ist ein Stuhl!

Humbug
kann Schwindel, aber auch unsinnige Äußerung heißen

Lesen – Umgang mit Texten und Medien

Der Tischler setzt sich auf den anderen Stuhl.

Hundert Kilo, Gott sei's geklagt, hundert Kilo hab ich am Leib, aber was ein rechter Stuhl ist, das ächzt nicht, wenn ein rechter Mann sich draufsetzt, und das wackelt nicht. Ächzt das?

ANDRI Nein.

TISCHLER Wackelt das?

ANDRI Nein.

TISCHLER Also!

ANDRI Das ist meiner.

TISCHLER – und wer soll diesen Humbug gemacht haben?

ANDRI Ich hab es Ihnen aber gleich gesagt.

TISCHLER Fedri! Fedri! *Die Fräse verstummt.*

TISCHLER Nichts als Ärger hat man mit dir, das ist der Dank, wenn man deinesgleichen in die Bude nimmt, ich hab's ja geahnt.

Auftritt der Geselle.

Fedri, bist du ein Gesell oder was bist du?

GESELLE Ich –

TISCHLER Wie lang arbeitest du bei der Prader & Sohn?

GESELLE Fünf Jahre.

TISCHLER Welchen Stuhl hast du gemacht? Schau sie dir an. Diesen oder diesen? Und antworte.

Der Geselle mustert die Trümmer.

Antworte frank und blank.

GESELLE – ich …

TISCHLER Hast du verzapft oder nicht?

GESELLE – jeder rechte Stuhl ist verzapft …

TISCHLER Hörst du's?

GESELLE – Nur was geleimt ist, geht aus dem Leim …

TISCHLER Du kannst gehen.

GESELLE *erschrickt.*

TISCHLER In die Werkstatt, meine ich.

Der Geselle geht rasch.

frank und blank
Redensart, jemand redet offen und ehrlich, ohne Scheu

Methoden der Texterschließung und unterschiedliche Lesetechniken anwenden sowie Verstehensschwierigkeiten benennen

Das laß dir eine Lehre sein. Aber ich hab's ja gewußt, du gehörst nicht in die Werkstatt.

Der Tischler sitzt und stopft sich eine Pfeife.

Schad ums Holz.

ANDRI *schweigt.*

TISCHLER – Nimm das zum Heizen.

ANDRI Nein.

TISCHLER *zündet sich die Pfeife an.*

ANDRI Das ist eine Gemeinheit!

TISCHLER *– zündet sich die Pfeife an.*

ANDRI … ich nehm's nicht zurück, was ich gesagt habe. Sie sitzen auf meinem Stuhl, ich sag es Ihnen, Sie lügen, wie's Ihnen grad paßt, und zünden sich die Pfeife an. Sie, ja, Sie! Ich habe Angst vor euch, ja, ich zittere. Wieso hab ich kein Recht vor euch? Ich bin jung, ich hab gedacht: Ich muß bescheiden sein. Es hat keinen Zweck, Sie machen sich nichts aus Beweisen. Sie sitzen auf meinem Stuhl. Das kümmert Sie aber nicht? Ich kann tun, was ich will, ihr dreht es immer gegen mich, und der Hohn nimmt kein Ende. Ich kann nicht länger schweigen, es zerfrißt mich. Hören Sie denn überhaupt zu? Sie saugen an Ihrer Pfeife herum, und ich sag's Ihnen ins Gesicht: Sie lügen. – Sie wissen ganz genau, wie gemein Sie sind. Sie sind hundsgemein. Sie sitzen auf dem Stuhl, den ich gemacht habe, und zünden sich Ihre Pfeife an. Was habe ich Ihnen zuleide getan? Sie wollen nicht, daß ich tauge. Warum schmähen Sie mich? Sie sitzen auf meinem Stuhl.

Alle schmähen mich und frohlocken und hören nicht auf. Wieso seid ihr stärker als die Wahrheit? Sie wissen genau, was wahr ist. Sie sitzen drauf –

Der Tischler hat endlich die Pfeife angezündet.

Sie haben keine Scham –.

TISCHLER Schnorr nicht so viel.

ANDRI Sie sehen aus wie eine Kröte!

TISCHLER Erstens ist hier keine Klagemauer.

Der Geselle und zwei andere verraten sich durch Kichern.

TISCHLER Soll ich eure ganze Fußballmannschaft entlassen?

Der Geselle und die andern verschwinden.

Erstens ist hier keine Klagemauer, zweitens habe ich kein Wort davon gesagt, daß ich dich deswegen entlasse. Kein Wort. Ich habe eine andere Arbeit für dich. Zieh deine Schürze aus! Ich zeige dir, wie man Bestellungen schreibt. Hörst du, wenn dein Meister spricht? Für jede Bestellung, die du hier hereinbringst mit deiner Schnorrerei, verdienst du ein halbes Pfund. Sagen wir: ein ganzes Pfund für drei Bestellungen. Ein ganzes Pfund! Das ist's, was deinesgleichen im Blut hat, glaub mir, und jedermann soll tun, was er im Blut hat. Du kannst Geld verdienen, Andri, viel Geld …

Andri reglos.

Abgemacht?

Der Tischler erhebt sich und klopft Andri auf die Schulter.

Ich mein's gut mit dir.

Der Tischler geht, man hört die Fräse wieder.

ANDRI Ich wollte aber Tischler werden …

schnorren
im Sinne von „viel reden"

Klagemauer
traditionelle Gebetsstätte in Jerusalem

Lesen – Umgang mit Texten und Medien

2 Tauscht euch über eure Leseeindrücke aus. Besprecht Textstellen, die euch unklar sind.

3 Setzt euch damit auseinander, wie Andri und der Tischler aufeinander reagieren.
- Findet dazu passende Textstellen.
- Erläutert Andris Frage „Wieso seid ihr stärker als die Wahrheit?“ (S. 153, Z. 124 f.).
- Beschreibt, wie Prader auf Andris Gefühlsausbruch reagiert.

S. 312
Zitieren

4 Untersucht das Verhalten des Gesellen Fedri.
- Deutet, warum er Andri einen Platz in der Fußballmannschaft anbietet.
- Begründet anhand von Zitaten, ob sich Fedri wie ein Freund verhält.

5 Bereitet das „Dritte Bild“ ab S. 150, Z. 22 für ein szenisches Spiel vor. Der Merkkasten rechts hilft euch dabei.

Andorra, Theater der Altstadt

Leseeindruck und Textverständnis erläutern und begründen, Inhalte von Texten herausarbeiten, zusammenfassen und aussagekräftige Textbelege auswählen und zitieren

Einen Text szenisch gestalten

Räumliche Voraussetzung

- Günstig ist ein ruhiger, ungestörter Ort für jede Gruppe.

Vorarbeiten

- Lest den Text in verteilten Rollen laut vor, indem ihr steht oder euch bewegt.
- Ein Souffleur liest zunächst die Regieanweisungen mit.
- Legt die Requisiten fest. Beschränkt euch auf die wesentlichen Gegenstände.
- Erstellt ein Bühnenbild, welches zu dem Theaterstück passt.
- Kleidet euch passend zur Szene, vermeidet jedoch „Kostümierungen“.

Einlesen der Rollen

- Lest euch mehrmals in die Rollen ein.
- Erprobt verschiedene Betonungen, Laut-Leise-Gestaltung, Pausen.
- Bearbeitet etwa nach dem zweiten Lesedurchgang den Text mit Vorlesezeichen.

www
Ihr findet im Internetportal einen Text, der bereits mit Vorlesezeichen versehen ist.

Lernen der Rolle

- Lernt den Text auswendig.
- Schreibt dazu die angesprochene Figur sowie die ersten zwei bis drei und die letzten Worte längerer Sprechtexte auf Notizzettel.
- Nummeriert die Notizzettel.
- Löst euch im Laufe des Textlernens von euren Zetteln.

S. 297
Vorlesezeichen

Von der Textarbeit zur Aufführung

Proben

- Probt eure Aufführung mehrmals. Teilt den Text dazu in mehrere Sinnabschnitte, die einzeln geprobt werden können.
- Lasst euch bei den Proben Rückmeldungen geben.
- Nach der Generalprobe unterstützt euch nur noch der Souffleur.

www
Ihr findet Beobachtungskarten für die Rückmeldung im Internetportal.

Aufführung

- Bereitet eine ansprechende Fläche für das szenische Spiel vor.
- Gestaltet die Spielfläche mit den Requisiten. Der Souffleur steht am Rand.

Texte auswendig lernen und vortragen, handlungs- und produktionsorientierte Verfahren anwenden

Lesen – Umgang mit Texten und Medien

Drama

Den Handlungsverlauf erschließen

„In Andorra lebte ein junger Mann, den man für einen Juden hielt.“ So beginnt die Tagebuchaufzeichnung von Max Frisch, die in Form einer erzählenden Prosaskizze verfasst war. Diese war die Vorlage für das spätere Theaterstück.

Folie

1 Lies den Text. Markiere dabei die genannten Figuren.

www
Du findest den Text zum Anhören im Internetportal.

Der andorranische Jude

In Andorra lebte ein junger Mann, den man für einen Juden hielt. Andorra, das war der kleine Nachbarstaat der feindlichen, faschistischen Großmacht der Schwarzen. Hier also lebte der einundzwanzigjährige Andri mit seinen Adoptiveltern, dem Lehrer Can und seiner Frau. Angeblich hatte Can den kleinen Andri vor vielen Jahren vor der Verfolgung der faschistischen Schwarzen gerettet. Diese Heldentat brachte dem Lehrer damals viel Anerkennung in Andorra ein – besonders, weil Can später eine Andorranerin heiratete und Andri dann adoptierte. Aber die Wahrheit sah ganz anders aus. in Wirklichkeit war Andri nämlich überhaupt kein Jude, sondern Cans leiblicher Sohn. Da Andris leibliche Mutter jedoch eine Senora aus dem feindlichen Nachbarstaat war, fürchtete Can den Zorn der Andorraner. Darum hatte er nach der Trennung von der Senora die ganze Geschichte erfunden und Andri als Judenkind ausgegeben. Von alldem wusste Andri natürlich nichts. Er war jung und träumte davon, Tischler zu werden und Andorra später zu verlassen. Denn das faschistische Gedankengut der Schwarzen hatte mit der Zeit in Andorra Fuß fassen können. Nun hatten auch die meisten Andorraner Vorurteile gegen Juden und machten Andri das Leben schwer. Der Gastwirt, bei dem Andri anfangs arbeitete, warf ihm beispielsweise jüdische Geldgier vor, nur weil er sich über ein Trinkgeld freute. Und der Tischler Prader wollte Andri als Juden zuerst überhaupt nicht in seiner Werkstatt beschäftigen. Erst für ein vollkommen überhöhtes Lehrgeld akzeptierte er ihn als Auszubildenden. Nach Praders Vorurteilen gehörten Juden wegen ihrer Geldgier nämlich in den Verkauf und nicht in die Werkstatt. Darum ließ er an Andris Tischlerarbeiten auch kein gutes Haar. Einmal tat er sogar einfach so, als sei der schlecht verleimte Stuhl des Gesellen die Arbeit von Andri. Gegen so viel Gemeinheit und Antisemitismus kam Andri irgendwann nicht mehr an. Schließlich willigte er ein, seine Tischlerlehre aufzugeben und im Verkauf zu arbeiten. Auch Doktor Ferrer, der Andri kurz darauf untersuchte, machte aus seinem Antisemitismus keinen Hehl. Den Juden gab er die Schuld für das Scheitern seiner Karriere im Ausland. Die Juden hätten ihm jeden Lehrstuhl vor der Nase weggeschnappt; darum hätte er es nicht zum Professor bringen können. Aus Verbitterung verbreitete er in ganz Andorra seine judenfeindlichen Vorurteile. Zum Glück aber gab es in Andris Leben noch Barblin. Barblin war die Tochter des Lehrers Can mit seiner zweiten Frau. Barblin und Andri waren schon seit Jahren heimlich ineinander verliebt, und da sie nicht wussten, dass sie Halbgeschwister waren, schmiedeten sie Pläne für ihre gemeinsame Zukunft. Nach Andris Lehre wollten sie heiraten und Andorra ver-

lassen. Darum traf es die beiden besonders hart, als Can seine Einwilligung zur Hochzeit schroff verweigerte, ohne seine Gründe zu nennen. Für Andri war das ein weiterer Schlag, denn er vermutete, Can wolle seine Tochter einem Juden nicht zur Frau geben. Als Andri dann noch den Soldaten Peider bei seiner Barblin überraschte, brach für ihn eine Welt zusammen. Peider war gewaltsam in Barblins Zimmer eingedrungen und hatte sie vergewaltigt. Pater Benedikt versuchte, Andri auf seine Art zu trösten, und riet ihm in einem ersten Gespräch, sein Anderssein als Jude endlich anzunehmen. Andri ließ sich überzeugen und akzeptierte sich schließlich als den Juden, den die Andorraner in ihm sahen. Doch dann erschien eines Tages Andris leibliche Mutter in Andorra. Die Senora aus dem verfeindeten Nachbarstaat verlangte von Can, ihren gemeinsamen Sohn über seine wahre Identität aufzuklären. Sie selbst tat es allerdings nicht, sondern schenkte Andri vor ihrer überstürzten Heimreise nur ihren Ring. Andorra war für die Senora zu gefährlich geworden. Da man sie für eine Spionin der Schwarzen hielt, musste sie Andorra schnell verlassen. Auf ihrem Heimweg musste sie den Platz überqueren. Dort hatte sich die feindselige Stimmung aber schon so aufgeheizt, dass der Wirt die Senora mit einem Steinwurf tötete. Den Mord schob er Andri in die Schuhe, obwohl der zur Tatzeit zu Hause war. Erst durch Pater Benedikt erfuhr Andri schließlich, dass er gar kein Jude war. Doch das interessierte Andri schon nicht mehr. Ganz bewusst nahm er nun seine Rolle als Sündenbock an. Verbittert lehnte er es ab, seine Identität erneut zu ändern, und er beschloss, der „Jude“ zu bleiben, den die Andorraner aus ihm gemacht hatten. Dann passierte das, was die Andorraner schon lange befürchtet hatten: Die Schwarzen marschierten in Andorra ein. Als Erstes führten die Besatzer eine Judenschau durch, bei der alle Andorraner vermummt vor einen Judenschauer treten mussten. Der konnte angeblich Juden an ihrem Gang und an ihrem Lachen erkennen. Andri wurde als Jude „erkannt“. Als er sich weigerte, den Ring seiner Mutter herzugeben, hackten die Soldaten ihm den Finger ab und erschossen Andri. Aus Verzweiflung erhängte sich sein Vater. Barblin irrte geistig verwirrt durch Andorra und klagte die Andorraner öffentlich an. Doch die Andorraner wollten von ihrer Schuld nichts wissen. Schnell arrangierten sie sich mit den neuen Machthabern und kehrten zu ihrem Alltag zurück.

2 Sprecht darüber, welche Ereignisse in Andris Leben euch besonders betroffen machen.

3 Setzt euch mit Andris Schicksal auseinander.
- Skizziert auf einem Zeitstrahl die schlimmsten „Stationen“ seines Leidenswegs.
- Erläutert, wie sich Andris Selbstbild durch die Vorurteile verändert hat.
- Erklärt, warum er darauf beharrt, ein Jude zu sein.

4 Ordne die Figuren, die du im Text markiert hast, den Spalten der Tabelle zu.

Andris Familie	Die Andorraner

5 Diskutiert, welche Figuren eurer Meinung nach Schuld an Andris Schicksal tragen.

6 Vergleicht die Erzählung mit dem dramatischen Text. Beachtet den Aufbau, die Entfaltung der Handlung und die Sprache.

Handlungen und Verhaltensweisen literarischer Figuren beschreiben und begründet bewerten, dramatische und epische Texte vergleichen

Lesen – Umgang mit Texten und Medien

Drama

Eine Figurenkonstellation erstellen

www
Ihr findet die Grafik auch im Internetportal.

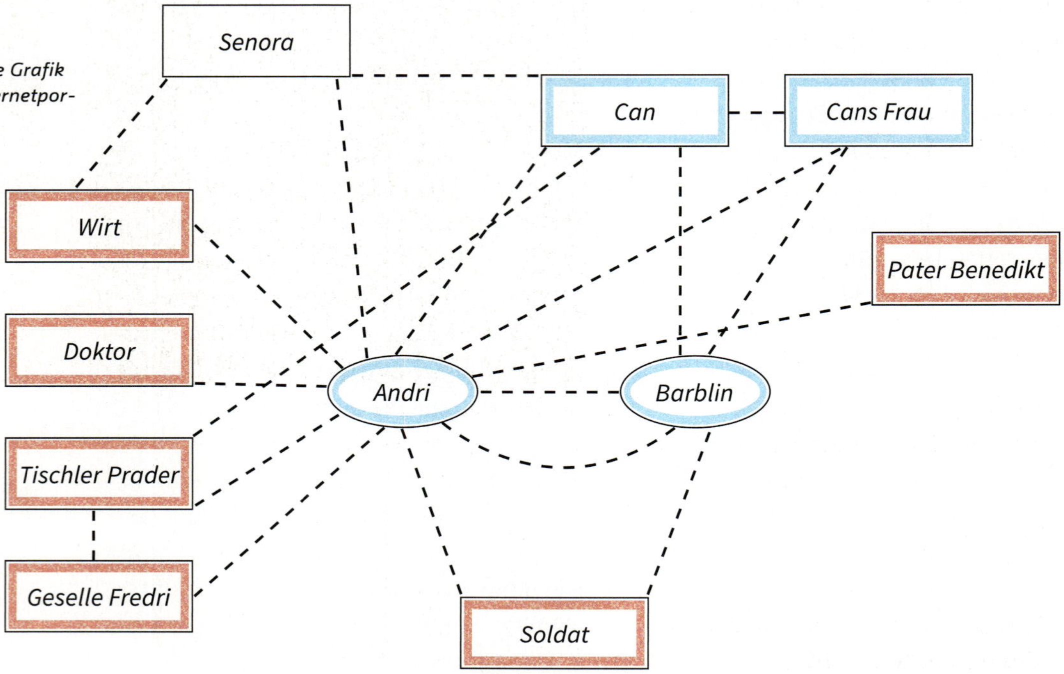

S. 306 *Figurenkonstellation*

1 Erstellt eine Figurenkonstellation.
- Betrachtet den Aufbau des Schaubilds.
- Kennzeichnet mit Pfeilen die Beziehungen zwischen den Figuren.
- Beschriftet die Pfeile mit Begriffen, die die Beziehungen zwischen den Figuren beschreiben
- Ergänzt eigene passende Symbole.
- Benennt das Thema eures Schaubilds.

2 Tragt folgende Angaben bei den passenden Figuren ein.
- *verlangt Aufklärung über Andris wahre Identität*
- *ist gegen die Heirat*
- *liebt Andri wie eigenen Sohn*
- *hat Andris Herkunft bewusst verschleiert*
- *hält sich für ein jüdisches Adoptivkind*
- *ahnt nicht, dass sie Andris Schwester ist*
- *teilt Andri die Wahrheit mit*

3 Fügt „Die Schwarzen“ in die Grafik ein und bringt passende Pfeile und Begriffe an.

Drama

Sich mit dem Kernthema auseinandersetzen

1 Sprecht über den Eindruck, den die Figuren auf dem Foto vermitteln.

2 Formuliert inhaltliche Erwartungen an das „Neunte Bild“.

Andorra, Theater der Altstadt

3 Tragt das „Neunte Bild“ in verteilten Rollen vor.

Neuntes Bild

[…]

PATER Ich habe dir etwas zu sagen. […]

ANDRI Sie sind so feierlich!

PATER Ich bin gekommen, um dich zu erlösen.

ANDRI Ich höre.

PATER Ich habe dir etwas zu sagen. […]

ANDRI Sie sind so feierlich!

PATER Auch ich, Andri, habe nichts davon gewußt, als wir das letzte Mal miteinander redeten. Er habe ein Judenkind gerettet, so hieß es seit Jahr und Tag, eine christliche Tat, wieso sollte ich nicht dran glauben! Aber nun, Andri, ist deine Mutter gekommen –

ANDRI Wer ist gekommen?

PATER Die Senora.

ANDRI *springt auf.*

PATER Andri – du bist kein Jud.

Schweigen

Du glaubst nicht, was ich dir sage?

ANDRI Nein.

PATER Also glaubst du, ich lüge?

ANDRI Hochwürden, das fühlt man.

PATER Was fühlt man?

ANDRI Ob man ein Jud ist oder nicht.

Der Pater erhebt sich und nähert sich Andri.

Rühren Sie mich nicht an. Eure Hände! Ich will das nicht mehr.

PATER Hörst du nicht, was ich dir sage?

Handlungen und Verhaltensweisen literarischer Figuren beschreiben und begründet bewerten, Deutungen eines Textes entwickeln, begründen, am Text belegen und mit anderen Deutungen vergleichen

ANDRI *schweigt.*

PATER Du bist sein Sohn.

ANDRI *lacht.*

PATER Andri, das ist die Wahrheit.

ANDRI Wie viele Wahrheiten habt ihr?

Andri nimmt sich eine Zigarette, die er dann vergißt.

Das könnt ihr nicht machen mit mir.

PATER Warum glaubst du uns nicht?

ANDRI Euch habe ich ausgeglaubt.

PATER Ich sage und schwöre beim Heil meiner Seele, Andri: Du bist sein Sohn, unser Sohn, und von Jud kann nicht die Rede sein.

ANDRI 's war aber viel die Red davon …

Großer Lärm in der Gasse

PATER Was ist denn los?

Stille

ANDRI Seit ich höre, hat man mir gesagt, ich sei anders, und ich habe geachtet drauf, ob es so ist, wie sie sagen. Und es ist so, Hochwürden: Ich bin anders, man hat mir gesagt, wie meinesgleichen sich bewegt, nämlich so und so, und ich bin vor den Spiegel getreten fast jeden Abend. Sie haben recht: Ich bewege mich so und so. Ich kann nicht anders. Und ich habe geachtet auch darauf, ob's wahr ist, daß ich alleweil denke ans Geld, wenn die Andorraner mich beobachten und denken, jetzt denke ich ans Geld, und sie haben abermals recht: Ich denke alleweil ans Geld. Es ist so. Und ich habe kein Gemüt, ich hab's versucht, aber vergeblich: Ich habe kein Gemüt, sondern Angst. Und man hat mir gesagt, meinesgleichen ist feig. Auch darauf habe ich geachtet. Viele sind feig, aber ich weiß es, wenn ich feig bin. Ich wollte es nicht wahrhaben, was sie mir sagen: Ich fühle nicht wie sie. Und ich habe keine Heimat. Hochwürden haben gesagt, man muß das annehmen, und ich hab's angenommen. Jetzt ist es an euch, Hochwürden, euren Jud anzunehmen.

PATER Andri –

ANDRI Jetzt, Hochwürden, spreche ich.

PATER – du möchtest ein Jud sein?

ANDRI Ich bin's. Lang habe ich nicht gewußt, was das ist. Jetzt weiß ich's.

PATER *setzt sich hilflos.*

ANDRI Ich möchte nicht Vater noch Mutter haben, damit ihr Tod nicht über mich komme mit Schmerz und Verzweiflung und mein Tod nicht über sie. Und keine Schwester und keine Braut: Bald wird alles zerrissen, da hilft kein Schwur und nicht unsre Treue. Ich möchte, daß es bald geschehe. Ich bin alt. Meine Zuversicht ist ausgefallen, eine um die andere, wie Zähne.

[…] Ich erschrecke, so oft ich noch hoffe. Das Hoffen ist mir nie bekommen. Ich erschrecke, wenn ich lache, und ich kann nicht weinen. Meine Trauer erhebt mich über euch alle, und so werde ich stürzen. Meine Augen sind groß von Schwermut, mein Blut weiß alles, und ich möchte tot sein. Aber mir graut vor dem Sterben. Es gibt keine Gnade –

PATER Jetzt versündigst du dich. […]

4 Überprüft, ob eure Erwartungen aus Aufgabe 2 zutreffen.

5 Beschreibe Andris Reaktion, als er erfährt, dass er nun doch kein „Jude“ sein soll.

6 Erläutert Andris Weigerung, ein Andorraner zu sein und seine jüdische Identität aufzugeben. Fügt passende Zitate ein.

7 Erkläre, wie der Pater versucht, Andri zu überzeugen. Beziehe dabei die Zitate auf der Seite 159 in den Zeilen 6, 9 und 10 mit ein.

8 Gestaltet eine Sprechcollage.
- Teilt euch in zwei etwa gleich große Gruppen ein: Die eine wählt Zitate Andris, die andere des Paters. Sprecht euch ab, welche von einzelnen, mehreren oder der gesamten Gruppe gesprochen werden sollen.
- Jemand beginnt mit einem Zitat und liest es laut und betont vor. Danach schließen sich jeweils Einzelne oder mehrere der anderen Gruppe an usw.
- Sprecht über eure Wahrnehmungen und die Wirkung der Sprechcollage.

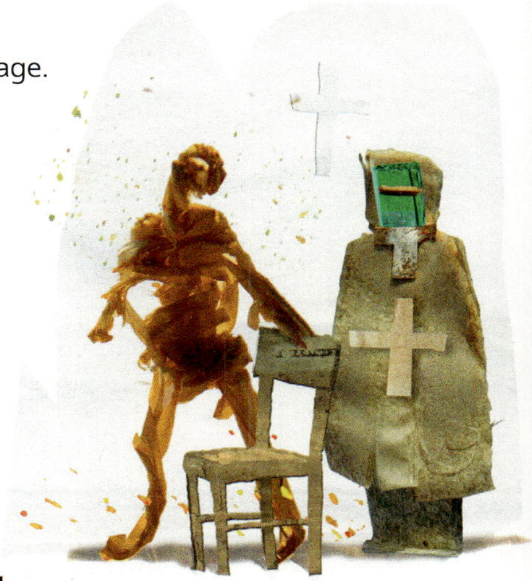

9 Argumentiere, ob es **die** Wahrheit gibt. Beziehe passende Zitate ein. Schreibe fünf Sätze dazu auf.

10 Beschreibe die Auswirkungen, die das Fremdbild der Andorraner auf Andris Selbstbild hat.
- Beziehe Zitate aus Andris Aussagen ein.
- Liste die Vorurteile der Andorraner gegen Andri auf.
- Erkläre die Wirkung dieses Fremdbilds auf Andris Selbstbild.

11 Vergleicht eure Deutungen.

Andorra, Schauspielhaus Zürich

Deutungen eines Textes entwickeln, begründen, am Text belegen und mit anderen Deutungen vergleichen

Lesen – Umgang mit Texten und Medien

12 Informiert euch im folgenden Text über den Begriff Vorurteil.
- Definiert den Begriff Vorurteil schriftlich.
- Benennt Ursachen und Auswirkungen.

Vorurteil

Vor-Urteil deutet darauf hin, dass ein Urteil vor einer ausreichenden Überprüfung oder Klärung gefasst wird. Häufig besteht es aus einer bequemen Pauschalaussage. Ohne intensive gedankliche Auseinandersetzung wird eine Meinung auf Einzelne oder Gruppen, auch Staaten usw. übertragen. Oft werden Vorurteile von anderen Personen übernommen und verbreitet. Ein Interesse an Wahrhaftigkeit besteht nicht. Voreingenommenheit ist die Folge. In der Alltagssprache ist der Begriff Vorurteil meist negativ besetzt. Wissenschaftlich wird hingegen zwischen positiven (aufwertenden) und negativen (abwertenden) Vorurteilen unterschieden. Positive Vorurteile können beispielsweise eine verklärende oder beschönigende Sicht („rosa Brille") auf eine geliebte Person sein.

Negative Vorurteile entstehen durch unzulässige Verallgemeinerungen, wenn z. B. das negative Verhalten einer Person verallgemeinert und als typisch für eine Personengruppe übernommen wird. Häufig werden voreilige Wertungen als erwiesene Tatsachen missverstanden und zur Rechtfertigung einer eigenen Verhaltensweise (Abwehrhaltung, Ablehnung usw.) herangezogen. Vorurteile können dazu führen, dass Menschen oder Gruppen ausgegrenzt und zu Sündenböcken gemacht, körperlich attackiert oder sogar ermordet werden.

Das Motiv des Sündenbocks

Max Frisch sagte anlässlich der Fernsehaufführung von Andorra 1980, „dass jede Gruppe, jede Gesellschaft sich Sündenböcke schafft. Das erlebt man schon in einer Schulklasse. Wie kommt es zum Vorurteil, wozu dient der Sündenbock, wie fängt die Hexenjagd an?"

Mit dem Symbol *Sündenbock* bezeichnet man jemanden, dem man aus einem Vorurteil heraus die Schuld für etwas Negatives zuweist. Es findet eine soziale Ausgrenzung statt.

In der Bibel wird erzählt, dass der Hohepriester an Jom Kippur in einem Ritual einem Ziegenbock durch Handauflegung alle Sünden des Volkes Israel übertrug. So wurde der mit Schuld Beladene zum *Sündenbock*. Das Tier wurde dann in die Wüste gejagt, um die Sünden der Israeliten in der Einöde vergehen zu lassen. Diese Zeremonie sollte das Volk von seinen Sünden befreien.

13 Diskutiert Max Frischs Aussage, dass sich jede Gruppe gezielt Sündenböcke suche.
- Erklärt in eigenen Worten das Symbol Sündenbock.
- Findet Erklärungen für den Antrieb, dass jemand zum Sündenbock erklärt wird.
- Frisch verwendet auch die Metapher Hexenjagd. Erklärt den Zusammenhang.

14 Interpretiere die Zeilen 64 bis 67 auf der Seite 160 („Meine Trauer [...] keine Gnade -").
- Gehe dabei auf Andris Lebenseinstellung ein. Verwende passende Zitate.
- Binde wichtige Aussagen aus den Sachtexten *Vorurteil* und *Sündenbock* ein.

Eigene und literarische Lebenswelten beschreiben und unterscheiden, die Bedeutsamkeit eines Textes für die eigene Person darlegen und Textinhalte mit eigenen Erfahrungen vergleichen

Drama

Eine zweite Handlungsebene des Dramas erkennen

Die Abfolge der „Bilder" wird immer wieder durch Szenen im Vordergrund unterbrochen. Diese Szenen spielen vor dem Vorhang der Bühne. In sieben Vordergrundszenen geht es um eine Gerichtsverhandlung, die zeitlich nach Andris Ermordung stattfindet.

1 Bereite einen dieser Monologe für einen szenischen Vortrag vor. Füge Vorlesezeichen ein.

S. 297 Vorlesezeichen

3. Vordergrund

Der Geselle, jetzt in einer Motorradfahrerjacke, tritt an die Zeugenschranke.

GESELLE Ich geb zu: Es war mein Stuhl und nicht sein Stuhl. Damals. Ich wollte ja nachher mit ihm reden, aber da war er schon so, daß man halt nicht mehr reden konnte mit ihm. Nachher hab ich ihn auch nicht mehr leiden können, geb ich zu. Er hat einem nicht einmal mehr guten Tag gesagt. Ich sag ja nicht, es sei ihm recht geschehen, aber es lag halt auch an ihm, sonst wär's nie so gekommen. Als wir ihn nochmal fragten wegen Fußball, da war er sich schon zu gut für uns. Ich bin nicht schuld, daß sie ihn geholt haben später.

4. Vordergrund

Der Soldat, jetzt in Zivil, tritt an die Zeugenschranke.

SOLDAT Ich gebe zu: Ich hab ihn nicht leiden können. Ich habe ja nicht gewußt, daß er keiner ist, immer hat's geheißen, er sei einer. Übrigens glaub ich noch heut, daß er einer gewesen ist. Ich hab ihn nicht leiden können von Anfang an. Aber ich hab ihn nicht getötet. Ich habe nur meinen Dienst getan. Order ist Order. Wo kämen wir hin, wenn Befehle nicht ausgeführt werden! Ich war Soldat.

Der Pater kniet.

PATER Du sollst dir kein Bildnis machen von Gott, deinem Herrn, und nicht von den Menschen, die seine Geschöpfe sind. Auch ich bin schuldig geworden damals. Ich wollte ihm mit Liebe begegnen, als ich gesprochen habe mit ihm. Auch ich habe mir ein Bildnis gemacht von ihm, auch ich habe ihn gefesselt, auch ich habe ihn an den Pfahl gebracht.

2 Tragt die Aussagen mit kleinen Pausen dazwischen vor.

3 Tauscht euch über die Wirkung dieser Texte aus.
- a) Stellt Vermutungen darüber an, weshalb Frisch diese „Unterbrechungen" auf diese Weise in die Abfolge der zwölf Bilder eingeschoben hat.
- b) Diskutiert mögliche Gründe für die Teilung der Handlung in zwei Ebenen.

Lesen – Umgang mit Texten und Medien

Folie

Drama

Den Aufbau des Dramas verstehen

1 Lies den folgenden Sachtext. Markiere dabei wichtige Textstellen.

Aufbaumerkmale

Max Frisch hatte literarische Vorbilder für sein Lehrstück. Währen in antiken Dramen die Zuschauer oft in einer Bühnen-Illusion gefangen waren, vermied er wie andere moderne Dramatiker eine „Unterhaltungs- und Spannungshaltung" des Publikums. Mit „Andorra", dem „Stück in zwölf Bildern", wollte er eine Auseinandersetzung mit wichtigen Themen veranlassen. Damit war auch eine lehrhafte Absicht verbunden, die nicht jedem Theaterbesucher gefällt. Die Zuschauer können sich nicht bequem zurücklehnen und sich berieseln lassen.

Max Frischs Stück ist anders aufgebaut als ein klassisches Drama. Er teilt das Stück in zwei Ebenen ein und nicht wie im klassischen Drama in Akte und diese Akte wiederum in Szenen. Die eine Ebene gibt die Handlung in Andorra in einer chronologischen Abfolge von zwölf „Bildern" wieder. Man kann diese mit Akten vergleichen. Die Figurenrede und -aktion in diesen Bildern besteht aus Monologen, Dialogen und Interaktionen zwischen mehreren Figuren.

Die Darsteller eines Stücks von Frisch sind in Bezug auf die Umsetzung in der Inszenierung besonders gefordert. Frisch gibt nur wenige Regieanweisungen wieder. Er weist also kaum auf Betonung und nonverbale Aktion wie Gestik und Mimik hin. Somit müssen die Schauspieler genau, aufmerksam und kritisch lesen.

Die andere Ebene besteht (außer der sechsten und achten Zwischenszene) aus sieben Zeugenaussagen im Vordergrund der Bühne. Diese bestehen aus Monologen vor einem nicht anwesenden Gericht. Immer wieder sind sie in unregelmäßig erscheinender Folge zwischen die „Bilder" geschoben. Sie bilden eine Art Rahmen und nehmen spätere Ereignisse vorweg. Eine einheitliche zeitliche Abfolge wird dadurch verhindert. Der Theaterbesucher kennt daher vor dem tatsächlichen Ende des Stücks den Ausgang.

Es sind also zwei gegenläufige Handlungsebenen. Die Vorausdeutung auf den Mord an Andri bewirkt, dass sich die Aufmerksamkeit nicht darauf, sondern auf die Ursachen der Tat richtet. Der wissende Zuschauer ist „desillusioniert". Er denkt über die Entstehung und Folgen von Vorurteilen nach.

2 Überfliege deine Markierungen und erkläre jeden der folgenden Begriffe in einem Satz.
Aufbau des Stücks – Akte – antikes Drama – Bilder – Dialog – Figurenrede – Handlungsebenen – modernes Drama - Monolog – Szenen – Spannung

3 Erklärt den Unterschied zwischen einem klassischen Drama und Max Frischs *Andorra*. Recherchiert nach einem Beispiel für ein klassisches Drama und bezieht dessen Aufbau ein.

4 Lies den folgenden Text. Markiere die wesentlichen Ereignisse.

Folie

Der Handlungsverlauf

Der Handlungsverlauf kann am Lebens- und Leidensweg der Figur Andri veranschaulicht werden.

Bilder 1 – 6: Andri plant sein Leben beruflich und mit der Aussicht auf eine Ehe mit Barblin. Er ist auf der Suche nach sich selbst und lehnt das „Bild“ ab, das sich die Andorraner von ihm machen. Er sieht sich nicht als „anders“ an. Schrittweise wird er desillusioniert. Parallel dazu nimmt der Antisemitismus der Andorraner zu, v. a. aufgrund der zunehmenden Bedrohung durch die Schwarzen. Andri entwickelt Hassgefühle den Bürgern gegenüber sowie Unverständnis und Abwehr in Bezug auf Can. Die Entdeckung des Vorfalls zwischen dem Soldaten und Barblin ruft sein Entsetzen hervor.

Bilder 7 – 8: Im siebten Bild wendet sich die Handlung, indem Pater Benedikt Andri von seinem Judentum überzeugt. Andri nimmt das Fremdbild als Selbstbild an und akzeptiert sich als Außenseiter. Im achten Bild bezeichnen sich einige Andorraner als „Gutmenschen“. Sie äußern ihre Angst vor den Schwarzen. Die Senora erscheint im Wirtshaus und wird misstrauisch beäugt. Es kommt zu körperlicher Gewalt Andri gegenüber.

Bilder 9 – 12: Andri kann das Verhalten der Senora ihm gegenüber nicht nachvollziehen. Er hält sie schließlich für eine ehemalige Geliebte seines mutmaßlichen Adoptivvaters. Can beauftragt aufgrund seiner Feigheit den Pater, Andri über dessen wahre Identität aufzuklären.

Der Pater ist nun gezwungen, sich in Widersprüchen zu verstricken. Andri widersetzt sich und zeigt hingegen, dass er sein „Anderssein“ angenommen hat. Dadurch wird eine Wende bewirkt.

Eine Verkettung von schicksalhaften und katastrophalen Ereignissen treibt die Handlung dem vorhersehbaren (und angekündigten) Ende zu. Andri wird des Mordes an der Senora bezichtigt. Die von den Schwarzen angesetzte Judenschau hat die Verurteilung und Lynchjustiz an Andri zur Folge. Lehrer Can entzieht sich durch Suizid. Barblin erträgt ihr Leben nicht mehr und verfällt dem Wahn. Die Andorraner berührt das alles nicht.

A

B

C
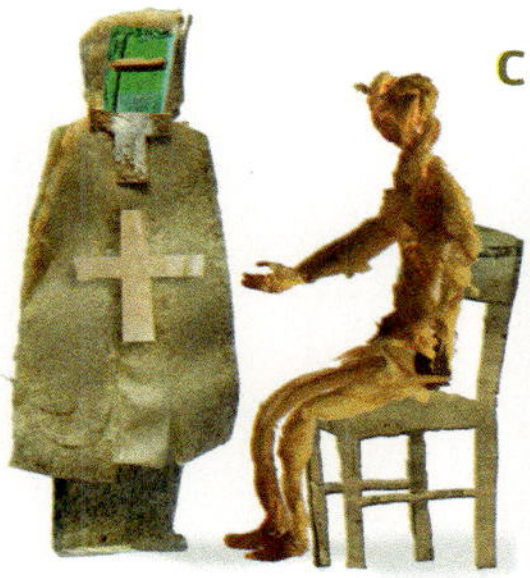

D

E

F

G

H

5 Ordne die Abbildungen mit Pfeilen deinen Markierungen zu.

Folie

Lesen – Umgang mit Texten und Medien

6 Erstellt eine Spannungskurve für dieses Drama.
- Wählt eine passende Spannungskurve aus der folgenden Auswahl aus.
- Zeichnet sie auf ein DIN-A4-Blatt.
- Ordnet die Abbildungen von der Seite 165 passend dem Handlungsverlauf ein.
- Notiert auf der Kurve die Exposition, die ansteigende Handlung, den Höhepunkt, mögliche Wendepunkte, die abfallende Handlung sowie die Katastrophe.
- Beachtet dabei den Merkkasten.

www
Ihr findet im Internetportal Ausschneidebögen der Abbildungen.

Spannungskurven

1

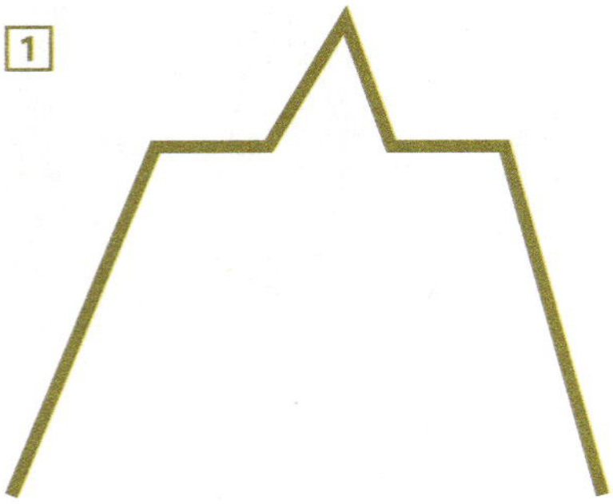

2

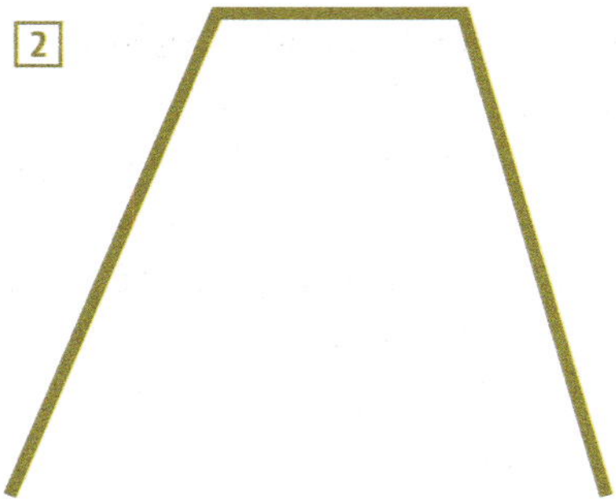

3

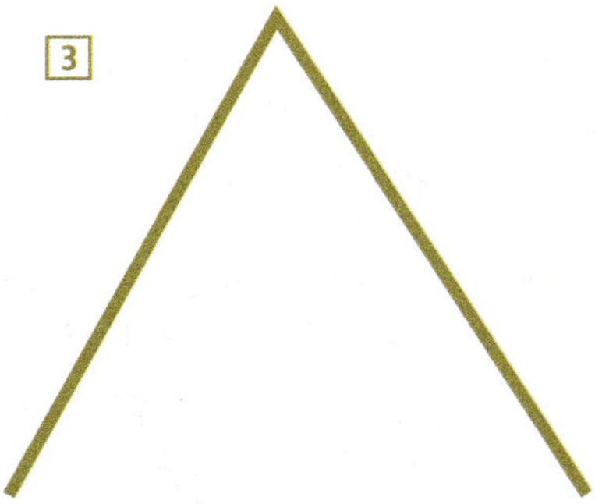

Dramatische Texte

Aufbau eines Dramas
Textsorte: Ein Drama (auch Theaterstück oder dramatischer Text) kann gelesen, in verteilten Rollen szenisch vorgetragen oder auf der Bühne gespielt werden.
Gliederung: Ein Roman kann in Kapitel gegliedert sein. Dagegen besteht ein klassisches Drama aus **Akten** und diese wiederum bestehen aus **Szenen**. Andorra ist ein moderner dramatischer Text. Die einzelnen **Bilder** können mit Akten verglichen werden, da sie inhaltlich abgerundet wirken.
Gesprächsformen: Unterschiedliche Szenen umfassen **Monologe** oder **Dialoge** sowie Gespräche mit mehreren Figuren, die in direkter Rede gesprochen werden.
Nebentexte: Sie sind in **Regieanweisungen** in kursiver Schrift formuliert. Das können kurze Handlungsanweisungen für die Figuren oder notwendige Informationen zum Szenen- oder Kulissenwechsel sein.

Die dramatische Handlung
Hinführung: Ein dramatischer Text besteht aus einem einleitenden Teil, der den Zuschauer in die Ausgangssituation einführt. Man nennt diese Hinführung eine **Exposition**.
Spannungskurve: Die Spannung steigt bis zum **Höhepunkt** an. Hier liegt oft auch der **Wendepunkt**, der einen Richtungswechsel bewirkt. Die Spannung steigt. Die dramatische Entwicklung ist abfallend.
Ausgang der Handlung: Das Ende eines Dramas kann eine **Katastrophe** oder eine **Lösung** umfassen.

Drama

Gestaltungsmittel einer Inszenierung erfassen und interpretieren

1 Erarbeitet ein Standbild zur folgenden Regieanweisung.

M → S. 282
Ein Standbild bauen

Erstes Bild

Vor einem andorranischen Haus. Barblin weißelt die schmale und hohe Mauer mit einem Pinsel an langem Stecken. Ein andorranischer Soldat, olivgrau, lehnt an der Mauer.

2 Zeigt verschiedene Standbilder und sprecht über die Unterschiede.
- Findet Kriterien für die Unterschiede.
- Bewertet die Absichten und Entscheidungen dieser Darstellungsweisen.

3 Das folgende Szenenfoto zeigt ebenfalls den Einstieg in das Erste Bild.
- Diskutiert, was euch verwundert oder befremdet.
- Ein Dramaturg setzt einen Text in ein Schauspiel um. Sprecht darüber, welche Ideen hier vermutlich realisiert wurden.

Andorra, Schauspielhaus Zürich

Lesen – Umgang mit Texten und Medien

4 Lest den folgenden Auszug aus dem Ersten Bild.
- Vergleicht den Inhalt mit dem Szenenfoto auf Seite 167.
- Sprecht über Wirkung, Auffälligkeiten und mögliche Absichten.

Erstes Bild

BARBLIN Wenn du nicht die ganze Zeit auf meine Waden gaffst, dann kannst du ja sehn, was ich mache. Ich weißle. Weil morgen Sanktgeorgstag ist, falls du das vergessen hast. Ich weißle das Haus meines Vaters. Und was macht ihr Soldaten? Ihr lungert in allen Gassen herum, eure Daumen im Gurt, und schielt uns in die Bluse, wenn eine sich bückt.

Der Soldat lacht.

Ich bin verlobt.

SOLDAT Verlobt!

BARBLIN Lach nicht immer wie ein Michelin-Männchen.

SOLDAT Hat er eine Hühnerbrust?

BARBLIN Wieso?

SOLDAT Daß du ihn nicht zeigen kannst.

BARBLIN Laß mich in Ruhe!

SOLDAT Oder Plattfüße?

BARBLIN Wieso soll er Plattfüße haben?.

SOLDAT Jedenfalls tanzt er nicht mit dir.

Barblin weißelt.

Vielleicht ein Engel!

Der Soldat lacht.

Daß ich ihn noch nie gesehen hab.

BARBLIN Ich bin verlobt!

SOLDAT Von Ringlein seh ich aber nichts.

BARBLIN Ich bin verlobt,

Barblin taucht den Pinsel in den Eimer.

Und überhaupt – dich mag ich nicht.

5 Diskutiert über künstlerische Freiheit in Bezug auf Theaterinszenierungen. Klärt, auf welche Darstellungsmittel sich diese Freiheit beziehen kann.

6 Nutzt diese Freiheit ebenfalls und stellt den Text szenisch dar.
- Löst euch vom Text.
- Gebt dem Textauszug einen aktuellen Anstrich.

Drama

Überprüfe dein Wissen und Können

Projekt: Einen Theaterbesuch planen, durchführen und nachbereiten

1 Wähle eines der beiden Szenenfotos von Theaterstücken aus, das dich anspricht. Begründe, warum du dich für dieses Stück interessierst.

Herz eines Boxers, Landestheater Tübingen

Tschick, Theaterhaus Stuttgart

2 Recherchiert zu Theaterstücken in eurer Umgebung.

3 Fertigt auf einem Plakat eine Empfehlung für eines der angebotenen Stücke an.

4 Entscheidet euch für eine Aufführung und bereitet den Besuch mithilfe der folgenden Angaben vor:

Einen Theaterbesuch vor- und nachbereiten

1. Recherchieren und Informationen beschaffen
   - Ort, Kontaktdaten, altersangemessene Stücke mit Informationen, Hin- und Rückfahrt, Kosten, Organisation und Erlaubnis
2. Vorbereitung der Aufführung
   - besondere Beachtung der Schauspieler und deren Auftreten, Handlung, Kostüm und Maske, Bühnenbild, Lichttechnik, Musik, mediale Effekte; Erlaubnis zu fotografieren
3. Nachbereitung und Theaterkritik
   - besondere Eindrücke, einprägsame Szenen, Einsatz spezieller Effekte, Irritationen

5 Sprecht nach der Aufführung über eure Eindrücke.
- a) Sammelt wichtige Einzelheiten in einer Mindmap.
- b) Verfasst eine Theaterkritik/Rezension für eure Homepage und verwendet dabei die Stichpunkte der Mindmap.
- c) Findet eine ansprechende Überschrift.

Zu Theaterinszenierungen recherchieren, einfache Gestaltungsmittel einer Inszenierung benennen und deren Wirkung exemplarisch analysieren

Sachtexte

1 Betrachtet die Bilder und tauscht euch darüber aus, ob ihr selbst schon einmal Ähnliches erlebt oder gesehen habt. Erläutert, welche Gedanken und Gefühle dadurch in euch erweckt werden.

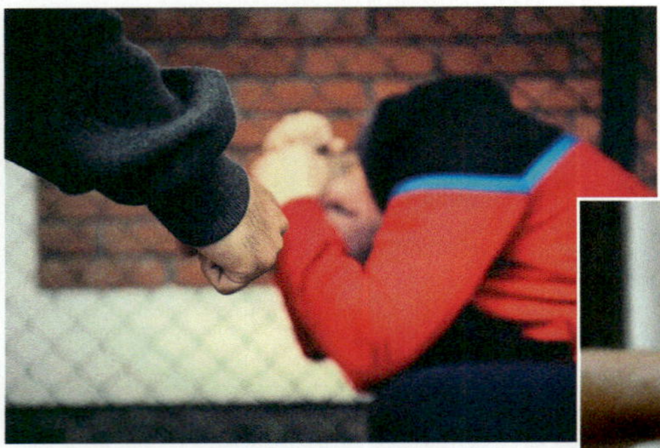

Folie

2 Lies den Text aufmerksam.
- Markiere wichtige Textstellen und Schlüsselwörter.
- Kläre dir unbekannte Begriffe.
- Erläutere, was unter dem Begriff Jugendgewalt zu verstehen ist.

Was ist Jugendgewalt?

Ob auf dem Schulhof, in der Familie oder im Jugendzentrum – Gewalt ist für Jugendliche Teil ihres Alltags. Am häufigsten allerdings erleben Jugendliche Gewalthandlungen im familiären Umfeld, erst an zweiter Stelle folgt die Schule.

Aber was ist eigentlich Jugendgewalt? Jugendgewalt ist ein unspezifischer Sammelbegriff für verschiedene jugendspezifische Deliktformen. In der Öffentlichkeit wird Jugendgewalt vor allem als körperliche Gewalt wahrgenommen. Viele Jugendliche erleben als Täter und Opfer aber auch verbale Attacken, Sachbeschädigungen, Erpressungen und Raufereien. Zur Jugendgewalt gehören außerdem ausländerfeindliche Übergriffe, die in der Regel von Cliquen und Gruppen oder in deren Kontext ausgeübt werden. Jugendgewalt hat also viele Gesichter und muss daher differenziert betrachtet werden.

In Zeitungen, Radio und Fernsehen wird regelmäßig über Jugendgewalt berichtet. Schenkt man diesen Berichten Glauben, so werden Heranwachsende immer brutaler und schlagen immer häufiger zu. Meist stützen sich solche Aussagen auf die Angaben der Polizeilichen Kriminalstatistik (PKS). Allerdings gibt es auch Forschungsergebnisse, die diesen Annahmen stark widersprechen. Die Ergebnisse der kriminologischen Forschung zur Entwicklung der Jugendgewaltkriminalität (Dunkelfeldstudien) stellen fest, dass die tatsächliche Gewaltkriminalität im Jugendbereich in den letzten zehn Jahren weder qualitativ noch quantitativ zugenommen hat. Vielmehr bewegt sich die Zahl der Delikte auf einem relativ konstanten Niveau. Erhöht hat sich laut einer Studie des Kriminologischen Forschungsinstituts Niedersachsen (KFN) jedoch die Bereitschaft, Gewalthandlungen zur Anzeige zu bringen, und damit einhergehend der Anteil der Delikte, die der Polizei zur Kenntnis gelangen.

Immer wieder wird in der Forschung betont, Kriminalität sei keine Frage der ethnischen Zugehörigkeit, sondern von Lebenslagen und damit von Bildungs- und Zukunftschancen. Eine abgeschlossene Schulausbildung und die Perspektive auf eine Ausbildung können somit Instrumente sein, um Gewalt nachhaltig und präventiv entgegenzuwirken. *(Text verändert)*

3 Betrachtet das Diagramm.
- Erläutert, was hier dargestellt wird.
- Stellt einen Zusammenhang mit dem Text her und nennt Gemeinsamkeiten und Unterschiede.

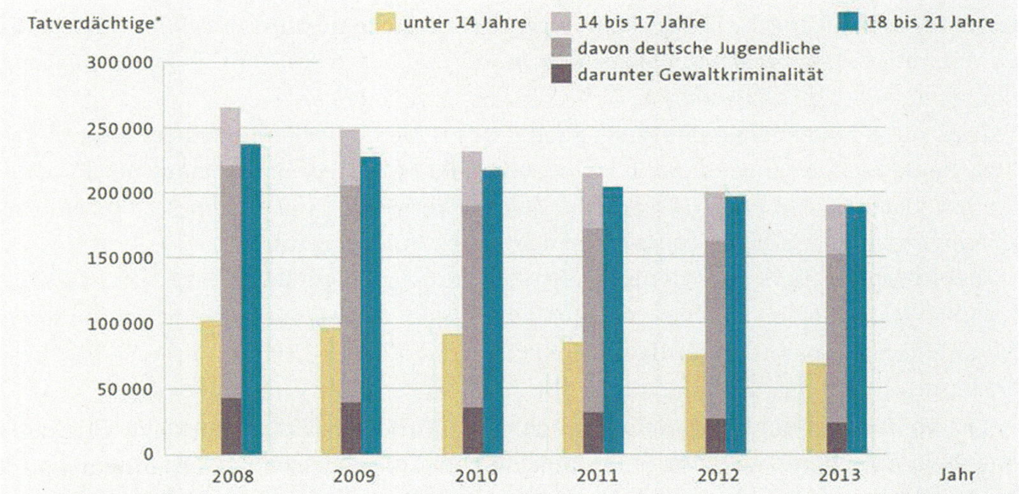

* Tatverdächtig ist jeder, der aufgrund des polizeilichen Ermittlungsergebnisses hinreichend verdächtig ist, eine rechtswidrige Tat begangen zu haben.

Quelle: Polizeiliche Kriminalstatistik (PKS)

In diesem Kapitel lernst du, ...

- *unterschiedliche Lesetechniken und Methoden der Texterschließung anzuwenden.*
- *linearen und nichtlinearen Texten Informationen zielgerichtet zu entnehmen, zu ordnen, zu prüfen und strukturiert darzustellen.*
- *zentrale Inhalte von Sach- und Gebrauchstexten herauszuarbeiten, textbezogen zu erläutern und dabei aussagekräftige Textbelege auszuwählen und zu zitieren.*
- *den Standpunkt des Verfassers zu bestimmen und zu bewerten.*
- *Gestaltungsmittel eines Textes zu erkennen und zu benennen.*

Lesen – Umgang mit Texten und Medien

Sachtexte

Sachtexten gezielt Informationen entnehmen

1 Überfliege den Text zunächst und verschaffe dir beim ersten Lesen einen Überblick über das Thema.

Rückgang der Jugendkriminalität?

Die in Baden-Württemberg registrierte Jugendkriminalität stieg nach mehrjährigem Rückgang, so wie erstmalig im Vorjahr, auch 2015 wieder leicht an. Die Anzahl der Tatverdächtigen (TV) unter 21 Jahren (Jungtäter) hat sich im Jahr 2015 im Vergleich zum Vorjahr um 4,6 Prozent von 58.304 auf 60.979 TV erhöht. Somit werden rund ein Viertel aller Straftaten durch Jungtäter begangen. Im Zehnjahresvergleich bleibt es dennoch bei einem deutlichen Rückgang von 13,1 Prozent. [...]

Ein Schwerpunkt der Bekämpfung der Jugendkriminalität bleibt die Eindämmung des Alkoholmissbrauchs sowie der Jugendschutz. Denn Alkoholkonsum und -missbrauch spielen als Gewaltkatalysatoren bei jungen Menschen noch immer eine signifikante Rolle. Inzwischen gibt es flächendeckend Jugendschutzkonzepte und zum Teil mustergültige Vereinbarungen zwischen Polizei, Kommunen und Festveranstaltern zur Einhaltung der Jugendschutzbestimmungen.

Dass diese Konzepte greifen, zeigt auch die positive Entwicklung der Gewaltkriminalität. Im Bereich der Jugendgewalt ist im achten Jahr in Folge ein Rückgang der TV-Zahlen festzustellen. Mit 5.107 TV sank die Zahl im Vorjahresvergleich um 3,1 Prozent. Im Zehnjahresvergleich gab es sogar einen deutlichen Rückgang um 44,0 %.

Der Rückgang im Bereich der Jugendgewalt dürfte auch ein Beleg dafür sein, dass die nachhaltig angelegten präventiven Maßnahmen der Polizei im Verbund mit anderen Netzwerkpartnern Wirkung entfalten. Im Jahr 2015 sind über 6.100 gewaltpräventive Veranstaltungen durchgeführt und dabei über 140.000 Personen erreicht worden.

Die im Rahmen der Polizeireform, im Jahr 2014, erfolgte Bildung spezieller Präventionsreferate bei den regionalen Polizeipräsidien und die gleichzeitige Zusammenlegung der Verkehrs- und Kriminalprävention führte zu einer Optimierung der Präventionsarbeit. Zudem ist nachweisbar, dass sich die Bearbeitung von Jugendsachen nach dem Wohnortprinzip, und damit durch einen täterorientierten Ansatz, bewährt hat. Bei jungen Delinquenten ist eine schnelle, individuelle, vernetzte und wohnsitznahe Intervention der beteiligten Stellen und Behörden (Polizei, Staatsanwaltschaft, Gericht, Eltern, Jugendamt, Allgemeiner Sozialer Dienst, Schule etc.) am wirkungsvollsten.

Das Initiativprogramm „Jugendliche Intensivtäter" (JUGIT) wird seit nunmehr über fünfzehn Jahren mit positiver Resonanz umgesetzt. Mit Stand 31. Dezember 2015 sind landesweit 375 Intensivtäter im Initiativprogramm JUGIT betreut worden. Bei diesem Programm sollen, nach dem Prinzip der Vernetzung, alle mit den jugendlichen TV be- und vertrauten Institutionen auf verhaltens- und straffällig gewordene Kinder und Jugendliche aufmerksam gemacht werden. Das Programm kann entscheidend dazu beitragen, ein dauerhaftes Abgleiten in die Straffälligkeit dieser Kinder und Jugendlichen zu verhindern.

(Text verändert)

2 Gebt wieder, was ihr beim ersten Überfliegen des Textes behalten habt.

3 Lies den Text noch mal genau durch.
- Markiere wichtige Textstellen und Schlüsselwörter.
- Notiere zentrale Informationen.

Folie

4 Kläre Fremd- und Fachwörter, die dir unbekannt sind. Nimm ein Wörterbuch zu Hilfe.

5 Formuliert Zwischenüberschriften für die einzelnen Textabschnitte:
- Erstellt zunächst alleine Zwischenüberschriften.
- Vergleicht anschließend gemeinsam eure Zwischenüberschriften. Achtet dabei darauf, ob sie das Wichtigste eines Absatzes tatsächlich zusammenfassen.

6 Gebt euch gegenseitig mithilfe eurer Zwischenüberschriften den Inhalt des Textes wieder.

7 Schreibe einen kurzen zusammenfassenden Text über den Sachtext.

a) Nutze das folgende Schreibgerüst oder wähle die für dich passenden Teile aus: *In diesem Text geht es um … Der Text gibt im Einzelnen Auskunft über … Was ich überhaupt noch nicht wusste, ist … Besonders interessant finde ich … Beeindruckt hat mich, dass … Was ich nicht ganz verstanden habe, ist …*

b) Stelle die wichtigsten Inhalte in einem zusammenhängenden Text dar.

8 Lest euch eure Zusammenfassungen gegenseitig vor. Achtet dabei darauf, ob ihr die wichtigsten Inhalte erfasst habt.

Lesen – Umgang mit Texten und Medien

Sachtexte

Schaubilder erschließen

1 Setzt euch mit dem Inhalt der Schaubilder auseinander und achtet dabei auf Folgendes:
- Erfasst auf den ersten Blick, welche Fakten sich zum Thema Jugendkriminalität ablesen lassen.
- Vergleicht die prozentualen Angaben zu gefährlicher/schwerer Körperverletzung, Raub/räuberische Erpressung, Vergewaltigung und Mord/Totschlag/Körperverletzung mit Todesfolge der Jahre 1987 bis 2015. Wie haben sich die einzelnen Gewaltdelikte innerhalb dieser Jahre verändert? Welche Gemeinsamkeiten und Unterschiede könnt ihr feststellen?

a) Bearbeitet die oben genannten Aufgaben zu den Kreisdiagrammen.

Die Addition der Prozentsätze ergibt dann mehr als 100%, wenn ein Täter mehrere Taten verübt hat.

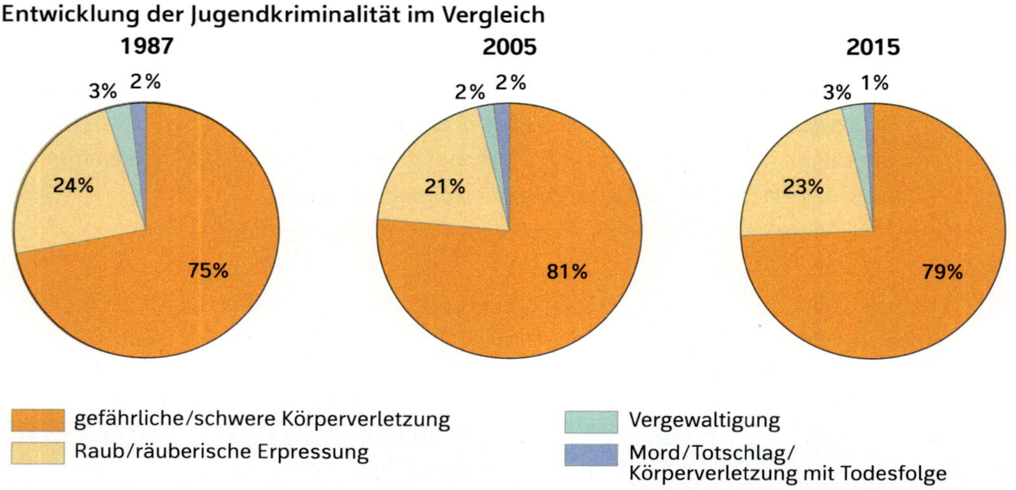

b) Bearbeitet die oben genannten Aufgaben zum Säulendiagramm.

Die Addition der Prozentsätze ergibt dann mehr als 100 %, wenn ein Täter im Berichtszeitraum z. B. eine Körperverletzung und einen Raub verübt. Er wird dann jeweils bei diesen Delikten erfasst; insgesamt bei Gewaltkriminalität nur einmal. Früheres Bundesgebiet mit Westberlin, seit 1991 mit Gesamtberlin, seit 2007 Deutschland

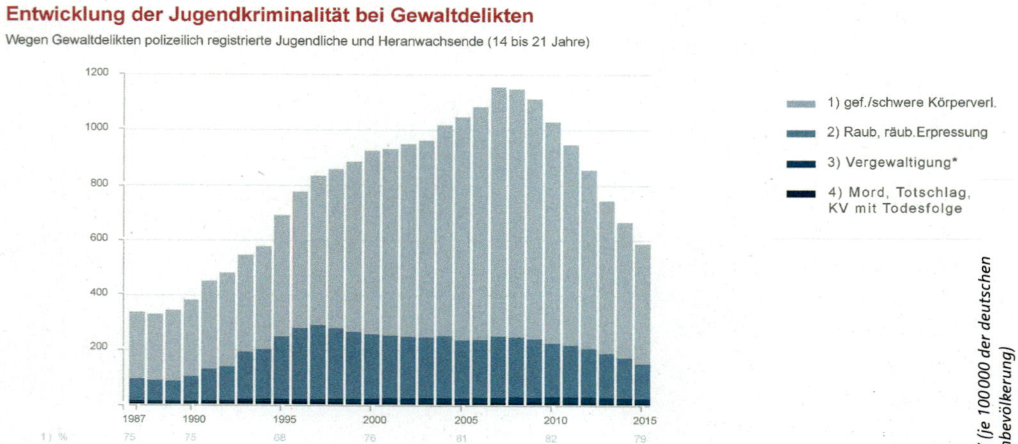

	1987	1990	1995	2000	2005	2010	2015
1) %	75	75	68	76	81	82	79
2) %	24	24	35	27	21	20	23
3) %	3	2	1	1	2	2	3
4) %	2	2	2	1	2	1	1

Linearen und nichtlinearen Texten Informationen zielgerichtet entnehmen, ordnen, prüfen und strukturiert darstellen, nichtlineare Texte auswerten und die entnommenen Informationen zusammenhängend wiedergeben

2 Werte das Schaubild aus Aufgabe 1 in einem zusammenhängenden Text aus.

a) Nutze das folgende Schreibgerüst und orientiere dich am Merkkasten.

Die Kreisdiagramme mit dem Titel „Entwicklung der Jugendkriminalität im Vergleich" beschäftigen sich mit .... Die Daten für die Kreisdiagramme stammen aus den Jahren ..., ... und .... Folgende Gewaltdelikte werden erfasst und in einzelnen Segmenten dargestellt: gefährliche/schwere Körperverletzung, ..., ..., ... Im Jahr 1987 waren ...% der Gewaltdelikte gefährliche/schwere Körperverletzungen, 24% ..., 3% ... und 2 % .... Bei gefährlicher und schwerer Körperverletzung gab es insgesamt einen Anstieg von 75% im Jahr ..., über ... % im Jahr 2005, auf ... % im Jahr 2015. Raub und räuberische Erpressung nahmen leicht ab, von ... im Jahr 1987, über ... im Jahr 2005, auf ... im Jahr 2015. Die Anzahl bei den Vergewaltigungen war relativ gleichbleibend bei ... bis ... %. Die Anzahl bei ... ging leicht zurück von 2% im Jahr 1987 auf ...% im Jahr 2015. Das Auffälligste ist, dass die Gewaltdelikte insgesamt zwischen den Jahren 1987 bis 2015 ... sind. Mich persönlich hat besonders erschreckt bzw. erstaunt, dass ...

b) Werte das Schaubild in einem zusammenhängenden Text aus. Orientiere dich am Merkkasten.

3 Diskutiert darüber, wieso es laut Statistik gleichbleibend viel bzw. sogar weniger Gewalt gibt und dies in der Öffentlichkeit und den Medien oft anders wahrgenommen und dargestellt wird.

Informationen aus Schaubildern erschließen und als Text darstellen

Beachte bei der Auswertung eines Schaubildes in einem Text folgende Gesichtspunkte:
Thema: Wie lautet der Titel, der Untertitel?
Daten: Aus welcher Quelle, aus welchem Jahr stammen die Zahlen? Sind es absolute oder Prozentzahlen?
Diagramme: Gibt es Balken-, Säulen-, Kreis- oder Kurvendiagramme?
Beschreibung: Gibt es thematische Blöcke, die sich zusammenfassen lassen? Welche Ergebnisse lassen sich vergleichen? Was ist besonders auffällig?
Fazit, Kommentar: Welchen Schluss ziehst du? Wie bewertest du die Umfrageergebnisse?

Linearen und nichtlinearen Texten Informationen zielgerichtet entnehmen, ordnen, prüfen und strukturiert darstellen, nichtlineare Texte auswerten und die entnommenen Informationen zusammenhängend wiedergeben

Lesen – Umgang mit Texten und Medien

Sachtexte

Sich zu einem Thema positionieren

Die Medien informieren uns nicht nur über das Geschehen in Deutschland und der Welt, sondern auch über öffentlich ausgetragene Debatten, in denen Vertreter unterschiedlicher Gruppen kontroverse Standpunkte diskutieren. Mit dieser Art der Berichterstattung tragen sie erheblich zu unserer Meinungsbildung bei. Eine solche Streitfrage, die immer wieder in die öffentliche Diskussion gerät, ist die Frage, wie Staat und Gesellschaft der Jugendkriminalität begegnen sollen.

Was sollte beim Umgang mit jugendlichen Gewalttätern im Vordergrund stehen – Strafe oder Erziehung?

1 Äußert eure Gedanken zu dieser Fragestellung. Was denkt ihr darüber?

2 Hier sind zwölf Schlagzeilen zum Thema Jugendgewalt. Zum besseren Verständnis sind die Artikel kurz angerissen. Überlegt, welche Artikel ihr lesen und welche ihr nicht lesen würdet. Begründet.

❶ Die 10 schlimmsten Kölner Teenie-Gangster
Gutes Zureden hilft da nicht mehr. Über 100 Delikte …

❷ Gewalt in Münchner U-Bahn
Gewalttaten von Jugendlichen haben in den vergangenen Wochen wiederholt für Schlagzeilen gesorgt …

❸ Vom Schläger zum Landschaftspfleger
Auch in Jugendgefängnissen wird Resozialisierung großgeschrieben …

❹ Glückliche Jugendliche sind gesetzestreu
Glückliche Jugendliche werden einer US-Studie zufolge seltener kriminell. Sie nähmen auch weniger Drogen …

❺ Letzte Chance im Blumenbeet
Vom gewaltbereiten Großstadtverlierer zum reumütigen Musterknaben: Ein Camp in der brandenburgischen Provinz trimmt jugendliche Kriminelle …

❻ Wegsperren, abschrecken, Denkzettel verpassen!
Wer der Kuschelpädagogik gegen jugendliche Gewalttäter das Wort redet, gefährdet unsere freiheitliche Ordnung und den öffentlichen Frieden. …

❼ Lieber in die Einöde als ins Gefängnis
32 junge Kriminelle leben und arbeiten in der Uckermark in einem offenen Heim. Keine Zäune, keine verschlossenen Türen …

❽ Strafen bereits ab 12 Jahre?
In der Diskussion über Jugendgewalt hat die Deutsche Polizeigewerkschaft gefordert, das Strafmündigkeitsalter von 14 auf 12 Jahre zu senken. …

❾ Jungs verprügeln Frührentner
Um seine kleine Rente aufzubessern, geht Cornelis M. (55) Flaschen sammeln. Mit den Worten „Wir hassen Penner" gingen die drei Jungen auf ihr Opfer los. Die Schläger sind gerade mal zwischen 12 und 15 Jahre alt …

❿ Mehr Mädchen unter jungen Straftätern
Lange Zeit galt der Grundsatz: Jugendkriminalität ist Jungenkriminalität. Auch heute überwiegt die Zahl der männlichen Täter bei Weitem. Doch die Mädchen holen auf …

⓫ Fachleute fordern mehr Hilfen für kriminelle Jugendliche
In der Debatte um kriminelle Jugendliche hat die Deutsche Vereinigung für Jugendgerichte und Jugendgerichtshilfen mehr Geld für soziale Trainingskurse gefordert. …

⓬ Wie kriminell ist unsere Jugend?
Die Debatte über die Jugendkriminalität ist voll entbrannt. Nehmen die Straftaten wirklich zu? Welche Taten werden häufiger, welche weniger verübt? …

Textinformationen in das vorhandene Alltagswissen einordnen, den Standpunkt des Verfassers bestimmen und bewerten

3 Beschreibt, wie die Schlagzeilen auf euch gewirkt haben.

a) Wählt aus den folgenden Adjektiven passende aus, die die Wirkung der Schlagzeilen beschreiben. Ordnet sie den Texten 1 bis 12 zu:
seriös/sachlich – reißerisch – tendenziös

b) An welchen Wörtern könnt ihr die Wirkung der Schlagzeilen festmachen? Beurteilt die Wortwahl und nennt Beispiele.

Also, besonders reißerisch finde ich die Schlagzeile … Denn …

Diese Schlagzeile wirkt auf mich seriös, weil …

Folie

seriös
aufrichtig, ehrlich, achtbar

tendenziös
einseitig einflussnehmend, meistens abwertend; der Leser soll manipuliert werden

reißerisch
Aufmerksamkeit erweckend, wirkungsvoll, aufdringlich, oft unsachlich

4 Sieh dir die Schlagzeilen auf Seite 176 noch einmal genau an.

a) Ordne die folgenden Aussagen zu:
Eine oder mehrere Schlagzeilen …
a) sind als Frage formuliert.
b) haben ein Ausrufezeichen.
c) sind vollständige Sätze.
d) bestehen aus einer Aufzählung.
e) enthalten einen Vergleich.
f) enthalten Wörter der Umgangssprache.
g) verweisen auf Experten.
h) nehmen ein Untersuchungsergebnis vorweg.

b) Ordne die folgenden Aussagen zu:
Eine oder mehrere Schlagzeilen …
i) haben kein Verb, sind im Nominalstil formuliert.
j) werden durch Adjektive emotional verstärkt.
k) haben einen Superlativ.
l) stehen im Imperativ.
m) enthalten bildhafte Formulierungen.

5 Aus manchen der Schlagzeilen lassen sich einseitige Standpunkte oder Tendenzen herauslesen. Ordnet jeweils eine oder zwei Schlagzeilen passend zu:
A für härtere Maßnahmen: *z. B. 6, 8 …*
B gegen härtere Maßnahmen: …
C keine Tendenz zu erkennen: …

Tendenz
das Streben in eine bestimmte Richtung; ein Zeitungsbericht kann z. B. die Tendenz haben, einseitig zu informieren

6 Erstellt ein erstes Meinungsbild in der Klasse:
- Jugendliche Gewalttäter müssen hart bestraft werden.
- Jugendliche Gewalttäter brauchen Erziehungs- und Betreuungsmaßnahmen.
- Weiß nicht.

Ordnet euch einem Standpunkt zu. Stellt euch gegenseitig eure Ergebnisse vor und begründet eure Einschätzung. Dokumentiert die Ergebnisse, da ihr sie zu einem späteren Zeitpunkt nochmals benötigt.

Tipp
Euer Meinungsbild könnt ihr z. B. als Punktabfrage, Strichliste oder Positionslinie darstellen.

Textinformationen in das vorhandenen Alltagswissen einordnen, den Standpunkt des Verfassers bestimmen und bewerten

Lesen – Umgang mit Texten und Medien

Sachtexte

Einen Standpunkt bestimmen und bewerten

Folie

1 Zum Umgang mit jugendlichen Straftätern gibt es unterschiedliche Meinungen. In den folgenden drei Zeitungsartikeln sind verschiedene Standpunkte von Experten und Politikern erkennbar. Erschließe dir die Texte und markiere wichtige Schlüsselwörter.

Text 1

Schock-Haft für jugendliche Gewalttäter

München. Mit den Füßen traten sie ihrem wehrlos am Boden liegenden Opfer gegen den Kopf. Die gemeine Prügelorgie in der Münchener U-Bahn, bei der zwei Jugendliche einen Rentner (76) beschimpften und halb tottraten, hat eine Debatte über den Umgang mit notorischen Gewalttätern entfacht. Warum durften solche Typen überhaupt noch frei herumlaufen, nachdem sie zusammen bereits 65-mal aktenkundig geworden sind? Warum bekommt der Staat jugendliche Intensivtäter nicht in den Griff? BILD AM SONNTAG fragte Professor Dr. Hans-Dieter Schwind (71), einen der renommiertesten Kriminologen Deutschlands. Seine Analyse: „Obwohl unser Jugendstrafrecht an sich in Ordnung ist, ist das Risiko für jugendliche Gewaltstraftäter, gefasst und spürbar zur Rechenschaft gezogen zu werden, viel zu gering – was bei vielen den fatalen Eindruck erweckt: Der Staat droht nur, er macht aber nie Ernst. Jugendliche Straftäter lachen oft über die vermeintlich schlappe Justiz.“ Er empfiehlt den Grundsatz: „Wer nicht hören will, muss fühlen.“ Denn: „Spätestens nach dem dritten Vorfall gehören jugendliche Gewaltstraftäter hinter Gitter, und zwar in einen Warnarrest, wenigstens für einige Tage. Ohne diese Rote Karte fühlen sich Wiederholungstäter ermutigt, erneut zuzuschlagen.“

Text 2

Strafmündigkeitsgrenze von 14 Jahren absenken

Schwerin. In der Diskussion um eine Verschärfung des Jugendstrafrechts hat der Jugendrichter Thomas Dickmann angeregt, bereits Kinder unter 14 Jahren für Straftaten zur Verantwortung zu ziehen. Es müsse überlegt werden, ob die Strafmündigkeitsgrenze nicht herabgesetzt werden sollte, sagte er in einem Interview der „Schweriner Volkszeitung“. Ihm seien Fälle bekannt, wo schon Elfjährige in erheblichem Umfang mit schwerer Kriminalität in Erscheinung treten. Um das Problem der Jugendkriminalität wirksam zu bekämpfen, müsse aber viel früher, in den Familien, angesetzt werden. Angeklagte Jugendliche kämen zu einem erschreckend hohen Anteil aus sozial benachteiligten Familien.

Zentrale Inhalte von Sach- und Gebrauchstexten herausarbeiten, textbezogen erläutern und dabei aussagekräftige Textbelege auswählen und zitieren, den Standpunkt des Verfassers bestimmen und bewerten

Text 3

Jugendgewalt: Profis bremsen die Politiker

Berlin/Kiel. Während Politiker weiter über Mittel gegen die Jugendkriminalität streiten, mehren sich die Expertenstimmen, die vor einer Strafrechtsverschärfung warnen. Die Psychologie-Professorin Ariane Schorn sagte im Gespräch mit den Kieler Nachrichten, dass gewalttätige Jugendliche in ihrer Kindheit häufig Vernachlässigung und Misshandlung erfahren haben. Ihnen fehle es an der Fähigkeit, sich in andere hineinzuversetzen. „Um dies zu ändern, wäre eine Art Nachsozialisierung in einem verlässlichen, stabilen Rahmen notwendig. Sinnvoller wäre aber eine Frühprävention, in der die Kinder lernen, positive Bindungen zu Menschen aufzubauen." Richterbund-Chef Christoph Frank betonte: „Die Formel ‚härtere Strafen gleich höhere Abschreckung gleich weniger Straftaten' ist schlicht falsch." Defizite gebe es bei den kommunalen Erziehungsangeboten.

2 Arbeite mit den Texten weiter.

a) Ordne die folgenden Aussagen den Texten 1, 2 und 3 zu.

a) Experten warnen vor einer Strafrechtsverschärfung bei Jugendlichen.
b) Um das Problem der Jugendkriminalität zu bekämpfen, müssen die Familien mit einbezogen werden.
c) Der renommierte Kriminologe Dr. Hans-Dieter Schwind warnt davor, dass bei jugendlichen Gewalttätern der Eindruck entsteht, dass der Staat nur droht und nie Ernst macht.
d) Der Jugendrichter Thomas Dickmann fordert, bereits Kinder unter 14 Jahren für Straftaten zur Verantwortung zu ziehen.
e) Laut Prof. Dr. Schwind könnte ein Warnarrest Jugendliche davor abschrecken, erneut zuzuschlagen.
f) In einer Frühprävention sollten Kinder lernen, positive Bindungen zu Menschen aufzubauen, um sich besser in andere hineinversetzen zu können.

Tipp
Achte darauf, dass manche Aussagen auf mehrere Texte zutreffen.

b) Ordne die folgenden Aussagen den Texten 1, 2 und 3 zu.

a) Der Artikel beginnt mit der Schilderung eines Fallbeispiels.
b) Im ersten Satz wird der Leser kurz über das Thema informiert.
c) Der Text enthält keine direkte Rede.
d) Alle Reden werden direkt wiedergegeben.
e) Die Reden werden direkt oder indirekt wiedergegeben.
f) Im Text werden Wörter aus der Umgangssprache benutzt.
g) Im Text werden Fachbegriffe und Fremdwörter benutzt.
h) Der Journalist bewertet die Kompetenz seines Gesprächspartners.
i) Der Name der Zeitung wird im Artikel erwähnt.
j) Der Artikel lässt zwei Experten zu Wort kommen.

Zentrale Inhalte von Sach- und Gebrauchstexten herausarbeiten, textbezogen erläutern und dabei aussagekräftige Textbelege auswählen und zitieren, den Standpunkt des Verfassers bestimmen und bewerten

Lesen – Umgang mit Texten und Medien

Standpunkt bestimmte Einstellung, mit der man etwas sieht, beurteilt

3 Tragt die in diesen Artikeln geäußerten Meinungen zusammen:
- Notiert die Überschrift des Artikels.
- Notiert Namen, Funktion und Standpunkt der Befragten.
- Schreibt jeweils einen Satz mit Zeilenangabe heraus, der den Standpunkt besonders deutlich werden lässt.

Überschrift	Name, Funktion und Standpunkt	Beispiel
Schock-Haft für jugendliche Gewalttäter	*Kriminologe Prof. Dr. Hans-Dieter Schwind: tritt für Warnarrest ein*	*„Spätestens nach dem dritten Vorfall gehören jugendliche Gewalttäter hinter Gitter, ...“ (Z. 15 f.)*

4 Erläutert, wie ihr die Tendenz und Wirkung der drei Texte einschätzt.

a) Wählt aus den vorgeschlagenen Begriffen jeweils die passenden aus. Begründet eure Entscheidung.
eindeutig pro Strafe – eher pro Strafe – keine Tendenz – neutral – eher pro Erziehung – eindeutig pro Erziehung

S. 320 *Redewiedergabe*

b) In den drei Texten werden Fachleute zitiert, mal in der direkten Rede, mal in der indirekten Rede. Sucht jeweils zwei Beispiele heraus. Äußert euch zu Unterschieden in der Wirkung auf den Leser.

5 Haben die drei Texte an eurem Standpunkt zum Umgang mit der Jugendkriminalität etwas geändert? Erstellt ein zweites Meinungsbild in der Klasse (siehe Aufgabe 6 Seite 177). Vergleicht die beiden Ergebnisse.

Zentrale Inhalte von Sach- und Gebrauchstexten herausarbeiten, textbezogen erläutern und dabei aussagekräftige Textbelege auswählen und zitieren, den Standpunkt des Verfassers bestimmen und bewerten

Sachtexte

Hintergrundinformationen auswerten und diskutieren

Es ist Aufgabe von Journalisten, über die aktuellen Ereignisse hinaus Hintergrundinformationen zu recherchieren. Sie liefern den Lesern weitere und vertiefende Informationen und tragen somit zur Meinungsbildung bei. Hintergrundinformationen treten in unterschiedlicher Form in der Presse auf, z. B. als Bericht, Grafik, Landkarte, Foto ...

1 Lies den folgenden Text abschnittsweise und bearbeite die Tabelle.

a) Markiere, was du zu folgenden Inhalten findest, und trage die Informationen in die Tabelle ein:
- Strafmündigkeit von Kindern
- Jugendgefängnisstrafen
- Erwachsenenstrafrecht bei Jugendlichen und Heranwachsenden
- Besonderheiten

b) Ordne die Informationen aus dem Text zu Frankreich, England, Niederlande, Polen und Österreich in die Tabelle ein.
Notiere für jedes Beispielland einen Satz mit der für dich auffälligsten Aussage.
Frankreich: Kinder sind schon ab ...
England: ...

	Strafmündigkeit von Kindern	Jugendgefängnisstrafen	Erwachsenenstrafrecht bei Jugendlichen und Heranwachsenden	Besonderheiten
Frankreich	?	?	?	*Schnellgerichte*
England	?	*bis 17 Jahre*	?	?
Niederlande	?	*maximal 2 Jahre Jugendstrafe*	?	?
Polen	?	?	?	?
Österreich	*keine Angaben*	?	*ab 18 Jahren*	?

WWW
Du findest die Tabelle zum Bearbeiten im Internetportal.

Linearen und nichtlinearen Texten Informationen entnehmen, ordnen, prüfen und strukturiert darstellen, dabei Verfahren zur Textstrukturierung anwenden, zentrale Inhalte von Sach- und Gebrauchstexten herausarbeiten, textbezogen erläutern und dabei aussagekräftige Textbelege auswählen und zitieren

Lesen – Umgang mit Texten und Medien

Europa: Kampf gegen Jugendgewalt – fünf Beispiele aus Europa

Katrin Teschner

Wie gehen wir in Europa mit kriminellen Jugendlichen um? Jeder Staat hat seine eigenen Gesetze, seine eigenen Programme zur Prävention und Wiedereingliederung von jugendlichen Straftätern. Ein Blick über die Grenzen.

FRANKREICH: Kinder sind schon ab zehn Jahren strafmündig – vier Jahre früher als in Deutschland; ab 13 können sie zu Gefängnisstrafen verurteilt werden. Für minderjährige Wiederholungstäter gilt ab 16 das Erwachsenenstrafrecht, wenn sie zum dritten Mal kriminell geworden sind. Wiederholungstäter gehen automatisch ins Gefängnis. Besonders umstritten sind die Schnellgerichte: Wenn die Polizei Jugendliche auf frischer Tat ertappt, können sie innerhalb weniger Stunden sogar zu Gefängnisstrafen verurteilt werden, auch wenn sie noch nicht vorbestraft gewesen sind.

ENGLAND: Erziehungscamps haben sich nicht durchgesetzt, dafür aber das Prinzip: viel Härte, wenig Nachsicht. In England ist ein Kind schon mit zehn Jahren strafmündig. 2003 hob die Regierung eine Regelung auf, die es Richtern ermöglichte, Heranwachsende, also 18- bis 21-Jährige, nach dem Jugendstrafrecht zu verurteilen. Selbst eine lebenslange Haft kann gegen jugendliche Straftäter verhängt werden. Außerdem verteilt die Polizei schnell Verwarnungen und Einträge ins Strafregister. Gerichte können zusätzlich zur Strafe der Jugendlichen die Eltern verantwortlich machen und sie zu Erziehungskursen oder Geldbußen verpflichten.

NIEDERLANDE: Grundsätzlich beginnt die Strafmündigkeit bereits mit 12 Jahren. Bei schweren Vergehen können Richter schon bei 16- bis 17-Jährigen das Erwachsenenstrafrecht anwenden, die höchste Jugendstrafe liegt bei zwei Jahren Gefängnis. Jugendrichter können die Strafen nach eigenem Ermessen verhängen – je nach Charakter des Jugendlichen und Tat entscheiden sie sich für Gefängnis, Heim oder für Alternativstrafen wie gemeinnützige Arbeit oder ein soziales Verhaltenstraining. Wer in einem der 14 staatlichen Jugendgefängnisse sitzt, bekommt einen Helfer zur Seite. Gemeinsam mit dem Jugendlichen erstellen sie einen Plan für die Zukunft, sie helfen bei der Job- und Wohnungssuche oder dabei, einen eigenen Bekanntenkreis aufzubauen.

POLEN: Geschlossene Jugendgefängnisse kennt Polen nicht. Und auch in einem anderen Punkt bildet der Nachbar eine Ausnahme: Für kriminelle Kinder und Jugendliche sind ausschließlich die Familiengerichte zuständig. Wie in England werden auch in Polen die Eltern stark in die Verantwortung genommen. Sie müssen zum Beispiel ein Protokoll über die Entwicklung und das Verhalten ihres Kindes führen. Tun sie das nicht, können auch sie bestraft werden. Wenn eine Zusammenarbeit mit den Eltern nicht möglich ist, werden kriminelle Kinder und Jugendliche in ein Heim eingewiesen. Anwendbar ist das Jugendrecht für 13- bis 17-Jährige. Allerdings kann diese Altersgrenze je nach Ent-

Linearen und nichtlinearen Texten Informationen entnehmen, ordnen, prüfen und strukturiert darstellen, dabei Verfahren zur Textstrukturierung anwenden, zentrale Inhalte von Sach- und Gebrauchstexten herausarbeiten, textbezogen erläutern und dabei aussagekräftige Textbelege auswählen und zitieren

wicklung des Jugendlichen auf 18 Jahre angehoben oder aber in besonders schweren Fällen, wie zum Beispiel bei Mord oder Vergewaltigung, auf 15 Jahre gesenkt werden.

ÖSTERREICH: Die Jugendjustizanstalt liegt in der Nähe von Wien, sie hat gerade mal 122 Plätze und ist die einzige des Landes – wer hierherkommt, hat wirklich ein schweres Verbrechen begangen. Ansonsten setzt die Justiz auf das außergerichtliche Gespräch zwischen Tätern und Opfern. Die meisten jungen Straftäter bekommen Bewährungshelfer zur Seite, die das vom Staat beauftragte Unternehmen „Neustart“ stellt. Sie vermitteln gerade bei kleineren oder mittleren Delikten. In den letzten Jahren wurde die Gesetzgebung jedoch deutlich verschärft: Die Regierung senkte das Alter, in dem ein Straffälliger unter Erwachsenen- statt Jugendgesetz fällt, von 19 auf 18 Jahre ab.

2 Diskutiert, wie in den unterschiedlichen Ländern mit Jugendgewalt umgegangen wird. Wo wird Härte gezeigt und schnell bestraft, wo wird eher unterstützt und gefördert?

3 Informiert euch im folgenden Auszug aus dem Jugendgerichtsgesetz, welche gesetzlichen Regelungen in Deutschland gelten. Ergänzt eure Tabelle mit den Angaben zum deutschen Jugendstrafrecht.

M → S. 284 *Gesetzestexte erschließen*

Jugendgerichtsgesetz (JGG)

S. 312 *5-Schritt-Lesemethode*

§ 1 Persönlicher und sachlicher Anwendungsbereich

(1) Dieses Gesetz gilt, wenn ein Jugendlicher oder ein Heranwachsender eine Verfehlung begeht, die nach den allgemeinen Vorschriften mit Strafe bedroht ist.

(2) Jugendlicher ist, wer zur Zeit der Tat vierzehn, aber noch nicht achtzehn, Heranwachsender, wer zur Zeit der Tat achtzehn, aber noch nicht einundzwanzig Jahre alt ist.

§ 3 Verantwortlichkeit

Ein Jugendlicher ist strafrechtlich verantwortlich, wenn er zur Zeit der Tat nach seiner sittlichen und geistigen Entwicklung reif genug ist, das Unrecht der Tat einzusehen und nach dieser Einsicht zu handeln. Zur Erziehung eines Jugendlichen, der mangels Reife strafrechtlich nicht verantwortlich ist, kann der Richter dieselben Maßnahmen anordnen wie das Familiengericht.

§ 5 Die Folgen der Jugendstraftat

(1) Aus Anlass der Straftat eines Jugendlichen können Erziehungsmaßregeln angeordnet werden.

(2) Die Straftat eines Jugendlichen wird mit Zuchtmitteln oder mit Jugendstrafe geahndet, wenn Erziehungsmaßregeln nicht ausreichen.

(3) Von Zuchtmitteln und Jugendstrafe wird abgesehen, wenn die Unterbringung in einem psychiatrischen Krankenhaus oder einer Entziehungsanstalt die Ahndung durch den Richter entbehrlich macht.

Zuchtmittel § 13 Arten und Anwendung

(1) Der Richter ahndet die Straftat mit Zuchtmitteln, wenn Jugendstrafe nicht geboten ist, dem Jugendlichen aber eindringlich zum Bewusstsein gebracht werden muss, dass er für das von ihm begangene Unrecht einzustehen hat.

Linearen und nichtlinearen Texten Informationen entnehmen, ordnen, prüfen und strukturiert darstellen, dabei Verfahren zur Textstrukturierung anwenden, zentrale Inhalte von Sach- und Gebrauchstexten herausarbeiten, textbezogen erläutern und dabei aussagekräftige Textbelege auswählen und zitieren

Lesen – Umgang mit Texten und Medien

(2) Zuchtmittel sind
1. die Verwarnung,
2. die Erteilung von Auflagen,
3. der Jugendarrest.
(3) Zuchtmittel haben nicht die Rechtswirkungen einer Strafe.

Die Jugendstrafe § 17 Form und Voraussetzungen

(1) Die Jugendstrafe ist Freiheitsentzug in einer für ihren Vollzug vorgesehenen Einrichtung.
(2) Der Richter verhängt Jugendstrafe, wenn wegen der schädlichen Neigungen des Jugendlichen, die in der Tat hervorgetreten sind, Erziehungsmaßregeln oder Zuchtmittel zur Erziehung nicht ausreichen oder wenn wegen der Schwere der Schuld Strafe erforderlich ist.

§ 18 Dauer der Jugendstrafe

(1) Das Mindestmaß der Jugendstrafe beträgt sechs Monate, das Höchstmaß fünf Jahre. Handelt es sich bei der Tat um ein Verbrechen, für das nach dem allgemeinen Strafrecht eine Höchststrafe von mehr als zehn Jahren Freiheitsstrafe angedroht ist, so ist das Höchstmaß zehn Jahre. Die Strafrahmen des allgemeinen Strafrechts gelten nicht.
(2) Die Jugendstrafe ist so zu bemessen, dass die erforderliche erzieherische Einwirkung möglich ist.

4 Bewertet Deutschlands Umgang mit straffälligen Jugendlichen.
- Findet ihr das Jugendstrafrecht gerecht oder zu streng? Begründet eure Meinung.
- Stellt einen Vergleich mit den europäischen Nachbarländern an.

5 Ergänze den Text *Europa: Kampf gegen Jugendgewalt*.
a) Schreibe einen Abschnitt für Deutschland. So kannst du beginnen:
Deutschland: Das Jugendstrafrecht gilt für Jugendliche zwischen 14 und 18 Jahren, aber auch für Heranwachsende bis 21 Jahre, …
b) Formuliere einen Abschnitt zum deutschen Jugendstrafrecht.

S. 294
Diskussion führen

S. 295
Gesprächsregeln

6 Ihr habt euch genau über das Thema Kampf gegen Jugendgewalt informiert. Führt nun eine Diskussion, wie man mit dem Problem Jugendgewalt in Europa und speziell in Deutschland zukünftig umgehen sollte.
Beachtet folgende Dinge:
- Verabredet Spielregeln für eure Diskussion und setzt euch einen zeitlichen Rahmen.
- Tauscht euch im Anschluss über den Verlauf eurer Diskussion aus.

Linearen und nichtlinearen Texten Informationen entnehmen, ordnen, prüfen und strukturiert darstellen, dabei Verfahren zur Textstrukturierung anwenden, zentrale Inhalte von Sach- und Gebrauchstexten herausarbeiten, textbezogen erläutern und dabei aussagekräftige Textbelege auswählen und zitieren

Sachtexte

Fragetechniken und Antwortstrategien in Interviews untersuchen

Respekt im Camp – ein ehemaliger Boxer hilft jungen Straftätern

Interview: Gökalp Babayigit, Süddeutsche Zeitung

Der Ex-Boxer Lothar Kannenberg gründete 2004 den Verein „Durchboxen im Leben" und das „Trainingscamp Lothar Kannenberg" im hessischen Diemelstadt-Rhoden. Kannenberg hilft heute 14- bis 17-jährigen Straftätern, die eine Jugendstrafe erwartet, mit ihren Aggressionen klarzukommen und den Weg in die Gesellschaft zurückzufinden.

❶ ***SZ:** Kritiker sagen, jugendliche Intensivtäter seien durch Erziehung nicht erreichbar. Ist Ihre Arbeit, Herr Kannenberg, umsonst?*

→ Suggestivfrage

Kannenberg: Nein, ganz im Gegenteil. Natürlich sind Jugendliche erreichbar. Es kommt nur darauf an, wie man es versucht. Hier liegen die meisten Schwierigkeiten. Es gibt Jugendliche, die leben in Straßengangs, die sprechen ihre eigene Sprache. Die kann man mit einem ganz normalen Umgangston nicht erreichen. Man muss so auftreten, dass sie einen verstehen – und dann gemeinsam den Umgang miteinander verändern. Das praktizieren wir hier. Worüber andere reden, tun wir hier schon. Deshalb sind wir so erfolgreich.

❷ ***SZ:** Ist der Warnschussarrest ein Mittel, mit dem die Jugendkriminalität eingedämmt werden kann?*

→ geschlossene Frage

Kannenberg: Manchmal kann das funktionieren, aber die, die wirklich Dreck am Stecken haben, denken sich: „Na ja, dann gehe ich halt mal vier Wochen zur Erholung, is' ja nix Neues" – und wenn sie wieder rauskommen, geht es weiter. Also: Bei jungen Menschen, die sich als Mitläufer einer Gang anschließen, könnte das funktionieren. Bei den Anführern reicht das nicht.

Lesen – Umgang mit Texten und Medien

❸ **SZ:** *Tritt dieses Problem vor allem bei ausländischen Jugendlichen zutage?*

→ ?

Kannenberg: Nein, primär hat der Schritt in die Kriminalität etwas damit zu tun, dass die Jugendlichen keine Ziele mehr haben. Die Ausländer, die wie in Ghettos zusammenleben und ausgegrenzt werden, wehren sich – und sie spüren auch, dass sie nicht gewollt sind.

❹ **SZ:** *Wenn man das Wort Erziehungscamp hört, dann hat man auch die Bootcamps in den USA im Kopf, in denen durch Drill und Erniedrigung der Wille der jugendlichen Straftäter gebrochen werden soll. Wie unterscheidet sich Ihre Einrichtung von den amerikanischen Modellen?*

→ offene Frage

Kannenberg: Wir haben ein anderes Motto, es lautet: „Aktiv sein". Aktive Lebensführung ist bei uns der zentrale Schlüssel. Von morgens um fünf vor sechs bis abends um 22.30 Uhr haben wir einen durchstrukturierten Tagesplan. Dieser Plan ist genau das, was den Jugendlichen hilft, wieder klarzukommen. Das Wort Freizeit ist gestrichen. Jugendlichen, die nicht wissen, was sie mit sich anfangen sollen, ist spätestens nach einer Stunde langweilig. Und dann kommt nur Scheiß raus. In dem halben Jahr, in dem die Jugendlichen hier sind, begehen sie keine Straftat. Das unterscheidet uns von fast allen anderen Einrichtungen.

❺ **SZ:** *Wie sieht neben dem Sport das Programm bei Ihnen aus?*

→ ?

Kannenberg: Wir haben das „Respekttraining" etabliert. In Gesprächsrunden und Aufsätzen nähern sich die Jugendlichen dem Thema Respekt. Ganz wichtig ist uns auch die Arbeit mit Ritualen: Wir haben feste Essenszeiten, bei denen morgens, mittags und abends die Kerzen leuchten. Ganz einfache Werte wie Wärme und Gelassenheit wollen wir damit näherbringen. Das ist meistens das, was den Jugendlichen in der Kindheit gefehlt hat. Wir holen ein bisschen von dem nach, was normalerweise im Vorschulalter vermittelt wird: Wärme, Liebe, Geborgenheit. Diese drei Worte sind bei uns wichtig. Auf der einen Seite werden die Jugendlichen angeschoben, auf der anderen Seite werden sie in den Arm genommen.

❻ **SZ:** *Und das Prinzip funktioniert bei Ihnen?*

→ ?

Kannenberg: Von unseren Teilnehmern sind bisher nur 20 Prozent wieder rückfällig geworden. Das ist ein superguter Wert. Einige glauben uns diese Zahlen nicht, weswegen wir uns das in einer Langzeitstudie wissenschaftlich belegen lassen.

❼ **SZ:** *Herr Kannenberg, sehen Sie eine Hoffnung für Täter wie die beiden Münchner U-Bahn-Schläger? Sie haben nach der Festnahme ja keine Reue gezeigt. Würden Sie sie in Ihrem Boxcamp aufnehmen?*

→ ?

Kannenberg: Ach, natürlich. Hier würden sie täglich mit dem konfrontiert, was sie getan haben. Hier würden zugeschüttete Gefühle freigelegt. Man muss ihnen Ihre Tat bewusst machen. Wenn man sie ins Gefängnis sperrt, erreicht man das nicht.

8 ***SZ:*** *Die Tat – und die Opfer – verlieren Sie also bei Ihrer Arbeit nicht aus dem Auge?*
→ ?

Kannenberg: Nein. Ein Beispiel: Wir gehen mit den Jugendlichen einmal im Monat ins Altersheim, in diesem Jahr haben wir ein Krippenspiel aufgeführt. Unsere Jugendlichen haben Kontakt zu den Menschen und tun was für sie. Das sind die, denen sie früher die Handtasche geklaut haben. ◇

1 Erstelle eine Mindmap über das Trainingscamp.

2 Markiere die Grundüberzeugungen von Lothar Kannenberg im Text. Folie

3 Untersucht Kannenbergs Äußerungen genauer. Geht auf folgende Aspekte ein und belegt sie jeweils mit Zeilenangaben:
- Zeigt, wo Kannenberg in seinen Antworten Emotionen erzeugt. Nennt solche Textstellen. *„Wärme, Liebe, Geborgenheit. Diese drei Worte sind bei uns wichtig." (Z. 48), …*
- Stellt dar, wo er Werbung in eigener Sache betreibt. *„Worüber andere reden, tun wir hier schon. Deshalb sind wir so erfolgreich." (Z. 13-14), …*
- Zeigt, wo Kannenberg mit dem Gebrauch von Fremd- und Fachwörtern Kompetenz beweist. *„Praktizieren" (Z. 12), „primär" (Z. 25), …*
- Zeigt, wo Kannenberg umgangssprachliche Wörter oder Redewendungen einsetzt. *„Dreck am Stecken haben" (Z. 18-19), „Na ja, … is ja nix Neues" (Z. 19-20), …*
- Stellt dar, wo werbewirksame Begriffe plakativ verwendet werden: *„Aktiv sein" (Z. 33), …*

4 Analysiert die Fragen des Journalisten:
- a) Zeigt, ob sich aus seinen Fragen eine ablehnende, eine zustimmende oder eher eine neutrale Haltung gegenüber Trainingscamps ablesen lässt.
- b) Begründet, ob das Interview eurer Ansicht nach einen bestimmten Standpunkt bzw. eine Tendenz aufweist.

5 Beurteilt die Einstiegsfrage in das Interview *Respekt im Camp* und erläutert, mit welcher Absicht der Journalist diese gestellt haben könnte. Was möchte er erreichen?

6 Untersucht die Fragen im Interview *Respekt im Camp*.
- a) Im Text sind bei einigen Fragen schon Frageformen angegeben, aber manchmal passen auch mehrere. Ordnet den Fragen die Frageformen im Merkkasten zu.
- b) Diskutiert, ob einige der Interviewfragen zu lenkend, zu provozierend oder zu harmlos sind.
- c) Formuliert diejenigen Fragen um, die ihr unpassend findet. Überlegt, was Herr Kannenberg hätte antworten können und ob das Interview anders verlaufen wäre.

Zentrale Inhalte von Sach- und Gebrauchstexten herausarbeiten, textbezogen erläutern und dabei aussagekräftige Textbelege auswählen, das Thema eines Textes bestimmen und benennen, Gestaltungsmittel eines Textes erkennen und beschreiben

Lesen – Umgang mit Texten und Medien

7 Überlege, was du Herrn Kannenberg gern noch gefragt hättest.

- a) Schreibe deine Fragen auf.
- b) Formuliere verschiedene Interviewfragen an Herrn Kannenberg bzw. zum Thema Trainingscamps. Nimm dabei mal eine kritisch distanzierte, mal eine neutrale und mal eine positiv wohlwollende Position ein.

8 Fasse das Interview zusammen.

- Formuliere eine interessante Schlagzeile.
- Nutze beim Schreiben das Interview auf Seite 185-187 und lies genau nach.
- So könnte dein Text beginnen:

Der ehemalige Boxer Lothar Kannenberg hat 2004 im hessischen Diemelstadt-Rhoden ein Trainingscamp für 14- bis 17-jährige Straftäter eingerichtet. Seitdem ist es seine Lebensaufgabe, straffälligen …

S. 311 *Suchstrategien*

9 Sucht in Print- oder Online-Medien nach interessanten Interviews.

- Präsentiert sie in der Gruppe oder in der Klasse.
- Beschreibt dort die Fragestrategien und erklärt, was sie bewirken.

Fragetechniken im Interview

Mit der Art und Weise, wie Fragen gestellt werden, können Journalisten den Verlauf eines Interviews lenken.

Wichtige Frageformen:

- offene Frage:
  Warum geraten Jugendliche auf die schiefe Bahn?
  → öffnet das Gespräch für die Vorstellungen des Befragten, bietet Raum für eine ausführliche Antwort
- geschlossene Frage:
  Sind Sie für den Warnschussarrest?
  → provoziert eine kurze Antwort, eventuell ein Ja oder Nein, bringt das Gespräch auf den Punkt
- Zwischenfrage:
  Wieso? Und wie war das genau?
  → hakt kurz nach oder unterbricht, wenn Wichtiges ausgelassen wird
- Suggestivfrage
  Glauben Sie nicht auch, dass alle Deutschen mehr sparen müssen?
  → suggeriert (unterstellt), dass der Befragte zu einer bestimmten Meinung tendiert, drängt zu einer bestimmten Antwort, die man gerne hören würde
- Autoritätsfrage:
  Experten behaupten … / Untersuchungen zeigen … / Die Deutsche Vereinigung für Jugendgerichtshilfen kritisiert … Was sagen Sie dazu?
  → konfrontiert den Befragten mit Kritik aus anderer Quelle und provoziert, ihn persönlich anzugreifen

Linearen und nichtlinearen Texten Informationen zielgerichtet entnehmen, ordnen, prüfen und strukturiert darstellen, dabei Verfahren der Textstrukturierung anwenden, Sachtexte aufgrund ihrer appellativen, instruierenden, informierenden und regulierenden Funktion bestimmen und unterscheiden, den Standpunkt des Verfassers bestimmen und bewerten

Sachtexte

Überprüfe dein Wissen und Können

Informationen aus einem Text und Schaubild erschließen

1 Lies den Text. Überfliege ihn zunächst und verschaffe dir beim ersten Lesen einen Überblick über das Thema.

Alkopops

Alkopops sind meist in 0,3-Liter-Fläschchen fertig abgefüllte Mixgetränke in poppigem, bunten Design, in denen Limonade mit hochprozentigen Spirituosen, wie Wodka, Rum oder Tequila,vermischt sind. Der Alkoholgehalt variiert von Marke zu Marke, liegt jedoch meistens bei 5–6 Vol.%. Das entspricht in etwa einem doppelten Schnaps. Alkopops sind also keine harmlosen Erfrischungsgetränke!

Alkopops richten sich durch ihre Aufmachung und ihren Geschmack ganz eindeutig an ein junges und markenbewusstes Publikum. Während die Alkoholindustrie immer wieder beteuert, die neuen alkoholischen Mischgetränke seien lediglich eine Alternative zu Wein und Bier und richteten sich an ein Zielpublikum, das gemäß Gesetz Alkohol konsumieren dürfe, sind sich Präventionsfachleute und Gesundheitsbeauftragte einig: Die Zunahme des Alkopopkonsums wird nicht von einer Abnahme des Bierkonsums begleitet. Sowohl der Geschmack wie auch die Aufmachung sprechen eindeutig ein jugendliches Publikum an. Alkopops sind bei Jugendlichen trotz hoher Preise beliebt und werden vor allem von Mädchen und jungen Frauen geschätzt. Der eigentliche Alkoholgeschmack ist nicht im Vordergrund, und die alkoholischen Mischgetränke schmecken nicht so bitter wie Bier.

Der süße Geschmack täuscht über den Alkoholgehalt hinweg und birgt damit die Gefahr, dass zu viel und zu schnell getrunken wird. […] Zur Veranschaulichung kann anhand einer Faustregel folgendes Beispiel errechnet werden: Wenn ein 14-jähriges Mädchen mit einem Körpergewicht von 48 kg zwei Alkopops (24 Gramm Alkohol) konsumiert, hat es einen Alkoholgehalt von ungefähr 0,9 Promille im Blut. Alkohol ist nicht nur ein Genussmittel, sondern auch ein Rauschmittel, das für den Körper giftig ist. Ein Missbrauch führt zu körperlichen Schädigungen, und es kann sich eine Abhängigkeit entwickeln. Kinder und Jugendliche reagieren besonders empfindlich auf Alkohol: Infolge des geringeren Körpergewichts steigt der Alkoholgehalt im Blut stärker an. Auch das für den Alkoholabbau verantwortliche Enzym kann von einem Körper, der sich in der Entwicklung befindet, noch nicht in genügendem Ausmaß produziert werden. […]

Je mehr der Geschmack des Alkohols durch Zucker überdeckt wird und je stärker der Alkoholgehalt ist, desto größer ist das Risiko, dass Grenzen überschritten

Lesen – Umgang mit Texten und Medien

werden. Ein Rausch kann zum Beispiel ein unkontrolliertes Verhalten, eine aggressive Stimmung bewirken oder zu einer depressiven Verstimmung führen. Häufiger Alkoholkonsum birgt die Gefahr, vom sporadischen in den gewohnheitsmäßigen Konsum zu gleiten und damit auch wichtige Entwicklungsaufgaben nicht mehr bewältigen zu können. Alkopops begünstigen den frühen Alkoholkonsum, der mit besonderen Gefahren verbunden ist. Die Wahrscheinlichkeit, im Verlauf des Lebens Alkoholprobleme zu entwickeln, ist bei einem Kind, das mit zwölf Jahren regelmäßig Alkohol trinkt, doppelt so hoch wie bei einem Kind, das keinen Alkohol trinkt.

Nach dem Jugendschutzgesetz (§ 9 JuSchG) dürfen branntweinhaltige Getränke an Personen unter 18 Jahren nicht abgegeben noch darf Ihnen der Verzehr gestattet werden. Andere alkoholische Getränke (z. B. Biermixgetränk) dürfen nicht an Kinder und Jugendliche unter 16 Jahren abgegeben werden. *(Text verändert)*

Folie

2 Lies den Text noch mal genau durch.
- Markiere wichtige Textstellen und Schlüsselwörter.
- Notiere zentrale Informationen.

3 Kläre Fremd- und Fachwörter, die dir unbekannt sind. Nimm ein Wörterbuch zu Hilfe.

4 Formuliere Zwischenüberschriften für die einzelnen Textabschnitte.

5 Schreibe einen kurzen zusammenfassenden Text über den Sachtext.

6 Erfasse den Inhalt des Schaubilds und werte es in einem zusammenhängenden Text aus.

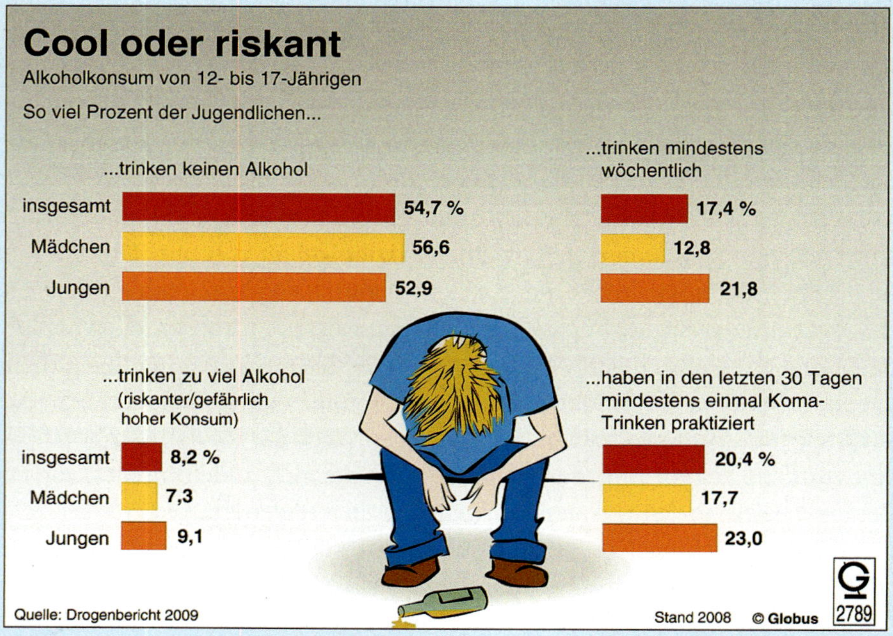

Einen Standpunkt bestimmen

Einstellungen von Jugendlichen gegenüber Alkohol

Wie verantwortungsbewusst Jugendliche mit Alkohol umgehen, wird auch davon beeinflusst, wie sie gegenüber Alkohol eingestellt sind. Darum ist es ein Ziel von Präventionsmaßnahmen, diese Einstellungen zu einer kritischeren Haltung hin zu ändern. Inwieweit das bei den 12- bis 17-Jährigen gelingt, untersucht seit 2001 eine Langzeitstudie der Bundeszentrale für gesundheitliche Aufklärung. Jungen und Mädchen werden jeweils getrennt befragt, ob sie bestimmten Aussagen gegenüber Alkohol zustimmen. Hier sind dazu Ergebnisse aus den Jahren 2008 und 2011.

Die meiste Zustimmung in beiden Gruppen finden Aussagen, die die gute Stimmung durch Alkohol und den Aspekt des Genießens herausstellen.

So stimmen 2008 64,3 % der Jungen und 52,8 % der Mädchen der Aussage zu, dass Alkohol für gute Stimmung sorgt, wenn man mit anderen zusammen ist. 2011 sind es mit 59,3 % bei den Jungen deutlich weniger, während der Anteil der Mädchen, die dieser Aussage zustimmen, mit 53,8 % leicht gestiegen ist.

Dass Alkohol dazugehört, wenn man das Leben genießen will, davon sind 2008 immerhin 27 % der Jungen und 18,1 % der Mädchen überzeugt; 2011 sind es 24 % bei den Jungen und nur 14,7 % bei den Mädchen.

2008 sind 21,5 % der Jungen und 18,4 % der Mädchen der Meinung, dass maßvoller Alkoholkonsum gesundheitsförderlich sei. Das wird 2011 deutlich kritischer gesehen. Nur 15,5 % der Jungen und 14 % der Mädchen stimmen dieser Aussage noch zu.

Vergleichsweise gering verbreitet ist die Ansicht, Alkohol helfe gegen Langeweile, wenn man alleine ist: Schon 2008 stimmen dieser Aussage nur 4,6 % der Jungen und 2,1 % der Mädchen zu. 2011 sind es sogar nur 3,6 % bzw. 1,6 %. *(Text verändert)*

7 Stelle den Standpunkt der Jugendlichen zum Thema Alkoholkonsum dar und beurteile die Ergebnisse. Positioniere dich anschließend selbst zu diesem Thema und begründe deine Meinung.

8 Führe ein Interview zum Thema Alkoholkonsum bei Jugendlichen in deiner Klasse durch. Nutze dafür die Hintergrundinformationen aus den beiden vorherigen Texten und dem Schaubild.

a) Formuliere verschiedene Interviewfragen und nutze dabei die unterschiedlichen Fragetechniken für Interviews.

b) Nimm mal eine kritisch distanzierte, mal eine neutrale und mal eine positiv unkritische Position zum Thema „Alkoholkonsum bei Jugendlichen" ein und formuliere deine Fragen entsprechend.

Zentrale Inhalte von Sach- und Gebrauchstexten herausarbeiten, textbezogen erläutern und dabei aussagekräftige Textbelege auswählen und zitieren, den Standpunkt des Verfassers bestimmen und bewerten

Medien

Folie

1 Lies den Text.
- Markiere wichtige Informationen und Schlüsselwörter.
- Finde für die einzelnen Abschnitte passende Zwischenüberschriften.

Erfindung der Schrift – Entwicklung der Medien

Seit etwa zwei bis drei Millionen Jahren gibt es den Menschen, aber erst seit 5000 bis 6000 Jahren existiert die Schrift. Doch schon zu Beginn der Menschheitsgeschichte beginnen sich Vorformen der Schrift zu entwickeln – seit der Mensch sich Materialien zunutze macht, mit denen er malen, gravieren, ritzen, stempeln und schreiben kann. Durch die Entwicklung der Schrift und ihrer Verbreitung entstanden letztendlich auch unsere heutigen Massenmedien.

Über Jahrmillionen entwickelte der Mensch sprachliches Ausdrucksvermögen. Mit der verbalen Kommunikation und der mündlichen Überlieferung von Erinnerungen und Wissen konnte er seine Welt strukturieren. Die Lebensumstände wurden aber immer komplexer. Besitzverhältnisse und Verwaltungsorganisation ließen sich nicht mehr mündlich kommunizieren und allein aus dem Gedächtnis und der Erinnerung heraus rekonstruieren. Deshalb begann der Mensch, Buch zu führen, Notizen abzufassen, die als Gedächtnisstütze dienten und Ansprüche besser regeln halfen.

Die ersten großflächigen Bilder des Menschen, von denen wir wissen, sind prähistorische Höhlenmalereien. Es ist unwahrscheinlich, dass ausschließlich ästhetische oder kultische Gründe eine Rolle bei der Entstehung der kunstfertigen Abbildungen gespielt haben. Es ist durchaus denkbar, dass die Malereien Besitzstände und Machtverhältnisse ihrer Zeit widerspiegeln. Die Schrift wurde also erfunden, um Macht und Besitz zu organisieren und zu wahren, also quasi aus rechnerisch-buchhalterischen Überlegungen heraus.

Die ersten Zeichen geschriebener Schrift entstanden vor 5500 Jahren in den Siedlungen der Sumerer. Die Menschen in den Ländern des heutigen Irak erfanden das System der Keilschrift. Es bestand aus aneinandergereihten Piktogrammen, die in feuchten Ton geritzt und dann gebrannt wurden. Diese Schriftzeichen, die aus Bildern bestanden, repräsentierten zum Beispiel bestimmte Lebewesen wie Vogel und Ochse. Die Tafeln dienten dann unter anderem dazu, Rechnungen festzuhalten, sodass man beispielsweise damit beweisen konnte, wie viele Ochsen jemand gekauft hatte.

Im alten Ägypten entstanden etwa zur gleichen Zeit die Hieroglyphen. Auch das waren anfangs noch Piktogramme. Sie wurden aber bereits mit Pinseln auf Papyrus gezeichnet. So nennt man Blätter aus Papier, das man aus den Fasern der Papyruspflanze herstellte. Diese Blätter ließen sich zusammenrollen, sodass ganze Schriftrollen entstanden – vergleichbar mit heutigen Büchern.

Die Bilderschriften der Sumerer und Ägypter hatten einen großen Nachteil: Man musste viele hundert Einzelbilder auswendig lernen, um Nachrichten aufzeichnen zu können. Erst die Alphabetschrift der Phönizier, die an der heutigen Küste von Syrien lebten, hatte den großen Vorteil einer Buchstabenschrift. Man musste nur etwa 30 Buchstaben lernen, um alles aufschreiben zu können; denn die Buchstaben gaben nicht die Gegenstände selbst wieder wie die Hieroglyphen, sondern einzelne Laute der Sprache. Unser heutiges Alphabet stammt von diesen ersten phönizischen und späteren griechischen und lateinischen Buchstaben ab. Wir können unsere 27 Buchstaben heute zu den kompliziertesten Wörtern zusammensetzen. Allerdings nur, wenn wir unsere Sprache auch mündlich gut beherrschen.

Durch Johannes Gutenbergs Erfindung des Buchdrucks mit beweglichen Lettern, zwischen 1440 und 1450, entstand eine Technik zur massenhaften Vervielfältigung von Schriften und somit das erste Massenmedium der Neuzeit. Die Erfindung des Buchdrucks hatte damals eine ähnliche Wirkung wie heute das Internet. Wissen und Informationen können seit jeher durch Medien schnell und unkontrolliert verbreitet werden, so auch kritische Schriften und Ideen.

Im Laufe der Zeit wurden immer wieder Medieninhalte zensiert und vernichtet. In Staaten wie beispielsweise China geschieht das noch heute. Trotzdem kann die rasante Verbreitung kritischer Schriften und Falschmeldungen sowie sogenannter Fake News nur schwer verhindert werden. Medien informieren uns und tragen durch Kritik und Diskussionen zur Meinungsbildung bei. Deshalb spricht man auch von der Macht der Medien. *(Text verändert)*

2 Stellt die Entwicklung der Schrift und Medien dar.

- Betrachtet die Abbildungen und ordnet sie den Textabschnitten zu.
- Findet für jede Abbildung eine passende Überschrift. Nehmt dazu eure Zwischenüberschriften aus Aufgabe 1 sowie eure Markierungen und Notizen zu Hilfe. Nutzt die Überschriften zur Strukturierung eurer Darstellung.

H

C

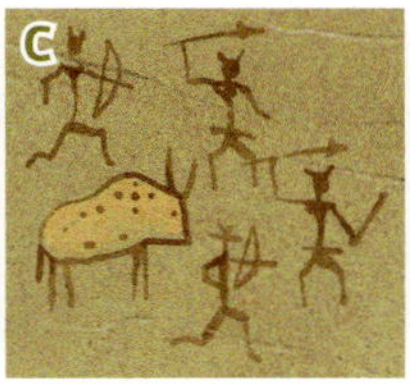

D

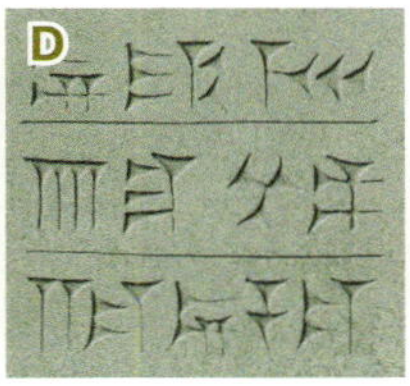

E

F

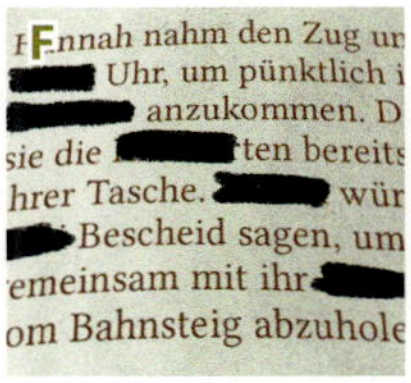
nnah nahm den Zug ur
[redacted] Uhr, um pünktlich i
[redacted] anzukommen. D
sie die [redacted]ten bereits
hrer Tasche. [redacted] wür
[redacted] Bescheid sagen, um
emeinsam mit ihr [redacted]
om Bahnsteig abzuhole

G

3 Erläutert, wieso die Erfindung des Buchdrucks damals eine ähnliche Wirkung wie heute das Internet hatte.

In diesem Kapitel lernst du, …

- *deinen eigenen Umgang mit Medien im Alltag zu beschreiben, zu erläutern und dich damit kritisch auseinanderzusetzen.*
- *dich mit den Gefahren der Mediennutzung auseinanderzusetzen und angemessen und präventiv zu reagieren.*
- *grundlegende Aspekte der Mediengeschichte zu erläutern.*
- *Urheberrecht, Datenschutz und Persönlichkeitsrechte beim Umgang mit Medien zu berücksichtigen.*
- *Informationen aus Medien hinsichtlich ihrer Zuverlässigkeit und Glaubwürdigkeit zu prüfen.*

Lesen – Umgang mit Texten und Medien

Medien

Mediengeschichte

1 Bearbeitet den Text.

- Teilt den Text in Abschnitte, sodass jeder von euch mindestens einen Abschnitt liest.
- Markiert wichtige Informationen und Schlüsselwörter.
- Notiert die wichtigsten Informationen eures Textabschnitts.
- Tauscht euch anschließend über den Inhalt eurer Textabschnitte aus.

Tipp
Erstellt einen Notizzettel

S. 296
Notizzettel

Alle Welt ist erreichbar – die moderne Kommunikation

Vor Jahrhunderten schickten sich die Menschen ihre Mitteilungen per Brieftauben, Rauchzeichen, reitenden Boten oder Postkutsche. Vor ca. 170 Jahren gab es dann mit der Erfindung des Telegrafen einen riesigen Kommunikationssprung. Elektrische Signale übermittelten nun die Nachrichten von einer Telegrafenstation zur nächsten. Telegramme erreichten ihre Empfänger binnen Stunden; Briefe und Pakete, mit Eisenbahn und später auch mit dem Flugzeug transportiert, brauchten nur wenige Tage. Und heute? Das Telefon gibt es seit über hundert Jahren. Mit ihren Handys sind Menschen rund um die Uhr fast überall erreichbar. Milliarden von SMS sausen jeden Tag um den Erdball, Billionen von E-Mails finden ihren Adressaten, ein Mausklick vor dem Bildschirm und eine Botschaft, egal wie lang sie ist, erreicht im Bruchteil einer Sekunde meinen Freund in New York. Im Internet spielen Entfernung und Grenzen keine Rolle mehr. Theoretisch könnte jeder jeden auf der ganzen Welt kennenlernen, vorausgesetzt, er hat Internetanschluss.

Vernetzung kann Leben retten

Dabei geht es selbstverständlich nicht nur um Spiel und Unterhaltung. Vernetzung in der Welt und schnelle Botschaften können Leben retten.

Kurz nachdem im November 2002 in China die gefährliche SARS-Epidemie, eine hochansteckende und häufig tödliche Lungenkrankheit, ausgebrochen war, wurden Fälle der Krankheit in Singapur, Toronto, Frankfurt am Main und anderen Städten bekannt. Den Experten war schnell klar, dass sich die Keime über das Flugnetz ausbreiten. Indem sie die 500 größten Flughäfen und deren Verbindung untereinander untersuchten, konnte man anhand dieser Daten sehr schnell ziemlich genau vorhersagen, welchen Weg die Krankheit nehmen würde und welche Vorsorgemaßnahmen man zu treffen hatte. Dank der schnellen internationalen Kommunikation funktionierten die Maßnahmen und die Epidemie klang in der zweiten Hälfte des Jahres 2003 wieder ab.

Regierungen und andere wichtige Organisationen sind mithilfe der modernen Kommunikationstechnologie schnell über wichtige Ereignisse informiert und können sich abstimmen und reagieren, nicht nur bei Epidemien. Zum Beispiel können sie bei Erdbeben, Überschwemmungen oder Hungersnöten binnen Stunden oder Tagen Hilfe in Katastrophengebiete senden. Experten aller Wissenschaftsbereiche können auf der ganzen Welt miteinander kommunizieren.

Unterschiedliche Lesetechniken und Methoden der Texterschließung anwenden.

Schnelligkeit und Freundschaft im Netz

Geschwindigkeit ist das markanteste Zeichen der Globalisierung – Zeit ist Geld. Dabei hilft die moderne Technik. Mit einem Mausklick gehen in Bruchteilen von Sekunden in der Bankenwelt Milliardensummen um die Welt, werden von den Handelsfirmen viele Tausende Tonnen Container auf den Weg gebracht, Stunde für Stunde, Tag für Tag. Es ist gleichgültig, sagt der Chef, wo meine Firma steht, ob im Norden oder Süden des Landes, in Europa oder Asien, Hauptsache, es gibt Internet und gute Verkehrsanbindungen, damit ich meine Rohstoffe jederzeit bekomme und meine Produkte schnell verkaufen kann.

Prima, dass es das Internet gibt, hört man den Privatmann ausrufen. Hätte ich mir sonst heute die neuesten Musiktitel runterladen können oder die Filme, die ich schon lange sehen wollte? Hätte ich mir dieses oder jenes Schnäppchen bei ebay ersteigern können, diesen oder jenen Billigflug bekommen können?

Schüler und Studenten treffen sich, wenn sie miteinander reden wollen, oft nicht persönlich, sondern über PC und Breitbandanschluss. Sie brauchen ihr Zimmer nicht mehr zu verlassen, um Mitglied eines sozialen Netzwerks zu sein.

Wer heute über einen Anschluss verfügt, ist an keinen Standort mehr gebunden, kann mit Leuten in der ganzen Welt reden und, wie die Befürworter dieser Entwicklung begeistert feststellen, zur Völkerverständigung beitragen. Kritiker nennen diese Art des Kommunizierens allerdings eher oberflächlich und sehen darin keinen Ersatz für die persönliche Begegnung.

Gleichzeitigkeit

Die Welt ist klein geworden – „small world“ ist heutzutage ein häufig gebrauchter Ausdruck: Man ist sowohl hier im Fernsehsessel oder am Computerbildschirm anwesend als auch fünftausend Kilometer entfernt bei einer Katastrophe, einem Sportereignis, einem sonstigen Event, das die Menschen bewegt. Dadurch verschwindet beim Zuschauer, beim „Mit-Erleber“ das Gefühl der Ferne, der Unerreichbarkeit. Wenn früher irgendwo in der Welt etwas passierte, erreichte die Menschen die Nachricht davon infolge langer oder langsamerer Übermittlungswege später. Das Ereignis war dann längst vorbei. Die Menschen hatten Zeit, die Nachrichten zu verarbeiten, darüber nachzudenken, sie einzuordnen. Im Zeitalter der Gleichzeitigkeit ist das nur noch schwer möglich. Ein Event jagt das andere, eine Nachricht löst in Windeseile die andere ab und in den Nachrichtensendungen wird ständig von einem Livebericht zum nächsten geschaltet.

Vom Verarbeiten einer Sache, vom Darübernachdenken kann keine Rede mehr sein. Im Grund ist es auch gleichgültig, was man da sieht, denn es ist ohnehin gleich wieder vorbei. Wir kommen einfach „nicht mehr mit“, so schnell geht alles.

2 Erläutert, wie sich die Kommunikation im Verlauf der Jahrhunderte entwickelt hat.

3 Beschreibt, wie moderne Kommunikationsmittel (z. B. das Internet) den Alltag der Menschen verändern und beeinflussen.

4 Diskutiert, welche Vor- und Nachteile das Kommunizieren mit den neuen Technologien haben kann.

Unterschiedliche Lesetechniken und Methoden der Texterschließung anwenden, grundlegende Aspekte der Mediengeschichte erläutern

Lesen – Umgang mit Texten und Medien

Medien

Informationen aus Medien hinsichtlich ihrer Zuverlässigkeit und Glaubwürdigkeit prüfen

1 Lest die folgenden Meldungen und Nachrichten.
Welche haltet ihr für glaubwürdig und welche eher für unglaubwürdig, bzw. wobei könnte es sich um falsche Informationen handeln?

https://www.myreisefieber.de/threads/2607962

Achtung mit Getränkedosen!
Fand eben diesen Artikel und denke, dass er sehr interessant und informativ ist. Jetzt fängt ja bald die Ferienzeit an. Und wie oft trinkt man im Urlaub oder natürlich auch so doch mal aus einer Getränkedose?

Die folgende Mitteilung ist absolut kein Witz!!
Wichtigkeit: hoch
>
„Seid bitte vorsichtig!"
Medizinische Mitteilung
>
Kürzlich verstarb eine Frau unter absurden Umständen. Sie trank von Mineralgetränkebüchsen (Fanta, Coca, etc.), als sie auf dem Genfersee war.

Montags wurde sie ins CHUV in Lausanne eingeliefert und am Mittwoch verstarb sie. Die Autopsie ergab, dass sie an Leptospirose fulgurante verstorben war. Sie hatte kein Glas mit aufs Schiff mitgenommen und direkt von der Büchse getrunken. Eine Kontrolle der Büchsen hatte ergeben, dass die Büchsen mit Rattenurin, also Leptospiras, verunreinigt waren. Die Frau hatte wahrscheinlich den oberen Teil der Büchse nicht gereinigt, bevor sie trank. Diese war mit trockenem Rattenurin infiziert, welches giftige, tödliche Substanzen, so das Leptospiras, enthält, welche die Leptospirose auslöst. Diese Büchsen werden in Lagern aufbewahrt, welche voll Ratten sind, und kommen dann ungewaschen in den Handel. Die Büchsen sollten nach dem Kauf, bevor sie sie in den Kühlschrank tun, mit Geschirrwaschmittel gründlich gereinigt werden. Gemäß einer Untersuchung in Spanien durch INMETRO sind die Büchsen stärker verseucht als öffentliche Toiletten!!! Diese Mitteilung sollte an so viele Leute wie möglich weitergeleitet werden.
>
Mitteilung vom Kantonsspital Genf.

Was meint ihr dazu? Ganz schön krass! Ich denke, das sollte man wissen und weiterleiten!

Alles Liebe und schöne Ferien! Leni

Inhalte von Sach- und Gebrauchstexten herausarbeiten, textbezogen erläutern und dabei aussagekräftige Textbelege auswählen und zitieren http://www.rp-online.de/panorama/ Leben

14. November 2017 | 15.13 Uhr

Das Rätsel von Berghausen

Wer legt denn bitte schön Hackfleisch am Bahnhof ab?

Berghausen. Am Bahnhof einer Gemeinde in Baden-Württemberg liegt alle paar Tage ein frischer Klumpen Hackfleisch. Bislang ist unklar, wer es dort ablegt – und warum.

Das Hackfleisch-Rätsel beschäftigt Pfinztal-Berghausen schon mehrere Wochen. Anfang Oktober soll zum ersten Mal eine Portion am Bahnhof der kleinen Gemeinde in Baden-Württemberg gelegen haben. Seitdem entdecken Bewohner an derselben Stelle regelmäßig ein neues Pfund Hackfleisch, schreibt die „Bruchsaler Rundschau". Bisher habe aber niemand gesehen, wer das Fleisch dort deponiert habe.

Anwohner befürchten, dass der Klumpen jedes Mal mit Gift, Glassplittern oder Nägeln versetzt sei, um Tieren zu schaden. „Es ist ja schon öfters vorgekommen, dass Hundehasser so etwas tun", schreibt jemand auf Facebook. Aber das schließt die Polizei in diesem Fall aus. „Ein Giftköder wird normalerweise gut zugänglich ausgelegt", sagte ein Polizeisprecher der Zeitung. In Berghausen werde das Hackfleisch dagegen immer hinter einem Zaun neben dem Gleisbett platziert. „Ein Giftköder besteht außerdem nicht aus derart viel Fleisch." Deshalb sieht die Polizei bisher auch keinen Grund, in dem Fall zu ermitteln.

Offenbar bleibt das Fleisch auch selten lange am Bahnhof liegen. „Wenn unser Reinigungstrupp vor Ort ankam, war oftmals nicht mehr viel übrig", sagte Nicolas Lutterbach, Sprecher der Albtal-Verkehrs-Gesellschaft (AVG), die das Bahnhofsgelände verwaltet. Vielleicht hätten streunende Tiere es gegessen. „Vielleicht möchte jemand die Igel vor ihrem Winterschlaf füttern", sagte Lutterbach zu „bento". Vielleicht gebe es mittlerweile auch Nachahmungstäter. Aber er wisse es nicht. „Wir stochern völlig im Dunkeln." Anwohner schlagen vor, im nächstgelegenen Supermarkt nachzufragen - es müsse doch auffallen, wenn jemand regelmäßig ein Pfund Hackfleisch kaufe. Auf Fotos sieht es nach einer frisch gekauften Portion vom Metzger aus, die gerade ausgepackt worden ist. Unklar ist, ob der Klumpen jedes Mal aus Schweinemett oder gemischtem Hackfleisch besteht.

Andere Anwohner meinen, am Bahnhof solle eine Kamera aufgestellt werden, um das Hackfleisch-Rätsel endlich zu lösen. Dafür könne man sich auch auf die Lauer legen. „Wir haben darüber tatsächlich schon nachgedacht", sagte ein Vertreter der Gemeinde der „Bruchsaler Rundschau". (wer) ◇

Inhalte von Sach- und Gebrauchstexten herausarbeiten,
textbezogen erläutern und dabei aussagekräftige Textbelege auswählen und zitieren

Lesen – Umgang mit Texten und Medien

S. 312
5-Schritt-Lesemethode
1. Überfliegen
2. Fragen
3. Lesen
4. Zusammenfassen
5. Wiedergeben

2 Tauscht euch darüber aus, ob ihr selbst schon einmal auf falsche Informationen aus dem Internet reingefallen seid.

3 Überlegt, woran man Falschmeldungen erkennen könnte. Achtet dabei auf Form, Inhalt und Quellenangaben. Erstellt passende Tipps.

4 Lies den folgenden Text und wende dabei die 5-Schritt-Lesemethode an.

Lügen im Netz

Albrecht Ude

Kann man Informationen aus dem Internet trauen? Acht Tipps, wie man vermeidet, falschen Online-Informationen aufzusitzen.

Anfang 2006 meldeten der WDR, der MDR, n-tv, Spiegel Online und andere Medien eine politische Sensation. Vom Ticker der Nachrichtenagentur AP hatten sie eine Meldung übernommen: „Bund Deutscher Juristen fordert Aussagen unter ‚leichter Folter' – Offene Diskussion und Bruch von Tabus verlangt".

Die Meldung war eine Ente. Ein bis heute unbekannter Schalk hatte die Website www.bunddeutscherjuristen.org ins Netz gestellt und dann die heikle Nachricht verschickt, dass dessen Vorsitzender Dr. Claus Grötz, angeblich im Hauptberuf Strafrichter am Bundesgerichtshof, die Folter gefordert habe. Keinem Redakteur war aufgefallen, dass es diesen Richter gar nicht gibt. Auch hatte niemand bemerkt, dass der angeblich bereits 1952 gegründete Bund Deutscher Juristen erst seit dem 28. Dezember 2005, zwei Tage vor der Pressemeldung, seine Website betrieb, dass diese kein Impressum enthält und dass der Urheber nicht zu ermitteln ist. Das Internet ist ein Geschenk für die Demokratie. Nirgendwo gibt es weniger finanzielle, technische und politische Hürden, seine Meinung zu publizieren. Andererseits greifen im Internet nicht die Qualitätskontrollen, die bei Printmedien üblich sind. Es gibt oft weder Lektorat noch Redaktion, die Möglichkeit der Anonymität begünstigt Missbrauch. Doch viel zu viele Surfer nehmen immer noch alles für bare Münze, was sie in ihrem Browserfenster lesen. Internetrecherche ist bequem. Das schnelle Medium gaukelt Aktualität vor, deshalb ist es inzwischen bei der Informationsbeschaffung meist die erste Wahl. In der Schule lautet die Aufgabe oft: Finde zum Thema X Informationen im Netz, und viele Schüler (und oft auch die Lehrer) glauben, mit ein bisschen Googeln und dem Ausdruck der Fundstellen sei die Aufgabe erledigt. Dabei fängt die eigentliche Arbeit dann erst an. […]

Wer schreibt? Die ersten Fragen betreffen Autor, Text und Aktualität. Wer schreibt? Welcher Standpunkt, welches Vorurteil wird vertreten? Sind die Informationen stabil oder bald überholt? Sind sie plausibel und prüfbar? Gibt es Links, wohin zeigen sie, und funktionieren sie? Besonders wichtig ist die Frage der Aktualität: Ist das Publikationsdatum oder das der letzten Änderung genannt? Viele Informationen im Internet sind undatiert und auch dann noch aufrufbar, wenn sie längst veraltet sind. Wenn kein Datum angegeben (oder dies zweifelhaft) ist, kann man bei Archive.org nachsehen, wie lange die Seite schon existiert und wann sie geändert wurde.

Eigenen Umgang mit Medien im Alltag beschreiben, erläutern und sich damit kritisch auseinandersetzen, Informationen aus Medien hinsichtlich ihrer Zuverlässigkeit und Glaubwürdigkeit prüfen

Das Umfeld Wichtig ist auch das Umfeld der Seite: Wo erscheint sie – bei einer Zeitschrift, einer Universität, einer Behörde, einer Bürgerinitiative? Eine Website über den amerikanischen Bürgerrechtler und Friedensnobelpreisträger Martin Luther King, der 1968 ermordet wurde, steht unter *www.martinlutherking.org* im Netz. Zunächst hat es den Anschein, als pflege hier eine Privatinitiative dessen Andenken. Ganz unten auf der Startseite steht aber, dass sie von *Stormfront* betrieben wird, einem Neonaziverein in den USA, mit dem Motto: *White pride – worldwide.*

Zensur Wer bei Google.de und Google.com nach dieser Naziseite sucht, findet deren Homepage in der internationalen Google-Version auf Platz eins, in der deutschen dagegen gar nicht. Während diese Form der Zensur den deutschen Gesetzen geschuldet ist, die rechtsradikale Propaganda verbieten, wollen andere Länder ihre Bürger vor freiheitlichem Gedankengut „schützen", etwa Iran oder die Volksrepublik China. […]

Die Domain Auch ohne Betrug und Zensur sollte man bei jeder Website auf die sogenannte Top-Level-Domain (TLD) achten. […]

Hoaxes Ist eine Falschmeldung erst einmal in der Welt, so ist sie im Internet kaum noch korrigierbar. […]

Hoax
Falschmeldung

Copy & Paste Eine wichtige Frage ist ebenfalls, ob es sich um einen Originaltext handelt. […]

Das Urteil der anderen Selbst wenn das zu prüfende Dokument kein Plagiat ist oder diese Frage keine Rolle spielt, empfiehlt es sich, nach dem Text zu googeln, um zu erfahren, was andere darüber denken. Dazu kann man nach dem Titel des Dokuments recherchieren. Wer hat diesen Text zitiert oder besprochen – und wie? Wichtig ist auch, wer sich dort äußert. Und auch wenn niemand das Dokument zur Kenntnis nimmt, kann das eine relevante Information sein. […] Die Ergebnisse sollten sensibel gewichtet werden. Wenn zum Beispiel angesehene Webkataloge von *Google, Yahoo* oder *Web.de* oder ein bibliothekarisches Projekt wie der *Librarians' Internet Index*, das *Bulletin Board for Libraries* oder das *Internet Scout Project* auf eine Seite verweisen, dann ist die dadurch geäußerte Wertschätzung durchaus verlässlich. Bei anderen Link-Quellen sollte man überlegen, wie sich diese über die verlinkte Seite äußern und wie ernst man diese Quellen nimmt. Falls gar kein externer Link auf eine Website verweist, ist es sinnvoll zu prüfen, ob die großen Suchmaschinen die Seite kennen. Ist das nicht der Fall, sollte man sich fragen, wie man diese Seite selbst gefunden hat.

Whois-Datenbank
Jede Domain ist in einer Datenbank registriert, in der Name und Adresse des Domainbetreibers gespeichert sind.

Wer steckt dahinter? Geht es um wirklich wichtige oder heikle Informationen, kann es sich lohnen, genauer hinzuschauen, wer die Website betreibt. Jede Domain ist in einer sogenannten Whois-Datenbank registriert. Eine solche Recherche hätte auch die peinliche Falschmeldung von 2006 verhindert. Als Betreiber von *www.bunddeutscherjuristen.org* ist eine Firma in den USA genannt. Ihre Dienstleistung: die Namen ihrer Auftraggeber verschweigen. *(Text verändert)*

5 Erläutert, welche der hier genannten Tipps euch besonders erfolgsversprechend erscheinen. Ergänzt anschließend eure eigenen Tipps aus Aufgabe 3.

6 Überprüfe nun die Meldungen und Nachrichten von Seite 196 und 197. Erläutere, ob du mit diesem Text die falsche Nachricht erkannt hättest.

Inhalte von Sach- und Gebrauchstexten herausarbeiten, textbezogen erläutern und dabei aussagekräftige Textbelege auswählen und zitieren, Informationen aus Medien hinsichtlich ihrer Zuverlässigkeit und Glaubwürdigkeit prüfen

Lesen – Umgang mit Texten und Medien

Medien

Urheberrecht, Datenschutz und Persönlichkeitsrechte

1 Lies die folgenden Texte.

Folie

- Achte darauf, welche inhaltlichen Gemeinsamkeiten es gibt.
- Markiere wichtige Informationen und Schlüsselbegriffe.
- Erkläre anschließend, welcher Zusammenhang zwischen den Texten und den Persönlichkeitsrechten besteht.

Facebook-Freund postet Foto – Abmahnung wegen Bildrechten

Millionen-Klage wegen Fotoklau auf Instagram

Bild verschickt – Rechte verschenkt

Ärger wegen Verbreitung peinlicher Fotos per WhatsApp

Gesetz betreffend das Urheberrecht an Werken der bildenden Künste und der Fotografie

M → S. 284 *Gesetztestexte erschließen*

§ 22

Bildnisse dürfen nur mit Einwilligung des Abgebildeten verbreitet oder öffentlich zur Schau gestellt werden. […]

Datenschutzrichtlinien eines Messenger-Dienstes

Informationen, die du teilst, bzw. die wir teilen

Wenn du unsere Dienste nutzt und über sie kommunizierst, teilst du deine Informationen. Und wir teilen deine Informationen, damit wir unsere Dienste betreiben, anbieten, verbessern, verstehen, individualisieren, unterstützen und vermarkten können.

Abtretung, Änderung der Eigentumsverhältnisse und Übertragung

Sämtliche uns im Rahmen unserer Datenschutzrichtlinie zustehenden Rechte und obliegenden Pflichten sind durch uns im Rahmen einer Fusion, einer Übernahme, einer Umstrukturierung oder einem Verkauf von Vermögenswerten oder kraft Gesetzes oder anderweitig frei an jedes unserer verbundenen Unternehmen abtretbar, und wir können deine Informationen an jedes unserer verbundenen Unternehmen oder Nachfolgeunternehmen bzw. jeden neuen Eigentümer übertragen.

Verwaltung und Löschung deiner Informationen

Wir speichern Informationen bis sie nicht mehr benötigt werden, um unsere Dienste bereitzustellen, oder bis dein Account gelöscht wird – je nachdem, was zuerst eintritt.

Löschen deines Messenger-Accounts

Du kannst deinen Account jederzeit löschen. Bitte bedenke, dass das Löschen deines Accounts nicht diejenigen Informationen beeinflusst, die andere Nutzer in Bezug auf dich haben, wie beispielsweise ihre Kopien der Nachrichten, die du ihnen gesendet hast.

Wegen Kinderfotos auf Facebook: Tochter verklagt ihre Eltern

13.09.16

Eine 18-Jährige verklagt ihre Eltern wegen Kinderfotos auf Facebook. Seit 2009 stellten die Eltern fast täglich Bilder ihrer Tochter ins Netz – ohne ihre Zustimmung. Jetzt landet der kuriose Fall vor Gericht.

„Sie kannten keine Scham und keine Grenze. Ob ich auf dem Töpfchen saß oder nackt in meinem Kinderbettchen lag – jeder Schritt von mir wurde fotografisch festgehalten und nachträglich öffentlich gemacht", beschwert sich die 18-jährige Tochter gegenüber der österreichischen Zeitschrift ganzewoche.at. „Sie haben mich nie gefragt, ob mir das recht sei", so die Kärntnerin.

Eltern weigern sich, die Fotos zu löschen

Als die junge Frau ihre Eltern aufforderte, die Bilder zu löschen, weigerten diese sich. Sie sehen die Fotosammlung, die über 500 Bilder umfasst, als eine Art Familienalbum – das allerdings für etwa 700 Facebook-Freunde der Eltern sichtbar ist.

Die Rechtslage ist klar: Foto von Menschen ins Internet zu stellen, ohne diese vorher um Erlaubnis gefragt zu haben, ist strafbar. Facebook selbst hat keine Kontrollpflichten. Belangt werden kann das Unternehmen nur, wenn es rechtsverletzende Inhalte nicht löscht, obwohl es auf solche hingewiesen wurde.

[...] Dem Vater, auf dessen Namen das Facebook-Profil der Eltern angemeldet ist, droht laut Experten eine Geldstrafe zwischen 3.000 und 10.000 Euro. *SES*

2 Fasst zusammen, welche Rechte die Nutzer dem Messenger-Dienst übertragen.

3 Diskutiert darüber, welche Probleme sich ergeben, wenn digitale Kommunikationsdienste die Daten ihrer Nutzer weitergeben oder weiterverkaufen, und erklärt, wie sich die Nutzer dann verhalten sollten.

4 Nimm Stellung zu folgender Aussage: „Ein Nutzer, der ein Bild im Statusbereich hochlädt, darf sich grundsätzlich nicht beschweren, wenn ein digitaler Kommunikationsdienst das Bild an eine Werbeagentur weiterverkauft, die damit die Stadt plakatiert." Begründe deine Meinung mit den Gesetzestexten und den Nutzungsbedingungen der digitalen Kommunikationsdienste.

Tipp
Informiert euch über die AGB von digitalen Kommunikationsdiensten. Recherchiert dazu im Internet.

Lesen – Umgang mit Texten und Medien

Medien

Überprüfe dein Wissen und Können

1 Betrachtet die beiden Abbildungen und erläutert die dargestellt Situation.

2 Erklärt, wie es zu dieser Situation kommen konnte und wie man diese hätte vermeiden können.

3 Informiert jüngere Schüler über den richtigen Umgang mit Medien und persönlichen Daten, um Situationen wie die oben genannte zu vermeiden. Geht dabei auf folgende Inhalte ein:
- Zeigt auf, was man bei der Nutzung digitaler Kommunikationsdienste beachten sollte.
- Stellt Verhaltensregeln für die Nutzung digitaler Kommunikationsdienste auf:
  - Was sollten Nutzer wissen und beachten?
  - Welche Rechte haben sie?
  - Welche Gefahren gibt es?
  - Wie kann man sich davor schützen?

Unterschiedliche Lesetechniken und Methoden der Texterschließung anwenden, Urheberrecht, Datenschutz und Persönlichkeitsrechte beim Umgang mit Medien berücksichtigen, sich mit dem Gefahren der Mediennutzung auseinandersetzen und angemessen und präventiv reagieren

4 Gestaltet eure Ergebnisse als Flyer oder Broschüre.
Achtet dabei auf:
- grafische Gestaltung: Abbildungen, Fotos und Grafiken einbauen
- Texte: informativ, kompakt, verständliche Formulierungen
- Leserlichkeit
- Rechtschreibung und Grammatik beachten und überprüfen.

Tipp
Erstellt euren Flyer oder eure Broschüre am PC.

5 Präsentiert eure Ergebnisse jüngeren Schülern oder einer ganzen Klasse und ladet sie zu eurem Vortrag ein.

Unterschiedliche Lesetechniken und Methoden der Texterschließung anwenden, Urheberrecht, Datenschutz und Persönlichkeitsrechte beim Umgang mit Medien berücksichtigen, sich mit dem Gefahren der Mediennutzung auseinandersetzen und angemessen und präventiv reagieren

Lesen – Umgang mit Texten und Medien

Film

366 Tage – eine Annäherung an das Medium *Kurzfilm*

366 Tage *ist ein animierter Kurzfilm von Johannes Schiehsl. Es war sein Abschlussfilm an der Filmakademie Baden-Württemberg in Ludwigsburg.*

Kurzfilme sind keine neue Erfindung der Filmindustrie – ganz im Gegenteil. Zu Beginn der Filmgeschichte und in der Frühzeit des Kinos waren Filme regelmäßig Kurzfilme. Aus ihnen entwickelten sich erst die Langfilme, deren Dauer über 30 Minuten gehen. Der Kurzfilm lebt gerade wegen seiner kurzen Spieldauer von Aussparungen, Andeutungen und einer Dichte an Gestaltungsmitteln. Ähnlich wie die Kurzgeschichte.

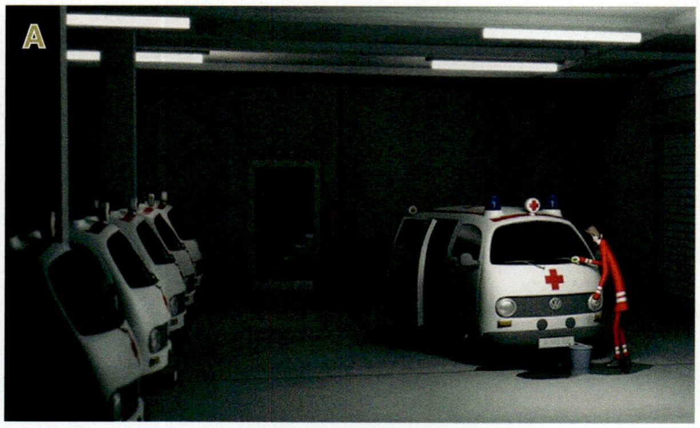

Frame *Bezeichnung für ein Einzelbild in einem Film*

1 Betrachte die Frames des Animationsfilms „366 Tage“ und bringe sie in eine für dich logische Reihenfolge.

2 Stellt Vermutungen zu folgenden Fragen an und begründet sie.
- Welches Thema könnte der Kurzfilm behandeln?
- Wer könnte die Hauptperson sein?
- Welche Stimmung wird in dem Kurzfilm erzeugt?

3 Beschreibt, welche unterschiedlichen Kameraeinstellungen und Perspektiven in den Frames benutzt werden.

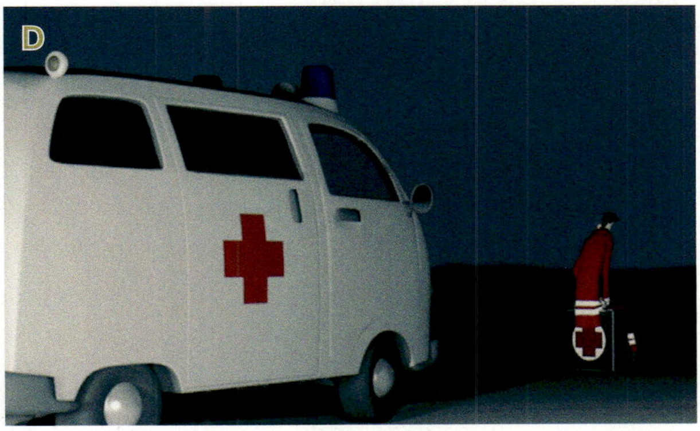

Dieses Symbol zeigt, wann ihr einen Ausschnitt (eine Sequenz) des Films im Internetportal ansehen sollt, um die Aufgabe bearbeiten zu können.

4 Schaut euch nun den Kurzfilm „366 Tage" an.

Ganzer Film

5 Besprecht, mit welchen Vermutungen ihr richtig lagt und was unerwartet war. Geht dabei auch auf folgende Fragen ein:
- Welche Stimmung löste der Film bei euch aus? Mit welchen Mitteln erzeugte er diese Stimmung?
- Welche Thematik behandelt der Kurzfilm?
- Welche Botschaft möchte der Film vermitteln?

In diesem Kapitel lernst du (,) ...
- *das Genre „Kurzfilm" kennen*
- *die Handlung eines Filmes nachzuvollziehen*
- *den Einsatz filmischer Gestaltungsmittel zu untersuchen.*
- *ein Szenenprotokoll und eine Filmszene selbst zu gestalten*

Lesen – Umgang mit Texten und Medien

Film

Haupt- und Nebenfiguren kennenlernen

Sequenz 1

1 Sucht euch jetzt für jede Aufgabe einen neuen Redepartner.

- Beschreibt das Verhalten und das Auftreten der Hauptfigur Patrick an seinem ersten Tag als Zivi (Zivildienstleistender).
- Stellt Vermutungen an, welche Erwartungen und Hoffnungen der Zivi in Bezug auf seine Aufgaben als Notfallsanitäter haben könnte.
- Beschreibt den älteren Kollegen Richard. Welchen Eindruck macht er auf euch? Nutzt treffende Adjektive.

Zivi
Männer, die anstelle eines Wehrdienstes einen zivilen Ersatzdienst ableisteten (2011 eingestellt)

Sequenz 2

2 Mache dir Notizen zu den Nebenfiguren.

- Wie sehen die Figuren aus?
- In was für einer Lebenssituation befinden sie sich?
- Wie wirken sie auf dich?

WWW
Du kannst die vorgefertigte Tabelle im Internetportal nutzen.

Der Schachspieler

Die alte Dame

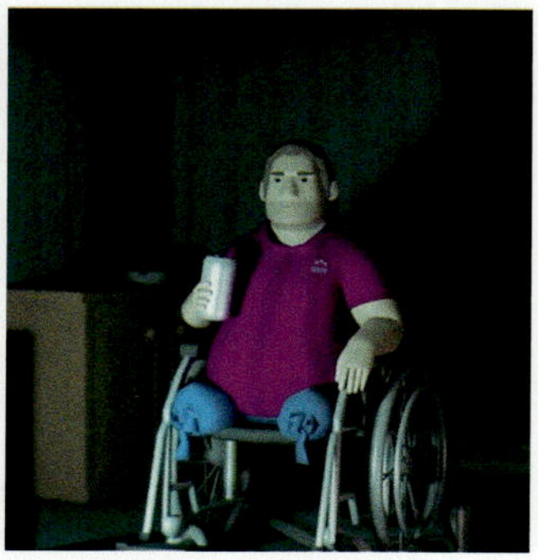

Der Rollstuhlfahrer

Sequenz 3

3 Beschreibt das Verhalten von Richard, dem älteren Kollegen, zu Beginn von Patricks Zivildienst und am Ende.

4 Überlege dir, was Patrick wohl in dem Moment durch den Kopf geht, als er allein neben dem Krankenwagen sitzt und nachdenkt. Schreibe seine Gedanken stichwortartig auf.

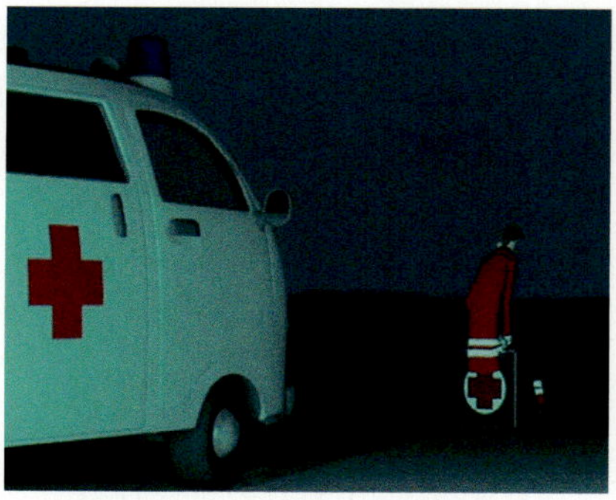

a) Am selben Abend schreibt Patrick in sein Tagebuch, um die Erlebnisse des Tages zu verarbeiten. Schreibe diesen Tagebucheintrag.

b) In dem Moment geht Patrick vieles durch den Kopf. Er denkt nicht nur über die alte Dame nach, sondern auch darüber, wie sich sein Berufsethos im Laufe der Zeit verändert hat. Schreibe diesen inneren Monolog.

S. 302 Tagebucheintrag

S. 307 Innerer Monolog

Berufsethos
moralische Grundsätze einer Berufsgruppe

Die Handlung von Filmen erläutern und dabei wesentliche Darstellungsmittel eines Mediums beschreiben und deren Wirkung erläutern

Film

Den Inhalt eines Filmes wiedergeben

1 Setzt euch in einem stummen Schreibgespräch mit folgendem Zitat von Patrick auseinander.

Sequenz 4

> „Für offene Wunden hast du Verbandszeug, für alles andere Medikamente. Aber du kapierst schnell, es gibt Verletzungen, da ist der Rettungssanitäter machtlos."

M → S. 288
Ein stummes Schreibgespräch führen

2 Diese fünf Aussagen werden von Patrick zu verschiedenen Zeitpunkten seines Zivildienstes gemacht. Ordne diese Patricks Gefühlskurve zu und begründe.

B „Was, wenn es mehr gibt, was man tun kann?"

A „Aber niemand kann überall gleichzeitig sein."

C „Und manchen Menschen kann man aufhelfen, so oft man will."

D „Und manche Dinge gehen einem so nahe, da kannst du dich überhaupt nicht mehr bewegen."

E „Und was, wenn es hilft, mehr zu tun als nur seine Pflicht?"

Patricks Gefühlskurve

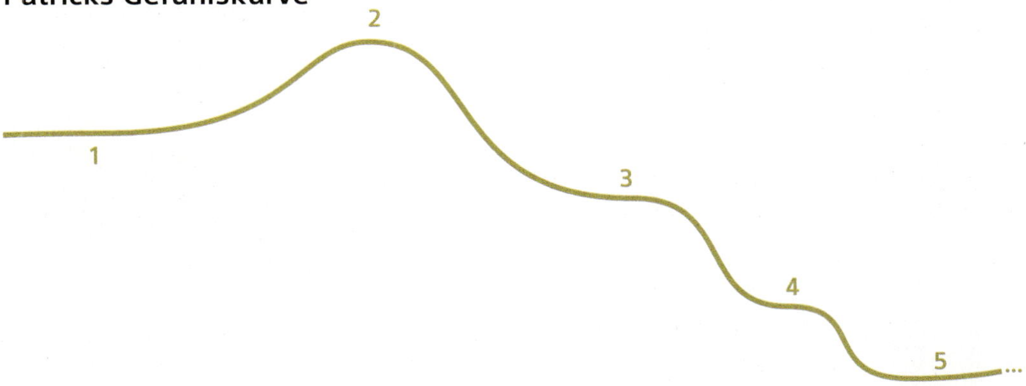

Die Handlung von Filmen erläutern und dabei wesentliche Darstellungsmittel eines Mediums beschreiben und deren Wirkung erläutern

Lesen – Umgang mit Texten und Medien

3 Suche dir eine Aussage von Seite 207 aus und notiere in Stichworten, welche Gefühle den Zivi zu dieser Äußerung veranlassen.
Beispiel: *„Was, wenn es mehr gibt, was man tun kann?“*
→ hoffnungsvoll, will Gutes tun, Mitleid mit seinen Patienten …

4 Bewertet Patricks Haltung. Sprecht darüber, ob ihr seine veränderte Einstellung nachvollziehen könnt oder an seiner Stelle anders gehandelt hättet.

5 Setze dich nun intensiver mit dem Filminhalt auseinander.

→ S. 64 – 71
Inhaltsangabe

a) Schreibe eine Inhaltsangabe und nutze das Wortmaterial.

Der Kurzfilm „366 Tage“ beginnt mit einem Mann, der …
Er erinnert sich daran, wie …
Er wollte unbedingt …
An seinem ersten Tag begegnete er auch …
Richard erscheint zunächst …
Drei Patienten spielen in seiner Zeit als Zivi eine besondere Rolle, denn …
Dabei handelt es sich um …
Der junge Zivi bemüht sich …, doch …
Der Kurzfilm endet damit, dass …

b) Schildere die Ereignisse aus Patricks Zivildienstzeit schriftlich. Versetze dich dazu in die Rolle von Patrick und erzähle aus seiner Sicht von der Zeit im Zivildienst.
So kannst du beginnen:
Ich erinnere mich wie heute daran, als ich an meinem ersten Tag als Zivi …

c) Schildere die Ereignisse der 366 Tage aus der Sicht des Kollegen Richard. Berichte, wie er Patrick an seinem ersten Tag empfand und wie sich Patricks Einstellung zu seiner Arbeit im Laufe der Zeit veränderte. Gehe auch darauf ein, wie er Patrick aus seiner Gefühlsachterbahn herausgeholt hat.
So kannst du beginnen:
Ich lernte Patrick das erste Mal im Krankenwagen kennen. Ich erinnere mich daran, wie …

Film

Eine Handlungsstruktur erfassen

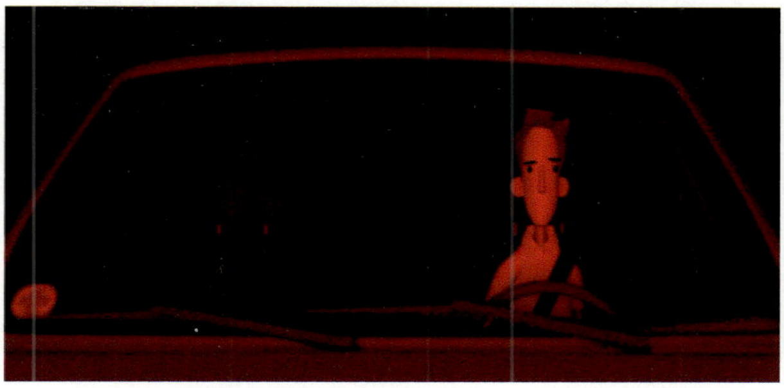

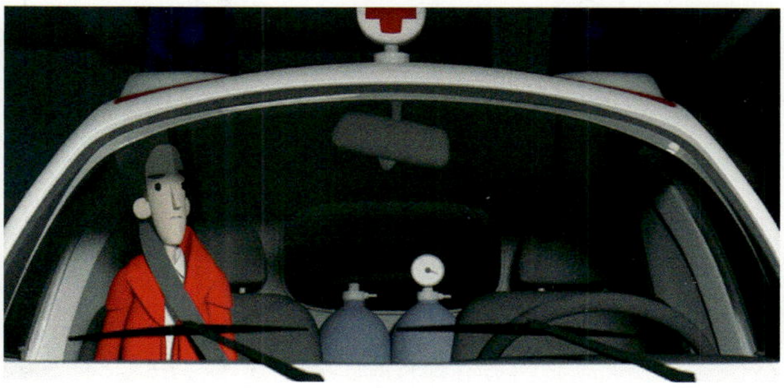

1 Diese beiden Frames zeigen Patrick in zwei unterschiedlichen Lebenssituationen. Ordnet sie zeitlich in den Film ein.

2 Ordne die beiden obenstehenden Bilder der Rahmenhandlung und der Binnenhandlung zu. Begründe deine Meinung mithilfe des Merkkastens.

3 Diskutiert, welche Funktion die Rahmenhandlung erfüllt. Stellt euch dabei vor, wie die Wirkung des Filmes sich verändern würde, wenn die Handlung direkt mit der Binnenhandlung starten würde.

→ S. 137 – 138
Zeitdarstellungen untersuchen (Rückblende)

4 Setze dich genauer mit dem Anfang auseinander.
- Erkläre, ob es sich hier um eine Rückblende handelt.
- Beschreibe, wodurch sich Patrick an seinen Zivildienst zurückerinnert.

Sequenz 5

5 Überlege dir eine alternative Rahmenhandlung und schreibe diese wie eine Erzählung auf. Gehe dabei darauf ein, wie alt Patrick ist, wo er sich befindet und wie es zu der Rückblende kommt. Finde eine eigene Idee oder wähle ein Beispiel aus:
Patrick trifft Richard zufällig im Krankenhaus …
Er trifft einen alten Schachspieler im Park …
Er sieht eine alte Dame in einem violetten Kostüm in der Straßenbahn …

Handlungsstrukturen im Film

Im Film – wie auch in erzählenden Texten – wird die **Rückblende** oft als Erzähltechnik genutzt. Hier wird die Filmhandlung durch die Einbeziehung einer vergangenen Handlung unterbrochen. Die **Binnenhandlung** (eingeschlossene Handlung) wird somit in eine **Rahmenhandlung** (rahmengebende Handlung) eingebettet.
Die **Rückblende** wird meistens eingeleitet, indem die Hauptfigur etwas hört, sieht oder riecht, was sie an ein früheres Erlebnis denken lässt. Alternativ zur Rückblende kann die Binnenhandlung auch eine **Traumsequenz** sein, in der die Hauptfigur einschläft und eine Handlung träumt.

Lesen – Umgang mit Texten und Medien

Film

Musik und Farben als Gestaltungsmittel erkennen

Regisseur Johannes Schiehsl setzt im Film „366 Tage" zielsicher Farben, Ton und Musik als Gestaltungsmittel ein, um Personen hervorzuheben und Stimmungen zu erzeugen.

Sequenz 6

1 Schaut euch die ersten Minuten des Filmes ohne Ton an. Tauscht euch über die Wirkung aus.
- Könnte der Film auch als Stummfilm funktionieren?
- Gibt es Szenen, in denen der Ton besonders wichtig für die Wirkung ist?

2 Spielt die Sequenz erneut ab, verzichtet aber nun auf das Bild und konzentriert euch nur auf den Ton.
- Schreibt euch währenddessen auf, welche Geräusche ihr hört.
- Unterstreicht die Geräusche, die ihr beim Sehen des Films nicht beachtet habt.
- Bewertet, ob man diese Geräusche weglassen könnte oder ob sie eine bestimmte Wirkung erzeugen.

Tipp
Im Internet und bei Musikdiensten könnt ihr direkt nach dem „Radetzky-Marsch" suchen.

3 In der Rahmenhandlung spricht Patrick vom Radetzky-Marsch, der auch am Ende des Filmes eine wichtige Rolle spielt. Hört euch diesen Marsch an.
- Beschreibt das Gehörte so genau, dass sich jemand etwas darunter vorstellen kann, der das Stück noch nicht kennt.
- Recherchiert, wie der Radetzky-Marsch entstanden ist.
- Diskutiert, ob dieser Marsch als Begleitmusik zu den Aufgaben eines Rettungssanitäters passt.

4 Im Film „366 Tage" werden nur wenige Farben eingesetzt. Besprecht, welche Farben das sind und was sie bewirken.

5 Das Haus, in dem die alte Dame lebt, hat keine auffällige Farbe, sondern ist grau. Welche Wirkung hat es, Grau als Farbe zu wählen?

6 Recherchiert, welche Bedeutung die Kleidungsfarbe der alten Dame hat.

Gestaltungsmittel in Filmen

Zum **Ton** gehören Sprache, Geräusche und Musik. Sie lenken den Zuschauer oft unbewusst. **Geräusche** machen eine Szene realistischer, **Sprache** vermittelt Inhalte und **Musik** erzeugt oft bestimmte Stimmungen. Aber auch das plötzliche Weglassen jeglicher Geräusche kann eine besondere Wirkung erzeugen: *Spannung, Trauer, ...*
Dies kann aber auch die **Farbgestaltung**. Jede Farbe hat ihre eigene Symbolik und Wirkung auf den Betrachter: z. B. *Grün = Hoffnung*.

Film

Perspektiven untersuchen und anwenden

A

B

C

1 Die Bilder stellen die drei verschiedenen Kameraperspektiven dar. Stellt in Gruppen die jeweilige Szene nach und fotografiert sie.

Tipp
Stellt euch dazu auf einen Stuhl oder fotografiert von unten.

2 Vergleicht die drei Fotos und ordnet die Begriffe Vogelperspektive, Froschperspektive und Normalperspektive zu.

3 Nutzt eure Aufnahmen und die Frames A–C, um die Wirkung der Vogel- und der Froschperspektive zu beschreiben.
Beispiel: *Bei der Normalperspektive scheint es, als nähme der Betrachter an der Situation direkt teil. Er erscheint den Figuren auf Augenhöhe. Die Größe der abgebildeten Personen ist nicht verzerrt. Sie scheinen normal groß.*

4 Stellt euch vor, für alle Einstellungen wäre die Normalperspektive gewählt worden. Was würde sich dadurch an der Wirkung ändern?

Kameraperspektive

Das Gestaltungsmittel der Perspektive ist für die Wirkung eines Filmbildes von großer Bedeutung. Hiermit ist der Blickwinkel gemeint, aus dem die Zuschauer – durch die Kamera – Figuren, Gegenstände oder Räume sehen. Es gibt drei verschiedene Perspektiven: die **Normal-**, die **Frosch-** und die **Vogelperspektive**.

Lesen – Umgang mit Texten und Medien

Film

Einstellungsgrößen erkennen

1 Betrachte die Bilder und beschreibe, was du siehst.

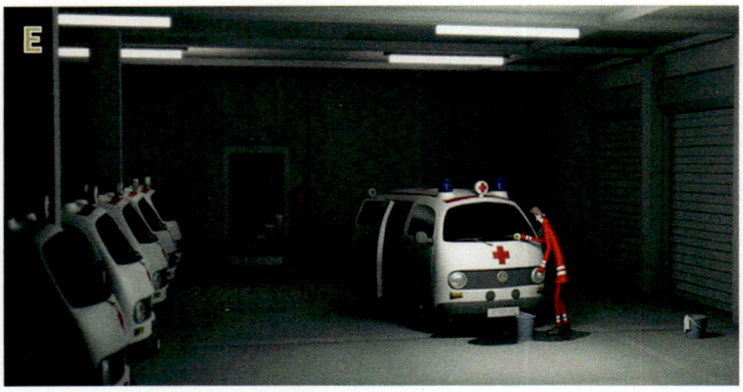

2 Mithilfe unterschiedlicher Kameraeinstellungen sollen unterschiedliche Wirkungen erzielt werden. Ordne die folgenden Aussagen des Regisseurs den Bildern zu.

1. *„Hier soll der Blick des Zuschauers fokussiert werden. Der Hintergrund ist unscharf, nur die Hände sind zu sehen. Alles andere spielt im Moment keine Rolle."*

2. *„Es soll der Eindruck erweckt werden, man säße am Tisch dabei und würde mitspielen."*

3. *„Die Kameraeinstellung habe ich gewählt, damit mehr als nur der Wagen zu sehen ist. Mir ist das ganze Szenario wichtig. Das gleichförmige graue Haus vor dem grauen Himmel und davor der Wagen mit noch geöffneten Türen, so als wolle der Fahrer schnellstmöglich wieder weg."*

4. *„Man sieht Richard von den Beinen aufwärts, Patrick kniend. So sieht man den Rollstuhl und auch etwas vom Zimmer. Mir war es hier wichtig, die ganze Situation einzufangen, in der sich Patrick und Richard befinden."*

5. *„Ich hätte Patrick auch in der Nahaufnahme zeigen können, aber in diesem Moment war mir die Körperhaltung viel wichtiger. Er lässt den Kopf hängen und wischt teilnahmslos den Krankenwagen. Der Eimer in der Ecke ist das Einzige, was man in der Halle noch sieht. Auch die Tore sind runtergelassen. Dadurch wirkt Patrick einsam und unglücklich."*

6. *„Das Bild ist ein wenig verwischt durch den Regen. Man sieht durch die Dunkelheit eine nasse Straße und die roten Rücklichter der Autos. Der Blick fokussiert nichts Bestimmtes, er geht in die Ferne, als würden die Gedanken abschweifen."*

7. *„Patricks Gesichtsausdruck ist hier wichtig. Sein Gesicht ist erhellt, wie auch sein Geist. Er hat einen wichtigen Gedanken und das muss man ihm auch ansehen. Seine Mimik verrät, dass er entschlossen ist. Alles andere ist gerade unwichtig."*

3 Ordne die Bilder den Einstellungsgrößen zu und halte jeweils in Stichworten fest, was bewirkt werden soll.

Einstellungsgrößen

Die **Einstellungsgröße** eines Bildes bestimmt, wie groß eine Figur oder ein Gegenstand auf der Leinwand zu sehen ist. Soll ein Objekt z. B. groß zu sehen sein, dann kann der Kameramann oder der Animationstechniker das Objekt heranzoomen. Man unterscheidet zwischen folgenden Einstellungsgrößen:

Weit (W): keine Details, Bild wird von Weitem gezeigt, Blick in die Ferne
Totale (T): zeigt aus der Entfernung erste Darstellungen, noch viel Hintergrund
Halbtotale (HT): Figuren sind von Kopf bis Fuß zu erkennen, Umgebung noch teilweise
Halbnah (HN): Figuren werden knieaufwärts gezeigt, Gestik ist erkennbar
Nah (N): Brustbild einer Figur, Mimik und Gestik des Oberkörpers sind erkennbar
Groß (G): Kopf einer Figur bis zum Hals, direkter Blick ins Gesicht, Feinheiten der Mimik
Detail (D): nur eine wichtige Einzelheit ist zu erkennen, alles andere wird ausgeblendet

Lesen – Umgang mit Texten und Medien

Film

Einen Film beurteilen

1 Schaue dir die Blogbeiträge zu dem Film „366 Tage“ an und vergleiche sie. Begründe, was du in den Beiträgen gelungen findest und was weniger.

FILME KINOPROGRAMM NEWS & SPECIALS TRAILER DVD & BLU-RAY SERIEN SOUNDTRACKS

Filme im Kino Kommende Filme Vorpremieren Kritiken Charts Film-Archiv

Den Animationsfilm „366 Tage“ von Johannes Schiehsl finde ich besonders gelungen. Er setzt nur wenige Farben und noch weniger sprachliche Mittel ein, doch gerade das lenkt die Aufmerksamkeit auf das Wichtige: die Menschen und ihre Taten. Gelungen, wie ich finde!

Ich fand den Film ein wenig langweilig und auch anstrengend zuzuschauen. Ich find’s besser, wenn mehr passiert. Eine Verfolgungsjagd mit dem Krankenwagen hätte ich zum Beispiel gut gefunden.

366 Tage Zivildienst als Rettungssanitäter: grantige, scheinbar gefühlsarme Kollegen, Schikanen, Hilflosigkeit. Oft benötigt es ein erstes traumatisches Erlebnis oder eine kleine Geste der Kollegen, bevor sich das Blatt wendet. Ein Animationsfilm im Rhythmus des Radetzky-Marschs – ehrlich, berührend und mit viel Humor.

Ich finde den Film ok. Einiges ist ganz gut, anderes aber nicht so. Ich fand es zum Beispiel ziemlich traurig, dass die alte Dame sterben musste und der Rollstuhlfahrer so blieb wie er war. Ein Happy End hätte mir besser gefallen.

2 Schreibe nun eine Filmkritik, in der deine Erkenntnisse aus Aufgabe 1 einfließen. Nutze dazu den Merkkasten

3 Der Kurzfilm „366 Tage“ bekam von der FBW das Gütesiegel „Prädikat besonders wertvoll“. Lies dir die Filmkritik der Jury durch und kläre unbekannte Begriffe mithilfe eines Wörterbuchs.

Jury Begründung

Prädikat besonders wertvoll

Mit dem Animationskurzfilm 366 TAGE hat Johannes Schiehsl sein bemerkenswertes Talent unter Beweis gestellt. Er vermag, persönliche Erfahrungen, die er beim Zivildienst gewonnen hat, zu komprimieren und in Episoden so zu veranschaulichen, dass relevante Fragen aufgeworfen werden. Zum Beispiel: Wie steht es mit der psychologischen Betreuung von Patienten?

Berücksichtigt ein effizientes modernes Gesundheitswesen ausreichend den menschlichen Faktor? Wie kann man sich als Pfleger wappnen, um dem Alltag auf Dauer gewachsen zu sein?

Patrick ist eine Figur, die rasch die Sympathie der Zuschauer gewinnt. Sein Kollege Richard begegnet dem jungen Zivi anfangs spröde, doch ist er für ihn da, als Patrick seine Hilfe wirklich braucht. Auch die „Frau ohne Nieren“, der „Schachspieler“ und ein alkoholsüchtiger Rollstuhlfahrer sind hilfsbedürftig. Patrick versucht, ihnen zu helfen, und muss die Erfahrung machen, dass dies nicht einfach ist. Das strenge Zeitregime des Dienstplanes lässt kaum Spielraum.

Die Alltagsroutine kostet Kraft. Vielleicht kann zuweilen die Kunst oder die Musik, bzw. exemplarisch der Radetzky-Marsch, dem Helfer eine Hilfe sein.

Sicherlich kann man kritische Einwände vorbringen, denn nicht allen mag diese Form der Darstellung gefallen. Auch gibt es zuweilen Vorbehalte gegen die Ästhetik der Computeranimation. Doch wenn man sich auf den Kurzfilm einlässt und dabei dessen eigene Prämissen gelten lässt, wird man seinen Wert zu schätzen wissen. Auch wenn manche seelischen Probleme scheinbar nur deklariert sind, kann der Zuschauer durchaus Empathie aufbringen und der stimmigen Handlung gut folgen. Entscheidend ist, dass die Kommunikation gelingt. Eine einfache Geschichte wird hier unkompliziert erzählt. Die musikalische Untermalung von Alexander Zlamal empfand die FBW-Jury als gelungen. ◇

Die deutsche Film- und Medienbewertung (FBW) verleiht durch unabhängige Jurys Filmen und Medien Auszeichnungen, Empfehlungen und Gütesiegel.

4 Entscheide, welche Passagen du besonders treffend findest und welche nicht. Markiere Textstellen, denen du zustimmst, und streiche Textstellen, denen du widersprichst.

Folie

5 Schreibe den zweiten Teil der Jurybewertung so um, dass deine eigenen Gedanken und Meinungen zum Ausdruck kommen.

Eine Filmkritik schreiben

In einer Filmkritik setzt man sich mit einem Film genauer auseinander. Dabei werden in der **Einleitung** der Titel und das Thema des Filmes, der Regisseur und das Filmgenre, falls dieses bekannt ist, genannt.
Im **Hauptteil** kann auf verschiedene Aspekte des Films eingegangen werden:

- Handlung des Filmes,
- technische Aspekte: *Kameraführung, Spezialeffekte, Animation, ...*,
- Aussage des Filmes,
- persönliche Bewertung des Filmes.

Im **Schlussteil** wird eine Empfehlung ausgesprochen oder angegeben, warum man den Film nicht weiterempfehlen würde.

Lesen – Umgang mit Texten und Medien

Film

Überprüfe dein Wissen und Können

Projekt: Eine Filmsequenz entwickeln

www
Ihr findet das Szenenprotokoll zum Ausfüllen im Internetportal.

Das Szenenprotokoll ist eine tabellarische Auflistung aller Bestandteile einer Szene. Inzwischen kennst du dich mit dem Inhalt, den filmischen Gestaltungsmitteln und deren Wirkung aus. Nun hast du alle Werkzeuge, um ein Szenenprotokoll nachzuvollziehen und später selbst eines zu erstellen. Filmemacher benutzen diese Szenenprotokolle, um ihren Film genau zu planen und umzusetzen.

Sequenz 7

1 Schaut euch die Sequenz genau an und vervollständigt das Szenenprotokoll. Vergleicht eure Ergebnisse anschließend mit einer weiteren Gruppe und diskutiert Abweichungen.

Zeit	Personen und Ort	Inhalt	Farbe/Licht	Ton	Perspektive/ Einstellung	Wirkung
00:01	...	schwarzes Bild	Schwarz	Klingel	...	Spannung
00:03	alte Dame, Hausflur	Dame öffnet die Tür, schaut überrascht	angeleuchtetes Violett, dunkler Hintergrund	Türquietschen	Vogelperspektive	Dame wirkt klein
00:07	Dame, Patrick, Wohnungseingang	Patrick gibt Tasche zurück, Dame umarmt ihn, geht Kaffee aufsetzen	Rot und Violett markant, blasse Farben im Hintergrund	Uhrengeräusche, Geschirrgeklapper, D.: Ich habe noch Kaffee da. Der ist sicher noch warm.	Normalperspektive, Halbtotale	harmonisch, dann hektisch
00:25	Dame, Patrick, Esszimmertisch	...	...	...	Normalperspektive, Nahaufnahme	harmonisch, Dame wirkt erwartungsvoll
00:34	vermutlich Patricks Hand	...	hell, beleuchtet, Schwarz, Weiß und Rot	Pianomusik	Detail- und Vogelperspektive	lockere Atmosphäre
00:35	Schachspieler	Schachsp. hebt Augenbrauen	...	...	...	Patient wirkt überrascht
00:41	...	Schachspieler verschränkt die Arme	...	Pianomusik	...	als würde man die beiden beobachten
00:43	keine realen Personen, Ort noch unklar	Fußballspiel wird im TV gezeigt	...	...	Normalsicht	als wäre man selbst Zuschauer
00:45	Patrick, Rollstuhlfahrer, Wohnzimmer	...	...	...	...	...
...	...	...	...	...	...	...

2 Findet euch nun in Gruppen zusammen und entwerft eine eigene Filmsequenz. Geht hierfür folgende Schritte durch:

A Einigt euch in eurer Gruppe auf einen Beruf, den ihr alle kennt. Beispiel: Polizist/in, Lehrer/in, KFZ-Mechaniker/in, Frisör/in, Bankangestellte/r ...

B Überlegt euch, wie der Alltag in diesem Beruf aussieht. Welche Aufgaben hat man? In welchem Takt geschieht das? Macht euch hierzu Notizen.

C Einigt euch auf eine passende Begleitmusik, die zu dem Takt des Berufes passt.

D Überlegt euch eine kurze Handlung, in der die Aufgaben des Berufs klar werden, und erstellt ein passendes Szenenprotokoll nach dem links abgebildeten Beispiel.

E Filmt euch gegenseitig. Dabei müsst ihr euch einigen, wer Kameramann und wer Darsteller sein wird. Achtet darauf, dass ihr die gewählte Berufsgruppe beim Filmen nicht nennt. Sie muss später von den anderen Gruppen erraten werden. Macht zwei Durchgänge:

1 Spielt und filmt die Szene ohne Begleitmusik.
2 Spielt die gewählte Begleitmusik im Hintergrund ab, während ihr spielt und filmt.

→ S. 50 – 63
Bewerbung um eine Ausbildungsstelle

F Zeigt die Videos in eurer Klasse und wertet die beiden Szenen aus.
- Lasst die Klasse raten, um welche Berufsgruppe es sich handelt.
- Diskutiert darüber, was sich ändert, wenn die Szene mit und ohne Musik abläuft.
- Wertet aus, ob die Begleitmusik den Takt des Berufes trifft.

Tipp
Zum Bearbeiten der Videos könnt ihr auch die Programme „Movie Maker" oder „VSDC Free Video Editor" nutzen.

In medialen Kommunikationssituationen eigene Beiträge adressaten- und situationsbezogen formulieren, aus einer Vorlage ein Text-Bild-Kommunikat gestalten

Rechtschreibung und Zeichensetzung

Fremdwörter richtig schreiben

1 Benenne diese Fremdwörter.

2 Arbeite mit der Tabelle.

Mode	Sport	Nahrung			
…	…	…	…	…	…

Tipp
Auf Duden online kannst du die richtige Aussprache überprüfen.

- Ergänze die Tabelle mit passenden Oberbegriffen zu den oben abgebildeten Fremdwörtern.
- Ordne die Fremdwörter nun ein.
- Überprüfe die Schreibung der Fremdwörter und verbessere sie, wenn nötig.
- Ordne nun auch die folgenden Fremdwörter in die Tabelle ein.

Accessoire, Champion, Corned Beef, Cursor, Discjockey, Doping, Geometrie, Installation, Kakao, Keyboard, Leichtathletik, Monitor, Multiplikation, Musik, Olympiade, Outfit, Parallele, Rhabarber, Rhythmus, Rouladen, Sneakers, Software, Spaghetti, Subtraktion, Symbolleiste

- Ergänze jeden Oberbegriff mit weiteren Fremdwörtern.
- Wähle zehn Fremdwörter aus dem Wortmaterial aus und schreibe sie mit ihrer Bedeutung und Herkunft auf.

3 Schlage *Yacht, Club, Phantasie, Portemonnaie, Cousine, Circus* und *Shoppingcenter* im Wörterbuch nach. Erkläre, was du feststellst.

4 Sprecht die folgenden Fremdwörter deutlich aus.

Recycling Recherche Rabatt Konsequenz Chemie Identität Chance

- Bei welchen hast du Schwierigkeiten, sie auszusprechen?
- Untersuche, aus welchen Sprachen sie stammen. Was stellst du fest?
- Schreibe Artikel, Plural und Bedeutung auf.

In diesem Kapitel lernst du, …

- *Fremdwörter richtig zu schreiben.*
- *Fremdwörter begründet anzuwenden.*
- *Fremdwörter im Wörterbuch nachzuschlagen.*

Fremdwörter richtig schreiben

Fremdwörter richtig schreiben und anwenden

1 Arbeite mit den folgenden Fremdwörtern.

a) Zu einem Nomen gehört immer ein Verb oder Adjektiv. Ordne den Nomen das jeweils dazugehörige Wort zu.

Nomen	Verb	Adjektiv
Interesse	...	*interessant*

INTERESSE ORIGINAL IDENTIFIKATION AGGRESSIV RHYTHMUS CHAOS CHAOTISCH AGGRESSION KORRIGIEREN INTERESSANT INTELLIGENT PROGRAMMIEREN KORREKTUR PROGRAMM INTELLIGENZ DISTANZ IDENTIFIZIEREN ORIGINELL DISTANZIERT RHYTHMISCH

b) Füge passende Fremdwörter aus Aufgabe 1a ein und schreibe die Sätze auf.

Er schläft ja fast ein! Er scheint kein ___ an der Sache zu haben.
Im Werkraum liegt alles durcheinander; es sieht ___ aus.
Warum schreist du denn so? Sei doch nicht so ___!
In deinem Text sind noch Fehler drin, du musst ihn ___.
Sie hat wieder die beste Arbeit geschrieben. Sie ist eben besonders ___.

c) Füge passende Fremdwörter aus Aufgabe 1a ein und schreibe die Sätze auf. Notiere auch die Herkunft des eingesetzten Fremdwortes.

Tipp
Arbeite mit einem Wörterbuch.

Der Täter ließ sich bisher nicht ___.
Der Drummer macht seine Sache gut; er hat ein gutes ___ Gefühl.
Sie hat sich ganz in sich zurückgezogen und ist auf ___ gegangen.
Der Text ist gut gelungen und voller ___ Einfälle.
Etwas funktioniert nicht. Ich muss den Computer neu ___.

2 Arbeite mit den folgenden Wörtern.

adressieren sympathisch ignorieren inserieren manipulieren produzieren integrieren technisch dynamisch informativ kritisch katastrophal attraktiv dokumentieren fantastisch

- Bilde aus den Wörtern Nomen.
- Notiere zu den gebildeten Nomen ihre Herkunft.
- Bilde zu den Fremdwörtern *adressieren*, *technisch* und *integrieren* Wortfamilien.

Tipp
Wenn du dir unsicher bist, kannst du im Wörterbuch nachschlagen.

S. 323
Wortfamilie

Rechtschreibung und Zeichensetzung

3 Ersetzt in dem Sachtext die markierten Wörter mit einem passenden Fremdwort und schreibe diese von 1 bis 11 geordnet auf.

Display – Ingenieure – integriert – Mikrowellensender – Positionen – positioniert – positiv – rekonstruiert – die Resonanz – Resultate – Situationen

Spitzentechnologie auf dem Spielfeld

Immer wieder gibt es Streit über zweifelhafte Abseits- und Elfmeter-Entscheidungen von Schiedsrichtern auf dem Fußballfeld. Dies könnten winzige **Geräte 1** verhindern, die in den Fußball und die Schienbeinschoner der Spieler **eingebaut 2** sind. **Wissenschaftler 3** haben eine Technik entwickelt, die Klarheit in kritische **Verhältnisse 4** während des Spielverlaufs bringt. Mehrere Hundert Mal pro Sekunde funken die nur wenige Gramm leichten Sender ihre **Stellungen 5** an zehn Antennen, die um das Spielfeld herum **aufgestellt 6** sind. Ein Großrechner **errechnet 7** daraus sehr schnell die Spielsituation, die sich der Schiri auf dem **Bildschirm 8** einer Spezialarmbanduhr ansehen kann. Leider wurde diese Neuentwicklung erst von den Fußballverbänden abgelehnt, als ihnen die **Ergebnisse 9** vorgestellt wurden. **Gut 10** war hingegen **das Echo 11** auf die Entwicklung der Torlinientechnologie, mit der einwandfrei festgestellt werden kann, ob wirklich ein Tor erzielt wurde.

4 Schreibe den folgenden Text ab und setze für die Ziffern 1 bis 15 jeweils ein passendes Fremdwort ein.

Antennen – Display – Ingenieure – integriert – kritisch – Mikrowellensender – Positionen – positioniert – positiv – rekonstruiert – Resonanz – Resultate – Situationen – Technik – Videoaufnahmen

Spitzentechnologie auf dem Spielfeld

Immer wieder gibt es Streit über zweifelhafte Abseits- und Elfmeter-Entscheidungen von Schiedsrichtern auf dem Fußballfeld. Dies könnten winzige **1** verhindern, die in den Fußball und die Schienbeinschoner der Spieler **2** sind. **3** des Fraunhofer Instituts haben eine **4** entwickelt, die Klarheit in **5** bringen kann, die während des Spielverlaufs **6** sind. Mehrere Hundert Mal pro Sekunde funken die nur wenige Gramm leichten Sender ihre **7** an zehn **8**, die um das Spielfeld herum **9** sind. Ein Großrechner **10** daraus sehr schnell die Spielsituation, die sich der Schiri im **11** einer Spezialarmbanduhr ansehen kann. Diese Neuentwicklung halten die Forscher gegenüber den bisher üblichen **12** für überlegen. Leider hatten die Fußballverbände sie erst abgelehnt, als ihnen die **13** vorgestellt wurden. **14** war hingegen die **15** auf die Entwicklung der Torlinientechnologie, mit der einwandfrei festgestellt werden kann, ob wirklich ein Tor erzielt wurde.

ⓘ Fremdwörter

Alle Fremdwörter stammen aus einer anderen Sprache. Die meisten von ihnen sind aber so eingedeutscht, dass man sie als Fremdwörter äußerlich kaum noch erkennen kann.

- Wortbetonung: Zweisilbige Wörter der deutschen Sprache werden in der Regel auf der ersten Silbe betont und nicht auf der zweiten wie *Ka-kao*.
- Aussprache: Das *ao* wird im Deutschen als *au* ausgesprochen – und nicht als *a-o*.
- Rechtschreibung: Die Buchstabenfolge *ao* gibt es im Deutschen nicht – das Deutsche kennt nur *au*.

Wäre *Kakao* ein deutsches Wort, würde man es so aussprechen und schreiben: *Kákau*.

Fremdwörter richtig schreiben

Überprüfe dein Wissen und Können

1 Lies den Text.

Jeans aus China

Unter quantitativen Aspekten hat sich die Produktion von Jeans nach China verlagert. Dort besteht für die Modebranche der Vorteil von Billiglöhnen, zu denen sie in Amerika oder Europa kaum noch produziert werden können. Selbst Designer-Labels von High-Quality tragen heute die Herkunftsbezeichnung „Made in China". So werden in Shopping-Malls heute Jeans für 9,99 Euro genauso verkauft wie solche für 150 Euro. Billigkaufhäuser zahlen den Chinesen dafür 3,60 Euro pro Hose, die bekannteren Firmen bezahlen etwas mehr. Nach aktuellen Recherchen beläuft sich die Jeansproduktion in China auf 6 Millionen Stück per anno. Erwarb man früher eine Jeans, um eine lang haltbare Hose zu besitzen, so wechselt heute die Jeansmode von Jahr zu Jahr. Immer mehr Jeans müssen zu Dumpingpreisen produziert werden. Doch die Produktionssituation in den chinesischen Fabriken ist zum Teil desolat. Die Jeansindustrie ist nämlich außerordentlich chemikalienintensiv. Arbeiter bleichen ohne Schutzkleidung Jeans in stinkenden Chemiedämpfen. Der Used-Look wird mit Sandpapier hergestellt. Die toxischen Staubpartikel beim Sandstrahlen verursachen bei Arbeitern Staublungen. Chinesische Arbeiterinnen und Arbeiter arbeiten bis zu 16 Stunden am Tag und 30 Tage im Monat. Sie verdienen dabei oft nicht mehr als 150 Euro im Monat.

2 Arbeite mit dem Text.
- Markiere die Fremdwörter.
- Schreibe die Fremdwörter heraus, die du nicht verstehst.
- Schlage ihre Bedeutung in einem Wörterbuch nach.

Folie

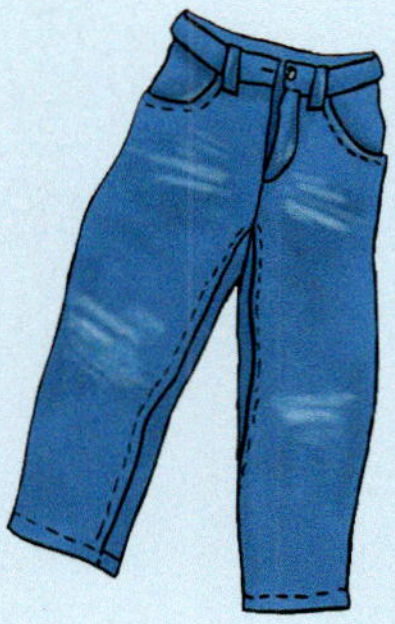

3 Finde für folgende Wörter die Bedeutung heraus.

optimieren – präsentieren – Rabatt – Recycling – transferieren

4 Ersetze die markierten Wörter mit passenden Fremdwörtern aus Aufgabe 3.

Wie man die Produktionsbedingungen **verbessern** kann, zeigt heute das Netzwerk „Faire Mode". Dort werden Jeansfirmen **vorgestellt**, die Wert auf Arbeiterrechte legen. In diesen Firmen werden alte Jeans, für die man mit **Preisnachlass** eine neue erhält, in einem **Wiederverwendungs**verfahren in neue und moderne **übertragen**.

5 Setze für die Ziffern 1 bis 5 jeweils das passende Fremdwort aus Aufgabe 3 ein.

Wie man die Produktionsbedingungen **1** kann, zeigt heute das Netzwerk „Faire Mode". Dort werden Jeansfirmen **2**, die Wert auf Arbeiterrechte legen. In diesen Firmen werden alte Jeans, für die man mit **3** eine neue erhält, in einem **4** verfahren in neue und moderne **5**.

Groß- und Kleinschreibung

1 Lies den Text durch, damit du weißt, worum es hier inhaltlich geht.

Olympia

Die ersten Wettkämpfe nach griechischer tradition fanden in olympia im Jahre 776 vor christi geburt statt. Das wettlaufen war zunächst die einzige Disziplin, in der die Athleten im Stadion ihre kräfte maßen. Bald beschloss man, auf mehreren Laufstrecken mit unterschiedlicher länge Wettbewerbe zu veranstalten. Später dienten weitere Sportarten wie auch Pferde- und Wagenrennen dem messen der Kräfte. Die Durchführung des Marathonlaufs war allerdings in älterer zeit keine olympische Disziplin. Der Marathonlauf sollte an das überbringen der Siegesbotschaft erinnern, nachdem die athener 490 vor christi geburt den sieg über die perser errungen hatten.

Greta findet, dass sie beim Lesen des Textes viel interessantes erfahren hat. Am nachmittag fällt ihr ein, dass momentan die olympischen spiele aus pyeongchang im Fernsehen übertragen werden. Deswegen möchte sie morgen mittag ihre Oma besuchen, um mit ihr die Übertragung anzuschauen. Dann kann sie ihr auch einiges neues und interessantes über die olympischen spiele erzählen. Sie können abends noch gemeinsam essen. Am sonntagmorgen muss sie noch für eine Geschichtsarbeit lernen und am nachmittag wird sie selbst noch etwas sportliches unternehmen.

Folie
M → S. 289
Orthografisches Lesen

2 Lies dir den Text jetzt noch einmal mithilfe des orthografischen Lesens durch. Unterstreiche alle Nomen, die großgeschrieben werden müssen.

3 Vergleicht eure unterstrichenen Nomen und begründet, warum sie großgeschrieben werden.

4 Schreibe den Text in korrigierter Form auf.

In diesem Kapitel lernst du, ...

- *die Regeln der Groß- und Kleinschreibung zu wiederholen.*
- *die Regeln der Groß- und Kleinschreibung begründet anzuwenden.*

Groß- und Kleinschreibung

Groß- und Kleinschreibung wiederholend anwenden

1 Die folgenden Wörter sind Nomen für Gefühle. Bilde mit ihnen Sätze und beachte die Groß- und Kleinschreibung.

EIFERSUCHT – EIFERSÜCHTIG ■ FREUDE – FREUEN ■ WUT – WÜTEND ■ LIEBE – LIEBEN ■ LANGEWEILE – LANGWEILIG ■ LUST – LUSTIG ■ TRAUER – TRAURIG ■ ZORN – ZORNIG ■ ÄRGER – ÄRGERLICH

2 Forme den Text um und beachte, ...

- dass Greta nun den Text an ihre Lehrerin Frau Martens schreibt.
- dass die Regeln der Groß- und Kleinschreibung eingehalten werden.

Lieber Niklas,
ich möchte mich kurz bei dir melden und dir mitteilen, dass es mir hier an der Ostsee sehr gut gefällt. Leider Regnet es. Ich hoffe, dass bei dir zu hause besseres Wetter ist. Wenn ich zurück bin, habe ich dir eine menge zu erzählen. Es ist nämlich Einiges passiert, was du dir kaum Vorstellen kannst.
Bis bald!
Greta

3 Arbeite mit dem Text.

Tipp
Beachte den Merkkasten.

Folie

a) Achte auf die richtige Groß- und Kleinschreibung.
- Notiere bei der Großschreibung die passende Regel aus dem Merkkasten.
- Vergleicht eure Schreibung.
- Schreibe den Text nun ab.

Auf großen (V/v)_V_eranstaltungen [1] werden oft Tauben in die Luft geschickt. Dieses (S/s)___pektakel [ ] wird dann von (M/m)___illionen [ ] von Zuschauern am (F/f)___ernseher [ ] verfolgt. So war das zum (B/b)___eispiel [ ] lange (Z/z)___eit [ ] bei den (O/o)___lympischen Spielen [ ] üblich. Diesen (B/b)___rauch [ ] gibt es (H/h)___eute [ ] nicht mehr. Doch wohin fliegen diese Tauben? Für diese Tiere ist die (R/r)___ückkehr [ ] in den (E/e)___igenen [ ] Taubenschlag etwas (G/g)___enetisch [ ] (E/e)___ingeprägtes [ ]. Sie kehren also an den Ort zurück, an dem sie gezüchtet worden sind. Sie können nämlich ihr (Z/z)___uhause [ ] über viele Kilometer wiederfinden. Wie eine solche (O/o)___rientierung [ ] möglich ist, ist noch immer nicht vollkommen (G/g)___eklärt [ ]. Wahrscheinlich geschieht es durch (M/m)___essen [ ] des Erdmagnetfeldes, zu dem sie fähig sind. In Kriegszeiten hat man Tauben daher vor (A/a)___llem [ ] für das (Ü/ü)___berbringen [ ] von Botschaften verwendet. Noch heute gibt es Vereine, in denen Tauben gezüchtet werden und die sich deren Fähigkeit zum (Ü/ü)___berbringen [ ] von Nachrichten (Z/z)___unutze [ ] machen.

Rechtschreibung und Zeichensetzung

- b) Schreibe den Text ab und achte dabei auf die richtige Groß- und Kleinschreibung.
  - Tauscht eure Texte und korrigiert sie.
  - Verbessert eure Groß- und Kleinschreibung.

Auf großen veranstaltungen gehört das freilassen von tauben zum festprogramm und wird oft von millionen von zuschauern am fernseher verfolgt. Für andere sind diese tiere „ratten der lüfte“ und krankheitsüberträger, die man am liebsten zum abschießen freigeben würde. Für die einen sind sie friedensboten, für die anderen eine lästige plage.

Über jahrhunderte wurden tauben zum transportieren von botschaften eingesetzt. In der biblischen arche ließ noah nach der sintflut tauben aufsteigen. Eine von ihnen kam mit einem ölzweig zurück und zeigte damit das ablaufen des wassers an. FÜR DIESE TIERE IST NÄMLICH DIE RÜCKKEHR IN DEN EIGENEN TAUBENSCHLAG ETWAS GENETISCH EINGEPRÄGTES. SELBST ÜBER EINE ENTFERNUNG VON HUNDERTEN VON KILOMETERN KÖNNEN SIE IHR ZUHAUSE WIEDERFINDEN. IN WISSENSCHAFTLICHEN UNTERSUCHUNGEN WURDE FESTGESTELLT, DASS DIE TAUBEN DURCH MESSEN DES ERDMAGNETFELDES IHREN WEG FINDEN.

IN HEUTIGER ZEIT IST AN VIELEN ORTEN DAS FÜTTERN VON TAUBEN VERBOTEN. DENNOCH LIEBEN ES VIELE MENSCHEN, DEN TAUBEN BEIM AUFPICKEN VON KÖRNERN MIT GROSSEM VERGNÜGEN ZUZUSCHAUEN.

DAS KOSTBARSTE ■ NICHTS UNGEWÖHNLICHES ■ NICHT UNÜBLICH ■ MANCHERLEI MERKWÜRDIGES ■ ZUM ALLTÄGLICHEN ■ ETWAS SELBSTVERSTÄNDLICHES

4 Setze beim Abschreiben des Textes statt der Ziffern die Wortkombinationen vom Rand in der richtigen Groß- und Kleinschreibung ein.

Bei den Olympischen Spielen der Antike ereignete sich **1**. So war es z. B. **2**, dass zu früh gestartete Läufer mit Peitschenhieben bestraft wurden. Was heute **3** gehört, nämlich Medaillen für die Sieger, das gab es damals noch nicht. **4**, das die Sieger erhielten, war ein Kranz aus Zweigen des Ölbaums. Es war aber damals **5**, dass die Heimatstädte den Siegern fürstliche Geschenke machten. Und auch damals schon war es **6**, wenn sich einzelne Athleten durch Bestechung ihrer Gegner den Sieg erkauften.

Tipp
Denke daran, Satzanfänge schreibt man immer groß.

Die Regeln der Großschreibung

1. Nomen und Namen schreibt man groß:
   Schule, Jugend, Reichtum, Langeweile ... – Maria, Rhein, Berlin, Schweizer Käse ...
2. Tageszeiten schreibt man nach vorausgehenden Adverbien groß:
   gestern Abend, heute Morgen, morgen Nachmittag ...
3. Als Nomen gebrauchte Zahlen schreibt man groß:
   eine Zwei schreiben, eine Sechs würfeln, jeder Dritte ...
4. Als Nomen gebrauchte Verben im Infinitiv, denen oft die Artikel *der, die, das* oder die Präpositionen *am, beim, zum* ... vorausgehen, schreibt man groß:
   das Laufen fällt ihm schwer, das Rechnen, beim Turnen, zum Verrücktwerden ...
5. Als Nomen gebrauchte Adjektive, denen oft die Pronomen *alles, etwas, nichts, viel, wenig* ... vorausgehen, schreibt man groß:
   alles Gute, etwas Schönes, wenig Erfreuliches, im Dunkeln, das Rot der Ampel ...
6. Die Anrede *Sie* und die dazugehörigen Formen *Ihr, Ihnen* ... schreibt man groß:
   Ich möchte Sie noch fragen: Wie geht es Ihnen und Ihren Kindern?

Groß- und Kleinschreibung

Überprüfe dein Wissen und Können

1 Schreibe die folgenden Ausdrücke richtig auf.

ICH HABE ANGST – DU BIST ÄNGSTLICH – DAS MACHT MIR ANGST – WIR SIND ANGSTFREI – IHN ÜBERKAM EIN GEFÜHL DER ANGST – DAS WAR EINE ANGSTPARTIE – MACH MIR KEINE ANGST – ICH ÄNGSTIGE MICH

2 Wende die Regeln der Groß- und Kleinschreibung richtig an.

Folie

a) In jedem Satz befinden sich zwei Fehler.
- Markiere diese.
- Schreibe die Sätze nun in der richtigen Groß- und Kleinschreibung auf.
- Begründe die Großschreibung.

Auf dem nachhauseweg heute nachmittag ist mir eingefallen:
Ich möchte dich morgen mittag bei euch zu hause besuchen.
Ich komme heute abend am bahnhof an.
Liebe Frau Mattes, ich möchte ihnen mitteilen, dass Tobias mit fieber im Bett liegt.
Ich habe dir etwas aufregendes über die letzten ereignisse zu erzählen.
Wir können uns beim essen auf eurer terrasse darüber unterhalten.

b) Schreibe den folgenden Text in der richtigen Groß- und Kleinschreibung auf.

Trennung siamesischer Zwillinge

kapstadt. eine riskante operation zur trennung von siamesischen zwillingen, die am kopf zusammengewachsen waren, ist in südafrika ohne komplikationen perfekt verlaufen. die beiden 17 monate alten mädchen hatten getrennte gehirne. sie hatten aber mehrere lebenswichtige blutgefäße gemeinsam, die bei zwei vorangegangenen operationen getrennt worden waren. BEI DER VORBEREITUNG DER OPERATION STANDEN DIE ÄRZTE IN DIREKTEM KONTAKT MIT EINER AMERIKANISCHEN KLINIK. DORT WAREN EINIGE JAHRE ZUVOR ZWILLINGE ERFOLGREICH GETRENNT WORDEN. GRATULATION AN DIE BEHANDELNDEN ÄRZTE!

Recht-schreibung und Zeichen-setzung

Getrennt- und Zusammenschreibung

Tipp
Schlage im Wörterbuch nach.

1 Schreibe die Sätze mit den passenden Verben auf und entscheide dabei, ob man die Wörter getrennt oder zusammenschreibt.

aufeinander: legen, achten, hören, aufpassen, treffen, prallen
Ich habe die Bretter … gelegt. – Die beiden haben gut … geachtet. – Sie haben … gehört. Wir haben … aufgepasst. – Zwei Freunde sind … getroffen. – Zwei Autos sind … geprallt.
auseinander: brechen, fallen, stellen, nehmen, sich …setzen
Die Kiste ist … gebrochen – Die Gruppe ist … gefallen. – Wir haben die Stühle … gestellt. – Er hat den Motor … genommen. – Wir haben uns mit dem Thema … gesetzt.
gegenüber: stehen, betonen, treten, sitzen
Die beiden Häuser haben sich genau … gestanden. – Sie hat mir … betont, dass … . – Sie sind sich … getreten. – Wir sind uns … gesessen.
gegeneinander: prallen, antreten, kämpfen, stellen, spielen
Die Fahrzeuge sind gegeneinander … – Die Mannschaften sind … angetreten und haben … gekämpft – Er hat die Möbel … gestellt. – Sie haben … gespielt.
ineinander: fügen, laufen, sich … verlieben, sich …verkeilen, fließen
Die Holzleisten sind gut … gefügt.– Die Wettkämpfer sind … gelaufen. – Sie haben sich … verliebt. – Die Holzplatten sind rutschfest … verkeilt. – Milch und Wasser sind … geflossen.
übereinander: stellen, reden, schlagen, herfallen, legen
Sie haben die Kisten übereinander … .– Die beiden haben … geredet. – Sie haben die Beine … – Sie sind … hergefallen. – Die Lehrerin hat die Hefte … gelegt.
zusammen: halten, trainieren, brechen, überlegen, sprechen, klappen
Die Freunde haben zusammen … – Sie haben zusammen … – Der Kranke ist … .– Wir haben … überlegt. – Die Freunde haben … gesprochen. – Der Stuhl ist … geklappt.

2 Schreibe die folgenden Sätze richtig auf. Achte dabei auf die Betonung beim Aussprechen der einzusetzenden Wörter.

a) Mit einigem Glück sind wir noch einmal *davon/gekommen*.
b) Sie hat vor der Klasse den Text ihres Referats *frei/gesprochen*.
c) Die verfeindeten Parteien sind nach dem Streit wieder *aufeinander/zugegangen*.
d) Er sagte: „Du solltest *da/bleiben*, wo du hingehörst!“
e) Ihr ist im Urlaub der Geldbeutel *abhanden/gekommen*.
f) Kannst du eigentlich von zwanzig aus *rückwärts/zählen*?
g) Am Wochenende wollten sie zusammen *Eis/eis/laufen*.
h) Vor dem Eingang ins Stadion mussten sie *Schlange/schlange/stehen*.

In diesem Kapitel lernst du, …
- *die Getrennt- und Zusammenschreibung von Wörtern zu wiederholen und anzuwenden.*
- *Wörter der Getrennt- und Zusammenschreibung im Wörterbuch nachzuschlagen.*

Getrennt- und Zusammenschreibung

Getrennt- und Zusammenschreibung wiederholend anwenden

1 Die folgenden Wörter kann man getrennt oder zusammenschreiben. Bildet mit diesen Wörtern jeweils zwei Sätze.

a) Er hat am Wettbewerb ? . – Er hat sich von dem Geld einen ? . *(Teil/teil: nehmen)*
b) Sie ist nach dem Essen noch etwas ? . – Sie ist ? , wo ihr Freund war. *(da: bleiben)*
c) Er ist gerade noch einmal ? . – Das ist ? , dass er Glück hatte. *(davon: kommen)*
d) Sie hat das Referat ? . – Der Richter hat den Angeklagten ? . *(frei: sprechen)*
e) Die Frau hat ? . – Dabei musste sie natürlich ? . *(rückwärts: einparken / fahren)*
f) Wenn zwei sich streiten, muss man manchmal ? . – Siehst du die beiden Mauern dort? Du musst ? . *(dazwischen: gehen / dazwischen hindurch: gehen)*
g) Du musst die Tür ? . – Das ist mit mir nicht ? . *(zu: machen)*
h) Die beiden sind aufeinander ? .– Du brauchst nur ein bisschen schneller ? . *(zu: laufen)*
i) Du brauchst mir dafür nichts ? . – Du solltest das ruhig ? ! *(zu: geben)*
j) Wir wollen bei eurem Spiel gern ? . – Was ist denn dort ? ? *(zu: sehen)*

Tipp
Achtet auf die Bedeutung der Wörter, damit ihr wisst, ob sie getrennt oder zusammengeschrieben werden.

2 In dem Text befinden sich neun Fehler der Getrennt- und Zusammenschreibung. Sprecht die Wörter deutlich aus und kennzeichnet die jeweilige Betonung. Schreibt den Text in der richtigen Getrennt- und Zusammenschreibung auf.

Folie

Auf dem Marktplatz ist gestern eine große Menschenmasse zusammen gelaufen **1**. Das Publikum schaute zu, wie die Läufer der beiden Stadtvereine mit denen aus Straßburg zusammengelaufen **2** sind. An diesem Lauf haben über vierhundert Männer und Frauen Teil genommen **3**. Vor allem die Läufer der beiden großen Sportvereine Grün-Weiß und Arminia sind aufeinander getroffen **4**. Sie wollten sich im Wettkampf mit den Athleten der Partnerstadt aus Frankreich auseinander setzen **5**. Es gab einen spannenden Lauf, in dem Christian Ellsohn aus Offenburg den Sieg davon trug **6**. Das Ereignis wurde über schattet **7** von einem Unfall, als einer der Läufer von Arminia zusammen geklappt **8** ist und in eine Klinik gebracht werden musste. Am Ende haben die Franzosen mit ihren deutschen Freunden zusammengefeiert **9**.

Wortbetonung
Sie signalisiert in der Regel Zusammenschreibung: aufeinánderlegen. Zwei Betonungen (oder nur eine auf dem Verb) signalisieren Getrenntschreibung: aufeinánder áchten.

Tipp
Schlagt bei Unsicherheit im Wörterbuch nach.

Getrennt- und Zusammenschreibung

Ob man zwei Wörter getrennt oder zusammenschreibt, ist oft schwer zu entscheiden.
Manchmal erkennt man die Schreibung daran, wie die Wörter betont werden.
So wird **zusammen laufen** und **zusammenlaufen** unterschiedlich betont.
Betont man in den Wörtern nur eine einzige Stelle, so ist das oft ein Zeichen dafür, dass sie zusammengewachsen sind.
Die beiden Wortvarianten haben oft unterschiedliche Bedeutungen:
zusammen laufen – *Wir beide sind heute Morgen zusammen gelaufen.*
zusammenlaufen – *Auf dem Platz ist eine große Menschenmenge zusammengelaufen.*

Recht-schreibung und Zeichen-setzung

Getrennt- und Zusammenschreibung

Im Wörterbuch nachschlagen

1 Schreibe mit folgenden Wörtern je einen Satz auf.
Fahrrad fahren, beim Fahrradfahren, rückwärtsfahren, beim Rückwärtsfahren, zusammengekommen, geschenkt bekommen, teilgenommen, gefangen genommen

2 Schau im Wörterbuch nach, wie Wörter geschrieben werden, ...

- ... die mit *durcheinander* kombiniert sind. Schreibe Sätze auf.
  - a) *durcheinander/geraten, durcheinander/geredet*
  - b) *durcheinander/geraten, durcheinander/geredet, durcheinander/gebracht*

- ... die mit *gleich* kombiniert sind. Schreibe Sätze auf.
  - a) *gleich/groß, gleich/weit, gleich/gelagert*
  - b) *gleich/groß, gleich/weit, gleich/gelagert, gleich/lautend*

- ... die mit *hoch* kombiniert sind. Schreibe Sätze auf.
  - a) *hoch/hergegangen, sehr hoch/springen, beim Hoch/springen*
  - b) *sehr hoch/springen, beim Hoch/springen, hoch/kompliziert, hoch/stapeln*

- ... die mit *nichts/Nichts* kombiniert sind. Schreibe Sätze auf.
  - a) *gar/nichts, sich in N/nichts unterscheiden, nach N/nichts/aussehen*
  - b) *gar/nichts, sich in N/nichts unterscheiden, nach N/nichts/aussehen, ein nichts/sagender Blick, vor dem N/nichts/stehen*

- ... die mit *Groß/groß* kombiniert sind.
  größten/teils, G/große Pause, im G/großen und G/ganzen, groß/gewachsen, groß/kariert
  - a) Schreibe die Wörter richtig auf.
  - b) Schreibe Sätze mit diesen Wörtern auf.

- ... die mit *Gut/gut* kombiniert sind.
  gut/gegangen, gut/gemacht, etwas G/gutes, alles G/gute, gut/gemeint
  - a) Schreibe die Wörter richtig auf.
  - b) Schreibe Sätze mit diesen Wörtern auf.

- ... die mit *hier* kombiniert sind.
  hier/bleiben, hier/her, hier/her/zu/kommen, hier/gewohnt, hier/behalten
  - a) Schreibe die Wörter richtig auf.
  - b) Schreibe Sätze mit diesen Wörtern auf.

Getrennt- und Zusammenschreibung

Überprüfe dein Wissen und Können

1 Schreibe die Sätze richtig auf.

a) Ihr könnt doch noch da/bleiben. – Ihr müsst da/bleiben, wo ihr seid.
b) Sie hat das Referat frei/gesprochen. – Der Angeklagte wurde frei/gesprochen.
c) Die Farben auf dem Papier sind ineinander/gelaufen. – Die beiden haben sich ineinander/verliebt.
d) Er ist beim Zuschauen verrückt/geworden. – Das Spiel war zum Verrückt/werden.

2 Im folgenden Text sind sieben Fehler der Getrennt- und Zusammenschreibung enthalten.
- Markiere die Wörter.
- Schreibe die Wörter richtig auf.

Folie

Was wir im Tierpark erlebten, war sehr interessant. Am meisten erstaunt hat mich die Aggressivität der Paviane. Als zwei von ihnen aneinander geraten sind, sind die Kräfte so richtig aufeinander geprallt. Zuerst sind sie friedlich hintereinanderhergegangen. Dann drehte sich der vordere Affe plötzlich um und biss dem Verfolger in den Nacken. Sie kämpften eine Zeit lang mit einander, bis einer nachgab. Er ist ein Stück rückwärts gelaufen und wollte sich vorsichtig davon machen. Als er sich umdrehte, hat ihn der andere von hinten nocheinmal in den Nacken gebissen.

3 Schlage im Wörterbuch folgende Wörter nach.

a) *groß/schreiben*
Schreibe einen Satz auf, in dem man *groß schreiben* getrennt und *großschreiben* zusammenschreibt.

b) *zu/sehen*
Schreibe einen Satz auf, in dem man *zu sehen* getrennt und *zusehen* zusammenschreibt.

c) *leicht/fallen*
- Schreibe einen Satz auf, in dem man *leicht fallen* getrennt und *leichtfallen* zusammenschreibt.
- Begründe, unter welchen Bedingungen getrennt oder zusammengeschrieben wird.

d) *zufrieden/stellen*
- Halte fest, welche Schreibung bevorzugt wird.
- Schreibe einen Beispielsatz auf.

Recht-schreibung und Zeichen-setzung

Zeichensetzung

1 Lies den folgenden Text und konzentriere dich zunächst nur auf den Inhalt.

Gestern stand plötzlich Jenny mit ihrem neuen Cabrio unten auf der Straße. Sie hupte lachte und winkte zu mir herauf sie gab mir ein Zeichen dass ich runterkommen sollte. Ich zog mir rasch etwas über ich rannte die Treppe hinunter und stieg in den Wagen ein. Man konnte es Jenny richtig ansehen wie stolz sie auf ihr knallrotes Auto war. Als Jenny mit lautem Brummen den Motor angelassen hatte ging die Fahrt auch schon los.

Der Fahrtwind mir durch die Haare wehend war beachtlich die Sonne schien mir auf den Kopf. Jenny meine Freundin trug eine braune Lederkappe, so eine, wie sie früher die Rennfahrer trugen. Sie rief mir etwas zu aber der Motor heulte zu laut um etwas zu verstehen, und der Wind pfiff mir um die Ohren. Wir fuhren ein Stück aufs Land hinaus – ich kannte die Gegend nicht – es war eine tolle Fahrt. Hoffentlich kann ich so eine Kiste auch bald einmal fahren dachte ich wenn ich den Führerschein gemacht habe aber das ist noch ein bisschen hin.

Folie

2 Lies jetzt den Text noch einmal ganz konzentriert und setze die fehlenden Satzzeichen. An manchen Stellen kannst du Punkte oder Kommas einsetzen.

3 Lest euch den bearbeiteten Text gegenseitig vor. Sprecht dabei Kommas und Punkte mit und vergleicht eure Ergebnisse.
Beispiel: *… Sie hupte – Komma – lachte und winkte zu mir herauf – Punkt oder Komma – sie gab mir ein Zeichen – Komma – dass ich runterkommen sollte …*

4 Schreibe den Text ab und beachte dabei folgende Dinge:
- Achte auf die Punkte und Kommas, die du einsetzen musst.
- Beachte die Großschreibung, wenn ein neuer Satz beginnt.

5 Diskutiert folgende Fragen:
- Warum wurde in Zeile 9 vor *und* ein Komma gesetzt?
- Warum wurden in den Zeilen 9 und 10 Gedankenstriche gesetzt?

In diesem Kapitel lernst du (,) …
- *wie die Kommas in Satzgefügen gesetzt werden.*
- *dass-Sätze in Infinitivgruppen umzuwandeln.*
- *die Zeichensetzung bei der Parenthese kennen.*

Zeichensetzung

Kommasetzung in Satzgefügen

Du hast bereits gelernt:
Nebensätze werden durch Kommas von Hauptsätzen und anderen Nebensätzen abgegrenzt. Auf dieser Seite kannst du noch einmal üben.
Die verschiedenen Arten der Verbindung von Haupt- und Nebensatz können in bildlichen Satzmodellen dargestellt werden, wobei der Hauptsatz so dargestellt wird: ┌──┐,
der Nebensatz so: └──┘, der Hauptsatzanfang und das Hauptsatzende mit dem eingeschobenen Nebensatz so: ┌──, └──┘, ──┐

Dies sind die fünf am häufigsten vorkommenden Satzmodelle:
1. └──┘, ┌──┐. 2. ┌──┐, └──┘. 3. ┌──, └──┘, ──┐. 4. ┌──┐, └──┘, └──┘. 5. └──┘, ┌──┐, └──┘.

1 Beschreibt die fünf Satzmodelle, indem ihr die Begriffe Hauptsatz und Nebensatz verwendet.

S. 321
Satzgefüge

2 Arbeite mit den folgenden Sätzen.
- Unterstreiche die Hauptsätze.
- Ordne die Sätze den Satzmodellen zu und zeichne sie ein.
- Setze in den Text nun beim Abschreiben elf Kommas ein.

Folie
www
Du findest den Text zum Bearbeiten im Internetportal.

Titanic

a) Weil Neumond ist, herrscht auf dem Meer Dunkelheit.

b) Da kein Wind weht ist es sehr still draußen wo kein Wellenschlag auf ein Unheil hindeutet.

c) Nachdem um 23.40 Uhr der Ausguck einen „Eisberg voraus“ gemeldet hat läutet er dreimal die Glocke.

d) Das Schiff dreht da auch der wachhabende Offizier offenbar den Eisberg bemerkt hat nach Backbord.

e) Doch es ist zu spät und die Kollision ist nicht mehr zu vermeiden.

f) Der Eisberg touchiert die stählerne Außenhaut des Schiffes die unter der Wasserlinie liegt.

g) Einige Passagiere im Mittelschiff bleiben da sie kaum etwas von den Geräuschen bemerkt haben ruhig.

h) Doch vorn im Schiff rumst es gewaltig sodass einige Passagiere dort herumgeschleudert werden.

i) An manchen Tagen geht eben alles schief obwohl man nichts Böses geahnt hatte.

Recht-schreibung und Zeichen-setzung

Zeichensetzung

Kommasetzung in komplexen Satzgefügen

Folie

1 Setze im folgenden Text die Kommas ein und zeichne die Satzmodelle.

Städte als Vogelparadies

Weil viele Vögel den Menschen folgen sind manche Großstädte Vogelparadiese was man sich nicht vorstellen kann. Das viele Grün ist so verlockend dass es sogar seltene Vögel hierherzieht wie z.B. den Eisvogel der in Lehmmauern lebt und sich lange Gänge gräbt. Die Plätze werden immer knapper und sind deshalb hart umkämpft weil das milde Stadtklima immer mehr Vögel anlockt wie es auch beim Seidenschwanz der Fall ist.

Es gibt oft Kämpfe um Leben und Tod weil der Konkurrenzkampf groß ist sodass sich nicht alle Vögel einen Platz im Stadtgebiet erobern können. Wer es nicht schafft muss aufs Land ausweichen wo die Bedingungen nicht so gut sind jedoch die Konkurrenz nicht so hart ist.

2 Bildet aus dem Wortmaterial in der Tabelle jeweils einen Hauptsatz mit nachgestellten Nebensätzen. Nutzt die vorgegebenen Konjunktionen.
- Setzt die Kommas ein.
- Zeichnet die Satzmodelle.

S. 321 *Satzgefüge*

Überraschung

Wir wollten in eine Filmpremiere gehen.	weil	Einige Stars sollten anwesend sein.	die	Die Stars wollten wir live erleben.
Wir mussten an der Kasse warten.	bis	Die Beine taten uns schon weh.	als	Plötzlich war alles ausverkauft.
Wir haben keine Karten mehr bekommen.	obwohl	Wir hatten alles unternommen.	sodass	Wir gingen schimpfend nach Hause.
Mein Vater lächelte.	während	Ich erzählte meinem Vater von unserem Pech.	bis	Ich schaute ihn irritiert an.
Er hatte heimlich im Internet Karten besorgt.	bevor	Die Kassen hatten geöffnet.	damit	Er konnte uns überraschen.
Natürlich mussten wir später genau berichten.	wie	Die Veranstaltung hatte uns gefallen.	bei der	Wir hatten unsere Stars hautnah erlebt.

Kommasetzung in komplexen Satzgefügen

Ein Satzgefüge besteht immer aus einem Hauptsatz und mindestens einem Nebensatz. Nebensätze können sich auf den Hauptsatz beziehen oder auf einen anderen Nebensatz.
Die Promis, die zur Filmpremiere kamen, wurden von vielen Fans, die auf der Jagd nach Autogrammen waren, begrüßt, obwohl es in Strömen regnete.

Zeichensetzung

Einen *dass*-Satz in eine Infinitivgruppe umwandeln

Ein häufiger Fehler in schriftlichen Arbeiten ist die korrekte Verwendung der Konjunktion *dass* und der damit verbundenen Zeichensetzung.
Das kannst du vermeiden, wenn du Infinitivgruppen verwendest.

Damit die Umweltbelastung in den Städten wirklich nachhaltig gesenkt wird, ist es notwendig, das öffentliche Verkehrsnetz und die Fuß- und Radwege auszubauen.	Damit die Umweltbelastung in Städten wirklich nachhaltig gesenkt wird, ist es notwendig, dass das öffentliche Verkehrsnetz und die Fuß- und Radwege ausgebaut werden.

1 Vergleicht beide Sätze und stellt Gemeinsamkeiten und Unterschiede fest.

2 Im folgenden Text findest du viele Nebensätze, die mit *dass* eingeleitet werden. Lies den Text und markiere die Nebensätze, die mit *dass* eingeleitet werden.

Folie

S. 316 *Infinitivgruppen*

Comeback

Das Elektroauto ist heute in aller Munde. Es soll einen Beitrag leisten, dass man die steigende Umweltbelastung in Städten senkt.

Aber die wenigsten wissen, dass bereits 1881 ein dreirädriges, elektrisch betriebenes Straßenfahrzeug vorgestellt wurde. Ein Elektroautomobil brauchte damals nur etwas mehr als 100 km/h, dass es 1899 den Geschwindigkeitsrekord durchbrechen konnte. Die steigende Umweltbelastung durch Verbrennungsmotoren hat in den letzten Jahren dazu beigetragen, dass das Elektromobil aus seinem Schattendasein befreit wurde. Fahren ohne Kraftstoff ist dringend notwendig, dass diese nicht noch mehr Rußpartikel und Kohlenmonoxid in die Luft schleudern.

Damit sich die Akzeptanz von Elektroautos verbessert, sollen die Ladeinfrastruktur ausgebaut, die Reichweite erhöht und die Ladezeit verringert werden.

Der Erneuerbare-Energie-Sektor muss so ausgebaut werden, dass er die CO_2 Bilanz von Elektrofahrzeugen verbessert.

3 Überlege, welche Sätze in eine Infinitivgruppe umgewandelt werden können. Schreibe sie auf.

Tipp
Einen der dass-Sätze kannst du nicht umwandeln. Beachte den Merkkasten.

Einen *dass*-Satz in eine Infinitivgruppe umwandeln

Sätze mit der Konjunktion *dass* können in eine Infinitivgruppe umgewandelt werden, wenn:
- Subjekt, Dativobjekt oder Akkusativobjekt im Haupt- und Nebensatz identisch sind
- das Subjekt im Hauptsatz *es (Es ist wichtig …)* und im Nebensatz *man* ist.
- das Verb im Hauptsatz kein Sprech- oder Wahrnehmungsverb *(sagen, fühlen, sehen, entdecken …)* oder *wissen, passieren, stimmen, geschehen* ist.

Recht-schreibung und Zeichen-setzung

Zeichensetzung

Parenthese

1 Lies die folgenden Sätze einmal mit und einmal ohne Einschub und vergleiche sie.

Lisa hat Liebeskummer.	Lisa hat (wie du vielleicht gehört hast) Liebeskummer.
Sie behauptete, nicht die neuen Schuhe ihrer Schwester genommen zu haben.	Sie behauptete, und das war glatt gelogen, nicht die neuen Schuhe ihrer Schwester genommen zu haben.
Der Zug setzte sich pünktlich in Bewegung.	Der Zug setzte sich – und das ist erstaunlich – pünktlich in Bewegung.

2 Beschreibt den Einschub.
- Hat er etwas mit dem Satzinhalt zu tun?
- Wie wirkt der Einschub auf euch?
- Warum wird der Einschub verwendet?

3 Verbinde die folgenden Sätze, indem du den zweiten Satz als Parenthese einschiebst. Achte auf die Satzzeichen.

Tim schlief tief und fest. Tim lag am Strand.
Die Lehrerin kennt jeden Schüler ihrer Schule. Die Lehrerin unterrichtet an einer kleinen Dorfschule.
Wenn das Flugzeug überbucht ist, müssen wir eben die Bahn nehmen. Wir wollen es nicht hoffen.
Mia hat eine super Mathearbeit geschrieben. Das muss man ohne Neid anerkennen.

4 Bilde selbst Sätze, in die du Parenthesen einfügst oder überarbeite dahingehend einen eigenen Text.

Parenthese

Als **Parenthese** bezeichnet man einen **eingeschobenen** Satz oder Teil eines Satzes, der nicht unmittelbar zum Inhalt des Satzes gehört und grammatisch mit diesem nicht verbunden ist. Sie wird mit **Gedankenstrichen**, **Klammern** oder **Kommas** vom übrigen Satz abgetrennt.
Die Maus näherte sich der Falle und – so schnell kannst du nicht gucken – war der Käse verschwunden.
In der gesprochenen Sprache wird die Parenthese besonders **betont**. In der Schriftsprache wird die Stimmführung durch Interpunktion ausgedrückt.

Zeichensetzung

Überprüfe dein Wissen und Können

1 Schreibe den Text ab und setze alle Kommas.

Bei einem Fußballspiel ist etwas Komisches passiert sodass die meisten Zuschauer lachen mussten. Eine Wildente hat nämlich ein Tor verhindert und so das Spiel entschieden. Als ein Stürmer den Ball über die Torlinie schieben wollte lenkte sie ihn ab.

Der Schiedsrichter konnte obwohl er es bemerkt hatte das Tor nicht anerkennen. Die Ente wurde vom Heimpublikum da sie die eigene Mannschaft um den Sieg gebracht hatte ausgepfiffen. Sie flog weg nachdem sie sich einmal um die eigene Achse gedreht hatte und kümmerte sich nicht um die Pfiffe.

2 Bilde aus dem Wortmaterial in der Tabelle jeweils einen Hauptsatz mit nachgestellten Nebensätzen.
- Setze die Kommas ein.
- Zeichne die Satzmodelle.

Lehrer wundern sich im Winter über Schüler.	welche	Die Schülerinnen und Schüler behalten ihre Jacken an.	obwohl	Die Heizkörper sind heiß.
Sie wehren sich gegen das Lüften des Zimmers.	weil	Das Lüften des Zimmers führt zu Erkältungen.	die	Sie wollen diese nicht haben.
Wissenschaftler haben festgestellt.	dass	Das ist ein Irrtum.	weil	Unser Stoffwechsel braucht die Kälte.

3 Stelle die *dass*-Sätze so um, dass Infinitivgruppen entstehen.

a) Viele Menschen haben sich daran gewöhnt, dass sie morgens zeitig aufstehen.
b) Das hat den Zweck, dass sie noch vor den anderen zur Arbeit fahren.
c) Sie hoffen darauf, dass sie dann nicht im Stau stehen.
d) Es ist das Schicksal vieler Berufstätiger, dass sie Pendler sind.
e) Leider ist es nicht für alle möglich, dass sie öffentliche Verkehrsmittel benutzen.

4 Ordne den folgenden Sätzen die Fachbegriffe: Hauptsatz, Nebensatz, Infinitivgruppe, vorangestellt, nachgestellt, eingeschoben zu.

a) Er fuhr in die Stadt, um seine Freundin zu treffen.
b) Als er ankam, war sie nicht zu Hause.
c) Er traf sie also, obwohl er sie gern gesehen hätte, nicht an.
d) Darüber war er so traurig, dass er beinah geweint hätte.

5 Schreibe je einen Satz nach folgenden Satzmodellen:

a) └──┘, ┌──┐.   b) ┌──, └──┘, ──┐.   c) └──┘, ┌──┐, └──┘.

Sprach-gebrauch und Sprach-reflexion

Wortarten

Wortarten-Bingo

www
Ihr findet die Bingo-Zettel im Internetportal.

Nomen	Personal-pronomen	Demonstrativ-pronomen	Präposition
Possessiv-pronomen	Adjektiv	Anrede-pronomen	unbestimmter Artikel
Verb	Interrogativ-pronomen	Adverb	Relativ-pronomen
Subjunktion	Konjunktion	Reflexiv-pronomen	Modalverb

Adjektiv	Adverb	Anrede-pronomen	Demonstrativ-pronomen
Interrogativ-pronomen	Konjunktion	Modalverb	Nomen
Personal-pronomen	Possessiv-pronomen	Präposition	Reflexiv-pronomen
Relativ-pronomen	Subjunktion	Verb	unbestimmter Artikel

Adjektiv	Adverb	unbestimmter Artikel	Konjunktion
Nomen	Präposition	Anrede-pronomen	Demonstrativ-pronomen
Interrogativ-pronomen	Personal-pronomen	Possessiv-pronomen	Reflexiv-pronomen
Relativ-pronomen	Subjunktion	Modalverb	Verb

Demonstrativ-pronomen	Reflexiv-pronomen	Nomen	Konjunktion
Possessiv-pronomen	Adjektiv	Anrede-pronomen	Adverb
Modalverb	Interrogativ-pronomen	unbestimmter Artikel	Personal-pronomen
Subjunktion	Präposition	Reflexiv-pronomen	Verb

1 Spielt das Wortarten-Bingo. Beachtet die Regeln.

Bingo-Regeln

Es spielen: mehrere Spieler und ein Spielleiter

Vor dem Spiel: Jeder Spieler erhält einen Bingozettel.
Jeder Spieler liest seinen Bingozettel aufmerksam.
Gemeinsam wird sich für ein Muster entschieden:

- eine Reihe senkrecht
- eine Reihe waagerecht

oder

- eine Reihe diagonal

Nomen X	Personal-pronomen X	Demonstrativ-pronomen X	Präposition X
Possessiv-pronomen X	Adjektiv	Anrede-pronomen X	unbestimmter Artikel
Verb X	Interrogativ-pronomen X	Adverb	Relativ-pronomen
Subjunktion X	Konjunktion	Reflexiv-pronomen	Modalverb

Der Spielleiter legt eine Stoppuhr bereit.

Das Spiel: Der Spielleiter stellt jede 30 – 45 Sekunden eine Frage.

Ziel/Spielende: Der erste Spieler, der das geforderte Muster erreicht hat, ruft „Bingo“.

Tipp
Ihr könnt auch ein eigenes Wortartenbingo entwerfen und spielen.

Material für den Spielleiter

Zu welcher Wortart gehört das Wort *du*?
Zu welcher Wortart gehört das Wort *dieser*?
Zu welcher Wortart gehört das Wort *wo*?
Zu welcher Wortart gehört das Wort *wegen*?
Zu welcher Wortart gehört das Wort *vielleicht*?
Zu welcher Wortart gehört das Wort *mein*?
Zu welcher Wortart gehört das Wort *Sie*?
Zu welcher Wortart gehört das Wort *der*?
Zu welcher Wortart gehört das Wort *sich*?
Zu welcher Wortart gehört das Wort *Tisch*?
Zu welcher Wortart gehört das Wort *am besten*?
Zu welcher Wortart gehört das Wort *rief*?
Zu welcher Wortart gehört das Wort *eine*?
Zu welcher Wortart gehört das Wort *oder*?
Zu welcher Wortart gehört das Wort *können*?
Zu welcher Wortart gehört das Wort *weil*?

In diesem Kapitel lernst du …

- *die Verwendung des Nominalstils in Texten.*
- *die Verwendung des Verbalstils in Texten.*
- *die Verwendung der Tempusarten.*
- *die starke Konjugation des Verbes kennen.*
- *die Aussagefunktion des Passivs kennen.*
- *den Modus des Verbes kennen.*

Sprachgebrauch und Sprachreflexion

Wortarten

Verben und Nomen in Texten

1 Lest beide Texte und vergleicht sie.

1

Jana wartete auf ihren Freund, indem sie unruhig auf dem Bahnsteig auf und ab ging. Als der Zug angekommen war, rannten viele Reisende umher, um in andere Züge umzusteigen. Da alles durcheinanderlief, verfehlte sie zunächst ihren Freund. Sie erreichte ihn glücklicherweise dann doch, indem sie ihn mit ihrem Handy anrief.

2

Jana ging in Erwartung ihres Freundes voller Unruhe auf dem Bahnsteig auf und ab. Nach Ankunft des Zuges begann ein Herumgerenne vieler Reisender zwecks Umsteigens in andere Züge. Aufgrund dieses großen Durcheinanders verfehlte sie zunächst ihren Freund. Mithilfe eines Anrufs mit ihrem Handy erreichte sie ihn zum Glück dann doch.

→ S. 275 – 276
Konjunktion und Subjunktion in komplexen Satzgefügen

Folie

2 Unterstreicht in den beiden Texten Nomen und Verben (einschließlich Hilfsverben) mit unterschiedlichen Farben.

3 Zählt nun in beiden Texten die Präpositionen und Subjunktionen.

4 Fasst zusammen, welche Wortarten eher im Nominalstil verwendet werden und welche im Verbalstil.

5 Entscheidet, welcher Text euch besser gefällt, und begründet eure Antwort.

6 Schaut euch die Texte noch einmal genau an.

a) Tragt in die Tabelle ein, was aus den vielen Verben des ersten Textes im zweiten Text geworden ist.

Verbalstil	Nominalstil
wartete	*in Erwartung,*

Folie

b) Unterstreicht die den Nominalisierungen nachgestellten Attribute im zweiten Text und besprecht, was ihr feststellt. Vergleicht mit dem Merkkasten.

Großschreibung in allen Fällen nominaler Verwendung normgerecht anwenden, Sprachebenen begründet und differenziert prüfen und gestalten

7 Lies den Auszug aus dem Jugendschutzgesetz.
a) Unterstreiche alle Nominalisierungen.
b) Formuliere den markierten Satz in den Verbalstil um.

Folie

Aus dem Jugendschutzgesetz § 1Begriffsbestimmungen

M → S. 284 *Gesetzestexte erschließen*

(2) Trägermedien im Sinne dieses Gesetzes sind Medien mit Texten, Bildern oder Tönen auf gegenständlichen Trägern, die zur Weitergabe geeignet, zur unmittelbaren Wahrnehmung bestimmt oder in einem Vorführ- oder Spielgerät eingebaut sind. Dem gegenständlichen Verbreiten, Überlassen, Anbieten oder Zugänglichmachen von Trägermedien steht das elektronische Verbreiten, Überlassen, Anbieten oder Zugänglichmachen gleich, soweit es sich nicht um Rundfunk im Sinne des § 2 des Rundfunkstaatsvertrages handelt.
(3) Telemedien im Sinne dieses Gesetzes sind Medien, die nach dem Telemediengesetz übermittelt oder zugänglich gemacht werden. Als Übermitteln oder Zugänglichmachen im Sinne von Satz 1 gilt das Bereithalten eigener oder fremder Inhalte.

8 Lest den folgenden Auszug aus dem Jugendschutzgesetz und besprecht, was euch auffällt.

Führung der Liste jugendgefährdender Medien

(2) Wird entschieden, ob (jugendgefährdende Medien) in die Liste aufgenommen oder gestrichen werden, ist dies unverzüglich zu melden …
(3) … Es kann davon abgesehen werden, dies bekanntzumachen, wenn das Trägermedium lediglich durch Telemedien verbreitet wird …

9 Übertragt den Text zurück in den Nominalstil. Nominalisiert dazu die unterstrichenen Verben.

10 Besprecht, welcher Text als Gesetzestext besser geeignet ist, und begründet.

Verbalstil – Nominalstil

Texte, deren Stil von **Verben** bestimmt ist, stehen im **Verbalstil**.
*Beobachtung – **beobachten**, Warnung – **warnen***
Dieser Stil wirkt lebendig, deshalb verwendet man ihn oft in **Erzähltexten**.
Da der Verbalstil von Nebensätzen geprägt ist, kommen in ihm außerdem viele **Konjunktionen** vor.

Texte, deren Stil von **Nomen** bestimmt ist, stehen im **Nominalstil**.
*zur **Beobachtung** – beobachten, zur **Warnung** – warnen*
Mit diesem Stil werden Texte straff zusammengefasst, deshalb verwendet man ihn vor allem in **Sachtexten**, in **Clustern** und **Mindmaps**.
Der Nominalstil ist außerdem stark von **Präpositionen** und von Attributen, die den Nominalisierungen nachgestellt sind, bestimmt.

Großschreibung in allen Fällen nominaler Verwendung normgerecht anwenden, Sprachebenen begründet und differenziert prüfen und gestalten

Sprachgebrauch und Sprachreflexion

Wortarten

Verben

Tempus

Folie

1 Lies den Text und unterstreiche die Verben.

„Liebling, ich schrumpfen unsere Kinder“,	**Perfekt**
erklären ein Tüftler im gleichnamigen Film seiner Frau.	**Präteritum**
Ihm unterlaufen wohl ein gravierender Fehler,	**Plusquamperfekt**
als er seine neueste Erfindung testen.	**Präteritum**
Was im Film zu turbulenten Szenen führen,	**Präteritum**
geschehen in der Realität täglich.	**Präsens**
Einige Tiere können nämlich ihren Körper und wichtige	
Organe schrumpfen oder wachsen lassen.	**Präsens**
Damit anpassen sie sich Veränderungen in ihrem	
natürlichen Lebensraum.	**Präsens**
Mediziner erforschen dieses Phänomen mit großem Interesse.	**Präsens**
Helfen die Forschungen in der Zukunft Menschen mit	
Knochenerkrankungen?	**Futur I**

2 Schreibe den Text aus Aufgabe 1 neu auf und verwende dabei die angegebenen Tempusformen. Orientiere dich am Merkkasten.

3 Lest euch eure Texte gegenseitig vor und stellt Vermutungen an, warum die angegebenen Tempusformen verwendet werden.

4 Lest den folgenden Text vor und setzt dabei die Verben probeweise in einer Tempusform ein, die euch richtig erscheint.

Polizeikontrolle

Eine Frau *(wollen)* ihren Mann am Abend von der Arbeit abholen. Die Straße *(liegen)* schon in tiefster Dunkelheit. Die Frau *(müssen)* sich anstrengen, um die Fahrbahn zu überblicken. Plötzlich *(sehen)* sie am Straßenrand etwas Auffälliges stehen. Sie denkt: Das *(sein)* wohl ein Heizgerät oder so etwas! Das *(stellen)* sicher jemand als Sperrmüll an die Straße! Nachdem sie *(aussteigen)*, *(zerren)* sie das Ding zu ihrem Wagen und *(schieben)* es in den Kofferraum. Wenig später *(geraten)* sie in eine Verkehrskontrolle. Die Polizistin *(bitten)* sie, doch einmal den Kofferraum zu öffnen. Als ihn die Frau *(aufmachen)*, sagte die Polizistin: „Wissen Sie, was Sie da eben *(einladen)*?“ Die Frau antwortete: „Ja, ein Heizgerät, das ich im Sperrmüll *(finden)*.“ Die Polizistin *(bekommen)* einen Lachanfall. „Das ist doch nicht zu fassen! Sie *(abbauen)* eben unser Blitzlichtgerät, mit dem wir die Geschwindigkeit kontrollieren.“ Man *(nehmen)* ihr das Gerät wieder ab. Ein Strafmandat *(erhalten)* die Frau aber nicht, weil sie erstens die Geschwindigkeit nicht *(übertreten)* und weil zweitens die Polizei humorvoll genug *(sein)*, um der Frau den „Diebstahl“ zu verzeihen.

5 Schreibe den Text ab und setze die Verben in Tempusformen ein, die du passend findest.

6 Überprüft gegenseitig, welche Tempusform ihr eingesetzt habt, und begründet.

Überblick über die Tempusformen

Präsens	sie geht	ich frage sie	ich bin traurig	sie hat mich gern
Perfekt	sie ist gegangen	ich habe sie gefragt	ich bin traurig gewesen	sie hat mich gern gehabt
Präteritum	sie ging	ich fragte sie	ich war traurig	sie hatte mich gern
Plusquamperfekt	sie war gegangen	ich hatte sie gefragt	ich war traurig gewesen	sie hatte mich gern gehabt
Futur I	sie wird gehen	ich werde sie fragen	ich werde traurig sein	sie wird mich gern haben
Futur II	sie wird gegangen sein	ich werde sie gefragt haben	ich werde traurig gewesen sein	sie wird mich gern gehabt haben

Sprachgebrauch und Sprachreflexion

Starke Konjugation

Folie

1 Trage die Verben in die Tabelle ein.

binden – braten – erschrecken – kriechen – raten – rufen – schwimmen

www
Du findest die Tabelle im Internetportal.

Infinitiv	1. Person Singular Präteritum	Partizip II
a → *braten*	ie → *briet*	a/u → *gebraten*
e	a	o
i	a	u/o
ie	o	o
u	ie	u

Folie

2 Ergänze die Tabelle mit je zwei weiteren Verben.

3 Schreibe den folgenden Text ab. Verwende Präteritum als Haupttempus.

Er, Sohn eines Schauspielers, erfährt schon sehr früh, wie es ist, vor Publikum zu stehen. Am Anfang seiner Karriere sieht man ihn vor allem in Kinderproduktionen. Danach versucht er sich im Singen. In seinem letzten Film überzeugt er in einer Nebenrolle an der Seite eines Stars. Das gefällt einem bekannten Regisseur so gut, dass er ihn für seinen neuen Film nach Hollywood mitnimmt. Auch im kommenden Jahr ist sein Kalender mit zahlreichen Drehs gut gefüllt.

4 Ordne die Verben des neu geschriebenen Textes in die Tabelle.

schwache Verben	starke Verben
versuchte	*erfuhr*

5 Erläutert, wie sich die Wortstämme der Verben in den einzelnen Formen verändern.

Starke und schwache Verben

In der deutschen Sprache unterscheidet man zwischen starken und schwachen Verben.
Starke Verben: Der Stammvokal ändert sich und das Partizip II endet auf **-en**: *gehen – ging – gegangen*.
Schwache Verben: Der Stammvokal ändert sich nicht und das Partizip II endet auf **-t**: *spielen – spielte – gespielt*.
Mischformen: Der Stammvokal ändert sich zwischen Infinitiv und Präteritum und das Partizip II hat die Endung **-t**: *senden – sandte – gesandt*.
Der Stammvokal ändert sich und das Partizip II hat die Endung **-en**: *stehen – stand – gestanden*.

Wortarten

Die Aussagefunktion des Passivs

1 Lest euch die Textschnipsel gegenseitig laut vor.

Ich bitte dich, endlich dein Zimmer aufzuräumen.

Wir haben gestern bei uns gefeiert.

Wir konnten es nicht vermeiden.

Wir haben das Spiel gewonnen.

Ich sah eine Dame, die eine Bettlerin belästigte.

Sarah hat die Tür geschlossen.

Das Zimmer muss endlich aufgeräumt werden.

Gestern wurde bei uns gefeiert.

Es konnte nicht vermieden werden.

Das Spiel wurde gewonnen.

Ich sah eine Dame, die von einer Bettlerin belästigt wurde.

Die Tür wurde geschlossen – von Sarah.

2 Arbeitet mit den Sätzen. Folie

- Markiert die Aktiv- und Passivsätze unterschiedlich.
- Ordnet die Aktivsätze den jeweiligen Passivsätzen zu.

3 Besprecht, wie die einzelnen Sätze auf euch wirken. Orientiert euch im Merkkasten.

4 Diskutiert, wann es sinnvoller ist, eher Aktiv- bzw. Passivsätze zu verwenden.

Die Aussagefunktion des Passivs

Aussagefunktion	Beispiel	Wirkung
auffordernd	*Heute wird nicht am Computer gespielt!*	*zu etwas auffordern besonders nachdrücklich*
verallgemeinernd	*Es konnte nicht bewiesen werden.*	*unlebendig*
unpersönlich	*Gestern wurde getanzt und gelacht.*	*unpersönlich*
aspektverschiebend	*Das Spiel wurde gewonnen.*	*Perspektivwechsel Resultat hervorgehoben*
kontextuell	*Ich sah ein Kind, das von einem Tier angefallen wurde.*	*Aussage eindeutig*
hervorhebend	*Die Zeitung wurde gebracht – vom Postboten.*	*vorgangsbetonte Sicht*

Aktiv und Passiv unterscheiden und in ihrer Aussagefunktion beschreiben

Sprachgebrauch und Sprachreflexion

Wortarten

Modus des Verbes

Indikativ und Konjunktiv

Folie

1 Lies den Text und unterstreiche alle Verben.

Next Topmodel

Da muss man die Föhnfrisur in die Scheinwerfer halten und sich mit langsamen, gekonnten Schritten der Jury präsentieren – wie auf den großen Modeschauen in Paris. Doch hier geht es nicht um zweibeinige, sondern um vierbeinige Models. Ansonsten laufe aber manches tatsächlich so ähnlich ab wie auf den Modeschauen, sagt Pudelzüchter Hans Korbes. Vor einer Woche stellte er seinen edlen Großpudelrüden auf der Welthundeausstellung in Paris vor. Sein Hund sei mit seinen 17 Monaten unter 450 Großpudeln zweiter Weltjugendsieger geworden, berichtet er weiter. Das Wichtigste dabei sei neben einem freundlichen Wesen ein eleganter Gang und der ideale Körperbau.

Hätte sein Hund bei der Vorführung nicht einige Sprünge gemacht, so wäre er sicher sogar Gesamtsieger geworden. Doch manchmal, so Korbes, liege dem Pudel mehr am Vergnügen als an der ernsthaften Arbeit; das dürfe man ihm nicht übel nehmen. Zur nächsten großen Ausstellung in Bremen werde er seinen Pudel nicht mitnehmen. Dort hätte das Tier durchaus Chancen auf den Gesamtsieg gehabt. Wäre ihm doch nur nicht kürzlich eine läufige Pudeldame über den Weg gelaufen! Die sei ihm, so Korbes, so liebevoll zu Leibe gerückt, dass er das Fressen eingestellt habe. Mit seinem etwas abgemagerten Zustand würde er aber leer ausgehen.

2 Ordne die unterstrichenen Verben in die Tabelle ein.

Indikativ	Konjunktiv I	Konjunktiv II
muss halten	*laufe ab*	*hätte gemacht*

3 Besprecht, wie der Indikativ im Vergleich zum Konjunktiv wirkt.

Indikativ und Konjunktiv

Der Konjunktiv I ist eine besondere Verbform, die im Gegensatz zu den normalen Formen des Indikativs steht. Er hat eine ganz bestimmte Aufgabe:
Der **Konjunktiv I** kennzeichnet vor allem die **indirekte Rede**.
Er wird von der Form des **Infinitivs** hergeleitet:
sein → er sei, haben → sie habe, werden → sie werde, müssen → sie müsse, geben → sie gebe

Der **Konjunktiv II** dient vor allem dem Ausdruck von **Wünschen**, von **Möglichkeit** und **Nicht-Wirklichkeit**.
Er wird von Formen des **Präteritums** hergeleitet und oft mit den Umlauten ä, ö, ü gebildet:
war → sie wäre, hatte → sie hätte, wurde → sie würde, musste → er müsste, gab → er gäbe …

Konjunktiv I in der indirekten Rede

1 Gib dieses Protokoll in einer Zeitungsnachricht in verkürzter Form wieder. Verwende dabei die indirekte Rede.
Beachte: Aus dem *Ich* der direkten Rede wird in indirekter Rede ein *Er*. So könnte der Artikel beginnen: *Ein Dachdecker aus der Nähe von Olmstedt war wegen Tötens von über fünfhundert Kröten angeklagt worden. Der Angeklagte verteidigte sich damit, dass er …*

Protokoll

Der Angeklagte P. O. gibt Folgendes zu Protokoll:

„Ich legte vor einem Monat auf meinem Grundstück einen Teich an. Als ich den feuchten Grund aushob, da fand ich eine riesige Menge Kröten. Ich wusste nicht, was ich mit ihnen machen sollte. Jedenfalls konnten wir nicht weiterarbeiten. Da gab ich meinen Helfern die Anweisung: ‚Steckt sie erst mal in Plastiksäcke und bringt sie dort drüben an den Rand der Wiese!‘ Das haben die dann auch getan. Wir wollten sie später wieder freilassen. Aber da hatte sie der Förster schon gefunden."

Der Förster gab zu Protokoll:

„Am Waldrand sind mir beim Forstgang Plastiksäcke aufgefallen. Ich öffnete sie. Da sah ich, dass sie voller Kröten waren. Sie waren allesamt erstickt."

Eine junge Journalistin legte ihrem Redakteur einen Unfallbericht vor. Der sagte: „Zu lang! Wir haben höchstens für 65 Wörter Platz. Kürzen Sie ihn! Und schreiben Sie bitte alles, was dieser Polizeisprecher gesagt hat, in der indirekten Rede!"

2 Schreibe den Bericht entsprechend um.

Radlerin bei Unfall verletzt

Eine 15-jährige Radfahrerin ist bei einem Verkehrsunfall auf der B 119 angefahren worden. Polizeisprecher Karsten Wolters teilte gestern mit: „Die Jugendliche hat am Donnerstagmorgen mit ihrem Gefährt den dortigen Radweg befahren. Zeitgleich ist eine 67 Jahre alte Autofahrerin vom Parkplatz eines Supermarktes offenbar unaufmerksam in die Straße eingebogen. Dabei wurde die Radfahrerin von ihr, wie sie beteuerte, übersehen. Nach dem Zusammenprall hat sich die Jugendliche überschlagen und ist neben dem Auto zu Boden gestürzt. Sie hat sich einige – allerdings leichte – Verletzungen zugezogen."

ⓘ Konjunktiv I

In der **mündlichen** Sprache wird der **Konjunktiv I** sehr **selten** verwendet.
Dort gebraucht man für die Redewiedergabe eher einen ***dass*-Satz** im **Indikativ** oder den **Konjunktiv II** (mit *wäre*, *hätte* oder *würde*).
In der **Schriftsprache** ist allerdings der **Konjunktiv I** die bevorzugte Form.

Sprachgebrauch und Sprachreflexion

Konjunktiv II

Ein Liebesbrief

www
Ihr könnt euch diesen Liebesbrief auch im Internetportal anhören.

Liebe Paula,
ich hätte dich jetzt so gern bei mir! Ich hielte deine Hand. Ich sänge dir zur Gitarre ein Liebeslied vor. Ich spräche immer wieder deinen schönen Namen aus und schlösse dich in meine Arme. Ach, Paula, ich wüsste gern, ob du mich liebst! Kämst du doch in der Klasse ein einziges Mal an meinen Platz! Würdest du mich auf dem Schulhof nur einmal anlächeln! Ich wäre ja sooo glücklich! Ich trüge dir deine Schultasche. Ich schöbe dein Fahrrad nach Hause. Ich brächte dich bis an deine Haustür. Könnten wir uns nicht einmal treffen?
Sei ganz lieb gegrüßt von mir!
Simon

1 Natürlich würde heute keiner mehr einen solchen Liebesbrief schreiben. Sprecht über den Brief: Wie hört er sich an? Was empfindet ihr dabei?

2 Schau dir die Verben in diesem Brief genauer an. Viele stehen in einer ziemlich ungewöhnlichen Form, die wir ganz selten verwenden. Schreibe sie in der Ich-Form untereinander auf – und schreibe die Form des Präteritums dahinter:
Beispiel: *ich hätte – ich hatte, ich hielte – ich hielt, …*

3 Stellt euch vor, ihr würdet selbst einen solchen Brief schreiben. Sicher würdet ihr dann die Verben eher mit dem Wort *würde* verwenden. Formt den Brief mündlich um. Sprecht darüber, ob euch diese Form besser gefällt.
Liebe Paula,
ich würde dich jetzt so gern bei mir haben, ich würde deine Hand halten …

Konjunktiv II

Der **Konjunktiv II** ist von den Formen des **Präteritums** hergeleitet. Statt des einfachen Vokals steht oft ein **Umlaut**:
ich hätte → *ich hatte, ich wäre* → *ich war, ich würde* → *ich wurde, ich sänge* → *ich sang*
Oft wird auch nur ein **-e** angefügt:
ich hielte → *ich hielt, ich liefe* → *ich lief, ich schliefe* → *ich schlief …*
Wegen der Umlaute ä, ö, ü hören sich viele dieser Formen fremdartig an.
Wir verwenden daher oft lieber Formen mit ***würde***:
Statt *ich schöbe* → *ich würde schieben* – oder gar statt *ich trüge* → *ich würde tragen.*

Wortarten

Überprüfe dein Wissen und Können

1 Lies die Textauszüge.

1) Als mir zum ersten Mal klar wurde, dass ich vielleicht Fiktion bin, verbrachte ich meine Tage an einer öffentlichen Bildungsanstalt namens White River High im Norden von Indianapolis, wo ich von fremden Kräften, die so übermächtig waren, dass ich sie nicht ansatzweise identifizieren konnte, dazu gezwungen wurde, jeden Tag zu einer bestimmten Uhrzeit Mittag zu essen, nämlich zwischen 12 Uhr 37 und 13 Uhr 14.

2) Hätten mir diese Kräfte eine andere Mittagspause zugeteilt oder hätten die Tischgenossen, die mein Schicksal mitbestimmten, an jenem Septembertag ein anderes Thema gewählt, hätte ich womöglich ein anderes Ende gefunden – oder zumindest eine andere Mitte.

3) Doch ich war gerade dabei herauszufinden, dass dein Leben nicht deine Geschichte ist, sondern eine Geschichte über dich.

4) Natürlich tust du so, als wärst du der Erzähler.

5) Das musst du.

6) *Ich beschließe in diesem Moment, zum Mittagessen zu gehen,* denkst du, wenn um 12 Uhr 37 das monotone Schrillen von oben klingt.

7) Dabei entscheidet eigentlich die Glocke.

Der Text auf dieser Seite stammt aus dem Jugendbuch „Schlaft gut, ihr fiesen Gedanken" von John Green.

2 Schreibe die Verben des ersten Satzes auf.
- a) Bestimme die Tempusformen.
- b) Unterscheide nach schwacher und starker Konjugation.

3 Schreibe unter jedes Wort des dritten Satzes die Wortart.

Folie

4 Übertrage den sechsten Satz ins Passiv.

5 Im markierten Teil des ersten Satzes wird vom Zwang gesprochen, zu einer bestimmten Zeit zu essen. Schreibe die Zeiten des Mittagessens als Regel auf. Verwende den Nominalstil.

6 Lies den zweiten Satz noch einmal genau.
- a) Bestimme den Modus der Verben.
- b) Erkläre, warum dieser verwendet wird.

Sprachgebrauch und Sprachreflexion

Wortkunde

Ein Tag im Leben von Francesco

1 Schaut euch die verschiedenen Szenen an und tauscht euch miteinander über eure Eindrücke aus.

2 Mit seinen verschiedenen Gesprächspartnern spricht Francesco jeweils anders.
- Beschreibt, wie sich Francescos Sprache verändert.
- Ordnet den Szenen die folgenden Begriffe zu.
  Achtung: Es können auch mehr als zwei Begriffe zu einem Bild passen.
  Fachsprache – Standardsprache – Emotionale Sprache – Bildliche Sprache – Umgangssprache – Dialekt – Jugendsprache – Überreden – Zuschreibung von Geschlechterrollen – Dennotation – Mehrsprachigkeit – Konnotation
- Warum ändert Francesco seine sprachliche Rolle, wenn er mit verschiedenen Menschen spricht?

3 Besonders belastet Francesco der Streit mit Lisa. Nachts im Traum läuft die Situation noch einmal vor seinem inneren Auge ab.

- Warum reagiert Lisa nun ganz anders?
- Was kann Francesco aus seinem Traum lernen?
- Was könnt ihr generell empfehlen, um Missverständnisse zur vermeiden?

In diesem Kapitel lernst du (,) ...
- *Umgangssprache, Dialekt, Standardsprache und Jugendsprache zu beschreiben.*
- *Funktion und Merkmale von Jugendsprache zu untersuchen und zu erläutern.*
- *sprachliche Fremdheitserfahrungen zu beschreiben, zu reflektieren und zur Entwicklung des Sprachbewusstseins zu nutzen.*
- *Denotation und Konnotation zu unterscheiden.*
- *Sprache als Mittel der Identitätsbildung zu erkennen und zu beschreiben.*
- *Formen bildlicher Ausdrucksweise zu erkennen und ihre Wirkung zu erklären.*
- *einfache Merkmale von Fachsprache zu untersuchen.*
- *Mehrsprachigkeit und den Sprachenvergleich zur Entwicklung des Sprachbewusstseins zu nutzen.*
- *Formen der Überzeugung und Überredung zu beschreiben.*
- *Formen der sprachlichen Zuschreibung von Geschlechterrollen kennen.*

Sprachgebrauch und Sprachreflexion

Wortkunde

Sprachvarianten untersuchen

Samira erzählt ihrer Freundin

„Ey, gestern ist echt was Krasses passiert. Ich war in der Schule und da war die Maier, diese Lehrerin, ähm, die wo immer so ätzend schreit, ähm und, man, das glaubste echt nicht, mit der bin ich total aneinandergeraten, weil ich während der Arbeit kurz auf meinen Lernzettel gespickt hab. Auf jeden Fall war ich dann total sauer, bin aus der Schule raus und hab nicht auf die Straße geachtet. Ich hab nicht nach links und rechts geschaut und an dem Zebrastreifen, du weißt schon, am Haupteingang … boah, da wars vielleicht knapp... der Hund von dem Hausmeister, der rennt doch voll hinter mir her. Der mit seiner Karre konnte grade noch so bremsen … Mensch, ham wir ein Glück gehabt."

1 Markiere, was dir an Samiras Sprache auffällt.
- Welche Stellen sind charakteristisch für gesprochene Sprache?
- Tauscht euch aus.

Deutschunterricht, Thema Erlebnisbericht, Samira schreibt

Gestern passierte in der Schule etwas Blödes. Frau Maier, die oft laut redet, erwischte mich mit einem Spickzettel. Richtig wütend verließ ich das Schulgebäude durch den Haupteingang. Der Hund des Hausmeisters folgte mir bis zum Zebrastreifen. Ich achtete nicht auf die Straße und überquerte einfach den Zebrastreifen. Der Autofahrer konnte gerade noch bremsen und sein Auto kam kurz vor uns zum Stehen. Ich bin froh, dass wir so viel Glück hatten.

2 Vergleiche Samiras Erlebnisbericht mit ihrer Erzählung.

a) Sammle die Unterschiede zwischen der gesprochenen und der geschriebenen Sprache in einer Tabelle.

gesprochene Sprache	geschriebene Sprache
ey, ähm …	*keine Füllwörter*

b) Sammle die Unterschiede zwischen der gesprochenen und der geschriebenen Sprache in einer Tabelle und ordne folgende Begriffe zu:
Tempus – Interjektionen – Satzbau – Wortwahl – Genitivverwendung – Verkürzungen

gesprochene Sprache	geschriebene Sprache	sprachliches Mittel
ey, ähm …	*keine Füllwörter*	*Interjektionen (Ausrufe)*

3 Tauscht euch über eure Ergebnisse von Aufgabe 2 aus.

Umgangssprache, Dialekt und Standardsprache sowie Jugendsprache beschreiben, Funktion und Merkmale von Jugendsprache untersuchen und erläutern

Ein Gespräch in der Jugendsprache

„Wir waren Freibad.“

„Was geht?“

Lehrer: „Warum fehlt Maria?“
Schüler: „Finger.“ Lehrer: „Was?“
Schüler: „Finger, Band, ab.“
Lehrer: „Wie ist das denn passiert?“
Schüler: „Sport“.

„Morgen ich geh Mensa.“

„Frau Reder, machen wir real talk?“

„Ich will Daimler.“

„Das Thermometer misst Temperatur.“

4 Schaut euch die Sprechblasen genauer an.
- Kennt ihr diese oder ähnliche Sätze?
- Überlegt, was mit den Aussagen gemeint ist, und formuliert sie in korrekte Sätze um.

5 Untersucht die Aussagen der Schüler.
- Verwendet hierfür die Kriterien von Aufgabe 2b.
- Tauscht euch aus.

6 Überlegt, was mit dem Satz „Jede Zeit hat ihre Sprache.“ gemeint ist.

Standardsprache – Umgangssprache

Die **Standardsprache** oder „Hochsprache“ ist die **allgemein verbindliche Sprachform**, die in der **Öffentlichkeit** gesprochen und geschrieben wird.
Die **Umgangssprache** wird im alltäglichen **privaten** Umgang vor allem **mündlich** verwendet.
Merkmale der Umgangssprache:
- **umgangssprachliche Ausdrücke** (*ey Alter, ähm*)
- **Satzbau** (Verwendung von Satzteilen, nicht zueinander passende Haupt- und Nebensätze)
- **Grammatik** (**Perfekt** *ich habe gegessen* anstatt *ich aß*, **Dativ** anstatt des Genitivs *der Hund von dem Nachbarn* anstatt *der Hund des Nachbarn*)
- **Verkürzungen** *(glaubste, hab, grad …)*

Einer Art der Umgangssprache ist die **Jugendsprache**. Unter Jugendlichen verbreiten sich oft **spezielle Wörter** oder **Wendungen**, die nur von ihnen verstanden werden. Dadurch **grenzen** sie **sich** von der Standardsprache **ab** und bringen ihre **Zugehörigkeit** zueinander zum Ausdruck. Die Jugendsprache unterliegt einem **ständigen Wandel** und richtet sich häufig nach aktuellen Trends.

Umgangssprache, Dialekt und Standardsprache sowie Jugendsprache beschreiben, Funktion und Merkmale von Jugendsprache untersuchen und erläutern

Sprachgebrauch und Sprachreflexion

Wortkunde

Dialekt

1

2

Mundartliche Bezeichnungen für »Kartoffel« (jeweils vorherrschende Form)

- ***Aidäpfel***
- ***Erdäpfel/Jardäpfel***
- ***Herdäpfel***
- ***Herdöpfel***
- ***Aibiira***
- ***E(r)biira/Ebbiira***
- ***Grumbiira/Grombiira/Grumbeera***
- ***Erdnuß***
- ***Bodabiira***
- ***Kadoffel/Gedoffel***

1 Schaut euch die Legende in der Abbildung 1 an.
- Welche Begriffe kennt ihr?
- Versucht, euch die Worte gegenseitig vorzulesen.

Tipp
Fragt eure Großeltern oder andere Menschen, die schon lange in der Region leben, nach typischen Wörtern.

2 Je nach regionaler Lage werden Wörter anders ausgesprochen oder es gibt sogar andere Begriffe dafür.
- Betrachtet die Abbildung 2. Tauscht euch aus, welche Dialekte ihr kennt.
- Ordnet den in der Abbildung 2 genannten Dialekten die passenden Bezeichnungen für Kartoffel aus der Abbildung 1 zu.

3 Sammelt Begriffe aus eurem regionalen Dialekt und tauscht euch aus.

4 Lies den Songtext „Du bisch mei Number One“ von MC Bruddaal.

Tipp
Im Internet und bei Musikdiensten kannst du nach dem Lied suchen und es anhören.

So… mir kennet uns jetzt scho a Weile
Aber es gibt da ebbes, was ich dir scho immer sage wolld.

I bin der MC Bruddaal hallo … und des isch
mei Liebessong, und der isch nur für dich
damit ich dir mal sage kann wie cool du bisch
des hann i no nie für jemand gmacht freusch du dich?

Nur bei dir fühl i mi wohl
wärsch du ned da wär des so wie a party
ohne alkohol ha des kansch mer glauba
des sag i dr ganz nüchtern i bin ned mal am saufa

i wois no wie das wie des damals war
als i di zum aller erschta mal sah
scho damals traf mi armors pfeil
i war no so kloi aber i dacht scho geil …

ziemlich groß ha des gfallt mer
a bissle dreckig aber des gfallt mer
du haschn Kessel (was?) mir egal
trotzdem bisch mei erschte Wahl, Stuttgart …

Du, du bisch mei number one
und i will koi andre hann
noi i will koi andre hann
denn baby du

Du bisch mei number one
noi i will koi andre hann

i war scho woandersch au im letzschter eck
aber da hat mr oifachs essa net gschmeckt
wer kocht scho so gut wied mudder … koiner
was i ned kenn kommt in dr kudder … oimer

dahoim ha ischs halt oifach am beschta
da gibts Mauldascha Brätzle und Spätzle
Linsa, Seitawürschtle und a Roschtbrata
wieso sollt i da in der Urlaub fahre

i moin ganz ehrlich dr beschte Sommer haddich
wo natürlich in Stuttgart Donderladdich
36 Grad des war a bolla Hitz
fascht scho zu heiß junger Vadder han i gschwitzt

da semmer emmer an dem oina subber Flecka gflaggt
den hennse abgrissn, so wie immer in der Stadt
i muss zugebe du hasch dich verändert
aber des hat nix an meine Gfühle geändert … Stuttgart!

I wois des klingt komisch abers isch halt so
für dich brennt moi herz lichterloh, oh
ja du bringschd mi um den verschtand
denn du bisch mei number one

ja nur bei dir
ja nur bei dir Stuttgart ja nur bei dir
hann i di Gfühle die i hann
Stuttgart i sags dr

5 Tauscht euch aus. Welche Sprache verwendet MC Bruddaal? Was versteht ihr? Was versteht ihr nicht? Klärt unbekannte Wörter.

6 Fasst zusammen, wovon der Song handelt.

7 Die folgenden Strophen wurden auf Hochdeutsch übertragen.
- Finde sie im Songtext.
- Welche schwäbischen Wörter fallen dir besonders auf?
- Markiere die Unterschiede zwischen Hochdeutsch und Schwäbisch.

Folie

Ziemlich groß, ja das gefällt mir.
Ein bisschen dreckig aber das gefällt mir.
Du hast einen Bauch (was?) mir egal.
Trotzdem bist du meine erste Wahl, Stuttgart

Ich meine, ganz ehrlich, den besten Sommer hatte ich,
wo, natürlich in Stuttgart, auf jeden Fall
36 Grad, das war eine extreme Hitze
fast schon zu heiß, oh mein Gott, habe ich geschwitzt.

Sprachgebrauch und Sprachreflexion

8 Es gibt mehrere Unterscheidungsmerkmale zwischen der hochdeutschen und der schwäbischen Strophe.
- Schreibe die Wörter heraus, die nur anders ausgesprochen werden.
- Folie: Markiere Wörter, für die es ganz andere Begriffe im Schwäbischen gibt.

9 Schau dir die folgenden Beispiele an.

„mei Mädle" *„mei erschde Wahl"* *„mei Liebessong"*

- Übertrage sie ins Hochdeutsche.
- Vergleiche die Pronomen im Schwäbischen mit denen im Hochdeutschen.

MC Bruddaal heißt mit gebürtigem Namen Henrik Brislow. Begonnen hat er seine Karriere als MC Bruddaal, weil er sich zu Stuttgart 21 äußern wollte. Hauptsächlich handeln seine Songs von dem Alltag im Schwabenland.

10 „MC Bruddaal ist der Rapper, wo auf Schwäbisch rappt."
- Überlege, was an diesem Satz ungewöhnlich ist.
- Tausche das falsch verwendete Wort durch das richtige aus.

11 Überlege, warum MC Bruddaal seinen Song auf Schwäbisch und nicht auf Hochdeutsch geschrieben hat.

12 Tauscht euch aus, in welchen Situationen es Sinn ergibt, Dialekt zu verwenden, und wann es sogar nachteilig sein kann, so zu sprechen.

Dialekt

Je nachdem wo in Deutschland man sich befindet, wird eine **eigene regionale Sprache** gesprochen. Sie hat eine eigene **Aussprache** und **Sprachmelodie**. Zu Dialekten gehören eigene **Wörter**, die im Hochdeutschen nicht vorkommen. **Auch grammatische Endungen** werden oft weggelassen oder verkürzt. Ebenso gibt es **Auffälligkeiten im Satzbau** (z. B. Relativpronomen wird durch „wo" ersetzt).
Die Karte bildet eine Übersicht der Dialekte in Deutschland ab.

Wortkunde

Sprachliche Missverständnisse

1 Bordeaux statt Porto

Ein Missverständnis kam einer Frau aufgrund ihres sächsischen Dialekts teuer zu stehen. Sie hatte bei einem Reisebüro einen Flug nach Porto in Portugal gebucht, bekam aber stattdessen ein Ticket ins französische Bordeaux. Nachdem die Frau Widerspruch gegen die Lastschrift auf dem Konto eingelegt und die Reise nicht angetreten hatte, ging die Reisegesellschaft vor Gericht. Die Frau verlor den Prozess, da sie für eine undeutlich ausgesprochene Buchung selbst verantwortlich sei.

2 Chaos unter der Bevölkerung löst Vulkanausbruch aus

Eine Frau, die morgens am Frühstückstisch die Zeitung las, sagte zu ihrem Mann: „Ich wusste gar nicht, dass Vulkanausbrüche auch von Menschen ausgelöst werden können." Der Mann schüttelte mit dem Kopf und sagte: „Das glaube ich nicht. Reich mir die Zeitung doch mal rüber!" Dann las er in der Zeitung die Schlagzeile *Chaos unter der Bevölkerung löst Vulkanausbruch aus.* Der Mann hielt sich den Bauch vor Lachen.

3 Eine ganz kleine Zahl

Der Lehrer gibt die Klassenarbeiten zurück. Mit einem etwas undurchsichtigen Lächeln sagt er zu einer Schülerin: „O, Johanna, diesmal steht ja unter deiner Arbeit nur eine ganz, ganz kleine Zahl! Gratuliere!" Die Schülerin, die sich seit je über die spöttischen Bemerkungen ihres Lehrers geärgert hatte, nimmt an, dass sie nur ganz wenige Punkte erreicht hat, und fängt an zu weinen. Da sagt der Lehrer: „Das lobe ich mir! Es gibt noch Mädchen, die über eine Eins in Freudentränen ausbrechen!"

4 Engländer

In einer Familie aus Bochum ist der Austauschschüler John aus England zu Besuch. Eines Tages ist der Vater gerade dabei, für ihn das Fahrrad instand zu setzen, wobei ihm sein Sohn Paul zuschaut. Da sagt der Vater zu Paul: „Du, hol mir doch mal den Engländer aus der Werkstatt!" Da rennt Paul los, kommt aber gleich wieder zurück und sagt: „Ich kann John nicht finden. In der Werkstatt ist er jedenfalls nicht." Der Vater fasst sich an den Kopf und lacht.

5 Wir verstehen uns einfach nicht mehr

„Heute ist wieder so ein wunderbarer Sonnentag", sagt die Frau zu ihrem Mann und zeigt aus dem Fenster. „Ja", antwortet der Mann, „genau wie gestern." Die Frau sieht ihren Mann böse an und sagt: „Du willst mich wieder mal nicht verstehen! Ich meine den zauberhaften Sonnentag voriges Wochenende an der Ostsee." Der Mann zieht die Augenbrauen zusammen und sagt mürrisch: „Wie soll ich immer ahnen, an was du gerade denkst, wenn du etwas sagst?" Die Frau murmelt in sich hinein: „Wir verstehen uns einfach nicht mehr."

6 Geschützte Tierarten

Die Biologielehrerin, die gerade das Thema *Geschützte Tierarten* behandelt, fragt Niklas, der gerade aus dem Klassenfenster schaut und die Autos auf der Straße beobachtet: „Hast du auch schon davon gehört, dass sich in der Lüneburger Heide jetzt der Wolf wieder angesiedelt hat?" Niklas blickt erschrocken auf und sagt etwas verwirrt: „Ja. Drei Volvos nacheinander!" Die Lehrerin runzelt die Stirn und sagt: „Du hörst wieder überhaupt nicht zu!"

Sprachgebrauch und Sprachreflexion

1 In den Texten auf der Seite 255 geht es um sprachliche Missverständnisse.
- Lies dir die Texte durch.
- Finde heraus, wo die Missverständnisse liegen.

2 Lies die Arten der Missverständnisse im Merkkasten (Seite 257).
- Schreibe auf, um welche Art von Missverständnis (a – f) es sich bei den Texten 1 bis 6 handelt.
- Tauscht euch aus.

3 Berichtet euch gegenseitig von selbst erlebten Missverständnissen.

4 Lest das folgende Gespräch in verteilten Rollen.

Folie

- Überlegt, warum Niki von Anfang an falsch verstanden hat, was Pia sagt.
- Später hat Niki wieder etwas falsch verstanden. Markiert die Aussagen, die falsch verstanden werden können.
- Wie hat Pia diese Wortkombination gemeint? Und wie hat Niki sie verstanden?
- Formuliert Pias Satz so um, dass er richtig verstanden werden kann.
- Ordnet das Missverständnis einer Art aus dem Merkkasten zu.

Die Einladung

„Gestern habe ich eine Mail bekommen“, sagte Pia. „Und stell dir vor, was drinstand!“

„Na, sag schon!“, sagte Niki.

„Meine liebste Pia, so fing es an.“

„Wow! So was möchte ich auch mal kriegen!“

„Ja, warte doch mal! Weiter gings mit: Besuch mich doch am Sonntag am Starnberger See! Ich bezahl dir die Reise.“

„Irre, da fährst du sicher hin!“

„Das musste ich erst mal mit meinen Eltern besprechen. Also hab ich zuerst die Mail meiner Schwester zu hause vorgelesen.“

„Und die fand das sicher auch krass, dass dich dein Lover eingeladen hat.“

„Wieso denn Lover?“

„Na, wer dich an den Starnberger See einlädt, muss schon ganz schön verliebt in dich sein.“

„Versteh ich nicht!“

„Ich übertreibe ein bisschen! Und was hat deine Schwester dazu gesagt?“

„Wieso meine Schwester?“

„Du hast doch eben gesagt, du hättest die Mail deiner Schwester vorgelesen.“

„Ja, und?“

„Nun, die muss doch irgendwas dazu gesagt haben!“

„Gesagt? Meine große Schwester war doch gar nicht da. Sie hat die Mail doch selbst geschrieben! Vom Starnberger See! Und weil sie dort arbeitet, hat sie mich eingeladen.“

5 Arbeitet mit dem Comic.
- Was hat die Frau mit dem Satz „Ich habe mein Herz in Heidelberg verloren“ gemeint?
- Wie ist das Missverständnis entstanden?
- Überlegt, um welche Art von Missverständnis es sich handelt.
- Formuliert den Satz um, sodass er direkt richtig verstanden wird.

6 Schreibe zu den folgenden Wörtern die Denotation sowie mögliche Konnotationen auf.
Nacht – Sonne – Flasche – Leuchte - Fuchs
- Tauscht euch aus.
- Findet eigene Beispiele.

Sprachliche Missverständnisse

Wenn **Verständigung** gelingen soll, müssen bestimmte **Bedingungen** erfüllt sein. Die Partner müssen **dieselbe Sprache** sprechen. Sie müssen sich rein **akustisch verstehen** können. Sie müssen etwa **dasselbe Wissen** besitzen. Sie müssen **verständlich** miteinander reden und **einander zuhören**.
Missverständnisse kommen zumeist folgendermaßen zustande:
a) Der Sprecher denkt an etwas anderes als der Zuhörer.
b) Der Angesprochene hört nicht richtig zu.
c) Der Zuhörer hat ein anderes Verständnis von einem Wort als der Sprecher.
d) Der Sprecher spricht etwas falsch oder undeutlich aus.
e) Der Zuhörer versteht Ironie nicht.
f) Der Sprecher oder Schreiber benutzt eine verwirrende Wortstellung.

Unter **Denotation** versteht man die Bedeutung eines Wortes im eigentlichen Sinn, also die **Hauptbedeutung** (*Herz = Organ*).
Konnotation bezeichnet die **Nebenbedeutung** eines Wortes (*Herz = Liebe*). Da Wörter für jeden Menschen eine andere Konnotation haben können, kommt es dadurch immer wieder zu Missverständnissen. (siehe c)

Sprachgebrauch und Sprachreflexion

Wortkunde

Sprache: sachlich – emotional

1 Lies den Text.

Die Diskussion zog sich hin. Man konnte sich in der Klasse nicht einigen, welche Fragen man dem Gemeindedirektor genau stellen sollte. Es ging um den Ausbau der Sportanlage. Jeder vertrat eine andere Ansicht. Plötzlich sagte Ronald: „Wenn ihr weiter so rumlabert, kommen wir nicht voran!" Da ging ein Sturm in der Klasse los: „Quatsch! Was heißt hier rumlabern?" „Wir haben uns ernsthaft um eine Lösung bemüht!" „Jeder von uns hat einen sachlichen Beitrag eingebracht!" „Du sagst sonst überhaupt nichts, Depp, und dann wirst du auch noch unsachlich!" „Du meinst doch nicht etwa mich?" Ronald war richtig erschrocken: „Habe ich was Falsches gesagt?" Noch einmal wütende Proteste: „Das hört sich bei dir so an, als würden wir bloß in die Gegend quatschen!" „Miesmacher!" „Das ist nicht fair!" Ronald war echt geknickt: „Ich meinte doch bloß, … dass wir nicht auf den Punkt gekommen sind, … dass jeder was anderes will …" Einer sagte noch: „Wenn man bei einem schwierigen Thema nicht gleich auf den Punkt kommt, ist das noch lange nicht *rumlabern*!" Ronald schüttelte den Kopf. Er konnte sich den Protest nicht erklären.

2 „Da ging ein Sturm in der Klasse los." (Z. 4)
- Was war der Auslöser für diesen „Sturm"?
- Weshalb hat Rolands Satz seine Mitschüler so empört?
- Was meint einer der Mitschüler mit der Aussage: „... dann wirst du auch noch unsachlich!" (Z. 4/5)

→ S. 8 – 21
Kommunikation

3 Roland wollte mit seinem Satz etwas Bestimmtes aussagen.
- Überlegt, was Roland aussagen wollte.
- Formuliert Sätze, durch die sich die Schüler nicht angegriffen fühlen.

4 Im Text finden sich noch mehr Redebeiträge, die unsachlich und eher emotional sind, ebenso gibt es Beiträge, die eher sachlich sind.

a) Finde im Text die emotionalen und sachlichen Redebeiträge.

b) Finde Wörter im Text, bei denen eine Bewertung mitschwingt, die charakteristisch für die emotionale und unsachliche Sprache sind.

Emotionale Sprache – sachliche Sprache

S. 317
Konnotation

Je nachdem welche Worte man verwendet, ist die eigene Sprache eher sachlich oder eher emotional. In der emotionalen Sprache werden oft Worte verwendet, bei denen schon eine Bewertung mitschwingt (**Konnotation**).

Ein Wort bezieht sich auf eine **Sache** oder auf einen **Sachverhalt** und ist ohne Wertung.
Die Schüler haben miteinander diskutiert (Sie haben gezielt miteinander gesprochen.).
Ein Wort drückt ein **Gefühl** oder eine **Bewertung** aus.
Die Schüler haben gelabert (Sie haben ohne ein Ziel miteinander gesprochen.).

Wortkunde

Sprache: bildlich – begrifflich

1 Lies die zwei Texte.

Jeans 1

Im Jahre 1853 kam ein gewisser Levi Strauss, ein deutscher Auswanderer, in San Francisco an, um dort mit Zeltplanen zu handeln. Doch die Goldsucher und Eisenbahnarbeiter waren daran wenig interessiert. Was sie brauchten, waren strapazierfähige Arbeitshosen. Und so produzierte Levi aus den Zeltbahnen Hosen für sie. Sie bestanden aus einem robusten, dicht gewebten Baumwollstoff. Da deren Taschen beim Goldschürfen nicht reißen durften, nietete Levi Strauss sie einfach ins Tuch der Hosen hinein. Diese „Nietenhosen" waren nach der Art von Matrosenhosen aus Genua geschneidert und heißen seitdem „Jeans". Es waren einfache Hosen, die im Prinzip noch heute nach dem Entwurf von damals geschneidert werden. Anfangs protestierten deren Träger gegen die Normen der Gesellschaft. Doch später wurden die Hosen auf der ganzen Welt beliebt und bekannt. In unserer Zeit lassen sich Modehersteller immer neue Formen und Farben für dieses Kleidungsstück einfallen. Doch auch Jacken, Mäntel, Röcke, Kleider, ja, sogar Taschen, Hüte und Schuhe werden heute aus diesem Stoff gefertigt. Die Grundfarbe ist zwar das alte Dunkelblau geblieben, doch es gibt den sogenannten Jeans-Stoff heute in nahezu allen Modefarben. Auch das negative Ansehen von Arbeitskleidung hat dieser Stoff längst hinter sich gelassen. (…)

Jeans 2

Kein Kleidungsstück hat wohl eine so glanzvolle Karriere hingelegt wie die Jeans: von der widerstandsfähigen Arbeitshose bis zum Aushängeschild des Top-Designs. Als Levi Strauss aus Zeltbahnen seine Nietenhosen schmiedete, dienten sie den Goldsuchern als Schutz vor Kälte und Schmutz. Sie nahmen es einem nicht übel, wenn sie zwischen den Kieseln von Bergbächen gewaschen wurden, und ließen sich hernach steifbeinig zum Trocknen in den Wind hängen. Seitdem traten die Hosen einen unglaublichen Siegeszug an. Im 20. Jahrhundert wurden sie zum Vorreiter romantischen Rebellentums. Anfangs traten die „Blauen" einen Protestmarsch an gegen die gebügelten Herrenhosen und brachten die Sehnsucht nach Freiheit und Abenteuer zum Ausdruck. In den 70er- und 80er-Jahren überschwemmten die verschiedensten Modelle den Markt. Sie kamen als Röhren-, Schlag- oder Bundfaltenjeans daher, wurden vor allem von Jugendlichen getragen und standen hoch im Kurs. Keiner, der heute Jeans trägt, fällt mehr aus dem Rahmen. Sie fügen sich brav in das Bild bürgerlicher Modenormalität ein. Und selbst wenn sie ausgewaschen, ausgefranst oder aufgeschlitzt durch die Stadt wandern, schüttelt kaum noch jemand über ihre Auftritte den Kopf.

Sprachgebrauch und Sprachreflexion

2 Beide Texte handeln von der Entstehung und Entwicklung der Jeans.

a) Lest die beiden markierten Textstellen noch einmal.
- Was ist die Aussage der beiden Sätze?
- Findet heraus, wie sich die Sätze sprachlich unterscheiden.

b) Findet in den beiden Texten weitere Beispiele für sachliche und bildliche Sprache.

3 Ordne die beiden folgenden Schlusssätze den Texten zu und begründe deine Wahl.

A „Manche Jeans begleiten ihren Träger ein Leben lang. Jeans sind eben starke und zuverlässige Freunde. Sie sind einfach nicht totzukriegen."

B „Heute sind Jeanshosen Allround-Kleidungsstücke für alle Schichten und man trägt sie bei jeder Gelegenheit. Levis Werbespruch aus der Mitte des 19. Jahrhunderts hat sich bis heute bewahrheitet: Sie sind nicht totzukriegen!"

4 Beschreibt den Unterschied der beiden Sätze.
„Die Hosen wurden auf der ganzen Welt beliebt und bekannt."
„Die Hosen traten einen unglaublichen Siegeszug um die ganze Welt an."
- Welche unterschiedliche Wirkung haben die Sätze auf euch?
- Sprecht über eure Beobachtungen.

5 Sucht aus dem Text **Jeans 2** weitere Formulierungen heraus, in denen die Sprache bildlich ist.

6 Setzt euch genauer mit dem Text auseinander.
- Gibt es Übereinstimmungen?
- Gibt es Unterschiede?
- Überlegt, welche Absichten die Autoren der Texte gehabt haben.

Begriffliche Sprache – bildliche Sprache

Es gibt sprachliche Formulierungen, die sich eher an den **Verstand** wenden und **sachlich** sind: *Mit den Jeans protestierten deren Träger gegen die Normen der Gesellschaft.*
Mit begrifflicher Sprache möchte man Leser **informieren** und **belehren**.

Es gibt sprachliche Formulierungen, die sich besonders an das **Gefühl** und die **Fantasie** wenden und **bildliche Vorstellungen** wecken:
Die Blauen traten einen Protestmarsch gegen die gebügelten Herrenhosen an.
Mit bildlicher Sprache möchte man Leser informieren und unterhalten.

Dem Begriff Jeans entspricht das Bild *die „Blauen"*;
dem Begriff Normen der Gesellschaft entspricht das Bild *gebügelte Hosen*;
dem Begriff *Träger der Hosen, die protestieren,* entspricht das Bild der vermenschlichten Hosen, die zu einem Protestmarsch antreten.

Wortkunde

Fachwörter

Die Bedeutung der Sonne für unser Leben

Die Sonne, ein Stern mittlerer Masse, beeinflusst das Leben der Erde sehr weitreichend. Sie ist von faszinierender Komplexität und besteht hauptsächlich aus Helium und Wasserstoff. Ihre Energie erhält die Sonne von einem thermonuklearen Reaktor im Inneren. Unter ungeheurem Druck werden Wasserstoffkerne zu Heliumkernen verschmolzen. Die Energie, die bei dieser Kernfusion freigesetzt wird, verteilt sich von der Oberfläche der Sonne mit Lichtgeschwindigkeit im Sonnensystem. Dieser Teilchenstrom, der sich von der Sonne aus im Raum ergießt, wird Sonnenwind genannt. Er kann geomagnetische Stürme auslösen und die sich störend auf die Kommunikation mit Satelliten auswirken.

Pflanzen allerdings nutzen die Sonnenenergie, um sie mithilfe von Chlorophyll in chemische Energie umzuwandeln. Die Fotosynthese dient als Grundlage für viele weitere Prozesse in den Pflanzen. Auch Menschen sind durch eine endogene Synthese in der Lage, Sonnenenergie umzuwandeln. Das Provitamin 7-Dehydrocholesterol wird mit Hilfe der UV-Strahlung über das Prävitamin D3 in Vitamin D umgewandelt.

1 Lies den Text
- Markiere die Wörter, die du nicht verstehst
- Schlage diese Wörter in einem Wörterbuch nach.

Folie

2 In dem Text werden viele Fachwörter verwendet.
- Markiere die Fachwörter.
- Vergleiche, ob die Fachwörter auch die Wörter waren, die du nicht verstanden hast.
- Überlege, warum der Autor des Textes so viele Fachwörter verwendet hat.

Folie

3 Tauscht euch aus.
- Gibt es Wörter, deren Bedeutung ihr noch nicht herausgefunden habt?
- Was unterscheidet die Fachsprache von der Standardsprache?
- Haltet fest, welche Merkmale eine Fachsprache auszeichnen.

→ S. 250 – 251 *Sprachvarianten untersuchen (Standardsprache)*

Fachsprache

Eine Fachsprache zeichnet sich durch eine **sachliche Formulierung** aus. Sie möchte **Informationen übermitteln**. Häuft besitzt sie einen **bestimmten Wortschatz**, der sich von der Umgangs- und Standardsprache unterscheidet. Zu ihm gehören oft auch **Fremdwörter** und bestimmte **Fachwörter**. Fachsprachen entstehen meist innerhalb bestimmter **Berufs- oder Interessensgruppen**.

→ S. 261 *Fachwörter*

Sprachgebrauch und Sprachreflexion

Wortkunde

Mehrsprachigkeit

1 Lies dir das Sprachbeispiel durch.

Ein sechsjähriger Junge, dessen Mutter Engländerin und der Vater Deutscher ist, macht eine interessante Beobachtung. Er stellt fest: Anstatt „Thank you very much!“ könnte man auch „Thank you very Dreck!“ sagen.

2 Tauscht euch über die Sprachbeobachtung des Jungen aus.
- Wie kommt er zu der Aussage?
- Fallen euch andere Beispiele ein?

3 Lies den Text.

Wie Mehrsprachigkeit unser Gehirn verändert

Wer mehrere Sprachen spricht, hat nicht nur bei der Kommunikation Vorteile. Multilinguale Menschen sind sozial kompetenter und ihr Gehirn arbeitet effizienter. Im Alter haben sie zudem einen Vorteil. […]

Zahlreiche Untersuchungen haben gezeigt, dass Mehrsprachige Vorteile haben, die weit über das größere Sprachvermögen hinausgehen. Sie können sich besser konzentrieren und Konflikte lösen, sich besser in andere hineinversetzen. Ihr Gehirn ist viel flexibler, bis ins hohe Alter. Und davon profitieren nicht nur jene, die von Geburt an zwischen Sprachen umschalten – sondern auch jene, die es erst als Erwachsene tun. […]

Wer sich jetzt benachteiligt fühlt, weil er nicht von Geburt an mit zwei oder mehr Sprachen aufgewachsen ist, irrt aber. Denn wenn Forscher heute von Mehrsprachigkeit reden, fassen sie das viel weiter als früher […] Es geht nicht darum, mehrere Sprachen von Geburt an zu verstehen und zu sprechen, sondern darum, Erfahrungen mit verschiedenen Sprachen zu machen und aktiv zwischen ihnen hin- und herschalten zu müssen und zu können […] Um sich eine Sprache anzueignen, müsse man es vor allem wollen und die Gelegenheit dazu haben. […] *(Text verändert)*

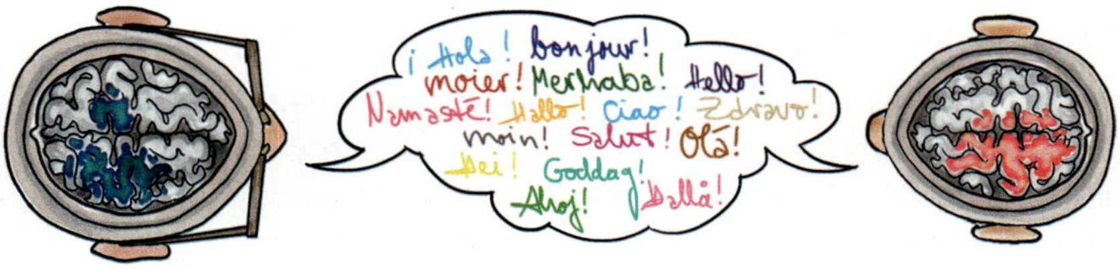

4 In dem Text finden sich viele positive Effekte von Mehrsprachigkeit.
- Schreibt die positiven Auswirkungen von Mehrsprachigkeit auf das Gehirn heraus.
- Sammelt weitere Vorteile von Mehrsprachigkeit.
- Tauscht euch zu euren Erfahrungen mit Mehrsprachigkeit aus.

Mehrsprachigkeit und den Sprachenvergleich zur Entwicklung des Sprachbewusstseins nutzen

5 Arbeite mit dem folgenden Satz.

Today Sabine meets her boyfriend.

- Übersetze ihn sinngemäß ins Deutsche.
- Übersetze ihn wortwörtlich ins Deutsche.
- Schreibe die beiden Übersetzungen untereinander.
- Was fällt dir auf?

6 Jede Sprache hat Merkmale, die sich nicht eins zu eins ins Deutsche übersetzen lassen. Daraus ergeben sich auch besondere Herausforderungen beim Deutschlernen.

- Schaut euch die Beispiele an.
- Bei jedem steht eine wörtliche Übersetzung. Wandelt diese in eine sinngemäße Übersetzung um.
- Vergleicht die wörtliche Übersetzung mit der sinngemäßen und beschreibt die Auffälligkeiten.
- Überlegt, welche Schwierigkeiten eine Person dieser Muttersprache beim Deutschlernen haben könnte.

Französich
Pierre achéte quoi?
Pierre kauft was?

Englisch
sixty-four
sechzig-vier

Albanisch
Omer-i eshte me i zellshem se Adin-i
Omer-der ist mehr fleißig als Adin-der

Italienisch
la luna
die Mond

Türkisch
kitap-lar-im
Büch-er-meine

7 Tauscht euch aus.

- Kennt ihr andere Sprachbeispiele, bei denen es einen Unterschied zwischen wörtlicher und sinngemäßer Übersetzung gibt?
- Interviewt Mitschüler, deren Muttersprache nicht Deutsch ist.

Mehrsprachigkeit

Als mehrsprachig werden Menschen bezeichnet, die mit **zwei oder mehr Sprachen** aufgewachsen sind. Mehrere Sprachen, auch später erlernte, zu beherrschen hat einen **positiven Effekt** auf das Gehirn. Wichtig ist dabei, Erfahrungen mit den Sprachen zu machen und aktiv zwischen ihnen hin- und herschalten zu können.
Oft lassen sich Sprachen nicht eins zu eins übersetzen, da **unterschiedliche sprachliche Regeln** (z. B. beim Satzbau, dem Geschlecht …) gelten. Gerade das führt zu **Schwierigkeiten beim Deutschlernen**. Die Regeln der Erstsprache werden auf das Deutsche übertragen, obwohl hier andere gelten.

Sprachgebrauch und Sprachreflexion

Wortkunde

Euphemismen erkennen und formulieren

Ohne Euphemismen geht es nicht

Immer schön bei der Wahrheit bleiben? – Im Prinzip schon, aber … oft genug wählen wir den einfacheren Weg, um Konflikte in Kommunikationssituationen zu vermeiden: Wir benutzen beschönigende und verharmlosende Formulierungen, um Unangenehmes anzusprechen, ohne unseren Gesprächspartner zu verärgern. **Beschönigende und verharmlosende Formulierungen heißen Euphemismen.**

Euphemismen können aus einem einzigen Begriff bestehen oder aus längeren Formulierungen. Ein Euphemismus sollte mindestens ein Wort enthalten, mit dem der Zuhörer oder Leser etwas Positives verbindet. Wer beispielsweise das Thema „Übergewicht" ansprechen möchte, ist gut beraten, Adjektive wie „dick" oder „fett" zu vermeiden. Stattdessen bietet sich der euphemistische Begriff *vollschlank* an, der deutlich schonender klingt. Er enthält nämlich gleich zwei positive Wortbestandteile: erstens das Adjektiv „voll" (im Sinne von „vollkommen" bzw. „ganz") und zweitens das positiv klingende Adjektiv „schlank".

Besonders schwer tun wir uns, wenn wir über den Tod sprechen. Oft wird bei einem Trauerfall von dem Verstorbenen gesprochen, der *sanft entschlafen* sei.

Selbst bei vielen unserer eigenen Körperfunktionen haben wir oft Hemmungen, direkte sprachliche Formulierungen zu verwenden. Vom Tisch aufzustehen und den Anwesenden direkt mitzuteilen, dass man zur Toilette muss, gilt als äußerst unfein. Stattdessen gehen wir uns einmal kurz *frisch machen, gehen mal ums Eck* oder *gehen dorthin, wohin auch der Kaiser zu Fuß geht.*

Für viele Menschen gehört leider auch der Konsum von Nikotin und Alkohol zum alltäglichen Leben, obwohl natürlich jeder die gesundheitlichen Risiken dieser Suchtmittel kennt. Um sich aber den Genuss nicht durch Gedanken an Krankheit und Tod vermiesen zu lassen, verharmlosen wir die Gesundheitsrisiken sprachlich geschickt mit Euphemismen. Da wird eine Zigarette zu einem harmlosen *Lungenfrühstück* oder *Glimmstängel.* Wenn wir Alkohol trinken, dann gehen wir mit Freunden *einen heben oder zwitschern* – und selbst wenn es dabei zu Alkoholmissbrauch kommt, dann haben wir nur *einen über den Durst getrunken, hatten gut geladen* oder waren etwas *beschwipst.*

Allen bisher genannten Euphemismen liegt die gemeinsame Sprechabsicht der Beschönigung, Verharmlosung oder Schonung zugrunde. Neben sprachlichen Beschönigungen und Verharmlosungen gibt es aber noch zwei weitere Sprechabsichten, mit denen Euphemismen verwendet werden, und zwar 1. die Aufwertung einer Sache oder Personengruppe und 2. die Verschleierung oder Täuschung.

Aufwertende Euphemismen werden zum Beispiel für Berufsbezeichnungen oder für die Benennung gesellschaftlicher Gruppen genutzt. Da die Bezeichnung „Ausländer" beispielsweise ausgrenzend klingt und zum Teil diskriminierend verwendet wurde, spricht man heute ganz bewusst von *Bürgern mit Migrationshintergrund*. Und auch bei den Berufsbezeichnungen lassen sich in den letzten Jahren vermehrt sprachliche Aufwertungen beobachten. So wurden Putzfrauen zu *Raumpflegerinnen*, Verkaufsleiter in Supermärkten sind *Salesmanager* geworden, und Friseure heißen *Hairstylisten*.

Natürlich bedient sich auch die Werbung einer Vielzahl euphemistischer Formulierungen. In der Lebensmittelwerbung wird gezielt beschönigt und aufgewertet. Da wird beispielsweise in einem TV-Werbespot zum *gesunden Naschen* von zuckerhaltigen *Vitaminbonbons* aufgefordert. Dass sich dabei die Begriffe *gesund* und *naschen* widersprechen, fällt den meisten Eltern überhaupt nicht auf. Sie glauben den Euphemismen der Werbemacher und kaufen ihren Kindern die vermeintlich gesunden Bonbons in der Annahme, ihnen etwas Gutes zu tun.

Während bei beschönigenden und aufwertenden Euphemismen eine eher positive Sprechabsicht anzunehmen ist, muss die dritte Gruppe euphemistischer Formulierungen deutlich kritischer gesehen werden. Hinter diesen Euphemismen steht nämlich die Sprechabsicht der gezielten Verschleierung und Täuschung. Leider finden sich solche Euphemismen gehäuft in der Politik und in der Wirtschaft. Aber gerade hier ist es besonders wichtig, dass die Menschen Euphemismen erkennen und durchschauen. Wenn große Firmen dann von der *Freistellung von Personal* oder von *Personalbündelung* sprechen, dann weiß man, dass damit eigentlich Entlassung und Arbeitslosigkeit gemeint sind. Und wenn Konzerne *Gewinnwarnungen* herausgeben oder von *negativen Gewinnzuwächsen* sprechen, dann durchschaut man diese Euphemismen und erkennt, dass der Konzern in Wirklichkeit Verluste gemacht hat.

Um die Sprache der Politiker ist es leider auch nicht besser bestellt. Oft genug wollen Politiker der Bevölkerung Maßnahmen und Programme „verkaufen", die von vielen Menschen eher kritisch gesehen werden. Da sprechen Politiker schon einmal beschönigend von *Hilfspaketen* oder *Rettungsschirmen*, wenn marode Banken und Staaten mit einigen Milliarden Euro Steuergeldern unterstützt werden, und selbst Kriegseinsätze der Bundeswehr im Ausland werden gerne als *friedensbildende Maßnahmen* verharmlost.

1 Beantworte die folgenden Fragen zum Text.

- Was ist ein Euphemismus?
- Welche drei Arten von Euphemismen gibt es?
- Mit welchen Sprechabsichten werden Euphemismen verwendet?
- Welche Euphemismen findest du sinnvoll? Welche werden eher zu Verschleierung von Sachverhalten verwendet?

Sprachgebrauch und Sprachreflexion

2 Die folgenden Sätze enthalten Euphemismen.
- Nenne sie.
- Erkläre, welche Aussage sie beschönigen sollen.
- Erkläre, mit welcher Sprechabsicht sie verwendet wurden.
- Formuliere drei Sätze um, sodass sie keine Euphemismen mehr enthalten.

a) Auf der Party ging es ziemlich hoch her. Einige Jugendliche hatten wohl einen über den Durst getrunken und mussten sich auf der Toilette Erleichterung verschaffen.
b) Dem Hund war leider nicht mehr zu helfen, sodass er eingeschläfert werden musste.
c) Mehrere Autohersteller kündigten Preiskorrekturen wegen gestiegener Rohstoffkosten an.
d) Altglas und Altpapier können in den nahe gelegenen Entsorgungspark gebracht werden.
e) Aufgrund der angespannten Wirtschaftslage ist für das erste Quartal des Jahres bei vielen Unternehmen mit negativen Zuwachsraten und mit einem Minuswachstum zu rechnen.
f) Der zuständige Kommandant bedauerte, dass es bei dem Angriff auf feindliche Stellungen Kollateralschäden gegeben habe.

3 Manchmal ist auch ein ganzer Text euphemistisch formuliert.
- Überlegt, welche Texte das sein können.
- Lest euch den Beispieltext aus einem Reisekatalog durch.
- Markiert euphemistische Formulierungen.

Beliebtes Club Resort für Familien und junge Aktiv-Urlauber. Das Rakjiados Mare Club Resort ist eine gepflegte Hotelanlage, die für unsere Gäste zurzeit weiter ausgebaut wird. Das Resort in relativ ruhiger Stadtlage befindet sich in unmittelbarer Strandnähe. Den hoteleigenen, gepflegten Kiesstrand in einer traumhaften Bucht erreichen Sie in nur 15 Minuten bequem zu Fuß. Vom Hotelstrand aus haben Sie die Möglichkeit, das bunte Treiben im nahe gelegenen Hafen von Rakjiados mitzuerleben. Über die lebhafte Durchgangsstraße gleich hinter dem Hotel erreichen Sie per Bus oder Taxi problemlos attraktive Shops und Discos in der weiteren Umgebung des Resorts. Die Unterbringung erfolgt in sauberen Einzel- bzw. Doppelzimmern im einfachen Landesstil. Balkon mit Meerblick kann gegen einen geringen Aufpreis gebucht werden. Die Clubanlage verfügt über drei großzügige Poolanlagen in Straßennähe und über einen Activity Pool mit separatem Kinderbecken. Unsere All-Inclusive-Gäste können sich an unserem abwechslungsreichen Abendbuffet selbst bedienen und die ländliche Küche genießen.

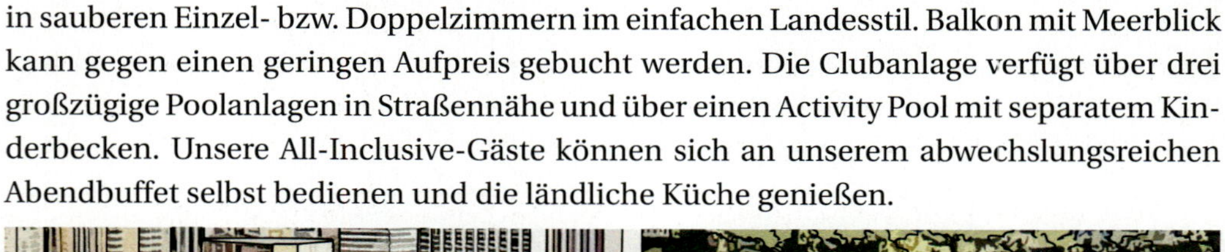

4 Schreibe den Text ohne Euphemismen auf und lies ihn der Klasse oder einem Mitschüler vor.

5 Entscheide dich für einen Text und schreibe ihn beschönigend um.

RECKLEFFS
Putzdienste GmbH

Zur Verstärkung unserer Gebäudeputzkolonne suchen wir noch Putzfrauen und Putzmänner mit Berufserfahrung im Bereich *Büroflächenreinigung.*

Sie sollten sich durch Teamfähigkeit und Zuverlässigkeit auszeichnen und bereit sein, abends oder am Wochenende zu arbeiten.

Interessiert?

Dann senden Sie bitte Ihre vollständigen Bewerbungsunterlagen an Reckleffs GmbH, Personalabteilung, Postfach, 57072 Siegen.

Evelyn, 70 Jahre alte Frau, sucht halbwegs gesunden Mann zwischen 70 und 75 für das lang ersehnte Glück zu zweit. Wenn du gerne reist, genug Geld und keine Frau oder unterhaltspflichtige Kinder mehr hast, dann melde dich.

Zuschriften mit Bild erbeten an **SENIOLIE-Partnervermittlung** unter **Chiffre 4745321.**

6 Ordne den Sprechabsichten **1**, **2** und **3** einen passenden Euphemismus zu.

1. Rücksichtnahme **2. Aufwertung** **3. Irreführung**

a) Lohnangleichung *c) zur letzten Ruhe betten* *e) Pharmareferent*
b) Eventmanager *d) Minuswachstum* *f) Gänsewein*

Euphemismus

Eine **beschönigende**, **aufwertende** oder **irreführende** Formulierung nennt man Euphemismus. Ein Euphemismus wird verwendet, wenn etwas eher Nachteiliges in einem günstigeren Licht dargestellt werden soll. Darum gibt es in Euphemismen in der Regel Wörter mit einer **positiven Nebenbedeutung** (**Konnotation**).

Senioren	+	**Residenz**	=	**Seniorenresidenz**
vorteilhafte Bezeichnung für fitte, ältere Menschen		Wohn- oder Regierungssitz einer bedeutenden Persönlichkeit		hört sich nach einer luxuriösen Wohnanlage für aktive Senioren an

statt:

Alten	+	**Heim**	=	**Altenheim**
klingt nach Alter, Krankheit und Gebrechlichkeit		Unterbringung für Menschen, die nicht mehr allein wohnen können und betreut werden		hört sich nach einer einfachen Einrichtung für gebrechliche, alte Menschen an

Wer Euphemismen verwendet, verfolgt damit meist eine dieser **drei Absichten**:

1. **Rücksichtnahme:** Gefühle einer Person/Personengruppe sollen geschont werden: *Der Verstorbene ist sanft entschlafen.* statt *Er ist gestorben.*
2. **Aufwertung:** Einer Person/Personengruppe soll durch die aufwertende Bezeichnung Anerkennung entgegengebracht werden. *Raumpflegerin* statt *Putzfrau*
3. **Irreführung:** Nachteile oder eine negative Aussage sollen verschleiert werden *Personalfreistellung* statt *Entlassung*

Sprachgebrauch und Sprachreflexion

Wortkunde

Political Correctness

1 Lies den Zeitungsartikel.

Mohr
negativ konnotiertes Wort für Mensch mit dunkler Hautfarbe

Das Ludwigsburger Cafe Mohrenköpfle trägt seinen Namen seit 80 Jahren. Daran wird sich auch nichts ändern. Das ist gut so – nicht nur, weil „Biskuitgebäck mit Schokoüberzug“ ein seltsamer Name für eine Konditorei wäre. Die Chefin hat sich durchaus Gedanken gemacht – sie sagt, wenn man 100 Leute in der Stadt fragt, was ein Mohrenköpfle ist, antworten exakt null: eine Beleidigung für einen schwarzen Menschen. Eine Umbenennung aus Gründen der geschmähten „political correctness“ ist schlicht nicht nötig.

2 Lies dir die Angaben zur „political correctness“ im Merkkasten durch.
- Ist der Name der Konditorei „politically correct“?
- Wie hat die Konditoreichefin reagiert?
- Finde heraus, welchen Ursprung das Wort „Mohr“ hat.
- Von welcher Bezeichnung wurde „Mohr“ im 18. Jh. abgelöst?

3 Die aktuell in Amerika als politisch korrekt geltenden Bezeichnungen für dunkelhäutige Menschen sind Afro Americans, African Americans oder Black Americans. Was wird durch das Wort, das alle drei gemeinsam haben, betont?

4 Immer wieder durchlaufen Wörter eine Bedeutungsverschiebung und werden durch neue „politisch korrekte“ Bezeichnungen ersetzt.
- Schreibe die Begriffe jeweils in einer logischen Reihenfolge auf.
- Notiere zuerst den Begriff, der Menschen am stärksten diskriminiert.
- Als Letztes den aktuell politisch korrekten Begriff.

a) Menschen mit besonderen Bedürfnissen – Krüppel – Behinderte
b) Generation 60 plus – Alte – Senioren
c) Hairstylistin – Friseuse – Friseurin

5 Im Text wird von der „geschmähten political correctness“ gesprochen. Erörtert, was manche Menschen an der „political correctness“ kritisch sehen.

→ S. 72 – 91
Erörterung

Political Correctness

Eine besondere Gruppe **aufwertender Formulierungen** wird unter dem Oberbegriff Political Correctness zusammengefasst. Als politisch richtig gelten Begriffe, mit denen einzelne Personengruppen **respektvoll** und **tolerant** bezeichnet werden: *Menschen mit besonderen Bedürfnissen* statt *Behinderte*; *Bürger mit Migrationshintergrund* statt *Ausländer*.
Durch die Verwendung politisch korrekter Begriffe sollen herabsetzende, ausgrenzende oder beleidigende Formulierungen ersetzt werden, mit der Absicht, Toleranz und Integration in der Gesellschaft sprachlich zu fördern.

Wortkunde

Geschlechtertypische Sprache

1 Betrachtet die beiden Bilder.
- Welche Berufe sind abgebildet?
- Tauscht euch über die beiden Berufsbilder aus.
- Sprecht über die Bedeutung des Wortes „Zimmer" im jeweiligen Berufskontext.

2 Die beiden Berufsbezeichnungen beginnen mit dem gleichen Wort und enden mit einer geschlechtstypischen Bezeichnung.
- Vergleicht diese beiden mit den Berufsbezeichnungen Feuerwehrmann/Feuerwehrfrau. Was fällt euch auf?
- Überlegt, wie die Berufsbezeichnungen Zimmermädchen/Zimmermann entstanden sind. Warum wurden sie jeweils auf ein Geschlecht angepasst.

→ S. 50 – 63
Bewerbung um eine Ausbildungsstelle

3 Findet weitere Berufsbezeichnungen, die typisch männlich oder weiblich sind.

4 Findet eine passende geschlechtsneutrale Bezeichnung für folgende Berufsbezeichnungen.

Empfangsdame – Fachmann – Ombudsmann – Putzfrau – Müllmann

5 Auch in anderen Bereichen finden wir eine Sprache, die den Geschlechtern angepasst ist. Lest den Text und gestaltet eine geschlechtertypische Werbung.

Werbung ist überall. Allerdings kommt es auf die Gestaltung an, ob sich eher Männer oder Frauen angesprochen fühlen. Männern ist es wichtig, dass die Werbung wichtige Informationen zum Produkt enthält und das Produkt als etwas Neues und Innovatives dargestellt wird. Sie möchten das Gefühl haben, transparent informiert zu sein und die Entscheidungsfreiheit zum Kauf zu haben. Die Gestaltung sollte übersichtlich sein. Frauen achten eher auf die ästhetische Gestaltung, also z. B. ob die Farben stimmig sind. Besonders ansprechend finden sie Werbung, in der eine Geschichte erzählt wird und die mit Themen aufwartet, die sie selbst interessieren.

Tipp
Euphemismen können euch dabei helfen.

Sprachliche Zuschreibung von Geschlechterrollen

Immer wieder finden sich in unserer Sprache **geschlechtertypische Hinweise**. Es gibt **Berufsbezeichnungen**, die nur für ein Geschlecht gelten, oder auch Worte, die besonders häufig **für ein Geschlecht** verwendet werden, weil man denkt, dass sie besser zu ihm passen.

Sprachgebrauch und Sprachreflexion

Wortkunde

Überprüfe dein Wissen und Können

Sprachvarianten

1 Du hast verschiedene Sprachvarianten kennengelernt.

a) Lies den Text durch und benennen in den jeweiligen Sprechbeiträgen die passende Sprachvariante.

LISA: „Hey Süße, was geht?"
LETITIA: „Ey Lisa, läuft. Geh'n wir Einkaufszentrum?"
LISA: „Würd' ich gerne, aber Francesco, diese Flasche, nervt mal wieder rum. Der trampelt einfach auf meinen Gefühlen rum."
LETITIA: „Ach komm, heul nicht rum, gibt dir einen Ruck. Es wird bestimmt lustig."
LISA: „Bitte was? Hast du grad ernsthaft heul nicht rum gesagt?"
LETITIA: „Sorry, das war blöd ausgedrückt. Ich meinte, sei nicht traurig, lass dich nicht runterziehen."

Im Einkaufszentrum
LISA *(zur Verkäuferin)*: „Entschuldigen Sie bitte, haben Sie diese Hose auch in anderen Größen?"
VERKÄUFERIN: „Mensch Mädle, nadürlich habet mir des do. Komm a mole mit!"
Lisa probiert die neue Hose an: „Schaut mal, was denkt ihr?"
VERKÄUFERIN: „Super, der Schnitt dieser Hose betont deine Figur."
LETITIA: „Hammer, in der Hose hast du einen Hintern wie J-Lo. Francesco wird Augen machen."

b) Ordne anschließend den Varianten eine jeweils passende Definition zu.

a) Sie ist die allgemein verbindliche Sprachform, die in der Öffentlichkeit gesprochen wird.
b) Sie wird im alltäglichen privaten Umgang, vor allem mündlich, verwendet.
c) Sie drückt Gefühle und Wertungen aus.
d) Er hat eine eigenen Aussprache und eigene Wörter und ist regional begrenzt.
e) Mit ihr möchte man den Adressaten informieren und unterhalten.
f) Durch sie grenzen sich Jugendliche sprachlich ab. Sie unterliegt ständigem Wandel.
g) Mit ihr möchte man den Adressaten informieren und belehren.
h) Sie bezieht sich auf die Sache und ist ohne Wertung.

c) Eine Sprachvariante fehlt. Nenne sie und finde ein Beispiel dazu.

Sprachliche Eigenheiten

1 Benenne zu den folgenden Wörtern die Denotation und mögliche Konnotationen
Kreuz – Herz - Brot

2 Ordne den Sprechabsichten **1**, **2** und **3** einen passenden Euphemismus zu.
1. Rücksichtnahme **2. Aufwertung** **3. Irreführung**

a) militärische Intervention
b) vollschlanker Mensch
c) Gebäudemanager

3 Ordne den folgenden Euphemismen ihre tatsächliche Bedeutung zu.

Euphemismen
unterprivilegiert – abklatschen – auf der Straße stehen – beratungsresistent – Verschlankung des Personalstamms – Außendienstmitarbeiter – jemanden auf den Arm nehmen – Betriebsoptimierung – bewaffneter Konflikt – das Zeitliche segnen – beschwipst – Amüsierbetrieb – Beisetzung – Brummi – blauer Dunst

Tatsächliche Bedeutung
stur/unbelehrbar – Lastwagen – Beerdigung – Entlassungen(2x) – arm – verprügeln – arbeitslos sein – Vertreter – jemanden verspotten – sterben – Bordell – angetrunken – Zigarettenrauch – Kriegseinsatz

4 Formuliere die folgenden euphemistischen Sätze so um, dass der Sachverhalt, den sie verschleiern sollen, deutlich wird.

a) Das aktuelle Minuswachstum der Versicherungsbranche macht eine Beitragsanpassung der Versicherungsbeiträge notwendig.
b) Durch die Verteuerung der Rohölpreise kommt es bundesweit an Tankstellen zu deutlichen Preisangleichungen für Kraftstoffe.
c) Ich finde das quer gestreifte, ärmellose Kleid nicht besonders vorteilhaft für dich. Es betont etwas zu sehr deine vollschlanke Figur und deine kräftigen Oberarme. Ich würde dir eher zu dem längs gestreiften Kleid mit Ärmeln raten. Das kaschiert deine Problemzonen etwas.
d) Diese neu entwickelte Gesichtscreme empfehlen wir besonders für die reife Haut älterer Damen der 60-plus-Generation.

Satzglieder

Folie

1 Lest die Sprüche und unterstreicht die Reimwörter.

Sprüche von Wilhelm Busch

Eine gute Pille wirkt manchmal
viel besser als ein guter Wille.

Man entweicht gar mancher Schwierigkeit
durch das hübsche Wort „vielleicht".

2 Stellt in den Versen einige Satzglieder so um, dass sie sich reimen und gut rhythmisiert sind.

3 Vergleicht beide Varianten und begründet, welche euch besser gefällt.

4 Schreibt den folgenden Spruch auf. Wenn du die Reihenfolge der Satzglieder beachtest, die daneben angegeben ist, dann reimt er sich.

Spruch

Wilhelm Busch

Uns stimmt besonders heiter	*Subjekt,*
der klugen Leute Ungeschick;	*Prädikat, Objekt (Akkusativ), Modalbestimmung*
Für den Augenblick fühlt man	*Subjekt, Prädikat, doch, Temporalbestimmung*
sich doch auch einmal gescheiter.	*sich auch einmal, Modalbestimmung*

In diesem Kapitel lernst du (,) ...

- *zwischen unmarkiertem und markiertem Satz zu unterscheiden.*
- *die syntaktische Funktion von Konjunktion und Subjunktion kennen.*
- *das Feldermodell in komplexen Satzgefügen anzuwenden.*
- *Erscheinungsformen der Textkohärenz zu nutzen.*
- *den Zusammenhang zwischen Wortarten und Syntax kennen.*

Satzglieder

Überblick über die Satzglieder

1 Lies den Text und schreibe neben jeden Satz den Namen des fett gedruckten Satzgliedes.
Akkusativobjekt, Genitivobjekt, Dativobjekt, Kausalbestimmung, Lokalbestimmung, Modalbestimmung, Prädikat, präpositionales Objekt, Subjekt, Temporalbestimmung

Folie

Tipp
Passende Fragewörter helfen dir.

Elfmeterschießen

Fünf Spieler jeder Mannschaft traten nach der Verlängerung zum Elfmeterschießen an. ______

Der Torwart **stellt** sich zwischen die Pfosten. ______

Der erste Schütze **wollte** den Ball natürlich sogleich im Netz **unterbringen**. ______

Der Torwart wehrte **den platzierten Schuss** aber mit einer tollen Parade ab. ______

Dem heimischen Publikum kam das natürlich gerade recht. ______

Der Torwart rühmte sich mit geballten Fäusten **seiner Tat**. ______

Der Unglücksschütze hatte am Ende tatsächlich **zur Niederlage seiner Mannschaft** beigetragen. ______ ______

Die Verlierer schlichen sich nach dem Spiel **in die Kabinen**. ______

Sie ließen **enttäuscht** ihre Schultern und Köpfe hängen. ______

Sie hatten **an diesem Abend** einfach Pech gehabt. ______

Die Heimmannschaft dagegen wurde **wegen ihres Sieges** frenetisch gefeiert. ______

2 Schreibe die Sätze so auf, dass ein zusammenhängender Text entsteht. Dabei musst du einige Satzglieder umstellen.
Beispiel: *Nach der Verlängerung traten fünf Spieler …*

3 Jeder Satz hat ein Subjekt und ein Prädikat. Unterstreiche in deinem Text die Subjekte blau und die Prädikate rot.
Beachte dabei, dass Subjekte und Prädikate aus mehreren Wörtern bestehen können

Satzglieder

Einzelne Wörter oder Wortgruppen bilden Satzglieder. Die Anzahl und Art wird durch die finite Verbform bestimmt. Satzglieder können unterschiedliche Positionen im Satz einnehmen. Nur Satzglieder können im Vorfeld stehen. Mithilfe von Fragen können sie bestimmt werden.

Sprachgebrauch und Sprachreflexion

Satzglieder

Die Stellung der Satzglieder im Satz

Die beiden Hähne und der Adler

nach Äsop

Zwei Hähne kämpften auf dem Hof um die Hennen. Der eine verscheuchte dabei den anderen. Der Unterlegene flüchtete sich resigniert in ein schützendes Gebüsch. Der Sieger flog aber auf eine hoch ragende Mauer triumphierend. Er wurde von einem vorbeifliegenden Adler dort bemerkt. Er packte im Sturzflug den Hahn und trug ihn davon. Der andere blieb hingegen im Dunkeln verborgen. Er konnte sich an den Hennen ungestört von nun an ergötzen.
Man sieht: Die Schwächeren sind manchmal die wahren Sieger.

1 In der Fabel stehen in jedem Satz die Subjekte an erster Stelle.
Schreibe die Fabel so um, dass sich die Sätze besser aufeinander beziehen.

Beispiel:
Zwei Hähne kämpften auf dem Hof um die Hennen. Dabei verscheuchte der eine den anderen.

2 Vergleicht eure Textfassungen und begründet, welcher besser erzählt ist.

3 Stelle fest, welcher Text markiert und welcher unmarkiert ist. Orientiere dich am Merkkasten.

Markierter und unmarkierter Satz

Die **Stellung der Satzglieder** im „neutralen" **unmarkierten** Satz wird in der Grammatik von der finiten Verbform vorgegeben:
Subjekt – finite Verbform – Dativobjekt – Akkusativobjekt.
Sie gibt dem Verkäufer das Geld.
Stilistisch werden markierte Sätze benutzt, um einzelne Satzglieder zu betonen bzw. damit sich Sätze aufeinander beziehen.
Tina möchte am Kiosk bezahlen. Das Geld gibt sie dem Verkäufer.

Satzglieder

Konjunktion und Subjunktion in komplexen Satzgefügen

1 Lest den Text und gebt den Inhalt wieder.

Die Karawane

Franz Hohler

Noch nie hatte ich so tief in den Milchkrug hineingeschaut wie diesmal, als ich ihn so gründlich reinigen wollte, dass auch die weißen Ringe im Innern verschwänden, die sich in Bodennähe von stehen gelassener Milch gebildet hatten. Deshalb war mir auch noch nie aufgefallen, dass sich am Boden des Kruges eine Sandwüste ausdehnte, auf die ich wie aus einem Flugzeug hinunterblickte.

Zwischen den vielen Dünen, die einem erstarrten Gewässer glichen, bemerkte ich plötzlich eine Karawane, die sich langsam vorwärts bewegte. Ich flog etwas tiefer und sah, dass es eine Kamelkarawane sein musste, deutlich waren die langen Hälse der Tiere zu erkennen, die sich zähelastisch vor- und zurückbewegten.

[…] Beide warfen sich zu Boden, und im selben Moment fiel von hinten eine Elefantenherde über die Kamelkarawane her, trampelte sie nieder, und jeder Elefant fraß mit großer Geschwindigkeit ein Kamel. […]

Ich wusste, es war unmöglich, dass sich so etwas auf dem Boden des Milchkruges ereignet.

[…]

2 Arbeite mit dem Text:

Folie

- Unterstreiche Subjekte blau und Prädikate rot.
- Markiere die Konjunktionen und Subjunktionen.

3 Vergleicht und besprecht eure Lösungen.

4 Tragt den letzten Satz ins Feldermodell ein. Orientiert euch am Merkkasten.

Vorfeld	li Sk	Mittelfeld	re Sk	Nachfeld
Ich	*wusste,*			

5 Tragt die Sätze des ersten Absatzes (Zeilen: 1-5) ins Feldermodell ein. Orientiert euch am Merkkasten.

Vorvorfeld	Vorfeld	li Sk	Mittelfeld	re Sk	Nachfeld
	Noch nie	*hatte*	*ich so tief in den Milchkrug*	*hineingeschaut*	*wie diesmal,*

Sprachgebrauch und Sprachreflexion

6 Lies den folgenden Text.

Ratschläge für einen schlechten Redner

Kurt Tucholsky

Sprich mit langen, langen Sätzen – solchen, bei denen du, der du dich zu Hause, wo du ja die Ruhe, deren du so sehr benötigst, deiner Kinder ungeachtet, hast, vorbereitest, genau weißt, wie das Ende ist, die Nebensätze schön ineinandergeschachtelt, sodass der Hörer, ungeduldig auf seinem Sitz hin und her träumend, sich in einem Kolleg wähnend, in dem er früher so gern geschlummert hat, auf das *Ende* solcher Periode wartet … nun, ich habe dir eben ein Beispiel gegeben. So musst du sprechen.

7 Entwirrt den langen Satz. Geht so vor:

Folie

- Unterstreicht zunächst die Prädikate rot.
- Markiert die Konjunktionen und Subjunktionen.
- Schreibt dann den vollständigen Hauptsatz auf.
- Ergänzt anschließend untereinander die einzelnen vollständigen Nebensätze.
- Unterstreicht jeweils die Wörter im vorausgehenden Satz, auf die sich die nachfolgenden Nebensätze beziehen.

8 Formuliere den Text um, indem du mehrere kürzere Sätze bildest.

Konjunktion und Subjunktion

Konjunktionen *(und, oder, denn …)* **verbinden** Wörter, Wortgruppen und Hauptsätze auf der **gleichen Ebene**. Im Feldermodell stehen sie **vor dem Vorfeld**.

Vorvorfeld	Vorfeld	li SK	Mittelfeld	re SK	NF
	Ich,	*fliege*	*nur ungern,*		
denn	*die Sitzplätze*	*sind*	*einfach zu eng.*		

Subjunktionen *(weil, da, wenn, falls …)* zeigen die **Unterordnung** von Nebensätzen an. Sie setzen die vollständige Aussage eines Satzes in Beziehung. Im Feldermodell besetzen sie **die linke Satzklammer**.

Vorfeld	li SK	Mittelfeld	re SK	NF
Ich	*fliege*	*nur ungern,*		
	da	*die Sitzplätze einfach zu eng*	*sind*	

Nebensätze, die mit *sodass* eingeleitet werden, stehen immer im Nachfeld.

Vorfeld	li Sk	Mittelfeld	re Sk	Nachfeld
Die Sitzplätze im Flugzeug	*sind,*	*sehr eng,*		*sodass ich nur ungern fliege.*

Gleich- und Unterordnung unterscheiden, dazu Konjunktionen und Subjunktionen unterscheiden, auch in komplexen Satzgefügen

Satzglieder

Sätze miteinander verknüpfen

1 Lest die beiden Fassungen ein und desselben Textes. Dabei könnte ein Schüler den Text A vorlesen und alle anderen lesen den Text B mit den Augen mit.

A Flug mit positiven Folgen

Ich wollte vor einem Monat von London nach Glasgow fliegen. Ich hatte mir für den Flieger dazu vorsichtshalber zwei Plätze gebucht. Ich bin nämlich mit meinen 160 Kilogramm für einen einzigen Platz zu dick. Ich bin bei der Buchung natürlich von zwei nebeneinanderliegenden Plätzen ausgegangen. Ich war im Flieger dann aber umso überraschter. Die beiden gebuchten Plätze lagen nämlich weit auseinander. Ich bat also einige Personen, sich umzusetzen. Keiner wollte aber seinen eigenen Platz aufgeben. Ich musste mich daher mit einem Einzelsitz begnügen. Ich konnte mich allerdings auf diesem engen Platz kaum bewegen. Ich bekam auch noch dazu Atembeschwerden. Ich hatte den ganzen Flug über darunter zu leiden. Die Fluggesellschaft bekam nach dem Flug einen gesalzenen Beschwerdebrief von mir. Ich erhielt nun heute Morgen eine erfreuliche Nachricht: Ein Schmerzensgeld werde mir für meinen Flug bezahlt. Ich würde außerdem den Preis für den Extrasitz zurückbekommen. Ich habe mich trotz allem dafür entschieden, endlich abzuspecken. …

B Flug mit positiven Folgen

Vor einem Monat wollte ich von London nach Glasgow fliegen. Dazu hatte ich mir für den Flieger vorsichtshalber zwei Plätze gebucht. Für einen einzigen Patz bin ich nämlich mit meinen 160 Kilogramm zu dick. Bei der Buchung bin ich natürlich von zwei nebeneinanderliegenden Plätzen ausgegangen. Umso überraschter war ich dann aber im Flieger. Die beiden gebuchten Plätze lagen nämlich weit auseinander. Also bat ich einige Personen, sich umzusetzen. Aber keiner wollte seinen eigenen Platz aufgeben. Daher musste ich mich mit einem Einzelplatz begnügen. Allerdings konnte ich mich auf diesem engen Platz kaum bewegen. Atembeschwerden bekam ich auch noch dazu. Den ganzen Flug über hatte ich darunter zu leiden. Nach dem Flug bekam die Fluggesellschaft von mir einen gesalzenen Beschwerdebrief. Heute Morgen erhielt ich nun eine erfreuliche Nachricht: Für meinen Flug werde mir ein Schmerzensgeld bezahlt. Außerdem würde ich den Preis für den Extrasitz zurückbekommen. Trotz allem habe ich mich dafür entschieden, endlich abzuspecken. …

2 Vergleicht beide Texte.

- Wie heißt das Satzglied, mit dem alle Sätze in Text A beginnen?
- Wie heißen die Satzglieder, mit denen die meisten Sätze des Textes B beginnen?
- Wie heißen die Satzglieder, mit denen in den meisten Fällen beide Texte enden?
- Ein einziger Satz ist in Text B genauso aufgebaut wie in Text A. Welcher?

3 Begründet, ob euch Text A oder B besser gefällt.

Erscheinungsformen der Textkohärenz erklären und Texte mithilfe sprachlicher Mittel kohärent gestalten

Sprachgebrauch und Sprachreflexion

4 Tragt den letzten Satz ins Feldermodell ein. Orientiert euch am Merkkasten.

a) Niemals wieder möchte ich so beengt fliegen!
b) Ich möchte niemals wieder so beengt fliegen!

5 Entscheide, mit welchem Satz du Text B abschließen möchtest. Begründe.

a) So beengt fliegen möchte ich niemals wieder!
b) Ich möchte so beengt niemals wieder fliegen!

6 Vergleicht eure Entscheidungen.

7 Einige Sätze des Textes B *Flug mit positiven Folgen* könntest du auch noch anders aufbauen. Erprobe jeweils eine andere Stellung der Satzglieder – eine, die nicht in Text B steht.
Stellt fest, welche Version am besten in den Text passt.
Beispiel: *Ich konnte mich allerdings auf diesem engen Platz kaum bewegen.*
Ich hatte den ganzen Flug über darunter zu leiden.

Sätze miteinander verknüpfen

Die „neutrale“ (unmarkierte) Stellung der Satzglieder ist:

Subjekt	Prädikat (1. Teil)	Objekte	Adverbiale	Prädikat (2. Teil).
Ich	*hatte*	*für den Flieger zwei Plätze*	*vorsichtshalber*	*gebucht.*

In Texten richtet sich die Stellung der Satzglieder aber auch nach anderen Gesichtspunkten. Denn es kommt in Texten darauf an, was besonders betont werden soll. Und betont werden im Satz in der Regel der **Anfang** und das **Ende**.

- Am **Satzanfang** steht oft ein Adverbial, das die **Zeit** oder den **Ort** des Geschehens angibt:
  Vor einem Monat / wollte / ich / von London nach Glasgow / fliegen.
- Am **Satzanfang** steht oft auch ein Satzglied, das die **Beziehung zum vorausgehenden Satz** herstellt:
  Dazu / hatte / ich / mir / für den Flieger / zwei Plätze / vorsichtshalber / gebucht.
- Manchmal steht am Satzanfang ein Satzglied, mit dem eine besondere emotionale Wirkung erzielt werden kann:
  Umso überraschter / war / ich / dann / aber / im Flieger.
- Am **Satzende** steht fast immer ein Satzglied, dessen Inhalt **für die Information besonders neu oder wichtig** ist. So bleibt es dem Hörer besonders im Gedächtnis.
  Nicht: *Ich / bin / nämlich / zu dick / für einen einzigen Platz / mit meinen 160 Kilogramm.*
  Sondern: *Ich / bin / nämlich / mit meinen 160 Kilogramm / für einen einzigen Platz / zu dick.*

Satzglieder

Wörter und Satzglieder, die Verbindungen in einem Text herstellen

Manche Satzglieder wie *deshalb*, die aus einem einzigen Wort bestehen, oder *aus diesem Grund*, die aus mehreren Wörtern bestehen, leiten in Texten häufig Sätze ein. Sie beziehen sich nämlich in der Regel auf vorausgehende Sätze:
Ich war längere Zeit krank. Deshalb/Aus diesem Grund konnte ich die Arbeit nicht mitschreiben.

Solche Wörter finden sich in der folgenden Übersicht.
Wenn du viele von ihnen kennst, dann gelingt es dir sicher auch, sie in deinen Texten zu verwenden.

aber – allerdings – also – anfangs – auch – aus diesem Grund – außerdem – dabei – dafür – daher – damit – danach – daneben – dann – darum – dazu – deshalb – deswegen – dort – in diesem Augenblick – in diesem Fall – inzwischen – jedoch – jetzt – nämlich – nichtsdestoweniger – nun – seitdem – seither – so – so etwas – später – trotz allem – trotzdem – vielleicht – zudem – zu diesem Zweck – zuerst

1 Lest den folgenden Text zuerst einmal so, wie er da steht.

Die Erfindung des Staubsaugers

1901 veranstaltete die britische Eisenbahn einen spektakulären Versuch. **1** wollte man demonstrieren, wie man Eisenbahnwaggons von ihrem Staub reinigen kann. **2** ließ man mit lautem Zischen Pressluft in die Waggons strömen. **3** das Ergebnis war entmutigend. Es war **4** unmöglich, den aufgewirbelten Staub aufzufangen. Ein Zuschauer, der Brückenbauer Booth, erkannte **5** die prinzipielle Schwäche des Verfahrens. **6** machte er sich an die Entwicklung einer neuen Technik. Die beruhte nicht auf dem Press-, sondern auf dem Saugprinzip. **7** erfand er den Staubsauger. **8** verfolgte Booth auch eigene Interessen. **9** dachte er an die eigenen Reinigungsaufgaben in seinem Haus. **10** lag ja auch ständig Staub herum. **11** gibt es also den Staubsauger. **12** waren das dinosaurierartige Geräte, die viel Geld kosteten. **13** hat sich das gründlich geändert. Die Staubsauger sind kleiner, stärker und billiger geworden. **14** kann man mit diesen Geräten sogar den Hausstaubmilben an den Kragen gehen. **15** konnte Mr Booth damals noch nicht ahnen. **16** – ohne das Eisenbahnexperiment wäre man wohl erst viel später auf diese Idee gekommen.

2 Versucht jetzt beim Vorlesen, Wörter aus der Übersicht oben einzusetzen.

3 Schreibe für jede Ziffer das passende Wort auf. Manchmal passen mehrere.
Beispiel: **1** *dabei / damit / dort,* **2** *…*

Sprachgebrauch und Sprachreflexion

Satzglieder

Wortarten und Syntax

1 Lies die Sätze.

1) **Saulau** Taschendieb **javite** gestern eine Frau in einem **zemau**.
2) **Xa** ihrem Handy benachrichtigte **ke** geistesgegenwärtig **ech** Polizei.
3) Diese traf wenige Minuten später ein.
4) Der **leizu** Dieb konnte **vi za** Fußgängerzone gefasst werden,
5) **perhen** das Diebesgut fand **qua** nicht.

2 Überlegt, zu welchen Wortarten die Unsinnswörter gehören.

3 Schreibe die Sätze einzeln ab. Lass dabei zwei Zeilen frei, bevor du eine neue Zeile beginnst.

- Ersetze die Unsinnswörter durch passende Begriffe.
- Schreibe unter jedes Wort die Wortart.
- Trage in die zweite freie Zeile anschließend die Satzglieder ein.

Beispiel:

3) Diese	*/ traf*	*/ wenige*	*Minuten*	*später*	*/ ein.*
Demonstrativpronomen	*Verb*	*Indefinitpronomen*	*Nomen*	*Adverb*	*Verb*
Subjekt	*Prädikat*	*Temporalbestimmung*			*Prädikat*

4 Vergleicht eure Sätze und erklärt euer Vorgehen.

5 Schreibe für deine Mitschüler Sätze auf.

- Ersetze einige Wörter durch Unsinnswörter.
- Deine Mitschüler bestimmen die Wortart der Unsinnswörter und ersetzen sie durch passende Begriffe.

6 Erklärt mithilfe des Merkkastens, wodurch Wörter zu einem Satz werden.

Wortarten und Syntax

Ein Satz besteht aus **einzelnen Wörtern**, die **Wortgruppen** bilden können.
das – schwarze – T-Shirt – ließ zu – keinen – Zweifel (Artikel, Adjektiv, Nomen, finite Verbform, Indefinitpronomen – Nomen)
Diese Wörter und Wortgruppen beziehen sich durch ihre grammatische Struktur aufeinander. Sie erfüllen in ihrem Zusammenspiel die Aufgabe als Satzglieder.
Das schwarze T-Shirt / ließ / keinen Zweifel / zu.
Subjekt (3.P.S.) / Prädikat (3.P.S.), Verb mit Akkusativ / Akkusativobjekt / Prädikat.

Zusammenhänge zwischen Wortart und syntaktischer Verwendung erläutern

Satzglieder

Überprüfe dein Wissen und Können

Satzglieder ermitteln

Aussetzen ist keine Lösung

a) kostet / ein Haustier / viel Geld / heutzutage
b) zahlt / man / für einen Besuch beim Tierarzt / über hundert Euro / oft / nämlich
c) kommen auf / die Krankenkassen / für Menschen
d) muss bezahlen / man / Tierarztbesuche / selbst / aber
e) sich nicht leisten können / viele / das
f) hoffen / einige / auf einen Zuschuss durch den Tierschutzverein
g) gibt / der Verein / solche Zuschüsse / aber / nicht
h) setzen aus / einige von ihnen / ihren Hund / deshalb / an Autobahnen
i) binden / manche / ihn / an einen Baum / auch einfach
j) findet / ein Tierliebhaber / ihn / dort / dann / vielleicht
k) bringt / er / ihn / ins Tierheim / voller Mitleid
l) werden / Tierheime / zu Auffangstationen kranker oder verlassener Tiere/ so
m) hoffen / ihre Mitarbeiter / auf Weitsicht von Tierhaltern
n) weisen hin / Tierschützer / immer wieder / darauf
o) können abschließen / Tierbesitzer / für ihr Tier / eine Krankenversicherung / durchaus
p) könnte legen / man / ein bisschen Geld / auch einfach / jeden Monat / zur Seite /
q) wird gesund / das Tier / dann / wieder / hoffentlich
r) und / kann bleiben / es / in der Familie
s) sind überlastet / viele Tierheime / einfach / heillos
t) ist / Aussetzen / keine Lösung / jedenfalls

1 Dieser Bericht aus einer Zeitung ist hier in die einzelnen Satzglieder zerlegt: Setze zunächst (auf einem Zettel) die Satzglieder zu Sätzen zusammen:
Beispiel: *Haustiere / sind / für manche Menschen / ein teurer Luxus.*

2 Bilde nun aus den einzelnen Sätzen einen zusammenhängenden Text:
Beispiel: *Für manche Menschen sind Haustiere ein teurer Luxus.*

3 Arbeite mit den Sätzen a) und b):
- a) Schreibe die Sätze ab. (Lass drei Zeilen frei, bevor du eine neue Zeile beginnst.)
- b) Schreibe unter jedes Wort die Wortart.
- c) Benenne anschließend die Satzglieder.

Das eigene Wissen über Satzglieder prüfen und anwenden.

Metho-
den und
*Arbeits-
techniken*

Ein Standbild bauen

Die Methode „Standbild“ wird häufig verwendet, um einen Text zugänglicher zu machen. Situationen, Probleme und Verhältnisse, die im Text oft nur angedeutet oder indirekt gesagt werden, können mithilfe des eigenen Körpers in einem „stehenden Bild“ nachgestellt werden. Durch die körperliche Umsetzung kann man sich besser in die Situation oder die Charaktere einfühlen.

Planung des Standbildes

Ein gutes Standbild ist wohlüberlegt und bedarf gewisser **Vorüberlegungen**.
Denn oft ist es eine **gezielte Körperhaltung, Gestik oder Mimik**, die ein Standbild aussagekräftig macht oder von anderen unterscheidet.

Standbilder werden in der Regel in **Kleingruppen** erarbeitet.
Habt ihr **einen Text** vorliegen, anhand dessen ihr ein Standbild bauen sollt, muss der Text zunächst **gründlich gelesen** und **bearbeitet** werden, indem ihr wichtige Textpassagen und Schlüsselwörter markiert und bei Bedarf Fragen an den Text stellt. Liegt euch kein Text vor, aber **ein Begriff** oder **ein Thema**, zu dem ihr ein Standbild bauen sollt, überlegt zunächst in der Theorie, was **der Begriff/das Thema** bedeutet, in welche Richtung das Standbild gehen könnte und **wie viele Personen** ihr in eurem Standbild als Darsteller braucht.

Ausführung des Standbildes

Wenn ihr Ideen gesammelt habt, probiert diese nun im Standbild umzusetzen. Bestimmt dafür in eurer Gruppe **einen Regisseur**, der darauf achtet, dass das Standbild auch entsprechend umgesetzt wird. Lasst euch vom Regisseur ähnlich wie bei einem Bildhauer **„modellieren“**, denn eine bestimmte Haltung, Gestik und Mimik gleichzeitig einzunehmen, ist anspruchsvoll, wenn man sich selbst nicht sehen kann. Wenn das Standbild steht, versucht es **mindestens für 30 Sekunden „einzufrieren“** (**„Freeze Frame“**), das Bild muss also **ohne Bewegung** und **ohne miteinander zu sprechen** gehalten werden. Der Regisseur löst anschließend das Bild auf. Wiederholt diesen Vorgang mehrere Male, sodass ihr **auf Kommando des Regisseurs** in die „Freeze“-Position zurückkehren könnt.

Präsentation, Feedback und Diskussion

Stellt euch vor der Klasse in eurem Standbild auf und friert es auf Kommando des Regisseurs ein. Da die Umsetzungen meist für **anschließende Diskussionen** in der Klasse genutzt werden sollen und in der Regel auch **Feedback zur Umsetzung** gegeben wird, kann es sein, dass ihr das Standbild öfters ausführen müsst. Denn kaum eine Gruppe schafft es, das Bild so lange zu halten, bis jeder der Umstehenden sich einen genauen Eindruck verschafft hat. Je nachdem, wie viele Standbilder vorgestellt werden, ist es hilfreich, sich **auf einer Feedbackkarte Notizen** zu jeder Gruppe zu machen. Wenn es die Situation zulässt, kann man das Standbild auch **fotografieren**.

1 Betrachtet die Standbilder. Ordnet diese dann den Themen „Wut“, „Ungerechtigkeit“ und „Einsamkeit“ zu.

2 Lies das Gedicht.

Sie haucht ihr Lächeln in den Rauch

Helmut Krausser

sie haucht ihr lächeln in den rauch,
steht auf und zupft an ihrem kleid.
und summt ihr mund ein simples lied,
und zittert schüchtern, summ ich auch,

seh hin, verstumme, viel geschieht.
ein augenblick, der, aus der zeit
gefallen, expandiert und flimmert.
sie wippt zum beat der jukebox, traut
sich nicht zu tanzen, steht allein
auf dem parkett, und ihre haut
die bunt im stroboskoplicht schimmert,

wirkt unberührbar, ausgedacht.
sie schnippt, verschwindet in der nacht –
und war für einen lidschlag mein.

3 Setzt euch mit dem Gedicht auseinander und notiert Antworten zu folgenden Fragen:
- Wer wird beobachtet und wer ist wohl der Beobachter?
- Welche Situation wird dargestellt? Wie verhalten sich die Beteiligten?
- An welchem Ort könnte sich die Situation abspielen?
- Wie lange dauert die Situation an?
- Wie ist die Stimmung in der Situation?

WWW
Ihr findet eine passende Feedbackkarte im Internetportal.

4 Stellt die Situation in einem Standbild dar. Beachtet die Anweisungen links und nutzt eure Notizen aus Aufgabe 3.

Methoden und Arbeitstechniken

Gesetzestexte erschließen

Junge Alkohol-Testkäufer stellen Personal auf die Probe
Immer wieder gehen trotz Verbots Spirituosen und Tabak über den Tresen

Solche Schlagzeilen stehen immer wieder in der Zeitung. Was in Sachen Alkohol für Kinder und Jugendliche erlaubt und was verboten ist, regelt das Jugendschutzgesetz.

1 Hier ist ein Auszug aus dem Jugendschutzgesetz. Überfliege den Text.

Jugendschutzgesetz (JuSchG)

Eingangsformel

Der Bundestag hat mit Zustimmung des Bundesrates das folgende Gesetz beschlossen:

Abschnitt 1
Allgemeines

§ 1 Begriffsbestimmungen

(1) Im Sinne dieses Gesetzes
1. sind Kinder Personen, die noch nicht 14 Jahre alt sind,
2. sind Jugendliche Personen, die 14, aber noch nicht 18 Jahre alt sind,
3. ist personensorgeberechtigte Person, wem allein oder gemeinsam mit einer anderen Person nach den Vorschriften des Bürgerlichen Gesetzbuchs die Personensorge zusteht,
4. ist erziehungsbeauftragte Person jede Person über 18 Jahren, soweit sie auf Dauer oder zeitweise aufgrund einer Vereinbarung mit der personensorgeberechtigten Person Erziehungsaufgaben wahrnimmt ...

[...]

Abschnitt 2
Jugendschutz in der Öffentlichkeit

[...]

§ 9 Alkoholische Getränke

(1) In Gaststätten, Verkaufsstellen oder sonst in der Öffentlichkeit dürfen
1. Branntwein, branntweinhaltige Getränke oder Lebensmittel, die Branntwein in nicht nur geringfügiger Menge enthalten, an Kinder und Jugendliche,
2. andere alkoholische Getränke an Kinder und Jugendliche unter 16 Jahren

weder abgegeben noch darf ihnen der Verzehr gestattet werden.

(2) Absatz 1 Nr. 2 gilt nicht, wenn Jugendliche von einer personensorgeberechtigten Person begleitet werden.

[...]

(4) Alkoholhaltige Süßgetränke im Sinne des § 1 Abs. 2 und 3 des Alkopopsteuergesetzes dürfen gewerbsmäßig nur mit dem Hinweis „Abgabe an Personen unter 18 Jahren verboten, § 9 Jugendschutzgesetz" in den Verkehr gebracht werden. Dieser Hinweis ist (...) bei Flaschen auf dem Frontetikett anzubringen.

Verstehensschwierigkeiten benennen, linearen Texten Informationen zielgerichtet entnehmen, ordnen, prüfen und strukturiert darstellen

2 Tauscht euch darüber aus, wie verständlich der Gesetzestext für euch war. Diskutiert:
- Welche Informationen aus dem Text konntet ihr euch merken?
- Was hat euch das Lesen erschwert?
- Warum sind Gesetzestexte nicht einfacher formuliert?

3 Beschreibt an diesem Beispiel, wie Gesetzestexte aufgebaut sind.
- Titel und Eingangsformel
- Abschnitt 1 ...
- Paragraph § 1 ...
- Absatz (1) ...
- Nummer 1 ...

4 Geht nun in dem Auszug aus dem Jugendschutzgesetz gezielt auf die Suche nach bestimmten Informationen. Notiert euch kurze Antworten zu folgenden Fragen:

zu § 1
- Wer ist im Sinne dieses Gesetzes ein Jugendlicher?
- Was bedeutet „personensorgeberechtigte Personen"? Für wen tragen sie Sorge? Und wer ist das bei euch?
- Wie alt müssen „erziehungsbeauftragte Personen" sein? Wer kann sie beauftragen? Wer ist das schon einmal für euch gewesen?

zu § 9
- Wo dürfen alkoholische Getränke an Kinder und Jugendliche nicht abgegeben werden oder von ihnen getrunken werden?
- Welche alkoholischen Getränke dürfen an Jugendliche abgegeben oder von ihnen getrunken werden, wenn sie von einer personensorgeberechtigten Person begleitet werden?
- Aber für welche Getränke gilt das nicht?
- Was sind „Alkopops"? An wen dürfen sie nur abgegeben werden?

Tipp
Lest § 1 und § 9 laut, und zwar folgendermaßen:
Im Sinne dieses Gesetzes sind Kinder Personen, die noch nicht 14 Jahre alt sind.
Im Sinne dieses Gesetzes sind Jugendliche Personen, ...
Im Sinne dieses Gesetzes ...

5 Stelle in einer Tabelle übersichtlich dar, was erlaubt ist und was nicht.

	Bier, Wein, Sekt	Mixgetränke mit Bier, Wein, Sekt	Spirituosen: Schnaps, Likör	Mixgetränke mit Spirituosen: Alkopops, Cocktails
unter 14 Jahren	?	?	?	?
14 bis 15 Jahre	*nur in Begleitung einer personensorgeberechtigten Person erlaubt*	?	*verboten*	?
16 bis 17 Jahre	?	*erlaubt*	?	?
ab 18 Jahren	?	?	?	?

Verstehensschwierigkeiten benennen, linear Texten Informationen zielgerichtet entnehmen, ordnen, prüfen und strukturiert darstellen

Methoden und Arbeitstechniken

Unterschiedliche Lesetechniken anwenden

Texte kann man auf verschiedene Arten lesen. Informiert euch vor der Lektüre des folgenden Textes im Merkkasten über die Lesetechniken. Versucht zunächst anhand der Überschrift und der Einführung, Vorhersagen über den Textinhalt zu treffen. Überlegt euch dazu, was ihr schon über das Thema wisst. Stellt Fragen an den Text, die euch interessieren, und wählt geeignete Lesetechniken aus.

1 Lies dir zunächst die Überschrift, die Einführung in das Thema und den ersten Abschnitt des Textes kursorisch durch.

2 Gib anschließend das Thema mit eigenen Worten wieder.

Die Bedeutung der Motorik für Verarbeiten, Speichern und Erinnern

Bewegung ist nicht nur Sache des Sportunterrichts. Neu ist das nicht: „Übe unablässig den Leib, mache ihn kräftig und gesund, um ihn weise und vernünftig zu machen“, war schon bei Rousseau 1778 zu lesen. Immer häufiger berichten Schulen, die Bewegung als zentrale Elemente im Schulleben und auch im Unterricht berücksichtigen, von größeren individuellen Lernerfolgen, von abnehmenden Aufmerksamkeitsstörungen, einer besseren Lern- und Arbeitsatmosphäre und sogar von geringerer Gewaltbereitschaft.

Das Auf- und Abgehen beim Einprägen neuer Vokabeln, die Lerneffekte durch bloßes Mitschreiben bei einem Vortrag oder kreative Impulse beim schlichten Spazierengehen, die schon manche Examensarbeit gerettet haben, machen deutlich, dass die Beteiligung motorischer Zentren des Gehirns offensichtlich eine wesentliche Rolle bei Verarbeitungs-, Lern- und Erinnerungsvorgängen spielt.

3 Wende nun für den zweiten Abschnitt des Textes das detaillierte Lesen an und fasse die wichtigsten Informationen schriftlich zusammen.

Neues aus der Forschung

Die Forschung auf dem Gebiet des Gedächtnisses hat gezeigt, dass das Erlernen von Wortlisten zu besseren Erinnerungsleistungen führt, wenn es sprachlich als auch mit Gesten oder Handbewegungen (motorisch) unterstützt wird. […] Müssten wir also viel stärker oder zumindest systematischer als bisher körperliche Aktivitäten in den Unterricht einbeziehen? Mehr Bewegung auch im Unterricht statt Stillsitzen als vermeintlicher Ausdruck von Konzentration und Lernbereitschaft?

Die Hirnforschung zeigt in der Tat, dass Muskelaktivitäten und speziell koordinierte Bewegungen zur Produktion von Neurotrophinen führen, die das Wachstum von Nervenzellen anregen und die Anzahl von Nervenverbindungen vermehren. Dabei meint

Bewegung mehr als einfach nur Sport, sondern motorische Aktivität im weitesten Sinne. Das Gehirn arbeitet nicht als isoliertes System unabhängig von weiteren Funktionsabläufen und aktuellen Zuständen im Gesamtkörper. Muskelaktivität oder Stoffwechselprozesse sind unmittelbar einbezogen und für Denk- wie Lernleistungen offensichtlich von großer Bedeutung.

Forschungsarbeiten bestätigen, dass allein durch Bewegung die für dauerhafte Lerneffekte grundlegenden Verbindungen zwischen Nervenzellen im Gehirn gebildet, erhalten und verstärkt werden. […]

4 Lies jetzt den letzten Abschnitt des Textes selektiv durch und gib mit eigenen Worten wieder, was unter „Bewegter Praxis“ verstanden wird.

Bewegte Praxis

Sich am Platz bewegen, herumzappeln oder herumlaufen ist in der Regel schlicht Störung des Unterrichts. „Im richtigen Unterricht laufen wir nicht herum!“ – so die entsprechende Regel in einer sechsten Klasse. Demgegenüber kann Bewegung durchaus selbstverständlicher Bestandteil des Unterrichts werden:

Informationen von einem Nachbarn holen, Aufsuchen einer anderen Gruppe bei der Gruppenarbeit, ein mathematisches Problem kooperativ lösen und einen Lösungsweg mit anderen vergleichen, in die Schulbücherei oder im Computerraum ins Internet gehen oder in der Fußgängerzone bzw. „draußen vor Ort“ recherchieren – all dies lässt sich nicht still sitzend am Platz bewerkstelligen. Mit neuen Aktionsformen und Aufgabenstellungen kommt Bewegung in den Lernprozess.

Darin liegt die Chance, Unterrichtsprozesse an den Lernrhythmus von Schülern besser anzupassen. Die Bewegungspause in der Grundschule mit einer Bewegungsgeschichte oder einem Bewegungslied, die Entspannungsphase oder das Dehnen im stark beanspruchenden Unterricht in der Sekundarstufe I und II können zu einer Rhythmisierung des Lernens führen, die den Aufmerksamkeits- und Konzentrationsmöglichkeiten der Schüler sehr viel eher entspricht.

5 Tauscht euch aus, wann ihr welche Lesetechnik nutzen würdet.

Lesetechniken anwenden

Kursorisches Lesen dient dazu, sich einen ersten Überblick über das Thema zu verschaffen. So erfährst du, wovon der Text handelt. Überschriften und Abbildungen sind nützliche Hinweise auf das Thema.
Detailliertes Lesen hat das Ziel, den Inhalt eines Textes genau zu erfassen. Dazu muss der Text intensiv gelesen werden. Hauptgedanken und Schlüsselwörter können unterstrichen oder Randnotizen gemacht werden.
Beim **selektiven Lesen** geht es darum, einen Text gezielt zu lesen und ihm möglichst schnell bestimmte Informationen zu entnehmen.

Methoden und Arbeitstechniken

Ein stummes Schreibgespräch führen

1 Schau dir das Plakat genau an.

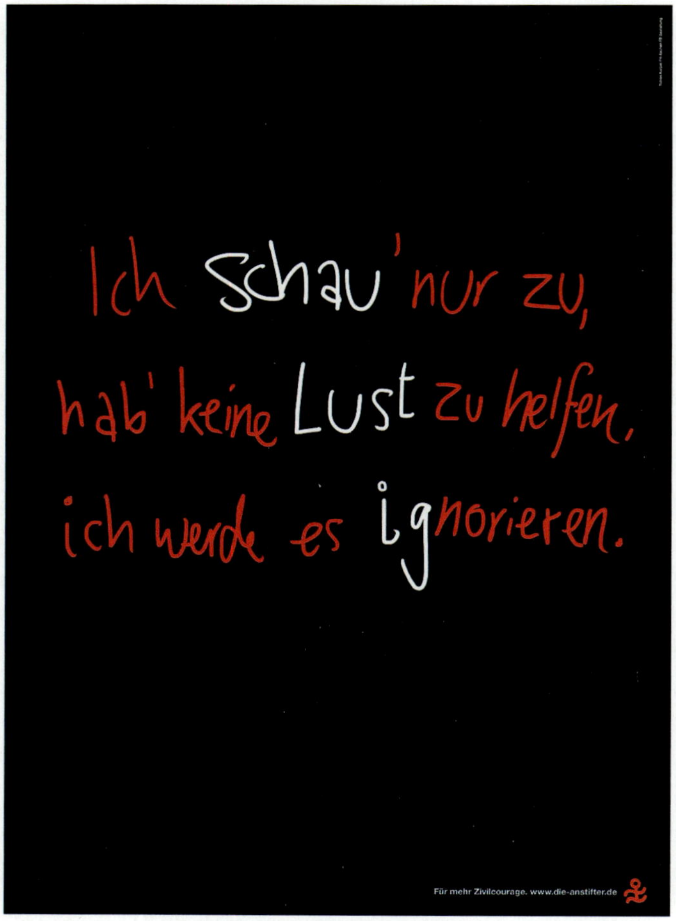

2 Tauscht euch in einem stummen Schreibgespräch über die Aussage des Plakats aus.

Stummes Schreibgespräch

In dieser Methode unterhältst du dich schriftlich mit einem oder mehreren Mitschülern über eine Fragestellung, eine These oder einen anderen Impuls. Ähnlich wie in einem Chatverlauf antwortest du auf die Kommentare deiner Mitschüler, fügst deine eigene Meinung hinzu, stellst Fragen oder stellst Hypothesen auf. Diese können sich deine Mitschüler wieder durchlesen und auf sie reagieren.
Ihr könnt diese Methode zu zweit oder auf großen Plakaten (mit verschiedenen Thesen) im Klassenverbund durchführen.

Orthografisches Lesen

Methoden und Arbeitstechniken

Ist es nicht merkwürdig? Du hast die Regeln der Rechtschreibung gelernt. Aber wenn du einen Aufsatz schreibst, dann machst du immer wieder Fehler. Denn beim Schreiben eines Textes konzentrierst du dich auf das, *was* du sagen willst – und nicht immer auch gleich darauf, *wie* du es richtig schreiben musst. Da hilft nur eines: Lies nach dem Schreiben das Geschriebene noch einmal durch und achte dabei allein auf die Rechtschreibung! Das orthografische Lesen ist nämlich etwas anderes als das inhaltliche Lesen.

1 Lies den folgenden Ausschnitt aus einem Aufsatz einer Schülerin zuerst inhaltlich durch.

... Mein Vater ist ein lustiger und humorvoller Mann, der gern und oft lacht. Er macht jeden Spaß mit, so lange er nicht übertrieben wird. Da mein Vater früher einmal Tischler war, ist er handwerklich sehr wersiert, aber auch sehr leichtsinnig. Neulich wollte er an unserem Neubau die Außenwand streichen. Dabei trat er auf ein looses Brett und stürtzte ein paar Meter hinunter. Bis auf einige geprällte Rippen ist ihm zum glück nichts passiert.
Mein Vater ist immernoch sehr sportlich. Er intressiert sich vor allem für Fußball. Aber auch meine Hobbies unterstützt er. Ich bin in einen Reiterverein eingetreten. Dort sieht er mir manches mal zu. Er hat sich sogar schon einmal auf einen Pferderücken gesetzt, was ich ihm hoch anrechne. ...

Tipp
- *Nimm dir Zeit und Ruhe.*
- *Lies dir den Text halblaut vor.*
- *Wenn du bei einem Wort unsicher bist, dann schlage im Wörterbuch nach.*

2 Lies den Ausschnitt ein zweites Mal nur im Hinblick auf mögliche Fehler und unterstreiche diese. Beachte den Tipp in der Randspalte.

Folie

3 Vergleicht die gefundenen Fehlerwörter miteinander.

4 Schreibe den Ausschnitt ab und berichtige die Fehlerwörter.

Tipp
Manchmal musst du die Fehler in deinen Aufsätzen berichtigen. Du hast vielleicht geschrieben: Sie lachte sich tod. *Dann hat es keinen Zweck, das falsch geschriebene Wort dreimal richtig aufzuschreiben, etwa* tot, tot, tot. *Besser ist, du findest verwandte oder gegensätzliche Wörter:* totlachen, der tote Punkt, tot sein.

5 Im folgenden Zeitungsartikel befinden sich zwei Fehler.
- Lies dir den Text zunächst durch, damit du weißt, worum es in ihm geht.
- Lies ihn dann ein zweites Mal nur im Hinblick auf mögliche Fehler.
- Gib die richtige Schreibung der Fehlerwörter an.

Airbags ausgebaut

Konstanz. Die Serie von Airbag-Diebstählen geht in Konstanz weiter. Gestern nacht wurden sieben Autos im Stadtgebiet aufgebrochen. Die Diebe bauten die Sicherheitseinrichtungen aus. Aus zwei Autos wurden zudem in den Mittelkonsohlen liegende iPods gestohlen. In allen Fällen schlugen die Täter die Seitenscheiben ein. Der Schaden beträgt nach Auskunft der Polizei mehrere Tausend Euro.

6 Gehe einen Text in deinem Heft durch, den du vor einiger Zeit geschrieben hast. Lies ihn dir im Hinblick auf mögliche Fehler durch. Berichtige diese.

Methoden und Arbeitstechniken

Rechtschreibprüfung am PC

Ein Schüler hat für sein zweiwöchiges Betriebspraktikum folgendes Anschreiben am PC verfasst. Das Rechtschreibprogramm zeigt ihm einige Fehler an.

1 Findet heraus, warum das Rechtschreibprogramm verschiedene Farben verwendet.

> Sehr geerter Herr Maier,
>
> auf ihrer Internetseite habe ich gelesen, dass sie in ihrem Betrib Praktikumsplätze für Schüler anbitten. Hier mit möchte ich mich bei Ihnen im November um ein zweiwöchiges Betriebspraktikum im Beruf Bäcker bewerben.
>
> Zur zeit besuche ich die 9. Klasse der Wolfgang-Borchert-Schule, die ich in Einem jahr mit dem Sekundarabschluß I abschießen werden.
>
> Mit ein Praktikum in Ihrem Betrieb möchte ich herrausfinden, ob ich für den Beruf des Bäckers geignet bin. Ich interresiere mich sehr für den Umgang mit Lebensmittel und die Heerstellung von Backwaren. Zu hause backe ich oft Kuchen und Brötchen mit meiner Oma. Es bereitet mir Freude nach ihren alten Rezepte zu backen und von ihr zu lernen. Aber ich probiere auch neue Rezepte aus.
>
> Meine Liebelingsfächer in der Schule sind AES und Mathematik. Auch arbeite ich angagiert und zuverlässig im Schulcafe mit.
>
> Über eine einladung zu einem persöhnlichen Gespräch würden ich mich sehr freuen.
>
> Mit freundlichen Grüssen

Folie

Tipp
Acht Fehler sind nicht markiert.

2 Das Rechtschreibprogramm erkennt nicht alle Fehler. Markiert diese.

3 Schreibe das Anschreiben nun an einem Computer ab und arbeite mit dem Rechtschreibprogramm.

4 Korrigiere die Rechtschreibfehler, die das Programm erkannt hat. Lies dazu den Merkkasten.

5 Überprüfe deinen geschriebenen Text noch einmal sorgfältig. Berichtige auch Fehler, die das Rechtschreibprogramm nicht gefunden hat.

ⓘ Das Rechtschreibprogramm richtig nutzen

Das **Rechtschreibprogramm** kann dir bei der Korrektur von Texten behilflich sein. Es kann Fehler automatisch verbessern und alternative Wortkombinationen anbieten. Rechtschreibfehler werden meistens in einer anderen Farbe angezeigt als Grammatikfehler. Neue Wörter oder unsinnige Wortkombinationen werden oft nicht als Fehler erkannt. Deswegen musst du den Text immer noch einmal **selbst prüfen**.
Wörter, die nicht im PC-Wörterbuch enthalten sind (z. B. Eigennamen), werden manchmal als falsch angezeigt, obwohl sie richtig geschrieben sind.
Wenn du die Rechtschreibprüfung über den Menüpunkt **„Überprüfen"** aktiviert hast, dann kannst du die falsch geschriebenen Wörter korrigieren.

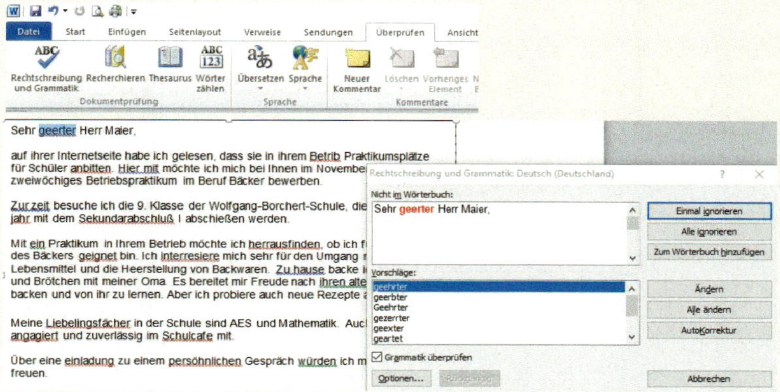

Dabei öffnet sich ein Fenster. Dort werden dir verschiedene Korrekturmöglichkeiten angezeigt. Wähle dann das richtige Wort aus. Das falsch geschriebene wird durch das richtige ersetzt.

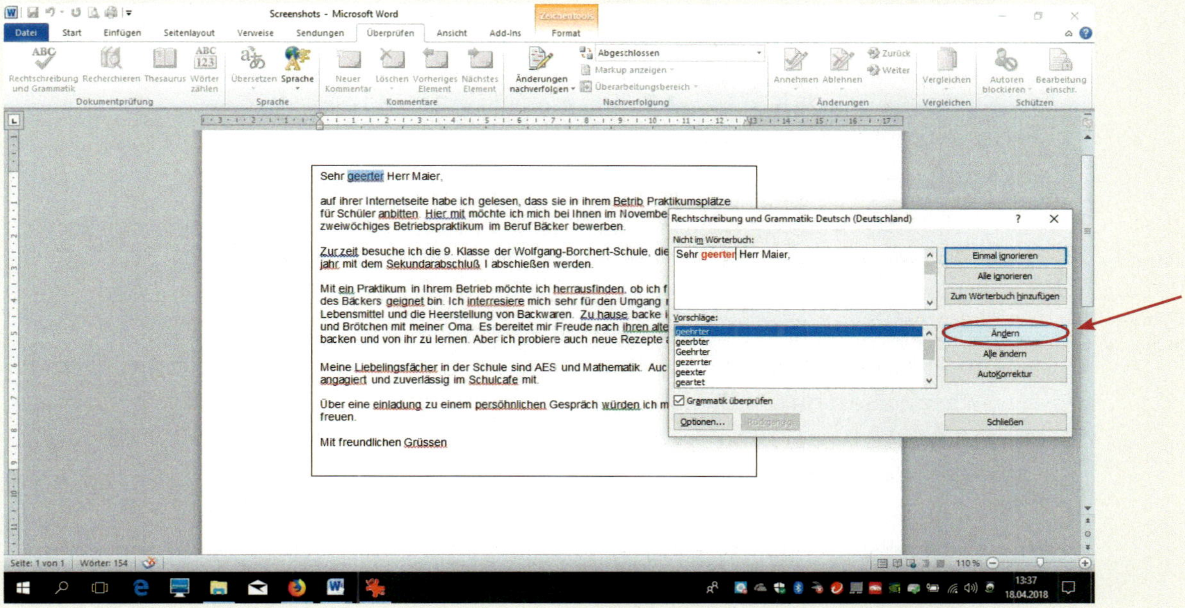

Methoden und Arbeitstechniken

Fach- und Fremdwörter anwenden

In manchen Texten kommen immer wieder ganz bestimmte Wörter (auch Fach- und Fremdwörter) vor, die für den Text charakteristisch sind. Es sind sogenannte „textspezifische" Wörter. Manche von ihnen werden immer wieder falsch geschrieben. Deswegen ist es wichtig, sie zu beherrschen.

1 Lies die folgenden Wörter, die in Erörterungen vorkommen können.

abwägen – anmerken – belegen – betonen (akzentuieren) – begründen – einräumen – einwenden – erwähnen – hervorgehen – hervorheben – relativieren – resultieren – überzeugen – widerlegen – widersprechen – zurückweisen – zusammenfassen (resümieren) – zustimmen – Ansicht – Argument – Auffassung – Beispiel (Exempel) – Ergebnis (Resultat) – Fazit – Grund/Gründe – Meinung – Standpunkt – These – Überzeugung – Zwischenergebnis

2 Ergänzt diese Wörterliste durch weitere passende Wörter.

3 Ordnet die Wörter aus Aufgabe 1 und 2 nach dem Alphabet und stellt euch somit ein kleines Lexikon zusammen.

Tipp
Erstellt das Lexikon am Computer.

4 Arbeite mit den Wörtern aus Aufgabe 1.

- a) Schreibe passende Verben und Nomen für die Ziffern 1-16 auf.
- b) Setze für die Ziffern 1–16 passende Verben und Nomen ein und schreibe die Sätze auf.

Wenn man die **1** gegeneinander **2**, kommt man zu folgendem **3**.
Meine **4** möchte ich folgendermaßen **5**.
Das kann man durchaus so sehen, aber man muss **6**, dass das nur zum Teil stimmt.
Gegen dieses Argument lässt sich **7**, dass es nicht zu beweisen ist.
Ich möchte noch **8**, dass ich dies selbst schon einmal erlebt habe.
Aus einer wissenschaftlichen Untersuchung **9**, dass zu laute Musik das Gehör schädigt.
Ich möchte deutlich **10**, dass ich ganz anderer **11** bin.
Dieses Argument kann mich nicht **12**.
Dieses Argument muss ich **13**.
An dieser Stelle möchte ich meine Überlegungen **14**.
Einerseits muss ich dieser Ansicht **15**; andererseits muss ich sie auch **16**.

Ein Erklärvideo erstellen

Mit einem Erklärvideo könnt ihr mehrere Effekte gleichzeitig erzielen. Was ihr sonst in einer Präsentation mithilfe von Vortragstext und Medien darbietet, kann in einem einzigen Film gleichzeitig erläutert oder beschrieben werden. Der Vorteil ist, dass ihr das Video mehrfach ansehen und dadurch Inhalte auch besser verstehen könnt.

1 Seht euch den folgenden Screenshot aus einem Erklärvideo an.
- Beschreibt den Aufbau des Ausschnitts.
- Nennt die eingesetzten Darstellungsmittel.
- Sammelt weitere Darstellungsmittel aus anderen Erklärvideos, die ihr kennt.

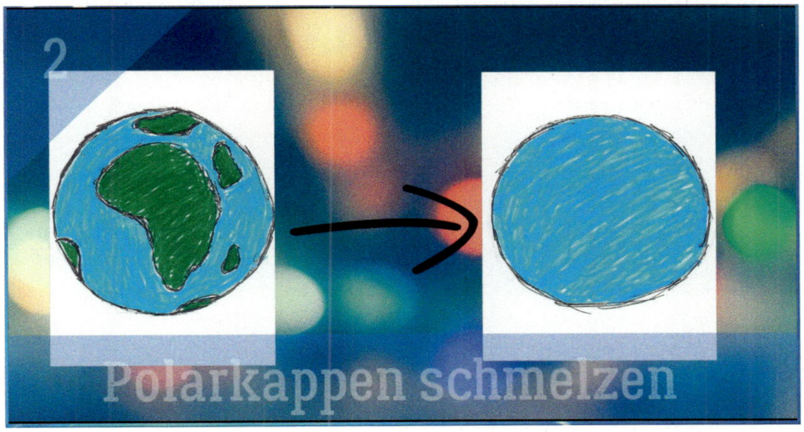

WWW
Ihr findet ein passendes Erklärvideo im Internetportal.

2 Stellt ein Erklärvideo zu folgendem Thema her: Was kann jeder Einzelne zum Klimaschutz beitragen?

Ein Erklärvideo erstellen

1. Ideensammlung und Planung
Notiert eure Ideen zunächst in einem Cluster. Macht euch Gedanken zum Inhalt, zu den Mitteln, die ihr zur Umsetzung benötigt, sowie zur Filmtechnik. Skizziert in einem Storyboard die einzelnen Bilder auf der linken und den Sprechtext auf der rechten Seite.

S. 299 *Cluster*

2. Vorbereitung
Zeichnet eure Figuren und die benötigten Elemente. Schneidet sie exakt aus.

3. Filmen und Sichern des Mediums
Verteilt die Aufgaben des Kameramanns, des Akteurs, der die Figuren bewegt, sowie des Sprechers. Stellt sicher, dass eine ruhige Kameraführung möglich ist (evtl. Stativ). Bearbeitet den Film gegebenenfalls mit einem Schnittprogramm und sichert die Datei.

Basis-
wissen

Basiswissen

Sprechen und Zuhören

Argumentieren

Ein vollständiges Argument gliedert sich immer in drei Teile. Behauptung (These): Hier bringst du deine Meinung zum Ausdruck: *Ich bin der Meinung, dass jeder selbst wählen sollte, ob er eine weitere Fremdsprache bereits in Klasse 6 lernen möchte.* Begründung: Hier nennst du den Grund für deine Behauptung: *Wenn man keine Fremdsprache lernt, kann man sich besser auf die anderen Fächer konzentrieren.* Beispiel: Hier nennst du ein Beispiel, um deine Begründung zu bekräftigen: *Dadurch habe ich weniger Schwierigkeiten, einen guten Schulabschluss zu bekommen.*

Aussage

Eine Aussage hat meist mehrere Bedeutungsebenen: Die Inhaltsebene bringt immer eine sachliche Angelegenheit zum Ausdruck, die Beziehungsebene verrät, in welchem Verhältnis (freundschaftlich, verärgert ...) der Sprecher zu seinem Gegenüber steht.

Botschaften

Es gibt zwei Arten von Botschaften in Kommunikationsprozessen. Mit Ich-Botschaften sind persönliche Äußerungen im Sinne einer „Selbstoffenbarung" gemeint, die die eigene Meinung und die Gefühle des Sprechers mitteilen. Bei Du-Botschaften wird jemand beschuldigt, dann wehrt er sich, indem er selbst vorwurfsvolle oder beleidigende Du-Botschaften ausspricht. Durch Du-Botschaften wird eine sachliche Einigung oft unmöglich.

Diskussion führen

1. Bildet eine Gruppe mit zehn Schülern.
2. Entscheidet euch für ein Thema.
3. Fünf von euch sind in der Diskussionsgruppe, vier in der Beobachtergruppe und einer ist der Diskussionsleiter.

- In der Diskussionsgruppe werden Begründungen und Beispiele für oder gegen das jeweilige Thema gesucht.
- Der Diskussionsleiter achtet auf die Reihenfolge der Meldungen und erteilt das Wort. Er achtet darauf, dass die Gesprächsregeln eingehalten werden, und fasst am Ende der Diskussion die wichtigsten Begründungen zusammen.
- Die Beobachtergruppe legt eine Tabelle an, in der die Beobachtungskriterien eingetragen werden.

Ein Erklärvideo erstellen

1. **Ideensammlung und Planung**
   Notiert eure Ideen zunächst in einem Cluster. Macht euch Gedanken zum Inhalt, zu den Mitteln, die ihr zur Umsetzung benötigt, sowie zur Filmtechnik. Skizziert in einem Storyboard die einzelnen Bilder auf der linken und den Sprechtext auf der rechten Seite.
2. **Vorbereitung**
   Zeichnet eure Figuren und benötigten Elemente. Schneidet sie exakt aus.
3. **Filmen und Sichern des Mediums**
   Verteilt die Aufgaben des Kameramanns, des Akteurs, der die Figuren bewegt, sowie des Sprechers. Stellt sicher, dass eine ruhige Kameraführung möglich ist (evtl. Stativ). Bearbeitet den Film gegebenenfalls mit einem Schnittprogramm und sichert die Datei.

Feedback geben

Bei einem Feedback werden Beobachtungsschwerpunkt und Kriterien vorher festgelegt. Bei der Bewertung eines Vortrages kann man so vorgehen:

1. Was ist besonders gut gelungen?
2. Wie haben einzelne Teile/Situationen auf mich gewirkt?
3. Welche Verbesserungsvorschläge gibt es?

Fischbowl-Diskussion

- Notiert euch zu eurem Diskussionsthema eure Meinungen und Ansichten.
- Stellt zwei Stuhlkreise auf. Im Innenkreis sitzen die Mitglieder der Diskussionsgruppe. Im Außenkreis sitzen genauso viele Teilnehmer der Beobachtungsgruppe. Die Diskussionsgruppe beginnt mit der Diskussion des Themas.
- In der Beobachtungsgruppe beobachtet jedes Mitglied ein Mitglied der Diskussionsgruppe und macht sich hierzu Notizen.
- Im Anschluss gibt jedes Mitglied der Beobachtungsgruppe ein Feedback zu ihren Beobachtungen.

Texte auswendig lernen und vortragen

Räumliche Voraussetzung

- Günstig ist ein ruhiger, ungestörter Ort für jede Gruppe.

Vorarbeiten

- Lest den Text vor, indem ihr steht oder euch bewegt.
- Ein Souffleur kann euch bei Textproblemen helfen.

- Legt mögliche Requisiten fest. Beschränkt euch auf die wesentlichen Gegenstände.
- Erstellt bei einem Theaterstück ein passendes Bühnenbild.
- Kleidet euch passend zur Szene, vermeidet jedoch „Kostümierungen".

Einlesen der Texte
- Lest euch die Texte mehrmals durch.
- Erprobt verschiedene Betonungen, Laut-Leise-Gestaltung, Pausen.
- Bearbeitet etwa nach dem zweiten Lesedurchgang den Text mit Vorlesezeichen.

Lernen des Textes
- Lernt den Text auswendig.
- Schreibt dazu die ersten zwei bis drei und die letzten Worte längerer Texte auf Notizzettel.
- Nummeriert die Notizzettel.
- Löst euch im Laufe des Textlernens von euren Zetteln.

Von der Textarbeit zur Aufführung

Proben
- Probt eure Aufführung mehrmals. Teilt den Text dazu in mehrere Sinnabschnitte, die einzeln geprobt werden können.
- Lasst euch bei den Proben Rückmeldungen geben.
- Nach der Generalprobe unterstützt euch nur noch der Souffleur.

Aufführung
- Bereitet eine ansprechende Fläche für die Aufführung vor.
- Gestaltet die Spielfläche mit möglichen Requisiten. Der Souffleur steht am Rand.

Gesprächsregeln
Gespräche, in denen verschiedene Meinungen oder Wortbeiträge ausgetauscht werden, sollten nach bestimmten Regeln ablaufen:
- Auf die richtige Anrede achten.
- Andere ausreden lassen.
- Sich melden und warten, bis man an der Reihe ist.
- Beim Thema bleiben und auf die Beiträge der anderen eingehen.
- Höflich bleiben. Aussagen oder das Verhalten des Gesprächspartners dürfen bewertet oder kritisiert werden, aber nicht die Person.

Gestik
Gestik bezeichnet Hand- und Fußbewegungen, die die gesprochenen Worte unterstützen oder ohne Worte etwas ausdrücken.

Höflichkeitssprache
Höflichkeit und Freundlichkeit erleichtern den Umgang miteinander. Höflichkeit ist eine Sache der Sprache. Es gibt besondere Formeln, die angenehm klingen: *Könntest du mal … Würden Sie bitte … Wären Sie so freundlich … Wärst du so nett …* Aber auch die Körpersprache, die Gestik und Mimik sowie die Stimme spielen eine wichtige Rolle.

Ein Interview führen
- Bitte eine Person um ein Interview, von der du dir interessante Auskünfte versprichst. Wenn sie einverstanden ist, verabrede einen Termin.
- Schreibe dir die Fragen, die du stellen willst, vorher auf. Formuliere möglichst offene Fragen, die man nicht nur mit Ja oder Nein beantworten kann.
- „Klebe" während des Interviews nicht an deinem Zettel, sondern gehe flexibel auf dein Gegenüber ein.
- Frage nach, wenn du etwas nicht genau verstanden hast oder etwas genauer wissen möchtest: *Augenblick mal bitte … Könnten Sie das noch einmal wiederholen/genauer erklären …*
- Nimm das Interview auf, z. B. mit dem Handy. So geht dir nichts verloren, und du kannst dir den genauen Wortlaut mehrfach anhören. Meistens kannst du jedoch die mündliche Rede nicht einfach übernehmen. Mach dir zunächst Stichwörter und filtere die interessanten Aussagen heraus. Schreibe dann das Interview in Schriftsprache auf.
- Lass das fertige Interview autorisieren. Das heißt, gib den Text deinem/r Interviewpartner/in zu lesen und frage, ob er/sie damit einverstanden ist.

Jugendsprache
Jugendsprache ist keine eigene Sprache. Sie ist eine Variante der Standardsprache. Sie wird von Jugendlichen geschaffen und verändert sich ständig.

Kommunikationsmodell (Schulz von Thun)
Botschaft 1 – Sachinformation: Der Sender übermittelt einen Sachverhalt.

Basiswissen

Botschaft 2 – Selbstkundgabe: Der Sender gibt (bewusst oder unbewusst) mithilfe von sprachlichen Äußerungen und der Körpersprache etwas über sich preis, z. B. über seine Gedanken und/oder seine Gefühle.
Botschaft 3 – Appell: Der Sender fordert den Empfänger zu etwas auf und möchte ihn zu einer Handlung veranlassen. In der Appellseite steckt also eine Aufforderung, die nicht direkt ausgesprochen wird.
Botschaft 4 – Beziehungsseite: Durch seine Äußerung, die Körpersprache und die Art und Weise, wie der Sender etwas sagt, zeigt er, wie er während der Botschaft zum Empfänger steht und was er von ihm hält.

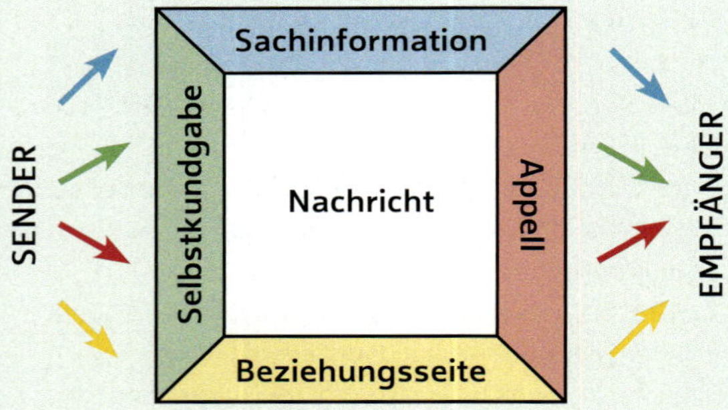

Mimik
Mimik bezeichnet die Veränderung des Gesichtsausdrucks, um Gefühle, Stimmungen und Wünsche zu zeigen.

Modulation
Das Gestalten des Sprechens (*Lautstärke der Stimme, Sprechtempo, Tonfall*) bei einem Vortrag oder während einer Diskussion.

Mündliche und schriftliche Kommunikation
An der Melodie und Lautstärke des Sprechers kann man erkennen, wie ein Satz gemeint ist. Bei geschriebenen Sätzen muss man dies anhand der Satzzeichen erkennen. So können auch Sätze in Frageformen als Aufforderung gemeint sein. In diesem Fall steht ein Ausrufezeichen am Schluss: *Sie forderte ihn auf: „Wiederhole das bitte noch einmal!“ Sie rief ihm zu: „Wiederholst du das bitte noch einmal!“*

Notizen bei Vorträgen machen
- Notiere Stichwörter und keine vollständigen Sätze. Du kannst dich an Namen, Zahlen oder Ereignissen orientieren.
- Verwende Abkürzungen. Achtung! Du musst später auch noch wissen, was deine Abkürzungen bedeuten: Fam = Familie, D = Deutschland ...
- Arbeite mit diesen Zeichen: ! ? → Sie können deine Stichpunkte verdeutlichen: ! = wichtig, ? = nicht verstanden, → = *darauf beziehe ich mich.*

Notizzettel
- Schreibe eine knappe Überschrift und unterstreiche diese.
- Notiere Stichpunkte oder Satzteile. Formuliere keine Sätze aus.
- Schreibe die einzelnen Punkte untereinander.
- Unterstreiche oder umkreise besonders wichtige Dinge, um diese hervorzuheben.

Plakate gestalten
Wähle eine helle Plakatfarbe, schreibe leserlich und groß auf dein Plakat, sodass die Schrift auch aus einiger Entfernung noch gut lesbar ist. Nutze die gesamte Fläche des Plakates. Verwende nur Bilder, Zeichnungen oder Diagramme, wenn sie zum Thema des Plakates passen.

PowerPoint-Präsentation
1. Auf die Abfolge der Folien achten
- Gib der ersten Folie einen informativen Titel.
- Eine Inhaltsvorschau bestimmt den Ablauf des Vortrages.

2. Bei einem Design bleiben
- Gleichbleibende(r) Hintergrund, Schriftart und -farben

3. Angenehm und gut zu lesen
- Ruhiger Hintergrund
- Angenehme Farbe
- Schriftfarbe muss sich vom Hintergrund abheben
- Schrifttyp soll klar sein
- Schriftgröße in keinem Fall zu klein

4. Weniger ist mehr
- Kein Überladen der Folien

5. Keine Fließtexte schreiben oder vorlesen
- Text in Stichworten formulieren
- Wichtige Zitate dürfen vorgelesen werden.

6. Auf Übersichtlichkeit achten
- Kennzeichne Unterordnung und Aufzählungen mit passenden Aufzählungszeichen

7. Die Leserichtung beibehalten
- Baue die Folien von oben nach unten und von links nach rechts auf.

8. Überschriften hervorheben
- Wähle eine besondere Gestaltungsform für Überschriften (fett, kursiv ...).

9. Bilder einfügen
- Abbildungen sollen informieren
- Rahme die Bilder farblich passend zum Hintergrund ein.

Präsentieren

Erstellung des Vortragstextes: inhaltliche Gliederung, Themenverteilung bei Gruppenpräsentation, Stichwortkarten
Inhaltlicher Aufbau: motivierender Einstieg, Überblick zur Gliederung; Abrundung durch Appell, Diskussionsthema für den Austausch mit dem Publikum
Wahl, Inhalt und Einsatz der Medien: Was wird Leitmedium? Was wird Begleitmedium? *(PowerPoint, Erklärvideo, Flipchart, Plakat(e), Pinnwand, Spielszene ...)*
Inhalt und Einsatz des Handouts: Thesenpapier, Kopie der Gliederung, Aufgaben für die Zuhörer *(Quiz, Fragen)*, Klassengespräch
Vorbereitung des Ablaufs: „Inszenierung", Positionierung im Raum, Moderation und Reihenfolge der Sprecher bei einer Gruppenpräsentation; Medieneinsatz *(Geräte ...)*
Art und Verwendung von Hilfsmitteln: Stichwortkarten oder freie Rede (wichtig: kein auswendig gelernter Text)
Generalprobe (vor Testpublikum): evtl. Standorte und/oder Standortwechsel festlegen (mit Kreppband markieren), Medieneinsatz

Schriftlich um etwas bitten

Eine schriftliche Bitte enthält, wie ein Brief, eine Anrede. Nach der Anrede steht ein Komma. Anschließend beschreibt man, was der Anlass der Bitte ist, was man damit erreichen will und weshalb einem das Anliegen so wichtig ist.
Man kann ein Angebot machen, was man macht, wenn der Bitte nachgekommen wird. Am Ende verabschiedet man sich und unterschreibt mit seinem Namen.

Sprechabsichten

- informierend (sachliche Mitteilung)
- appellieren (Aufforderung zum bestimmten Handeln oder Denken)
- expressiv (Gefühle werden zum Ausdruck gebracht)
- Kontaktaufnahme (Begrüßung)
- Selbstdarstellung (positive Vermittlung des eigenen Bildes)

Ein Standbild bauen

Standbilder werden in der Regel in Kleingruppen erarbeitet. Habt ihr einen Text vorliegen, anhand dessen ihr ein Standbild bauen sollt, muss der Text zunächst gründlich gelesen und bearbeitet werden, indem ihr wichtige Textpassagen, Schlüsselwörter markiert und bei Bedarf Fragen an den Text stellt. Liegt euch kein Text vor, aber ein Begriff oder ein Thema, zu dem ihr ein Standbild bauen sollt, überlegt zunächst in der Theorie, was der Begriff/das Thema bedeutet, in welche Richtung das Standbild gehen könnte und wie viele Personen ihr in eurem Standbild als Darsteller braucht.

Ausführung des Standbildes

Wenn ihr Ideen gesammelt habt, probiert diese nun im Standbild umzusetzen. Bestimmt dafür in eurer Gruppe einen Regisseur, der darauf achtet, dass das Standbild auch entsprechend umgesetzt wird. Lasst euch vom Regisseur ähnlich wie bei einem Bildhauer „modellieren", denn eine bestimmte Haltung, Gestik und Mimik gleichzeitig einzunehmen ist anspruchsvoll, wenn man sich selbst nicht sehen kann. Wenn das Standbild steht, versucht es mindestens für 30 Sekunden „einzufrieren" („Freeze Frame"), das Bild muss also ohne Bewegung und ohne miteinander zu sprechen, gehalten werden.

Vorlesen

Ein Text ergibt nur dann beim Vorlesen Sinn, wenn man an der richtigen Stelle eine Pause macht. Diese Stelle erkennt man meist an den Satzzeichen oder dem Inhalt des Textes. In jedem Satz gibt es ein oder zwei Wörter, die besonders betont werden. Die Betonung ist meist von dem Satz abhängig, der davor steht. Durch die Betonung wird die Wichtigkeit eines Wortes hervorgehoben.

Vorlesezeichen

Um einen Text ansprechend vorzulesen, musst du einiges beachten:

1. Übe den Text, bis du ihn flüssig lesen kannst.
2. Mache kurze (|) oder längere Pausen (||), um den Text zu gliedern.
3. Betone wichtige Stellen stärker als andere (___).
4. Wenn sich in einem Text die Ereignisse häufen oder es spannend wird, sprichst du schneller (→).
5. Wenn wenig passiert, sprichst du langsamer (←).

Basis-wissen

6. Insbesondere bei der direkten Rede musst du an manchen Stellen die Stimme heben () oder senken ().

Vorstellungsgespräch

Um eine angenehme Atmosphäre zu schaffen und einen ersten Eindruck von dir zu erhalten, stellt der/die Firmen- oder Personalchef/in dir **alltägliche Fragen**. Im Verlauf des Gesprächs stellt er/sie dir Fragen zu deinem **Lebenslauf**, deiner **Persönlichkeit** (Interessen), deiner **Bewerbung** und **Berufswahl**. Wenn dich dein Gesprächspartner während des Gesprächs auffordert, etwas von dir zu erzählen, dann stelle deine Stärken glaubhaft dar. Anschließend hast auch du die Möglichkeit, Fragen zum **Unternehmen**, zum Ablauf der **Ausbildung**, zur **Berufsschule** ... zu stellen.
Achte während des ganzen Vorstellungsgesprächs auf die Formen der **Höflichkeit**.

Vortrag halten

Planung: Was möchtest du erzählen?
Vorbereitung: Einleitung und Schlusssatz formulieren, Stichwortkarten vorbereiten; vor Zuhörern üben
Vortragen: Materialien zurechtlegen

Schreiben

Arbeitsvorgänge beschreiben
Die Beschreibung muss so formuliert sein, dass man sich die Tätigkeit gut vorstellen kann. In den ersten Sätzen sagt man, um welche Tätigkeit es geht und welche Materialien, Werkzeuge, Geräte und Maschinen man benötigt. Dann wird der Ablauf schrittweise beschrieben und erklärt.
Dabei verwendet man Fachwörter und bezeichnet Dinge und Vorgänge genau: *Satteldach, maßgerecht einsetzen ...*
Die zeitliche Abfolge wird durch Wörter deutlich gemacht wie: *zuerst, zunächst, nun, jetzt, dann, danach, schließlich, zuletzt, zum Schluss, anschließend ...*
Vorgangsbeschreibungen stehen im Präsens.
Die Arbeitsschritte beschreibt man unpersönlich
- in der man-Form: man zeichnet die Außenwände auf;
- in der Passivform: die Außenwände werden aufgezeichnet.

Wenn man etwas erklären möchte, kann man folgendermaßen formulieren:
- In der 3. Person: *Ein Computer zeigt an ...*
- In der Infinitivform: *Um eine bessere Vorstellung zu bekommen ...*
- Man fügt die Erklärung kurz als Satzglied ein: *Innenwände maßgerecht einsetzen.*

Argument
Ein Argument entfalten bedeutet, Argumente zu begründen und sie mit Beispielen aus der allgemeinen Erfahrung und persönlichen Beobachtung zu verdeutlichen. Dadurch werden die Argumente klarer und wirken überzeugender.
So kann man ein entfaltetes Argument aufbauen:

THESE
↓
Argument = Begründung + Beispiel
↓
Schlussfolgerung

Anschreiben
Das Anschreiben ist ein offizieller Brief. Der Briefkopf besteht aus Absender- und Empfängeradresse, dem aktuellen Datum und der Betreffzeile. Auf die höfliche Anrede folgt der eigentliche Brieftext. Der Brieftext soll übersichtlich in Abschnitte gegliedert sein. Dann verabschiedet man sich freundlich und unterschreibt handschriftlich. Ganz zum Schluss wird unter Anlagen alles aufgelistet, was man dem Anschreiben hinzufügen möchte.

Bericht
Ein Bericht ist ein sachlicher Text, in dem du Ereignisse und Vorgänge schilderst. Er gibt Antwort auf die wichtigsten W-Fragen:
- **Wo** ist es geschehen?
- **Wann** ist es geschehen?
- **Wer** ist beteiligt?
- **Was** ist passiert und **warum**?
- **Wie** ist das Ganze ausgegangen?

Man sollte darauf achten, dass die richtige zeitliche Reihenfolge eingehalten wird. Die Tempusform des Berichts ist das Präteritum.

Beschreibung
Eine Beschreibung ist ein sachlicher Text, in dem du zum Beispiel Wege, Gegenstände, Orte, Vorgänge oder Experimente anschaulich darstellst, damit andere sie sich genau vorstellen können.

Bildergeschichte
So wird jede Geschichte bezeichnet, deren Handlung vorwiegend in Bildern oder durch Bildfolgen erzählt wird. Falls ein Text überhaupt vorhanden ist, spielt er nur eine untergeordnete Rolle.

Cluster
In einem Cluster werden Ideen zu einem bestimmten Thema gesammelt und zueinander in Beziehung gesetzt.
1. Zeichne einen Kreis in die Mitte deines Blattes und notiere das Thema darin.
2. Zeichne nun weitere Kreise und schreibe alles auf, was dir zu dem Thema einfällt.
3. Sammle zu einem Gedanken mehrere Stichwörter. Verbinde die Kreise anschließend zu einer Ideenkette.
4. Wenn du alle Ideen aufgeschrieben hast, kannst du alle Kreise streichen, die du nicht in deinen Text aufnehmen möchtest.

Ergebnisprotokoll
Es zeichnet Inhalte und Beschlüsse einer Zusammenkunft auf. Im Unterschied zum Verlaufsprotokoll werden nicht die einzelnen Rede- und Diskussionsbeiträge aufgezeichnet, sondern diese werden zu Kerninhalten zusammengefasst.

Basis-wissen

Erörterung
In einer Erörterung wird ein Problem von zwei Seiten dargestellt. Ausgangspunkt ist oft eine **Entscheidungsfrage**, zu der die **Einleitung** hinleitet. Die Antwort auf diese Frage lässt man in der Einleitung offen. Die **Pro- und die Kontra-These** werden im **Hauptteil** durch **Argumente** zusammen mit den **Begründungen** und **Beispielen** aus eigener Erfahrung und Informationstexten belegt. Dabei kann man sie nach dem **Sanduhrprinzip** ordnen, um so die These zu unterstützen, die der eigenen Meinung eher entspricht. Am Ende der Erörterung wägt man Pro und Kontra ab und versucht eine Annäherung der gegensätzlichen Standpunkte. Ganz zum **Schluss** des Erörterungsaufsatzes begründet man seinen persönlichen Standpunkt.

Aufbau einer Erörterung
Mit einer interessanten Einleitung erweckst du die Aufmerksamkeit der Leser für das Thema. Du hast viele Möglichkeiten. So kannst du mit einem anschaulichen Beispiel beginnen, einen persönlichen Bezug zum Thema herstellen oder über die Sache informieren. Stelle dann das Thema in Form einer Frage vor. Leite dann zur Pro- oder Kontra-These über.

Hauptteil einer Erörterung
Zunächst stellst du die These (Pro- oder Kontra) auf, die du weniger unterstützen willst. Diese These begründest du mit mehreren Argumenten, die du nach dem Sanduhrprinzip aufbaust. Als „Eselsbrücke" kannst du dir merken, dass du die **drei Bs** berücksichtigen musst (**B**ehauptung/Argument, **B**egründung, **B**eispiel). Dann leitest du zu deiner zweiten gegenteiligen These über und verfährst wieder nach dem Sanduhrprinzip. Das **wichtigste Argument** bringst du **zuletzt**. Benutze beim Schreiben deine Materialsammlung *(Tabelle, Stichworte, Gewichtung der Argumente)*.
Im **Schluss einer Erörterung** begründest du deinen **eigenen Standpunkt**. Dazu überlegst du, welches der Argumente den Ausschlag für deinen Standpunkt gibt, und bekräftigst damit deinen Standpunkt. Du solltest auch überlegen, ob es eine Kompromisslösung geben kann *(einerseits ... andererseits)*. So zeigst du, dass du bei deinem eigenen Standpunkt auch andere Auffassungen bedacht hast.

Gedankenrede
Im Gegensatz zu direkter Rede, bei der die Figuren miteinander sprechen, bringen in Texten die Figuren oft auch ihre Gedanken zum Ausdruck, von denen nur die Leser etwas erfahren: Sie sagte zu ihm (direkte Rede): „Du hast mich belogen!" (Gedankenrede:) Was sollte er dazu sagen? Er hatte doch die reine Wahrheit gesagt!

Gegenstandsbeschreibung
Bei einer Gegenstandsbeschreibung ist es besonders wichtig, Dinge sehr genau zu beschreiben, damit sich der Leser ein Bild davon machen kann. Meistens kommt eine Gegenstandsbeschreibung in Versuchs- und Produktbeschreibungen oder im Zusammenhang mit Diebstahls- und Suchanzeigen vor.
Man kann in folgender Reihenfolge vorgehen:
1. Um welchen Gegenstand handelt es sich (*Die Jacke auf dem Foto ...*)?
2. Beschreibung von: Form, Größe, Farbe und Material
   - Form (*quadratisch, oval, rund, länglich ... oder vergleichend: ... wie eine Birne*)
   - Größe (*mm, cm, m ... oder vergleichend: ... von der Größe einer Streichholzschachtel*)
   - Farbe (*Lila, Rosa, Beige, Pink, Hellgelb ...*)
   - Material (*Holz, Wildleder, Kunststoff ...*)
3. Beschreibung der verschiedenen Einzelteile
   - Einzelteile (*Deckel, Boden, Seitenwand ...*)
   - besondere Kennzeichen (*Verzierung, Beschriftung, Kratzer, Beule ...*)

Als Tempusform verwendet man das Präsens (*Die Uhr ist ..., Die Lampe hat ...*).
Die Sprache ist sachlich und genau. Man verwendet Fachwörter (*Digitaluhr, Lederarmband*) und Adjektive, mit denen man etwas genau beschreiben kann (*kariert, himmelblau*).

Inhaltsangabe
Eine Inhaltsangabe **informiert zusammenfassend** über den Inhalt eines Ausgangstextes. Sie ist ein **sachlicher** Text, der auf alle Elemente der Veranschaulichung und Spannung verzichtet. Ihr Haupttempus ist das **Präsens**. Direkte Reden werden **verkürzt** im **Konjunktiv I** oder durch die **Rede zusammenfassender Verben** wiedergegeben. Die Ich-/Du-Form des Ausgangstextes wird in die **Personalform** mit *er* oder *sie* umgeformt.

Lebenslauf
Der Lebenslauf gehört zu den **Anlagen** des Bewerbungsschreibens. Knapp und übersichtlich wird er in **tabellarischer Form** dargestellt.

Es gibt vier Teilabschnitte: **1) Angaben zur Person** *(Informationen über Familie und Hobbys)* ; **2) Berufserfahrung** *(Ehrenamt, bereits absolviertes Praktikum ...)*; **3) Schulbildung** *(voraussichtlicher Schulabschluss, dann zetilich bis zur Grundschule zurückgehen)*; **4) Persönliche Fähigkeiten und Kompetenzen** *(eigene Stärken herausstellen)*.
Mit der **Unterschrift** versichert man, dass die Angaben der Wahrheit entsprechen und aktuell sind.

Mindmap

In einer Mindmap werden Stichworte gesammelt, geordnet und in Ober- und Unterbegriffe unterteilt. Die Mindmap hilft dir bei der Gliederung von Ideen für deinen eigenen Text. Du kannst auch Informationen aus einem Text ordnen.

1. Schreibe das Thema in die Mitte des Blattes.
2. Zeichne von der Mitte nun dicke Äste, auf denen du die Oberbegriffe notierst.
3. Zeichne von diesen Ästen weitere, kleinere Äste für die Unterbegriffe und notiere diese.

Ortsbeschreibung

Bei einer Ortsbeschreibung sollte man auf folgende Fragen achten:

- Was für ein Ort ist es?
- Wo befindet er sich? *Ist es eine Bude, ein Keller, ein Zelt ...?*
- Wie kommt man dorthin? *Ist der Lieblingsort in der Nähe, musst du weit gehen, musst du klettern ...?*
- Wie sieht es dort aus, wie ist es dort? Adjektive wie: *dunkel, hell, schummerig, gemütlich, einsam ...*
- Was kann man dort tun? Verben wie: *lesen, Musik hören, Tiere beobachten, die Aussicht genießen ...*
- Welche Dinge kann man dorthin mitnehmen? Nomen wie: *Spielzeug, Buch, Knabbersachen ...*
- Wann ist man am liebsten dort? *am Nachmittag, am Sonntag, nachts ...*
- Was kann man dort beobachten, sehen, hören, riechen, fühlen? *Aussicht, Geräusche, Gerüche ...*

Personenbeschreibung

Bei einer Personenbeschreibung ist es wichtig, die Person so genau wie möglich zu beschreiben.
Folgendes solltest du beachten:

1. Erwähne am Anfang, **um welche Person es sich handelt.** *Vor Kurzem war ich im Schwimmbad, dort habe ich einen coolen Jungen gesehen, der...*
2. Beschreibe den **Eindruck** der ganzen Person. *Das Mädchen wirkt ziemlich selbstbewusst.*
3. Beschreibe die Person **Schritt für Schritt:** *von oben nach unten oder zuerst das Aussehen und dann die Kleidung.*
4. Beachte beim Beschreiben folgende **Details:** *Geschlecht, Alter, Kleidung, Figur, Haare, Körperteile, Kopf, Sprache, Verhalten, Besonderheiten.*
5. Benutze **passende Adjektive,** um möglichst anschaulich zu beschreiben: *schmaler Mund, runde Brille, weiße Turnschuhe.*

Portfolio

In einem Portfolio werden Dokumente gesammelt, die zu einem bestimmten Thema erstellt wurden.

Einen Praktikumsbericht schreiben

- ein ansprechendes Deckblatt gestalten und mit den erforderlichen Angaben versehen
- ein übersichtliches Inhaltsverzeichnis anlegen
- meine persönlichen Erwartungen an das Praktikum aufschreiben
- über den Beruf, das Berufsfeld, den Praktikumsbetrieb, seine Mitarbeiter, Aufgaben und Tätigkeiten informieren
- jeden Praktikumstag in täglichen Kurzprotokollen oder Tagesberichten dokumentieren
- persönliche Schlussüberlegungen formulieren und ein Fazit ziehen
- auf eine saubere äußere Form, die sprachliche Richtigkeit und Verständlichkeit der Texte sowie Rechtschreibung und Zeichensetzung achten
- erklären, dass der Bericht selbstständig verfasst und nur die angegebenen Quellen benutzt wurden

Reportage

Die Reportage ist ein tatsachenbezogener Erlebnisbericht und gehört zu den informativen Textsorten, da es die Hauptfunktion der Reportage ist, ihren Empfänger (Leser, Hörer, Zuschauer) über einen beliebigen Sachverhalt zu informieren. Eine Reportage setzt auf die unmittelbare Anschauung des Gesagten, was durch die hohe Bildlichkeit und echte Beispiele ermöglicht wird. Während andere journalistische Textsorten vornehmlich distanziert berichten, geht die Reportage sehr nah heran.

Basiswissen

Ein stummes Schreibgespräch führen

In dieser Methode unterhältst du dich schriftlich mit einem oder mehreren Mitschülern über eine Fragestellung, eine These oder einen anderen Impuls. Ähnlich wie in einem Chatverlauf antwortest du auf die Kommentare deiner Mitschüler, fügst deine eigene Meinung hinzu, stellst Fragen oder stellst Hypothesen auf. Diese können sich deine Mitschüler wieder durchlesen und auf sie reagieren.
Ihr könnt diese Methode zu zweit oder auf großen Plakaten (mit verschiedenen Thesen) im Klassenverbund durchführen.

Schwierige Wörter üben

Es gibt verschiedene Übungen, mit denen du dir schwierige Wörter einprägen kannst.

- nach dem Abc ordnen: *Adresse, Aggression, aggressiv, ...*
- nach bestimmten Merkmalen ordnen: ***pp:** Appetit ..., **gg:** Aggression..., **th:** Sympathie ..., **kk:** ..., **ik:** ..., **ph:** ...*
- schwierige Stellen unterstreichen: *Appetit, Aggression ...*
- Wörter mit Silbentrennstrichen aufschreiben: *Ap-pe-tit, Ad-res-se ...*
- Wörter nach ihren Artikeln (Geschlecht) ordnen: ***der:** der Appetit ..., **die:** die Adresse, die Allergie ..., **das:** das Attest ...*
- den Plural bilden (wenn es einen gibt): *die Adresse – die Adressen, der Artist – die Artisten ...*
- verwandte Wörter (Verben, Adjektive) zusammenstellen: *Appetit – appetitlich, Adresse – adressieren, Allergie – ...*
- zu einigen Wörtern Reimwörter suchen: *Maschine – Turbine, maschinell – eventuell ...*
- Wörter in Sätzen verwenden: *Ich habe keinen Appetit. Gib mir die Adresse! ...*
- sich die Wörter in Partnerarbeit diktieren

Tagebucheintrag

Ein Tagebucheintrag ist eine schriftliche Form des Nachdenkens. Tagebücher sind sehr persönlich. In ihnen werden Gefühle und Gedanken frei notiert.

- Schreibe einen Tagebucheintrag, um Gedanken und Gefühle einer Figur in einer Geschichte besser zu verstehen.
- Versetze dich dazu in die Figur hinein und überlege, was in ihr vorgeht.

Texte überarbeiten

- **Berichtigungen:** Verbessere Rechtschreib- und Zeichenfehler.
- **Ergänzungen:** Füge Wörter ein und mache dadurch den Text genauer und vollständiger.
- **Ersetzungen:** Verwende andere Wörter oder Zeitformen und mache dadurch den Text genauer und richtiger.
- **Umstellungen:** Stelle Wörter um und mache dadurch den Text abwechslungsreicher.
- **Weglassungen:** Lasse Wörter weg und streiche Wiederholungen und mache dadurch den Text weniger umständlich.

Verlaufsprotokoll

Möchte man den Verlauf und die Beschlüsse einer Vereinssitzung, einer Schülerratssitzung oder einer Unterrichtsstunde kurz zusammenfassen, dann schreibt man ein Verlaufsprotokoll. Verlaufsprotokolle werden hauptsächlich im Präsens geschrieben. Auf direkte Rede wird ganz verzichtet. Wichtige Gesprächsbeiträge werden nur zusammenfassend wiedergegeben.
Ein Verlaufsprotokoll besteht aus den folgenden Teilen:

- Protokollkopf: Datum, Ort, Zeit, anwesende und abwesende Teilnehmer und Protokollant/in
- Gesprächsthema oder Tagesordnungspunkte
- sachliche Zusammenfassung des Verlaufs und der Beschlüsse. Dazu wird zu jedem Tagesordnungspunkt (TOP) ein kurzer, zusammenhängender Text geschrieben.
- Ort und Datum/Unterschrift des/der Protokollanten/in

Versuchsbeschreibung

Versuche (Experimente) sind in vielen Wissenschaften eine wichtige Methode zur Gewinnung von Erkenntnissen. Um die Ergebnisse von Versuchen anderen Personen zugänglich zu machen, ist es notwendig, den Vorgang exakt und in allen Einzelheiten festzuhalten. Solch eine Versuchsbeschreibung ist die Voraussetzung dafür, den Versuch zu wiederholen und sein Ergebnis überprüfen zu können.

Versuchsprotokoll

Ein Versuchsprotokoll beschreibt die Durchführung eines wissenschaftlichen Experiments und dokumentiert Beobachtungen sowie eventuelle Ergebnisse. Versuchsprotokolle sind in der Forschung notwendig, um eine eventuelle Nachprüfung zu ermöglichen.

Aufbau

1) Überschrift
2) Frage
3) Vermutung
4) Material

5) Aufbau
6) Durchführung
7) Beobachtung
8) Deutung und Auswertung

Vorgangsbeschreibung

Vorgangsbeschreibungen sollen **informieren.** Sie müssen so formuliert sein, dass man den Vorgang problemlos ausführen kann.

- Im ersten Satz steht, worum es geht und was man braucht: *Um die Gleichgewichtsübung „Der Baum" durchzuführen, benötigt man …*
- Der Ablauf des Vorgangs wird schrittweise beschrieben und erklärt. Dabei muss man die Reihenfolge einhalten. Sie wird deutlich durch Wörter wie *zuerst, zunächst, nun, jetzt, dann …*
- Einzelne Sätze formuliert man in der Anredeform: *Du hebst die Hände über den Kopf. Hebe die Hände über den Kopf.* Oder man formuliert die Sätze allgemeiner: *Man hebt die Hände über den Kopf. Die Hände werden über den Kopf gehoben.* Entscheide dich für eine Form und behalte diese bei.
- Man schreibt im Präsens: *Du benötigst bequeme Kleidung.* Du *stellst dich aufrecht hin.*
- Man verwendet **Fachwörter** und bezeichnet Dinge und Vorgänge genau: *zusammenlegen, anheben, aufrecht, geschlossen, rechts, links …*

Wegbeschreibung

Bei einer Wegbeschreibung sollten folgende Dinge beachtet werden:

- Beschreibe den Weg in kleinen Schritten und nenne Zwischenziele: *Gehe bis zur Achterbahn, Dein nächstes Ziel ist die Brücke …*
- Halte die richtige Reihenfolge ein.
- Nenne auffällige Orientierungspunkte: *Bäume, Gebäude, Gehege, Attraktionen …*
- Nutze passende Verben: *überqueren, erreichen, abbiegen …*
- Verbinde die Sätze durch Wörter wie *dann, anschließend, nachdem, …*
- Nutze die Himmelsrichtungen bei der Beschreibung: *Laufe nach Norden, bis …, im Osten/östlich von, im Süden/ südlich von, im Westen/westlich …*
- Schreibe im Präsens (*Du biegst am Kiosk links ab.*) oder im Imperativ (*Biege am Kiosk links ab!*).

Basiswissen – Lesen – Umgang mit Texten und Medien

AIDA-Modell
Dieses Modell teilt die Wirkungsabsicht einer Werbeanzeige in vier Stufen ein.
Attention: Aufmerksamkeit durch „Eye-Catcher" erregen.
Interest: Interesse wecken.
Desire: Wunsch, das Produkt zu besitzen
Action: Aktives Kaufen des Produktes

Akrostichon
Ein Akrostichon ist eine Gedichtform, bei der die Anfänge (Buchstaben bei Wortfolgen oder Wörter bei Versfolgen) hintereinandergelesen einen Sinn, beispielsweise einen Namen oder einen Satz, ergeben.

Allwissender Erzähler
Der Autor einer Erzählung schlüpft innerhalb einer Erzählung in die Rolle eines Erzählers, der in alle anderen Figuren hineinschauen kann, über sie Bescheid weiß, zu ihnen Kommentare abgibt. So ist Franz Hohlers Geschichte *Tschipo* von einem Erzähler erzählt, der alles über alle Figuren weiß.

Anapher
Mehrmalige Wiederholung eines Wortes, einer Wortgruppe oder eines Satzes am Anfang aufeinanderfolgender Verse oder Strophen.

Anekdote
Die Anekdote gehört zur Gattung der Epik. Sie ist eine knappe, oft witzige Erzählung, in der bekannte Personen oder eine denkwürdige Begebenheit blitzartig beleuchtet werden. Am Ende steht oft eine Pointe, eine überraschende Wendung der Handlung.

Antithese
Sprachliches Bild, in dem Gegensatzpaare gegenübergestellt werden.

Ballade (franz., eigentlich Tanzlied zu spätlateinisch *ballare* = tanzen)
Ursprünglich (im 13.–15. Jahrhundert) war die Ballade ein Tanzlied in romanischen Ländern, das zum Reihen- und Kettentanz gesungen wurde. Später wurden erzählende und dramatische Inhalte hinzugefügt, sodass sich die Ballade zum Erzähllied entwickelte. Besonderes Merkmal der Ballade ist, dass sie auf erzählende Weise, aber in Form von Versen, zu einem dramatischen Konflikt hinführt.

Bericht
Ein Bericht ist ein sachlicher Text, in dem du Ereignisse oder Vorgänge schilderst. Er gibt Antwort auf die wichtigsten W-Fragen: *Wer?, Was?, Wann?, Wo?, Warum?, Wie?, Welche Folgen?* Du solltest darauf achten, dass du die richtige zeitliche Reihenfolge einhältst. Die Tempusform des Berichtes ist das Präteritum.

Charakterisierung
Eine Charakterisierung beschreibt die **Innenwelt** einer Figur. Darum ist es wichtig, vorab den Text gründlich zu untersuchen. Zu diesem Zweck ist die Figurine optimal geeignet, da sie all die Bereiche, die für eine Charakterisierung notwendig sind, beleuchtet. Wie alle Aufsätze ist die Charakterisierung in drei Teile gegliedert:
1. **Einleitung:** Titel, Autor, Textart, Inhalt in einem Satz, Einordnung des Charakters in das Gesamtwerk *(Ben ist der Protagonist in Pampa Blues, aus dessen Sicht erzählt wird …)*, Beziehung der Figur zu anderen Figuren
2. **Hauptteil:** Hier werden die einzelnen Bereiche der Figurine beschrieben: Figur, Gedanken und Gefühle, innerer Konflikt, Beziehung zu anderen Figuren, Entwicklung. Hier ist es wichtig, alles mit Zitaten und Zeilenangaben zu belegen. Am besten notiert man sich diese gleich in der Figurine.
3. **Schluss:** einen Ausblick geben.

Diagramme
Diagramme sind bildliche Darstellungen von Informationen. Mit ihnen kann man Zahlen aus einem Text anschaulich darstellen. Sie helfen dabei, sich etwas besser vorzustellen. Die Zahlen, mit denen man ein Diagramm erstellt, werden auch als Werte bezeichnet. Die senkrechte Achse bezeichnet man als die y-Achse, die waagerechte Achse nennt sich x-Achse. Auf der y-Achse werden die Werte festgehalten, sodass der Balken senkrecht nach oben geht. Die x-Achse zeigt den Inhalt der Werte, die sogenannten Rubriken, an. Es gibt ganz verschiedene Arten von Diagrammen: *Säulen-, Kreis-, Balkendiagramm, Flussdiagramm …*

Dialog (griech. *dialogos* = Unterredung)
Damit wird die von mindestens zwei Personen abwechselnd geführte Rede und Gegenrede (oder auch Frage und Antwort) bezeichnet. Ein Dialog dient dem Austausch von Meinungen oder Informationen.

Digitale Medien
Digitale Medien sind elektronische Hilfsmittel, mit denen Informationen übermittelt werden. Das sind z. B. *Computer, E-Mail, DVD, CD-ROM, Videospiel, Computerspiel, Handy ...*

Drama (das Dramatische)
Textsorte: Ein Drama (auch Theaterstück oder dramatischer Text) kann gelesen, in verteilten Rollen szenisch vorgetragen oder auf der Bühne gespielt werden.
Gliederung: Ein Roman kann in Kapitel gegliedert sein. Dagegen besteht ein klassisches Drama aus Akten und diese wiederum aus Szenen.
Gesprächsformen: Unterschiedliche Szenen umfassen Monologe oder Dialoge sowie Gespräche mit mehreren Figuren, die in direkter Rede gesprochen werden.
Nebentexte: Sie sind in Regieanweisungen in kursiver Schrift formuliert. Das können kurze Handlungsanweisungen für die Figuren oder notwendige Informationen zum Szenen- oder Kulissenwechsel sein.

Die dramatische Handlung
Hinführung: Ein dramatischer Text besteht aus einem einleitenden Teil, der den Zuschauer in die Ausgangssituation einführt. Man nennt diese Hinführung eine Exposition.
Spannungskurve: Die Spannung steigt bis zum Höhepunkt an. Hier liegt oft auch der Wendepunkt, der einen Richtungswechsel bewirkt. Die Spannung steigt. Die dramatische Entwicklung ist abfallend.
Ausgang der Handlung: Das Ende eines Dramas kann eine Katastrophe oder eine Lösung umfassen.

Elfchen
Diesen Gedichten liegen bestimmte Regeln zugrunde: Die erste Zeile besteht aus einem Wort, die zweite aus zwei Wörtern, die dritte aus drei Wörtern, die vierte Zeile enthält vier Wörter und die fünfte enthält ein Wort. Elfer-Gedichte erzählen immer eine kurze Geschichte, deren Schluss – also die fünfte Zeile – auch überraschend sein darf.

Ellipse
Die Ellipse ist eine Leerstelle in einer Erzählung, einem Roman oder einem Gedicht. Sie stellt eine inhaltliche Lücke dar, die der Leser mit seinem „Kopfkino" selbst füllen kann.

Enjambement
Bei einem Enjambement geht ein Satz oder eine Sinneinheit über das Versende hinaus und gleitet in den nächsten Vers hinein (Vers-/Zeilensprung).

Epik (das Epische)
Episch nennt man eine Dichtung, die im Gegensatz zu Lyrik in Prosa geschrieben ist. Das Epische ist das Erzählerische eines Textes. Der Begriff episch fasst alle Erzählformen zusammen wie Märchen, Geschichten, Erzählungen, Romane usw. Epik ist erzählende Dichtung, die nicht durch Verse oder Reime gegliedert ist, sondern in fortlaufenden Zeilen geschrieben und in freier Sprechweise gesprochen wird.

Erzähler
Im Gegensatz zum Autor ist der Erzähler eine Figur, die innerhalb des Textes selbst vorkommt und die Geschichte erzählt, manchmal als Ich-Erzähler, als allwissender Erzähler oder in Gedichten als lyrisches Ich.

Erzählung
In einer Erzählung wird mündlich oder schriftlich der Verlauf von Geschehnissen dargestellt, die tatsächlich passiert oder aber erdacht sind. Auch der Akt des Erzählens an sich wird als „Erzählung" bezeichnet.

Aufbau einer Erzählung
Fast jeder literarische Text besteht aus drei Teilen: Erzählanfang, Erzählkern und Erzählende.
Erzählanfang: Hier wird dem Leser Lust gemacht weiterzulesen. Man erfährt etwas über Zeit, Ort und die Figuren, die in der Erzählung vorkommen.
Erzählkern: Im Erzählkern findet die eigentliche Geschichte statt. Schritt für Schritt wird bis zum Höhepunkt Spannung aufgebaut.
Erzählende: Der Schluss rundet die Erzählung ab und man erfährt, wie die Erzählung ausgeht. Manchmal hat die Erzählung auch ein offenes Ende.

Erzählform
Es gibt zwei grundlegende Erzählformen: die Ich-Form *(Ich schaute entsetzt auf das Dach. Meine Knie fingen an zu zittern.)* und die Er-/Sie-Form, bei der die Geschichte in der 3. Person Singular erzählt wird *(Das Mädchen hielt das Seil fest. Vorsichtig ließ es den Vogel herunter.)*.

Basis-wissen

Erzählperspektive
Auktorialer (allwissender) Erzähler: Er überblickt die Handlung und kennt die Gedanken aller. Manchmal richtet er sich direkt an den Leser. **Personaler Erzähler:** Er erzählt aus der Sicht von einer oder mehreren Figuren und weiß nur, was diese wissen. **Neutraler Erzähler:** Er berichtet sachlich und distanziert über das Geschehen und hat nur eine Außensicht auf die Figuren.

Erzählzeit
Die Zeit, die man zum Lesen der Geschichte aufwendet.

Erzählte Zeit
Der Zeitraum, über den sich die Geschichte inhaltlich erstreckt.

Expertenteam
Diese Methode hilft euch, wenn ihr mit verschiedenen Texten oder Themen arbeitet.
Arbeitet zu viert zusammen.

1. **Zu Experten werden**
   Jedes Expertenpaar erschließt seinen Text und macht sich Notizen dazu. Achtung, man muss den Text gut kennen und erklären können!
   Die 5-Schritt-Lesemethode kann euch dabei helfen.
2. **Austausch der Experten**
   Nun teilen sich die Expertenpaare und erklären dem anderen Experten den Text, den er nicht kennt.
3. **Besprechung der Ergebnisse**
   Besprecht zu viert eure Ergebnisse.
4. **Präsentation**
   Überlegt euch, wie ihr eure Ergebnisse präsentieren wollt (Poster, Diagramm, Vortrag ...) und bereitet die Präsentation vor.

Fabel (lat. *fabula* = Erzählung)
Eine Fabel ist eine Erzählung, die in gereimter oder ungereimter Form verfasst sein kann. Tiere sind in einer Fabel die Hauptfiguren, die in der Regel sprechen und handeln wie Menschen. Die Tiere verkörpern in Fabeln menschliche Charaktereigenschaften, z. B. der *listige* Fuchs, der *mächtige Löwe,* der *dumme Esel.* In Auseinandersetzungen und Streitsituationen siegt oft der Stärkere oder der Listigere. Wir Menschen sollen aus Fabeln Lehren für unser eigenes Verhalten gegenüber anderen Menschen ziehen.

Figur
Figuren nennt man die Personen, die in literarischen Texten vorkommen. Man nennt sie Figuren, da es sich bei ihnen um erfundene Personen, oft auch um Tiere (wie in Fabeln) oder um Hexen und Geister (wie in Märchen) handelt.

Figurenkonstellation
In jedem Roman gibt es verschiedene Figuren, die zueinander in Beziehung stehen. Da sich eine oder mehrere Figuren im Verlauf der Geschichte verändern, verändern sich auch ihre Beziehungen zueinander. Figurenkonstellationen werden oft in einem Schema dargestellt. Dabei werden die Figuren und die Art der Beziehung durch verschiedene Farben, Symbole, Linien verdeutlicht.

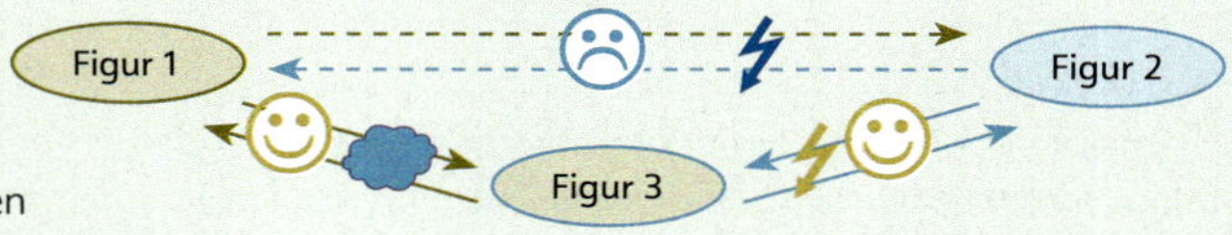

Figurine
Eine Figurine ist eine kleine Figur. Sie kann Modell für einen Kostümentwurf oder eine Vorlage für das Theater sein. Arbeitet man mit Texten, hilft einem die Figurine dabei herauszufinden, wie die im Text beschriebenen Personen tatsächlich aussehen. Die Figurine ist wie eine Schablone, die einem hilft, eine Figur zu zeichnen.

- Unterstreiche alles, was eine Figur beschreibt.
- Zeichne dies anschließend auf, sodass du dir die Person vorstellen kannst.

Gedicht
Gedichte sind nicht in Form eines fortlaufenden Textes abgefasst, sondern sie sind in bewusst festgelegten Zeilen und Abschnitten angeordnet. Eine Zeile im Gedicht nennt man Vers, einen Abschnitt im Gedicht Strophe. Die Enden der Verse reimen sich bei Gedichten häufig. Besondere Gedichtformen sind Elfchen, Haiku und Akrostichon.

Haiku
Das Haiku ist ein kurzes, japanisches Gedicht. Es besteht aus drei Versen mit nur 17 Silben.

Handlung, innere und äußere
Erzählmittel. Die innere Handlung gibt Gedanken und Gefühle der Figuren wieder. Die äußere Handlung erzählt, was geschieht.

Hörspiel
In einem Hörspiel werden Erzählungen in dramatisierter Fassung akustisch vermittelt. Alles Optische fällt zugunsten des Akustischen weg. Sie werden durch Sprecherrollen hörbar gemacht. Das gesprochene Wort erhält somit einen höheren Stellenwert. Der zusätzliche Einsatz von Musik und Geräuschen bewirkt die bessere Vorstellbarkeit des Gehörten.

Ich-Erzähler
Der Autor eines Romans oder einer Erzählung schlüpft in die Rolle eines erzählenden Ichs und erzählt, was er sieht und von den anderen Figuren hört. Er kann aber auch erzählen, was er selbst dabei denkt und fühlt.

Innerer Monolog
Der innere Monolog ist wie ein Selbstgespräch einer literarischen Figur, in dem sie ihre Gedanken und Gefühle äußert. Er wird im Präsens in der ersten Person Singular geschrieben.

Internetquellen kritisch bewerten
Du kannst Internetquellen mithilfe folgender Fragen kritisch prüfen:
- Wer betreibt die Webseite? Wer sind die **Verfasser**?
- Scheinen dir die Verfasser für dein Thema **fachlich kompetent** zu sein?
- Gibt es **Quellenangaben** zu Texten und Bildern?
- Ist die Sprache **sachlich** und informativ?
- Sind die Texte mit **Sorgfalt** verfasst?
- Ist die Webseite **aktuell**?

Interview
Ein Interview wird mit bestimmten Fragetechniken geführt, damit der Journalist den Verlauf des Gesprächs lenken kann.
Wichtige Frageformen:
- **offene Frage:** *Warum geraten Jugendliche auf die schiefe Bahn?*
  → öffnet das Gespräch für die Vorstellungen des Befragten, bietet Raum für eine ausführliche Antwort.
- **geschlossene Frage:** *Sind Sie für den Warnschussarrest?*
  → provoziert eine kurze Antwort, eventuell ein Ja oder Nein, bringt das Gespräch auf den Punkt.
- **Zwischenfrage:** *Wieso? Und wie war das genau?*
  → hakt kurz nach oder unterbricht, wenn Wichtiges ausgelassen wird.
- **Suggestivfrage:** *Glauben Sie nicht auch, dass alle Deutschen mehr sparen müssen?*
  → suggeriert (unterstellt), dass der Befragte zu einer bestimmten Meinung tendiert, drängt zu einer bestimmten Antwort, die man gerne hören würde.
- **Autoritätsfrage:** *Experten behaupten … / Untersuchungen zeigen … / Die Deutsche Vereinigung für Jugendgerichtshilfen kritisiert … Was sagen Sie dazu?*
  → konfrontiert den Befragten mit Kritik aus anderer Quelle und provoziert, ihn persönlich anzugreifen.

Kadenz
Eine Kadenz beschreibt das Ende eines Verses. Eine **männliche, stumpfe Kadenz** liegt vor, wenn ein Vers auf einer betonten Silbe endet. Eine **weibliche, klingende Kadenz** liegt vor, wenn ein Vers auf einer unbetonten Silbe endet.

Kameraeinstellung
Die Kameraeinstellung unterteilt man in **Detail** (kleiner Ausschnitt), **Groß** (der ganze Kopf ist im Bild erfasst), **Nah** (Personen stehen im Mittelpunkt), **Halbnah** (Personen werden hüftabwärts gezeigt), **Halbtotale** (Personen sind von Kopf bis Fuß zu sehen), **Totale** (der ganze Handlungsraum ist erkennbar), **Weit** (Landschaften/Städte sind zu sehen).

Kameraperspektive
Man unterscheidet in: **Froschperspektive** (*von unten schräg nach oben, das Objekt wirkt groß, mächtig, stark*), **Normalperspektive** (*der Ausschnitt ist rechtwinklig zum Objekt, auf Augenhöhe, die Wirkung ist neutral*), **Vogelperspektive** (*von oben schräg nach unten, die Wirkung ist, dass die Person/das Objekt „klein“ und eher unterlegen wirkt, man schaut von oben herab*).

Kernaussage
Eine wesentliche, wichtigste Aussage in einem bestimmten Zusammenhang.

Konkrete Poesie
In der konkreten Poesie sind Wörter so angeordnet, dass man sie nicht nur wie üblich lesen kann – von links nach rechts und von oben nach unten. Man kann in der konkreten Poesie Wörter auch wie ein Bild mit einem Blick erfassen. Man kann Bilder aus den Wörtern machen, und man kann mit den Wörtern spielen.

Basiswissen

Kurzgeschichte
Die Kurzgeschichte ist eine Art von Erzählung, die aber bestimmte Merkmale aufweist:
1) **offener Anfang:** Die meisten Kurzgeschichten haben keine Einleitung, sondern beginnen ganz unvermittelt. Der Leser wird sozusagen direkt in die Handlung „hineingeworfen".
2) **begrenzte Anzahl von Figuren:** Es gibt nur wenige Figuren in einer Kurzgeschichte. Sie werden kaum beschrieben. Oft haben sie noch nicht einmal einen Namen.
3) **„Momentaufnahme" der Hauptfigur(en):** Ähnlich wie bei einem Schnappschuss mit einem Fotoapparat berichtet die Kurzgeschichte in einer erzählten „Momentaufnahme" von einer entscheidenden Situation im Leben der Hauptfigur(en). Aus diesem Grund ist sie auch so kurz, dass man sie in einem Zug liest. Die Hauptfiguren befinden sich meist in einer problematischen Situation.
4) **räumlich begrenzter Ort:** Die Handlung spielt meist nur an einem einzigen Ort.
5) **offener Schluss:** Kurzgeschichten haben oft einen offenen Schluss. Die Handlung bricht dann abrupt ab und wird nicht zu Ende erzählt. Daher haben sie auch meistens kein Happy End.
6) **Erzähler:** Kurzgeschichten werden oft in der Er-, Sie oder Ich-Form erzählt. Dabei stehen meist die Gedanken und Gefühle der Hauptfigur(en) im Vordergrund.
7) **sachlicher Erzählstil:** Der Erzähler berichtet das Geschehen sachlich, ohne es emotional zu bewerten.
8) **einfacher Satzbau:** Lange und komplizierte Sätze werden in Kurzgeschichten vermieden. Es überwiegt ein einfacher Satzbau, zum Beispiel kurze Hauptsätze.
9) **Alltagssprache:** Die Sprache der Kurzgeschichte ist an die Alltagssprache angelehnt.
10) **zentraler Gegenstand:** In manchen Kurzgeschichten haben einzelne Gegenstände eine besondere Bedeutung

Lautmalerei
Sprachliches Gestaltungsmittel. Bei einer Lautmalerei wird versucht, einen bestimmten Klang durch Wörter wiederzugeben (*klatschen, patschen ...*), die so ähnlich wie das Geräusch selbst klingen.

Lesemethode
Kursorisches Lesen
Diese Lesemethode dient dazu, sich einen ersten Überblick über das Thema zu verschaffen. So erfährst du, wovon der Text handelt. Überschriften und Abbildungen sind nützliche Hinweise auf das Thema.
Detailliertes Lesen
Diese Lesemethode hat das Ziel, den Inhalt eines Textes genau zu erfassen. Dazu muss der Text intensiv gelesen werden. Hauptgedanken und Schlüsselwörter können unterstrichen oder Randnotizen gemacht werden.
Selektives Lesen
Beim selektiven Lesen geht es darum, einen Text gezielt zu lesen und ihm möglichst schnell bestimmte Informationen zu entnehmen.

Lesetechnik
Es gibt verschiedene Möglichkeiten, einen Text zu lesen und dessen Inhalt zu verstehen.
Überfliegen: Einen Überblick verschaffen, indem nur die Überschriften und einzelne Sätze oder Wörter gelesen werden. Der Blick geht von oben nach unten und von links nach rechts.
Slalomlesen: Der Blick geht an den wichtigen Wörtern entlang von links nach rechts und wieder nach links usw.
Weitwinkel lesen: Es wird sich ein wichtiges Wort gesucht und dabei wird gleich die zusammenhängende Wortgruppe um das Wort herum wahrgenommen.

Lineare Texte
Lineare Texte sind Texte, die ihre Informationen in einem fortlaufenden Text, der in der Regel „von oben nach unten" zu lesen ist, vermitteln.

Literarische Texte
Als solche werden lyrische Texte (*Gedichte*), epische Texte (*Romane*) und dramatische Texte (*Dramen*) bezeichnet.

Lyrik (das Lyrische)
Eine der drei Grundformen der Dichtung neben Drama und Prosa. Diese Form besteht im Wesentlichen aus vier Elementen: 1. aus der regelmäßigen Zeilenanordnung wie Versen, Strophen; 2. aus Klängen wie Reim und Lautmalerei, 3. aus regelmäßiger Bewegung wie Metrum und Rhythmus; 4. aus Bildern wie Vergleichen und Metaphern.

Lyrisches Ich
Wenn es ein „Ich" in Gedichten gibt, das etwas erzählt oder beobachtet, so nennt man dieses das lyrische Ich. Der Autor hat dieses Ich als ein selbstständiges Wesen zum Leben

erweckt. Das lyrische Ich kann jemand ganz anderes sein als der Dichter: *ein Kind, ein Mann, ein Tier …*

Märchen
Märchen sind unterhaltende Prosaerzählungen von fantastisch-wunderbaren Begebenheiten. Im Märchen werden fantastische Ereignisse erzählt.
Es gibt keine bestimmten Orts- und Zeitangaben. Am Anfang steht oft ein Ereignis, das die Märchenhelden in eine außergewöhnliche Situation bringt. Sie müssen losziehen und Gefahren und Prüfungen meistern. Am Ende werden sie für ihre Mühen belohnt. Das Gute siegt über das Böse. Typische Märchenelemente sind Zauberwesen, -dinge, -sprüche. Häufig spielen magische Zahlen eine Rolle. Typisch sind auch formelhafte Wendungen: *Es war einmal …*

Medien
Medien sind alle Dinge, die genutzt werden, um Informationen von einer Person zur anderen zu übermitteln. Das sind z. B. Körpersprache, Höhlenmalereien, Zeitungen oder Filme.

Metapher
Sprachliches Bild. Bei einer Metapher werden Ausdrücke aus einem Ursprungsbereich auf einen neuen Bereich übertragen, um eine wichtige Eigenschaft eines Gegenstandes oder einer Erscheinung zu veranschaulichen. Unsere Sprache ist voll von Metaphern, die Bilder und Vorstellungen wecken: *Wolkenkratzer für Hochhaus = ein Haus, das so hoch ist, dass es an den Wolken kratzt.*

Metrum
Versmaß. Der Wechsel von betonten und unbetonten Silben in einem Gedicht wird als Metrum bezeichnet. Bekannte Metren sind: **Jambus** (xx́), **Daktylus** (x́xx), **Trochäus** (x́x) und **Anapäst** (xxx́).

Nacherzählung
Eine Nacherzählung gibt nur wichtige Dinge einer Erzählung wieder. Es wird nur das erzählt, was im Text steht. Die Nacherzählung steht im Präteritum und wird immer aus der gleichen Sicht wie der Originaltext geschrieben. Auch die Reihenfolge der Geschehnisse bleibt gleich. In einer Nacherzählung kann auch die direkte Rede auftreten. Eine Nacherzählung ist in eigenen Worten geschrieben.

Nachschlagen im Wörterbuch
Mit folgenden Übungen kannst du bei der Arbeit mit dem Wörterbuch routinierter werden:
- Versuche, Wörter möglichst schnell zu finden.
- Suche eine Anzahl von Wörtern in alphabetischer Reihenfolge.
- Nutze „Kopfwörter" (die Wörter oben auf der Seite) beim Suchen.
- Ermittle aus dem Wörterbuch die Bedeutung von Wörtern.
- Zweifle an der Schreibung eines Wortes und vergewissere dich im Wörterbuch der richtigen Schreibung.

Nichtlineare Texte
Nichtlineare Texte sind z. B. Grafiken, Tabellen, Diagramme. Bei ihnen ist die Leserichtung nicht vorgegeben, das heißt, man kann von oben nach unten oder von links nach rechts lesen.

Nichtlineare Texte auswerten
Beachte bei der Auswertung eines nichtlinearen Textes *(Schaubild, Grafik, Tabelle, Diagramm, Bild)* folgende Gesichtspunkte:
Thema: Wie lautet der Titel, der Untertitel?
Daten: Aus welcher Quelle, aus welchem Jahr stammen die Zahlen? Sind es absolute oder Prozentzahlen? Erkläre mögliche Zahlenangaben anschaulich und vergleiche sie miteinander.
Diagramme: Gibt es Balken-, Säulen-, Kreis- oder Kurvendiagramme?
Beschreibung: Gibt es thematische Blöcke, die sich zusammenfassen lassen? Welche Ergebnisse lassen sich vergleichen? Was ist besonders auffällig?
Fazit, Kommentar: Welchen Schluss ziehst du? Wie bewertest du die Umfrageergebnisse?

Orthografisches Lesen
Bedeutet, den eigens geschriebenen Text zu lesen und dabei allein auf die Rechtschreibung zu achten. Lies deinen Text im Hinblick auf mögliche Fehler und unterstreiche diese. Berichtige deine Fehler anschließend. Das orthografische Lesen ist etwas anderes als das inhaltliche Lesen.

Parallelismus
Sprachliches Bild. Der Parallelismus entsteht durch mehrere, aufeinanderfolgende, gleichartige Satzarten.

Basis-wissen

Personifikation
Die Personifikation ist ein sprachliches Bild. Wenn in Gedichten leblose Dinge, Tiere oder Naturerscheinungen etwas tun, was nur Menschen tun können, dann werden sie personifiziert, das heißt, sie treten wie Personen auf (*Die Sonne lacht.*).

Placemat
Mithilfe dieser Methode lassen sich Gedanken strukturieren. Ihr nehmt ein großes Blatt Papier und tragt dort folgende Zeichnung ein:

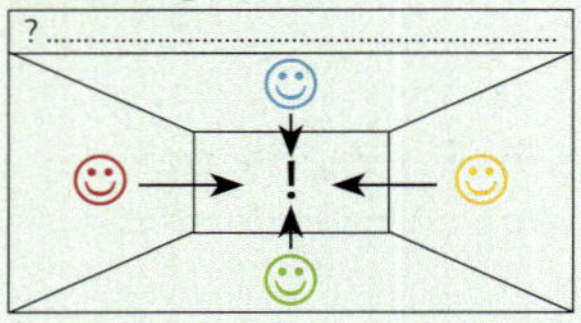

1. **Nachdenken**
   Zuerst werden Ideen und Gedanken in das Einzelfeld eingetragen. Dabei schaut man nicht in die Einzelfelder der anderen. Es wird nicht gesprochen.
2. **Austauschen**
   Es wird noch nicht gesprochen. Jetzt wird das Placemat gedreht, sodass jeder das Feld seines Nachbarn lesen kann. Dieses wird mit Kommentaren oder Notizen ergänzt.
3. **Das Gemeinschaftsfeld ausfüllen**
   Jetzt darf gesprochen werden. Gemeinsam einigt man sich.

Präsentationsplakat
Ein gut gestaltetes Präsentationsplakat unterstützt beim Halten eines Referates, es ist wie ein roter Faden, der Referenten und Zuhörern Orientierung gibt.
1. Erstelle zuerst einen Entwurf deines Präsentationsplakats. Überlege dir genau, was du in welcher Reihenfolge erzählst und welche Informationen und Bilder auf dein Plakat sollen.
2. Schreibe das Thema deines Referats als Überschrift oben in die Mitte.
3. Schreibe die einzelnen Gliederungspunkte deines Referats auf Karteikärtchen und notiere darunter wichtige Stichwörter. Achte dabei darauf, groß zu schreiben – verwende einen schwarzen Filzstift. Schreibe Überschriften in Großbuchstaben und alles andere in gut lesbarer Druckschrift.
4. Suche passende Bilder aus.
5. Ordne alles auf deinem Plakat an und überprüfe, ob die Anordnung Sinn ergibt. Am besten ist, du hältst dein Referat einmal zur Probe.
6. Klebe nun die Bilder auf. Die Karteikärtchen kannst du beim Vortragen nach und nach auf dein Präsentationsplakat kleben oder pinnen.

Printmedien
Printmedien ist der Sammelbegriff für alle auf Papier gedruckten (engl.: to print = drucken) Medien. Das sind z. B. *Zeitungen, Zeitschriften, Bücher und sonstige Druckerzeugnisse (Kataloge, Prospekte, Anzeigenblätter ...).*

Prosa
Prosa ist erzählende Dichtung, die nicht durch Verse oder Reime gegliedert ist, sondern in fortlaufenden Zeilen geschrieben und in freier Sprechweise gesprochen wird.

Redekette
Bei dieser Methode erzählen mehrere Personen zusammen eine Geschichte. Jeder trägt einen Satz dazu bei, dann wird der Nächste aufgerufen. Hier kann man sich auch einen Ball zuwerfen, anstatt sich aufzurufen. Wichtig ist dabei, dass die Erzählung einen Sinn ergibt und man einander gut zuhört.

Reimformen
Ein Reim bezeichnet den Gleichklang zweier oder mehrerer Silben, z. B. *leben – geben*. Die Reime eines Gedichts kann man am Ende eines jeden Verses alphabetisch durch Kleinbuchstaben kennzeichnen. Jeder gleichklingende Reim bekommt denselben Buchstaben. Dies hilft dir zu erkennen, nach welcher Reimform das Gedicht aufgebaut ist: Paarreim (*aabb*), Kreuzreim (*abab*), umarmender Reim (*abba*).

Reziprokes Lesen
Das reziproke Lesen ist eine Methode des gemeinsamen, abschnittsweise erschließenden Lesens eines Textes.

Rhythmus
Der Rhythmus ist die Sprechmelodie eines Gedichtes. Es wird sowohl durch das Metrum als auch durch die bewusste Betonung zentraler Wörter beim Vortrag bestimmt.

Rückblende
Ein Text wird nicht immer linear (in zeitlich richtiger Abfolge) erzählt. Manchmal wird etwas erst im Nachhinein erklärt = Rückblende. Erkennbar an einem Tempuswechsel.

Sachtexte
Sachtexte lassen sich in unterschiedlichen Bereichen wiederfinden: Texte in Sachbüchern, journalistische Sachtexte (z. B. Zeitungsberichte), Lexikonartikel, Kochrezepte, Bastel- und Spielanleitungen, Schaubilder und Diagramme. Sachtexte informieren über bestimmte Themen. Manche Sachtexte wollen auch zu etwas anleiten und auffordern. Die Sprache im Sachtext ist klar und sachlich. Gefühle oder Gedanken finden sich hier in der Regel nicht. Sachtexte lassen sich mit der 5-Schritt-Lesemethode gut erschließen.

Sage
Sagen sind meist kurze volkstümliche Erzählungen, die ursprünglich mündlich überliefert und erst später gesammelt und aufgeschrieben wurden.
Sie erzählen zum einen von Überwirklichem und Wunderbarem, auch Dämonischem, zum anderen von Persönlichkeiten oder Ereignissen in der Geschichte und beanspruchen durch die Nennung von Orten oder einer bestimmten geschichtlichen Zeit einen höheren Wahrheitsgehalt als das Märchen. Von den Volkssagen sind die Heldensagen zu unterscheiden, in denen Ereignisse aus der Vor- und Frühgeschichte eines Volkes in alter Sprache festgehalten wurden und in denen meist eine Heldengestalt im Mittelpunkt steht.

Schaubild
In einem Schaubild kannst du Informationen zu einem Thema anschaulich darstellen und Zusammenhänge zwischen verschiedenen Begriffen, Inhalten und Aussagen zeigen.

Slogan
Slogans werden in der Werbung verwendet. Der Slogan soll in kompakter Form eine Aussage vermitteln und die Öffentlichkeit schlagartig beeinflussen.

Spannungskurve
Die Spannungskurve gibt den Verlauf einer Erzählung an. Es beginnt mit dem **Erzählanfang,** steigt empor zum **Erzählkern** und endet im Abstieg beim **Erzählende.**

Soziale Netzwerke
Ein soziales Netzwerk ist ein Online-Dienst, der eine Online-Community beherbergt. Benutzer können über soziale Netzwerke miteinander kommunizieren und teilweise im virtuellen Raum interagieren.

Sprachliche Bilder
Viele Dichter „malen" häufig mit der Sprache, sodass Bilder und Vorstellungen in den Köpfen entstehen, die bestimmte Bereiche veranschaulichen, hervorheben oder spannender machen.
Zu sprachlichen Bildern gehören manchmal Redewendungen, die durch das Bild, welches sie uns vor Augen führen, eine bestimmte Aussage haben: *Schmetterlinge im Bauch*.

Strophe
Als Strophe werden die einzelnen Absätze eines Gedichts bezeichnet. Mindestens zwei Verse bilden eine Strophe.

Suchstrategien
Bei Printmedien:
- Ich gehe in die Bücherei und suche nach Büchern zu einem bestimmten Thema.
- Zu Hause schaue ich mir das Inhaltsverzeichnis an.
- Ich lege in die Kapitel, die wichtig sind, einen Zettel.
- Ich ordne die ausgewählten Kapitel in der Reihenfolge, wie ich sie benötige.
- Nun versuche ich, die einzelnen Texte mithilfe einer einfachen Methode der Texterschließung zu verstehen.

Bei digitalen Medien:
- Ich gehe in das Internet.
- Dort gehe ich auf Seite wie: www.google.de, www.blinde-kuh.de, www.fragfinn.de ...
- Ich gebe meinen Suchbegriff in das Suchfeld ein.
- Ich schaue mir die Treffer an und sortiere sie danach, wie ich die Seiten benötige.
- Nun versuche ich die einzelnen Texte (Ergebnisse meiner Online-Recherche) mithilfe einer einfachen Methode der Texterschließung zu verstehen.

Szenisches Spiel
Das szenische Spiel ist eine Methode der spielerischen Darstellung von Szenen, in denen es um Verhalten und den Umgang mit möglichen Konflikten, aber auch um das Nachempfinden von Situationen anderer Menschen geht. Ziel

Basis-wissen

ist es, komplexe, teilweise unbekannte Themen mit der eigenen Persönlichkeit so zu verbinden, dass sie nicht mehr als etwas Abstraktes äußerlich bleiben.

Tabelle
Eine Tabelle ist eine geordnete Zusammenstellung von Texten oder Daten. Die darzustellenden Inhalte werden dabei in Zeilen (waagerecht) und in Spalten (senkrecht) gegliedert. Die erste Spalte in der nachfolgenden Tabelle heißt Vorspalte, die erste Zeile Kopfzeile.

Vergleich
Sprachliches Bild. Mit einem Vergleich wird etwas anschaulich dargestellt. Der Vergleich wird immer mit „wie" gebildet: *Der Abendhimmel leuchtet wie ein Blumenstrauß.*

Vers
Eine Zeile in einem Gedicht nennt man Vers.

Vorausdeutung
Ein Text wird nicht immer linear (in zeitlich richtiger Abfolge) erzählt. Es kann auch etwas vorab bekannt werden = Vorausdeutung. Erkennbar an einem Tempuswechsel.

Werbeplakat
- **Bild und Überschrift:** Das Produkt selbst und die Überschrift werden meist sehr groß abgebildet.
- **Logo und Slogan:** Das Logo erinnert an die Marke oder das Unternehmen. Der Slogan ist meist so formuliert, dass man sich später gut an ihn erinnert.
- **Fließtext:** Der Fließtext enthält zusätzliche Informationen, die das Produkt oder das Unternehmen genauer beschreiben.
- **Z-Form:** Wenn das menschliche Auge auf eine rechteckige Fläche schaut, macht es unbewusst eine Z-Form.
- Werbeplakate werden ihrer Zielgruppe entsprechend gestaltet. Die verwendeten Slogans, Bilder und Personen für eine Werbekampagne werden dementsprechend ausgesucht.

Zeitdeckung
Die Erzählzeit und die erzählte Zeit sind annähernd gleich, decken sich also.

Zeitdehnung
Erzählmittel. Wenn in einem erzählenden Text eine kurze Handlung sehr ausführlich beschrieben wird, spricht man von einer (Zeit-)Dehnung. Die Erzählzeit ist dann länger als die erzählte Zeit.

Zeitraffung
Erzählmittel. Wenn in erzählenden Texten eine lange Handlung ganz kurz erzählt wird, spricht man von (Zeit-)Raffung. Die Erzählzeit ist dann kürzer als die erzählte Zeit, einige Zeitabschnitte werden gekürzt oder ganz weggelassen.

Zitieren
Es gibt zwei Varianten des Zitierens: Mit der **wörtlichen Wiedergabe** von Meinungen und Äußerungen anderer kann man seine eigenen Gedanken belegen/beweisen, bzw. hervorheben.
Folgendes muss dabei beachtet werden:
- wörtliche Zitate stehen in Anführungszeichen
- Quellen werden in Kurzform oder als hochgestellte Zahl am Ende des Zitates genannt
- Ausklammerungen werden durch Punkte in eckiger Klammer gekennzeichnet
- Einfügungen werden in eckige Klammern gesetzt.

Gibt man Zitate nur **indirekt** wieder, muss am Schluss trotzdem angegeben werden, von wem und woher diese stammen. Dazu verwendet man die Abkürzung *vgl. (vergleiche)*. Verben, die indirekte Zitate einleiten, bewerten oft den Inhalt der eingefügten indirekten Äußerung. Das indirekt eingefügte Zitat steht im **Konjunktiv I**.

Zeitung
Ein Erzeugnis der Presse, das in der Regel täglich erscheint, auf großformatigen, gefalteten Seiten Nachrichten und Berichte über aktuelle Ereignisse enthält.

5-Schritt-Lesemethode
1. Text überfliegen, **2.** Fragen zum Thema stellen, **3.** Text gründlich lesen, **4.** Text zusammenfassen, **5.** Text wiedergeben

Rechtschreibung & Zeichensetzung / Sprachgebrauch & Sprachreflexion

Ableitung
Art der Wortbildung. Durch Vorsilben (Präfixe) kann die Bedeutung eines Wortes verändert werden *(Spiel → Nachspiel, schreiben → abschreiben ...)*. Durch Nachsilben (Suffixe) kann die Wortart eines Wortes verändert werden *(Schrift → schriftlich, wohnen → Wohnung ...)*.

Adjektiv
Wortart (flektierbar). Adjektive können die Eigenschaften von Dingen näher bezeichnen *(schön, schnell, witzig ...)*. Wörter, die als Attribut zwischen Artikel und Nomen stehen können, sind Adjektive: *das schnelle Auto*. Viele Adjektive können auch an anderen Stellen im Satz stehen: *Das Auto fährt schnell* (Adjektiv als Adverbial).
Viele Adjektive lassen sich steigern: *groß, größer, am größten.*

Adverb
Wortart. Adverbien geben an, wann *(gestern, jetzt, immer ...)*, wo *(hier, dort, links ...)*, wie *(gern, vielleicht, entzwei ...)* und warum *(deswegen ...)* etwas geschieht. Adverbien können im Unterschied zu Adjektiven nie zwischen Artikel und Nomen stehen.

Adverbiale Bestimmungen
Satzglied (auch: Adverbiale). Adverbiale Bestimmungen können aus Adverbien, Adjektiven oder längeren Ausdrücken bestehen. Es gibt Adverbiale der Zeit (temporal: *wann: gestern, am frühen Morgen)*, Adverbiale des Ortes (lokal: wo: *hier, auf der Straße)*, Adverbiale der Art und Weise (modal: *wie: kaputt, entzwei, in schlechtem Zustand)*, Adverbiale des Grundes (kausal: *warum: deshalb, aus diesem Grunde)*.

Akkusativ
4. Fall des Nomens, Artikels, Pronomens und Adjektivs, Wenfall: *den Brief, an den Schüler, an ihn, an einen netten Menschen.*

Akkusativ-Objekt
Satzglied. Das Akkusativ-Objekt kann man mit den Fragen „wen oder was" ermitteln: *Die Lehrerin lobt (wen?) den Schüler. Der Spieler trifft (wen oder was?) den Ball.*

Aktiv
Form des Verbs – im Gegensatz zum Passiv. Die überwiegende Anzahl der deutschen Sätze sind Aktivsätze. In Aktivsätzen bezeichnet das Subjekt in der Regel den „Täter", von dem eine Handlung ausgeht: *Die Lehrerin → lobt den Schüler.*

Anführungszeichen
Anführungszeichen kennzeichnen den Anfang und das Ende eines direkten Redesatzes: *„Wir fahren morgen früh", sagte er, „nach Dortmund."*

Anredepronomen
Wortart. Pronomen, mit denen man jemanden anredet: *Ich mag dich. Ich grüße Sie.* Bei Menschen, die man mit *Sie* anredet, werden die Pronomen in Briefen großgeschrieben. Bei Menschen, die man mit Du anredet, kann man die Pronomen groß- oder kleinschreiben.

Antonym
Antonyme (Gegensatzwörter) sind Wörter, die zu anderen Wörtern im Gegensatz stehen: *krank – gesund, Mut – Angst, ankommen – weggehen ...*

Apposition
Die Apposition ist ein nachgestelltes Attribut, das ein Nomen oder eine nominale Wortgruppe näher bestimmt. Apposition und Bezugsausdruck stimmen im Kasus, Genus und Numerus überein. Die Apposition wird vom übrigen Satz durch Kommas abgetrennt: *Sandboarding, eine Art Snowboarding, wird in den schneefreien Monaten ausgeübt.*

Artikel
Wortart. Begleiter des Nomens. Man unterscheidet den bestimmten Artikel *(der, die, das)* und den unbestimmten Artikel *(ein, eine)*. Die Artikel geben an, ob ein Nomen Maskulinum *(der Löffel)*, Femininum *(die Gabel)* oder Neutrum *(das Messer)* ist.

Attribut
Satzgliedteil. Attribute bestimmen ein Substantiv, Adjektiv oder Adverb näher: *das bunte Bild* (Adjektivattribut), *das Rad des Freundes* (Genitivattribut), *der Hut auf dem Kopf* (Präpositionalattribut), *unser Garten* (Pronominalattribut), *Hunde, die bellen, beißen nicht.* (Relativsatz/Attributsatz).

Basiswissen

Attributsätze
Nebensätze, die die Funktion eines Attributs haben, also ein Substantiv oder Pronomen näher bestimmen, heißen Attributsätze. Zu den Attributsätzen zählen auch die Relativsätze, die durch ein Relativpronomen (*der, die, das, was*) eingeleitet werden: *Der Zug, der uns in die Ferien bringen sollte, hatte Verspätung.*

Aufforderungssatz
Satzart, mit der man jemanden zu etwas auffordert oder ihn um etwas bittet *(Geh mir aus dem Weg! Gib mir bitte dein Heft!)* oder mit der man einen nachdrücklichen Wunsch äußert *(Käme er doch einmal pünktlich!)*. Nach Aufforderungssätzen steht im Allgemeinen ein Ausrufezeichen.

Auslaut
In manchen Wörtern hört man ein *p*, ein *t* oder ein *k*, obwohl sie mit *b, d, g* geschrieben werden: *klebt, Schuld, lügt.* Wenn man diese Wörter verlängert, dann hört man, ob sie mit *b, d, g* oder mit *p, t, k* geschrieben werden:
klebt: kle ben, Schuld: Schul den, lügt: lü gen.

Ausrufezeichen
Satzschlusszeichen. Das Ausrufezeichen am Ende des Satzes weist darauf hin, dass mit diesem Satz eine Bitte, eine Aufforderung oder ein Ausruf gemeint ist. *Leih mir doch mal deinen Bleistift! Komm her! Au, das tut weh!*

Aussagesatz
Satzart, mit der man eine Aussage macht: *Ich war gestern im Kino.* Am Ende des Aussagesatzes steht ein Punkt.

Begleitsatz
Satz, der bei einer direkten Rede steht. Er kann vorangestellt sein *(Sie sagte: „Ich habe nicht die geringste Lust dazu.")*, er kann nachgestellt sein *(„Ich habe nicht die geringste Lust dazu", sagte sie.)*, er kann eingeschoben sein *(„Ich habe", sagte sie, „nicht die geringste Lust dazu.")*.

Bestimmter Artikel
Der bestimmte Artikel gibt in einem Text oder in einer Situation an, dass das zu ihm gehörende Nomen bereits bekannt oder vorher schon einmal genannt worden ist: *Vor der Tür steht das Taxi, auf das wir gewartet hatten.*

Bestimmungswort
Der erste Teil eines zusammengesetzten Wortes (Kompositum). Das Wort *Haus* in der Zusammensetzung *Haustür* bestimmt näher, um welche Art von Tür es sich handelt.

Dativ
3. Fall des Nomens, Artikels, Pronomens und Adjektivs, Wemfall: *dem Brief, in dem Briefkasten, in einem kleinen Kästchen.*

Dativ-Objekt
Satzglied. Das Dativ-Objekt kann man mit der Frage „wem?" ermitteln: *Die Lehrerin hilft (wem?) dem Schüler.*

Dehnungs-h
Ein h, das einen langen betonten Vokal besonders auffällig macht. Das Dehnungs-h steht nur in einigen Wörtern vor den Buchstaben *l, m, n, r* (*fehlen, nehmen, gähnen, fahren*).
Es steht aber auch in diesen Fällen niemals nach Silbenanfängen mit *sch (schälen), t (tönen), qu (quälen), gr (grölen), sp (sparen), kr (kramen), p (pulen).*

Deklination
Beugung von Nomen, Adjektiven und Pronomen nach den vier Fällen.
Nominativ: *mein neuer Freund*, Genitiv: *meines neuen Freundes*, Dativ: *meinem neuen Freund*, Akkusativ: *meinen neuen Freund.*

Denotation
Unter Denotation versteht man die Bedeutung eines Wortes im eigentlichen Sinn, also die Hauptbedeutung *(Herz = Organ)*.

Dialekt
Der Dialekt (Mundart) ist die landschaftlich geprägte Form der gesprochenen Sprache *(Bairisch, Sächsisch, Schwäbisch, Badisch …)*

Doppelkonsonant
Konsonant, der beim Schreiben verdoppelt wird, wenn in Wörtern mit zwei Silben der vorausgehende betonte Vokal kurz ist. Bei Worttrennung steht der Trennungsstrich zwischen den beiden Konsonanten (*kom-men, bit-ten …*).

Auch *tz* und *ck* stehen in einem Wort nach kurzem Vokal. Sie sind eigentlich Doppelkonsonanten wie *nn* oder *tt* und werden nur mit verschiedenen Buchstaben geschrieben, weil wir im Deutschen kein *zz* und *kk* haben. Diese Doppelkonsonanten stehen aber in einigen Fremdwörtern wie *Pizza* oder *Sakko*.

Doppelpunkt
Der Doppelpunkt steht nach einem Satz, der einen zweiten Satz eröffnet: *Ich sehe das so: Er hat recht*. Nach dem vorausgehenden Begleitsatz wird eine direkte Rede eröffnet; deswegen steht danach ein Doppelpunkt: *Sie lachte ihn an und sagte: „Das ist doch Unsinn!"* Folgt auf einen Doppelpunkt ein vollständiger Satz, schreibt man den Anfang groß.

Erbwort
Erbwörter bilden den Grundstock unserer Sprache. Sie entwickelten sich vor mehreren Tausend Jahren und geben Auskunft über die Lebensbereiche unserer Vorfahren.

Euphemismus
Eine beschönigende, aufwertende oder irreführende Formulierung nennt man Euphemismus. Ein Euphemismus wird verwendet, wenn etwas eher Nachteiliges in einem günstigeren Licht dargestellt werden soll. Darum gibt es in Euphemismen in der Regel Wörter mit einer positiven Nebenbedeutung (= Konnotation): *Seniorenresidenz statt Altenheim*.

Fachsprache
Als Fachsprache werden diejenigen Sprachen bezeichnet, die sich von der Umgangs- und Standardsprache durch einen speziellen Wortschatz auszeichnen. Sie entstehen oft innerhalb von Berufen oder Fachgebieten, weil man dort z. B. neue Tätigkeiten oder Erscheinungen benennen muss.

Fall (*siehe Kasus*)

Femininum
Grammatisches Geschlecht des Nomens, weiblich: *die Katze, die Gabel, die Wut*.

flektierbar
Übergeordneter Begriff über Deklination und Konjugation. Flektierbar sind alle Nomen, Verben, Adjektive und Pronomen. Sie können z. B. Flexionsendungen im Singular und Plural erhalten: *Unser kleiner Hund bellt.* → *Unsere kleinen Hunde bellen.*

Fragesatz
Satzart, mit der man eine Frage stellt *(Kommst du? Warum kommst du nicht?)*. Am Ende eines Fragesatzes steht ein Fragezeichen.

Fragezeichen
Satzschlusszeichen nach einem Fragesatz.

Fremdwort
Fremdwörter sind Wörter, die aus anderen Sprachen in den deutschen Sprachgebrauch übernommen worden sind. Dabei behalten sie ihre Fremdheit der Schreibung und Aussprache fast vollständig bei: *Software (engl.), Restaurant (franz.)*. Typische Endungen sind z.B. *-ment (Statement), -age (Blamage), -ant (Restaurant), -enz (Konkurrenz), -ieren (Diskutieren)*. Die Lautverbindungen *ph, th* und *rh, sk, ch* und *g* treten häufig in Fremdwörtern auf.

Fugenelement
Fugenelemente sind Buchstaben (vor allem die Buchstaben *e, n, s)*, die zwischen Bestimmungswort und Grundwort eingeschoben sind; sie grenzen die beiden Teile eines zusammengesetzten Nomens voneinander ab: *Hundekuchen* (nicht: *Hundkuchen), Entenbraten* (nicht: *Entebraten), Geschichtsunterricht* (nicht: *Geschichtunterricht)* ...

Futur I
Tempusform des Verbs, mit der man auf etwas hinweist, das in der Zukunft geschieht oder das unsicher ist. Es wird mit dem Hilfsverb werden gebildet: *Morgen werde ich mitspielen. Du wirst wohl recht haben.*

Futur II
Zeitform des Verbs, mit der man auf etwas hinweist, das in der Zukunft abgeschlossen ist. Es wird mit den Hilfsverben *werden* und *sein* oder *haben* und dem Partizip II gebildet: *Morgen werde ich das erledigt haben. Morgen um diese Zeit werde ich abgereist sein.* Das Futur II kann durch das Perfekt ersetzt werden: *Morgen habe ich das erledigt. Morgen um diese Zeit bin ich abgereist.*

Basis-wissen

Genitiv
2. Fall des Nomens, Artikels, Pronomens und Adjektivs, Wesfall: *Das Auto des Vaters/meines Vaters/meines lieben Vaters.* Einige Präpositionen stehen mit dem Genitiv: *wegen des Wetters*.

Geschlossene Silbe
Die betonte Silbe eines Wortes kann auf einen Konsonanten enden, dann nennt man sie geschlossene Silbe – im Gegensatz zu einer offenen Silbe: *En-de, Mor-gen, lus-tig ...* Der Vokal in geschlossenen Silben ist in der Regel kurz.

Getrenntschreibung
Zwei Wörter, die in enger Beziehung stehen, werden manchmal getrennt und manchmal zusammengeschrieben: *Die beiden Wörter muss man zusammenschreiben.* Aber: *Wir beide wollen eine Geschichte zusammen schreiben.* Diese zum Teil schwierigen Verhältnisse sind durch die Regeln der Rechtschreibung bestimmt. Im Zweifelsfalle sollte immer ein Wörterbuch zu Hilfe genommen werden.

Grammatisches Geschlecht
Nomen haben ein grammatisches Geschlecht, das durch die Artikel *der, die, das* bestimmt wird: Maskulinum *(der Löffel)*, Femininum *(die Gabel)*, Neutrum *(das Messer)*. Das grammatische Geschlecht hat mit dem natürlichen Geschlecht nichts zu tun. Nur noch an wenigen Wörtern wird das natürliche Geschlecht deutlich *(der Mann, die Frau, der Kater, der Hahn, die Henne, der Ochse, die Kuh, die Sau ...)*.

Großschreibung
1. Nomen und Namen schreibt man groß: *Schule, Jugend, Reichtum, Langeweile ... – Maria, Rhein, Berlin, Schweizer Käse ...*
2. Tageszeiten schreibt man nach vorausgehenden Adverbien groß: *gestern Abend, heute Morgen, morgen Nachmittag ...*
3. Als Nomen gebrauchte Zahlen schreibt man groß: *eine Zwei schreiben, eine Sechs würfeln, jeder Dritte ...*
4. Als Nomen gebrauchte Verben im Infinitiv, denen oft die Artikel *der, die, das* oder die Präpositionen *am, beim, zum* ... vorausgehen, schreibt man groß: *das Laufen fällt ihm schwer, das Rechnen, beim Turnen, zum Verrücktwerden ...*
5. Als Nomen gebrauchte Adjektive, denen oft die Pronomen *alles, etwas, nichts, viel, wenig* ... vorausgehen, schreibt man groß: *alles Gute, etwas Schönes, wenig Erfreuliches, im Dunkeln, das Rot der Ampel ...*
6. Die Anrede *Sie* und die dazugehörigen Formen *Ihr, Ihnen* ... schreibt man groß: *Ich möchte Sie noch fragen: Wie geht es Ihnen und Ihren Kindern?*

Grundwort
Hauptteil einer Wortzusammensetzung, eines Kompositums, der die Grundbedeutung des Wortes bestimmt (im Gegensatz zum Bestimmungswort): *Fußball, Fußballspiel.*

Hauptsatz
Ein Hauptsatz ist ein Satz, der mindestens ein Subjekt und ein Prädikat enthält und allein stehen kann. In einem Hauptsatz steht das Prädikat in der Regel an zweiter Stelle: *Wir kommen. Wir kommen morgen.* Im Gegensatz dazu steht der Nebensatz.

Hilfsverb
Die Wörter *haben, sein, werden* nennt man Hilfsverben, weil sie dabei „helfen", das Perfekt, das Futur oder das Passiv zu bilden: *Sie ist gekommen, sie hat geweint, es wird sich geben, sie wird gelobt.*

Imperativ
Form des Verbs. Der Imperativ ist eine Verbform, mit der man jemanden um etwas bitten oder zu etwas auffordern kann: *Gib mir das bitte zurück! Hilf mir einmal!* Der Imperativ des Verbs wird von vielen Verben durch Anhängen eines *-e* an den Wortstamm gebildet; oft fällt dieses *-e* jedoch weg: *Hol(e) mir das einmal!* Bei einer bestimmten Gruppe von Verben wird der Imperativ mit *-i-* oder *-ie-* gebildet: *gib! – hilf! – lies! – sieh! – sprich! ...*

Infinitiv
Grundform des Verbs mit dem Wortbaustein *-en: geb/en, fahr/en, lauf/en ...*
In Wörterbüchern sind alle Verben im Infinitiv (in der Grundform) aufgeführt.

Infinitivgruppen
Infinitivgruppen sind Verbindungen des Wortes zu mit Infinitiven. Man unterscheidet in den bloßen Infinitiv (zu + Infinitiv) und in den satzwertigen Infinitiv (Erweiterung + zu + Infinitiv).

Kasus (auch Fall)
Nomen sind flektierbar und können in vier Kasus vorkommen: Nominativ *(der Hund)*, Akkusativ *(den Hund)*, Dativ *(dem Hund)*, Genitiv *(des Hundes)*.

Komma
Satzzeichen zwischen Aufzählungen *(Kai, Lore, Tina spielen, lachen, toben miteinander.)* und zwischen Haupt- und Nebensatz *(Sie waren immer zusammen, als sie Ferien hatten.)*. Auch zur Hervorhebung von Wörtern werden Kommas gesetzt *(Sven, nun komm endlich! Nein, nicht schon wieder!)*.

Komparativ
Steigerungsform des Adjektivs, auch: Vergleichsstufe, Steigerungsstufe *(näher, weiter, größer)*. Der Komparativ wird mit dem Vergleichswort *als* gebildet: *Sie ist größer als ich.*

Kompositum
Zusammensetzungen dienen der Bildung neuer Wörter. Im Gegensatz zu Ableitungen werden bei der Zusammensetzung Wortstämme aneinandergefügt: *Spiel-feld, Fuß-ball, hell-blau ...*

Konjugation
Verben können gebeugt (konjugiert) werden. Eine solche Beugung (Veränderung) der Verben geschieht vor allem durch Anfügen von Wortbausteinen. Die wichtigsten Konjugationsformen sind die der Personalformen: *hol/st, hol/t ...* und der Tempusformen: *hol/te, ge/hol/t.*

Konjunktion
Konjunktionen *(und, oder, denn ...)* verbinden Wörter, Wortgruppen und Hauptsätze auf der gleichen Ebene. Im Feldermodell stehen sie vor dem Vorfeld.

Vorvorfeld	Vorfeld	li SK	Mittelfeld	re SK
	Ich	*fliege*	*nur ungern,*	
denn	*die Sitzplätze*	*sind*	*einfach zu eng.*	

Konjunktiv
Der **Konjunktiv I** ist eine besondere Verbform, die im Gegensatz zu den normalen Formen des Indikativs steht. Er hat eine ganz bestimmte Aufgabe: Der Konjunktiv I kennzeichnet vor allem die indirekte Rede. Er wird von der Form des Infinitivs hergeleitet: *sein → er sei, haben → sie habe, werden → sie werde, müssen → sie müsse, geben → sie gebe.* In der mündlichen Sprache wird der Konjunktiv I sehr selten verwendet. Dort gebraucht man für die Redewiedergabe eher einen **dass-Satz im Indikativ** oder den **Konjunktiv II** (mit *wäre, hätte* oder *würde*). In der Schriftsprache ist allerdings der Konjunktiv I die bevorzugte Form.
Der **Konjunktiv II** dient vor allem dem Ausdruck von Wünschen, von Möglichkeit und Nicht-Wirklichkeit. Er wird von Formen des Präteritums hergeleitet und oft mit den Umlauten ä, ö, ü gebildet: *war → sie wäre, hatte → sie hätte, wurde → sie würde, musste → er müsste, gab → er gäbe.*

Konnotation
Konnotation bezeichnet die Nebenbedeutung eines Wortes. *(Herz = Liebe).* Da Wörter für jeden Menschen eine andere Konnotation haben können, kommt es dadurch immer wieder zu Missverständnissen.

Konsonant
Konsonanten (Mitlaute) sind Laute, bei denen Lippen, Zunge oder Zäpfchen mitschwingen, wenn wir sie aussprechen. Die Buchstaben für Konsonanten sind *b, c, d, f, g, j, k, l, m, n, p, q, r, s, t, v, w, x, z.* Sie bilden den Gegensatz zu den Vokalen.

Kurzform
Die meisten Wörter unserer Sprache sind zweisilbig *(träumen, läuten, Fläche, Fächer)*. Bildet man von solchen Wörtern eine Kurzform, kann man zum Beispiel erkennen, wie sie geschrieben *werden (träumen → Traum, läuten → laut, Fläche → flach, Fächer → Fach).*

Langform
Die Langform eines Wortes mit einer Silbe ist die zweisilbige Form *(Kuss – Küsse)*. Bei Wörtern, die mit *b, d, g* enden, kann man an der Langform hören, wie sie geschrieben werden *(schabt → schaben, wild → wilder, schlägt → schlagen).*

Lehnwort
Lehnwörter sind Wörter, die aus anderen Sprachen in die deutsche Sprache übernommen worden sind. Sie haben sich

Basis-wissen

in der Aussprache und Schreibweise den deutschen Wörtern angepasst. Viele Lehnwörter stammen aus dem Lateinischen (*murus* = *Mauer*, *strata* = *Straße*).

Maskulinum
Grammatisches Geschlecht des Nomens, männlich: *der Nachbar, der Löffel, der Mut.*

Mehrsprachigkeit
Als mehrsprachig werden Menschen bezeichnet, die mit zwei oder mehr Sprachen aufgewachsen sind.

Metapher
Metaphern findet man nicht nur in Gedichten, sondern auch im Alltag. Metaphern erkennt man daran, dass sie zwei Bedeutungen haben: eine wörtliche und eine übertragene.

Modalverben
Modalverben verbinden sich mit den Infinitiven von Verben. Sie drücken aus, was einem Vorgang oder einer Handlung zugrunde liegt.
- dürfen (Erlaubnis)
- können (Fähigkeit)
- mögen (Wunsch)
- müssen (Notwendigkeit)
- sollen (Aufforderung)
- wollen (Absicht)

Modus
Der Modus (Art und Weise) eines Verbs gibt an, ob der Sprecher ein Geschehen als wirklich, möglich oder unmöglich kennzeichnen möchte. Man unterscheidet zwischen Imperativ (Befehlsform), Indikativ (Wirklichkeitsform) und Konjunktiv (Möglichkeitsform).

Nebensatz
Ein Nebensatz ist, wie der Hauptsatz, ein Satz, der mindestens ein Subjekt und ein Prädikat enthält. Im Gegensatz zum Hauptsatz steht das Prädikat im Nebensatz an letzter Stelle. Nebensätze werden in der Regel durch ein Wort eingeleitet, das Haupt- und Nebensatz miteinander verbindet (Konjunktion oder Pronomen). So erstrecken sich Nebensätze von dem Verbindungswort am Anfang bis hin zum Prädikat am Ende: *Weil sie gestern krank im Bett lag, konnte sie nicht trainieren.* Ein Nebensatz kann vor oder nach dem Hauptsatz stehen; er kann auch zwischen dem Anfang und dem Ende des Hauptsatzes stehen: *Weil sie gestern krank im Bett lag, konnte sie nicht trainieren. – Sie konnte nicht trainieren, weil sie gestern krank im Bett lag. – Sie konnte, weil sie gestern krank im Bett lag, nicht trainieren.*

Neutrum
Grammatisches Geschlecht des Nomens, sächlich: *das Kind, das Messer, das Glück.*

Nomen
Wortart (auch: Dingwort, Hauptwort). Mit Nomen bezeichnet man Lebewesen (*Kind, Affe, Baum*), Dinge (*Hammer, Haus, Buch*), Gedanken und Gefühle (*Wut, Idee, Freude*) und Zeitangaben (*Sommer, Ferien, Abend*). Nomen haben einen Artikel (*der Hammer, das Haus, die Langeweile*). Nomen können in den vier Fällen gebraucht werden (*der Hund, des Hundes, dem Hund, den Hund*).

Nominalstil
Texte, deren Stil von Nomen bestimmt ist, stehen im Nominalstil: *zur Beobachtung – beobachten, zur Warnung – warnen.* Mit diesem Stil werden Texte straff zusammengefasst, deshalb verwendet man ihn vor allem in Sachtexten, in Clustern und Mindmaps. Der Nominalstil ist außerdem stark von Präpositionen und von Attributen, die den Nominalisierungen nachgestellt sind, bestimmt.

Nominativ
1. Fall des Nomens, Artikels, Pronomens und Adjektivs. Subjekte stehen stets im Nominativ: *Der Hund bellt.*

Oberbegriff – Unterbegriff
Die Wörter eines Wortfeldes haben eine Art „Überschrift". Ein Wort, das über einem solchen Wortfeld steht, nennt man „Oberbegriff": *gehen: laufen, rennen, spazieren, bummeln … – Möbel: Stuhl, Tisch, Bett, Sessel …* Wörter wie *laufen, rennen …* oder *Stuhl, Tisch …*, die unter einem Oberbegriff stehen, nennt man „Unterbegriffe".

Objekte
Satzglied (auch: Ergänzung). Objekte können aus einem oder mehreren Wörtern bestehen: *Sie füttert ihn. Sie füttert den Kater. Sie hilft dem kleinen Kind.* Man unterscheidet das Genitiv-, Dativ-, Akkusativ- und präpositionale Objekt.

Offene Silbe
Die betonte Silbe eines Wortes kann mit einem Vokal enden, dann nennt man sie offen (im Gegensatz zur geschlossenen Silbe, die mit einem Konsonanten endet): *sa-gen, kau-fen, le-ben …*
Der Vokal in der offenen Silbe ist lang.

Parenthese
Als Parenthese bezeichnet man einen eingeschobenen Satz oder Teil eines Satzes, der nicht unmittelbar zum Inhalt des Satzes gehört und grammatisch mit diesem nicht verbunden ist. Sie wird mit Gedankenstrichen, Klammern oder Kommas vom übrigen Satz abgetrennt: *Die Maus näherte sich der Falle und – so schnell kannst du nicht gucken – war der Käse verschwunden.* In der gesprochenen Sprache wird die Parenthese besonders betont. In der Schriftsprache wird die Stimmführung durch Interpunktion ausgedrückt.

Partizip I und II
Form des Verbs. Es gibt zwei Partizipien: das Partizip I, das mit *-d* gebildet wird: *rasend, laufend …*, und das Partizip II, das mit *ge-* am Anfang und mit *-en* oder *-t* am Ende gebildet wird: *geglaubt, gelaufen …* Das Partizip II dient vor allem zur Bildung des Perfekts und Plusquamperfekts: *sie ist / war über den Platz gelaufen, sie hat / hatte ihm geglaubt.*

Partizipialgruppen
Partizipialgruppen sind Partizipien I und II, die durch ein Objekt oder eine adverbiale Bestimmung erweitert werden. Sie werden mit einem Komma vom übrigen Satz abgetrennt, wenn
- mit einem Wort oder einer Wortgruppe auf sie hingewiesen wird oder sie wieder aufgenommen werden. *Auf diese Weise, über den Bonde krabbelnd, bewegen sie sich in Richtung Strand.*
- sie nachgestellte Zusätze oder Erläuterungen eines Nomens oder Pronomens sind. *Die Larven, ins Meer gespült, schlüpfen im Wasser.*

Passiv
Form des Verbs – im Gegensatz zum Aktiv. Wenn ein Satz im Passiv steht, wird der Blick auf die Person oder den Gegenstand gelenkt, mit der/dem etwas geschieht. Das Vorgangspassiv wird aus dem Hilfsverb *werden* und dem *Partizip II* gebildet. Es betont den Vorgang eines Geschehens. Das Zustandspassiv wird aus dem Hilfsverb *sein* und dem *Partizip II* gebildet. Es betont den abgeschlossenen Zustand eines Geschehens. Der Verursacher eines Geschehens oder Zustands kann, aber muss nicht genannt werden.

Perfekt
Tempusform des Verbs, mit der man auf etwas hinweist, das schon vergangen ist. Zusammengesetzte Vergangenheitsform, die mit den Hilfsverben *haben* und *sein* gebildet wird: *Ich habe ihn vorhin gesehen. Ich bin gerade gekommen.*
Das Perfekt kommt besonders häufig in der mündlichen Rede vor.

Personalpronomen
Wortart (auch: persönliches Fürwort). Untergruppe der Pronomen. Personalpronomen sind *ich, du, er, sie, es, wir, ihr, sie* und die entsprechenden Formen im Dativ *(mir, dir, ihm, ihr, uns, euch, ihnen)* und Akkusativ *(mich, dich, ihn, ihr, uns, euch, sie).*

Plural
Anzahlform des Nomens (auch: Mehrzahl). Gegensatz zum Singular. Der Plural gibt an, dass es sich um mehr als eins handelt: *die Kinder, die Autos, die Frauen, die Bäume.*

Plusquamperfekt
Tempusform des Verbs. Mit dem Plusquamperfekt weist man darauf hin, dass etwas vor der Vergangenheit geschah, von der man erzählt. Vergangenheit: *Als ich zur Haltestelle kam,* Vorvergangenheit: *war der Bus schon abgefahren.* Das Plusquamperfekt wird mit *war* oder *hatte* und dem Partizip II gebildet: *war abgefahren, hatte geholt.*

Positiv
Grundstufe des Adjektivs – im Vergleich zum Komparativ und Superlativ *(nahe, weit, groß).* Der Positiv wird mit dem Vergleichswort *wie* gebildet: *Sie ist genauso groß wie ich. Sie ist doppelt so groß wie ich.*

Possessivpronomen
Wortart (auch: besitzanzeigendes Fürwort). Untergruppe der Pronomen. Possessivpronomen sind *mein, dein, sein, ihr, unser, euer, ihr.*

Basis-wissen

Prädikat
Satzglied (auch: Satzaussage). Jeder Satz enthält ein Prädikat. Das Prädikat ist der Mittelpunkt oder Kern eines Satzes. Man unterscheidet Prädikate, die nur aus einer Verbform und die aus mehreren Verbformen bestehen: *Die Kinder spielen. Joschi hat den Ball bekommen. Er spielt ihn Felix zu. Der hat sich erschrocken.*

Präfix
Sogenannte „Vorsilbe" von Wortstämmen. Präfixe dienen dazu, die Bedeutung des Wortes zu verändern. Aus *zählen* wird *er-zählen, ab-zählen, ver-zählen, aus-zählen* ... Es gibt zwei Arten von Präfixen: 1. unselbstständige, die nicht allein stehen können, wie *be-, er-, ver-, un-: ver-zählen → sie ver-zählt sich*; 2. selbstständige Präfixe, die vom Wort abgetrennt werden können, wie *ab-, aus-: abzählen → sie zählt ab.*

Präpositionen
Wortart. Präpositionen sind Wörter wie *an, auf, in, durch, zu* ... Sie setzen Sachverhalte miteinander in Beziehung. Nach den Präpositionen steht das Nomen im Genitiv *(wegen des Wetters)*, im Dativ *(zu dem Nachbarn)* oder im Akkusativ *(durch den Tunnel)*. Einige von ihnen können zwei verschiedene Fälle nach sich *ziehen (Dativ: wo: auf dem Dach, Akkusativ: wohin: auf das Dach).*

Präsens
Tempusform des Verbs, mit der man auf etwas hinweist, das in der Gegenwart geschieht (auch: Gegenwartsform): *Sie fährt Rad.* Oft weist man mit dem Präsens auch auf etwas hin, das erst in der Zukunft geschieht: *Morgen habe ich Geburtstag.*

Präteritum
Tempusform des Verbs, mit der man auf etwas hinweist, das schon vergangen ist (auch: einfache Vergangenheitsform im Gegensatz zum Perfekt, der zusammengesetzten Vergangenheitsform):
Sie fuhr Rad. Das Präteritum wird vor allem in geschriebener Sprache gebraucht.

Pronomen
Wortart (auch: Fürwort). Pronomen stehen entweder vor einem Nomen *(mein Fahrrad)* oder anstelle eines Nomens *(Tina kommt zu Besuch. Sie bleibt bis Sonntag.)*. Die wichtigsten Pronomen sind die Personal-, Possessiv-, Relativ-, Anrede-, Demonstrativ-, Reflexiv- und Fragepronomen.

Punkt
Satzschlusszeichen. Der Punkt steht am Ende eines Aussagesatzes. Nach dem Punkt wird großgeschrieben.

Redesatz
Der Teil eines Textes, in dem etwas wiedergegeben wird, das jemand gesagt hat. Der Redesatz wird durch Anführungszeichen (auch: Gänsefüßchen) hervorgehoben: *Sie war damit nicht einverstanden und rief: „Das glaube ich nicht!"*

Redewendung
Redewendungen sind sprachliche Ausdrücke aus zwei oder mehr Wörtern. Sie sind nicht wortwörtlich zu verstehen: *an die Decke gehen = sehr ärgerlich/wütend sein.*

Redewiedergabe
- Sätze mit **direkten Reden** bestehen aus Redeteilen und Begleitsätzen. In den Redeteilen steht, was einer sagt. In den Begleitsätzen steht, wer etwas sagt. Die Redeteile stehen in Redezeichen (Anführungszeichen): *„Ich möchte gern mehr Taschengeld haben", sagt Elias.*
- Mit der **indirekten Rede** wird ein Gespräch indirekt wiedergegeben. Man erkennt sie am Konjunktiv und an dem einleitenden oder abschließenden Redesatz: *Tom sagte, er habe auf sie gewartet. Er habe auf sie gewartet, sagte Tom.*
  Der indirekte Redeteil kann mit *dass* eingeleitet werden: *Tom sagte, dass er auf sie gewartet habe.*

Relativpronomen
Pronomen, das sich auf ein im Hauptsatz vorausgehendes Nomen oder anderes Pronomen bezieht. Das Relativpronomen *das*, welches sich auf ein Nomen im Neutrum bezieht, wird leicht mit der Konjunktion dass verwechselt: *Das ist ein Buch, das ich gut lesen kann. Sie sollen wissen, dass ich gut lesen kann.*

Relativsatz
Nebensatz, der mit einem Relativpronomen eingeleitet wird: *Sherlock Homes, der jeden Fall löst, denkt nach.*

Satzarten
Es gibt verschiedene Satzarten: Aussagesätze *(Ich gehe in den Zoo.)*, Fragesätze *(Kommst du mit zu den Pinguinen?)*, Aufforderungssätze *(Bring mir bitte ein Eis mit!)*, Ausrufesätze *(Könnte ich doch ein bisschen länger im Zoo bleiben!)*. Der deutsche Satz unterscheidet drei **Satzarten nach der Stellung des Prädikats**: *Verberstsatz*, *Verbzweitsatz* und *Verbletztsatz*. Die „normale" Form ist der Verbzweitsatz, er ist unmarkiert. Verberstsatz und Verbletztsatz sind markierte Formen. Sie heben bestimmte Sprechakte (Fragen, Aufforderungen) oder Abhängigkeiten (Nebensatz) hervor.

Satzfelder
Der Satz gliedert sich in **Vorfeld, linke Satzklammer, Mittelfeld, rechte Satzklammer, Nachfeld.** Diese Gliederung ergibt sich aus der **Zweitstellung** des **finiten Verbes.**
- Das Vorfeld ist entweder nicht besetzt oder nur mit einem Satzglied.
- In der linken Satzklammer steht nur die finite Verbform.
- Das Mittelfeld kann frei bleiben oder beliebig viele Satzglieder haben.
- Die rechte Satzklammer kann frei bleiben oder mehrere Wörter haben.

Satzgefüge
Ein Satzgefüge ist eine Kombination aus Hauptsatz und Nebensatz (häufig mehreren Nebensätzen). Satzgefüge können insbesondere in literarischen Texten aus einem Hauptsatz und bis in die vierte, fünfte Ebene untergeordneten und eingeschobenen Nebensätzen bestehen.

Satzglied
Teil eines Satzes, den man umstellen kann. Ein Satzglied kann aus einem oder aus mehreren Wörtern bestehen: | Manche Kinder | essen | am liebsten | Bratwurst mit Ketchup |. → | Am liebsten | essen | manche Kinder | Bratwurst mit Ketchup |. Man unterscheidet vier verschiedene Arten von Satzgliedern: Subjekt, Prädikat, Objekt, Adverbiale Bestimmung

Satzklammer
Das **Prädikat** hat im deutschen Satz oft **zwei Teile.** Diese bilden eine **Satzklammer.**
Die **linke Satzklammer** wird durch die **finite Form des Verbs** gebildet. Die **rechte Satzklammer** ist ein unveränderbares Verbteil **(Präfix, Partizip II, Infinitiv)** und steht am **Ende des Satzes.** Zwischen beide Teile können Satzglieder eingefügt werden.

Satzreihe
Miteinander verbundene Hauptsätze bilden eine Satzreihe.

Silbe
Teil eines Wortes. Beim Sprechen kann man Wörter durch kleine Pausen in ihre Silben zerlegen (*Ja nu ar*, *Ok to ber*). Beim Schreiben trennt man die Silben wie folgt: *Ja-nu-ar*, *Ok-to-ber*. Eine Silbe besteht aus mindestens einem Vokal, der von einem oder mehreren Konsonanten eingerahmt wird. In jedem Wort gibt es eine betonte Silbe (*Já-nu-ar*, *Ok-tó-ber*).

Silbentrennendes h
Wenn in einem zweisilbigen Wort zwei Vokale nacheinander stehen, so steht zwischen ihnen oft ein silbentrennendes h (*se-h-en*, *Schu-h-e*). Dieses h gehört beim Trennen des Wortes zur zweiten Silbe (*se hen*, *Schu he*).

Silbentrennung
Am Ende einer Zeile kann man beim Schreiben Silben abtrennen (Apfel-baum, Ap-felbaum).

Singular
Anzahlform des Nomens (auch: Einzahl). Gegensatz zum Plural. Der Singular gibt an, dass es sich um etwas Einzelnes handelt: *ein Kind, das Auto, die Frau, ein Baum.*

s-Laute
Die s-Laute können in unserer Sprache stimmhaft (*reisen*) oder stimmlos (*reißen*) ausgesprochen werden. Den stimmhaften s-Laut schreibt man immer als *s* (*rasen, Riesen, sausen*). Den stimmlosen s-Laut kann man auf dreierlei Weise schreiben: 1. nach langem Vokal mit *ß (aß)*, 2. zwischen zwei kurzen Vokalen mit *ss (essen)*, 3. am Wortende mit *s*, wenn er von einem stimmhaften s-Laut abstammt *(Mäuse → Maus)*. Darüber hinaus gibt es eine Fülle von Wörtern mit *st*, *sp* usw., die mit *s* geschrieben werden *(Fest, Wespe ...)*.

Sprachvarianten
Die deutsche Sprache unterscheidet verschiedene Erscheinungsformen. Im öffentlichen Sprachgebrauch wird **Hochsprache**, auch **Standardsprache** genannt, gesprochen.

Basis-
wissen

Sie ist allgemein verbindlich und hat strenge Regeln, sodass sie im gesamten Sprachgebiet verstanden wird. Im Alltag verwendet man eher **Umgangssprache**. In bestimmten Gruppen werden spezielle Wörter und Wendungen verwendet, die oft nur in dieser Gruppe verstanden werden. Dadurch grenzen sie sich von anderen Gruppen ab und bringen ihre eigene Zugehörigkeit zum Ausdruck (**Jugendsprache, Fachsprache** ...).

Sprichwort
Sprichwörter sind feste sprachliche Wendungen, die in kurzer einprägsamer Form Weisheiten und Erfahrungen mitteilen: *Reden ist Silber, Schweigen ist Gold.*

Standardsprache
Die Standardsprache gilt als Hochsprache – die allgemein gültige und verständliche Form der Sprache. Sie unterliegt den Regeln der Rechtschreibung und Grammatik.

Steigerung
Viele Adjektive lassen sich steigern (Komparativ/Superlativ): *groß, größer, am größten.* Bei einigen Adjektiven ist aber eine Steigerung nicht möglich *(viereckig, täglich, tot ...).* Bei einem Vergleich mit einem gesteigerten Adjektiv verwendet man das Wort *als (Sie ist größer als ich.).* Ist das Adjektiv aber nicht gesteigert, verwendet man das Wort *wie (Sie ist genauso groß wie ich. Sie ist doppelt so groß wie ich.).*

Subjekt
Satzglied (auch: Satzgegenstand). Fast jeder Satz enthält ein Subjekt. Das Subjekt steht meistens am Anfang eines Satzes. Mit ihm wird gesagt, wer etwas tut, von wem eine Handlung ausgeht: *Der Jäger schießt einen Hasen.* Das Subjekt kann aus einem Nomen, Pronomen oder mehreren Wörtern bestehen, die zu dem Nomen gehören: *Jakob geht in die 6. Klasse. Er geht in die 6. Klasse. Der aufgeweckte Schüler Jakob geht in die 6. Klasse.*

Subjunktion
Subjunktionen *(weil, da, wenn, falls ...)* zeigen die Unterordnung von Nebensätzen an. Sie setzen die vollständige Aussage eines Satzes in Beziehung. Im Feldermodell besetzen sie die linke Satzklammer.

Vorfeld	li SK	Mittelfeld	re SK
Ich	*fliege*	*nur ungern,*	
	da	*die Sitzplätze einfach zu eng*	*sind.*

Suffix
Sogenannte „Nachsilbe" von Wortstämmen. Suffixe dienen dazu, ein Wort in eine andere Wortart zu überführen: *Spiel (Nomen) → spiel-bar (Adjektiv).* Die gebräuchlichsten Suffixe von Nomen sind *-ung, -heit, -keit, -tum,* die von Adjektiven *-lich, -ig, -sam, -bar.* Es gibt besondere Suffixe für Nomen (*Freiheit, Zeitung, Dankbarkeit, Finsternis, Eigentum, Wirtschaft*) und Adjektive (*gelblich, eklig, langsam, dankbar, kindisch*). Manche Nachsilben sind keine echten Silben, weil man sie allein nicht abtrennen kann (*Zei-tung, kin-disch*).

Superlativ
Steigerungsform des Adjektivs. Höchststufe: *Sie ist am größten von allen.*

Synonym
Synonyme (Ähnlichkeitswörter) sind Wörter, die eine ähnliche Bedeutung haben wie andere Wörter: *krank, kränklich, schlapp ... – Angst, Ängstlichkeit, Furcht, Panik ...* Reine Synonyme sind Wörter mit völlig gleicher Bedeutung: *Samstag, Sonnabend – Fleischer, Metzger, Schlachter ...*

Tempusform (*auch Zeitform*)
Form des Verbs (auch: Tempus). Unsere Sprache kennt sechs Tempusformen: 1. Präsens *(du schläfst),* 2. Perfekt *(du hast geschlafen),* 3. Präteritum *(du schliefst),* 4. Plusquamperfekt *(du hattest geschlafen),* 5. Futur I *(du wirst schlafen),* 6. Futur II *(du wirst geschlafen haben).*

Umgangssprache
Umgangssprache ist die Bezeichnung für die in der Regel mündliche gebrauchte Sprachform. Sie enthält Verkürzungen *(mal* statt *einmal),* Füllwörter *(echt, woll, ne)* oder Formulierungen, die innerhalb der geschriebenen Standardsprache unpassend wirken (*Sie ist „sauer?"*; standardsprachlich: *Sie ist verärgert* oder *wütend.*)

Umlaut
Umlaute nennt man diejenigen Buchstaben (Vokale), die zwei Pünktchen haben: *ä, ö, ü, äu.* Sie heißen Umlaute, weil sie

meistens von Wörtern mit *a, o, u, au* umgelautet sind: *Bad – Bäder, Ohr – Öhrchen, Hut – Hüte, Baum – Bäume.*

Umstellprobe

Die Umstellprobe wird auch Verschiebeprobe genannt: Probe zur Ermittlung der Satzglieder. Einzelne Wörter oder Wortgruppen, die man im Satz verschieben kann, ohne dass sich der Sinn verändert, sind Satzglieder. Die Umstellprobe dient auch zur Verbesserung von Texten: *Er | hatte | heute | keinen Appetit. → Heute | hatte | er | keinen Appetit.*

Unbestimmter Artikel

Der unbestimmte Artikel gibt in einem Text oder in einer Situation an, dass das Nomen, zu dem er gehört, vorher noch nicht genannt oder noch unbekannt ist: *Vor dem Haus steht ein Taxi. Auf wen wartet das nur?*

Verb

Wortart (auch Zeitwort, Tätigkeitswort). Mit Verben kann man Tätigkeiten *(laufen, arbeiten)* oder Zustände *(blühen, schlafen)* bezeichnen. Verben können in den verschiedenen Tempusformen gebraucht *werden (lügen, log, hat gelogen).* Viele von ihnen können das Passiv bilden *(er wird belogen).* Verben bilden das Prädikat eines Satzes.
In der deutschen Sprache unterscheidet man zwischen starken und schwachen Verben.
Starke Verben: Der Stammvokal ändert sich und das Partizip II endet auf **-en**: *gehen – ging – gegangen.*
Schwache Verben: Der Stammvokal ändert sich nicht und das Partizip II endet auf **-t**: *spielen – spielte – gespielt.*

Verbalstil

Texte, deren Stil von Verben bestimmt ist, stehen im Verbalstil: *Beobachtung – beobachten, Warnung – warnen* Dieser Stil wirkt lebendig, deshalb verwendet man ihn oft in Erzähltexten.
Da der Verbalstil von Nebensätzen geprägt ist, kommen in ihm außerdem viele Konjunktionen vor.

Vokal

Vokale sind Selbstlaute, im Gegensatz zu den Konsonanten (Mitlauten). Sie werden ohne die Unterbrechung von Lippen, Zähnen, Zäpfchen und Zunge zum Klingen gebracht. Die Buchstaben für Vokale sind *a, e, i, o, u*. Die Umlaute *ä, ö, ü* gehören genauso zu den Vokalen wie die Zwielaute (Diphthonge) *ei, au, eu*. Vokale können lang und gedehnt ausgesprochen werden wie in *Hüte, Qualen, Schoten* oder kurz und knapp wie in *Hütte, Quallen, Schotten.*

Vorsilbe

Gemeint sind damit Präfixe, die vor einem Wortstamm stehen: *Ver/kauf, un/geheuer, zer/reißen …* Es gibt Vorsilben (Präfixe), die man vom Wort abtrennen kann (*ab-, um-, durch- …*): *ab/fallen → das Laub fällt ab, um/kehren → sie kehrt um …*, und solche, die man nicht abtrennen kann: *zer/reißen*. Man kann nicht sagen: ***Er reißt zer.*** Präfixe sind immer auch echte Silben, die bei der Silbentrennung mit einem Silbenstrich abgetrennt werden können: *ab-fallen …*

Wortart

In der deutschen Sprache gibt es sieben Wortarten: 1. Nomen, 2. Artikel und Pronomen, 3. Adjektive, 4. Verben, 5. Adverbien, 6. Konjunktionen, 7. Präpositionen. Sie unterscheiden sich nach grammatischen Merkmalen und nach der Bedeutung. Andere Wörter wie sogenannte „Zahlwörter" können diesen Wortarten zugeordnet werden.

Wortbausteine

Wortbausteine sind Teile von Wörtern, die an den Wortstamm angefügt werden. Es gibt Wortbausteine, die der Bildung von Wörtern dienen, wie Präfixe und Suffixe (*an/spiel/bar, über/heb/lich …*), und solche, die der Beugung von Wörtern dienen (*ge/komm/en, ge/hol/t …*).

Wortbildung

Ein Wortstamm wie *-zahl-* kann auf verschiedene Arten erweitert werden: durch Präfixe, die seine Bedeutung erweitern: *ab-zahlen, be-zahlen, ein-zahlen …*, sowie durch Suffixe, durch die der Stamm zu einer anderen Wortart wird: *Zahl-ung, zahl-bar …* Es können auch zwei selbstständige Wortstämme aneinandergefügt werden, so etwas heißt Kompositum: *Lotto-zahl, Zahlen-reihe …*

Wortfamilie

Eine Wortfamilie besteht aus Wörtern, die den gleichen Wortstamm haben:
fahr: *Fahrt, Fähre, gefährlich, Fährte, Gefährte …*

Basiswissen

Wortfeld
Ein Wortfeld besteht aus Wörtern, die etwas Ähnliches bedeuten:
gehen, laufen, rennen, stapfen, rasen, marschieren.

Wortstamm
Der Wortstamm ist der Kern oder Mittelpunkt eines Wortes:
Er-fahr-ung, ge-fähr-lich.

Zeichen der direkten Rede
Die direkte Rede ist derjenige Teil eines Textes, in der ein anderer spricht als der Erzähler selbst: *Gestern war ich im Kino. Als der Film zu Ende war, sagte mein Freund: „Der Film war aber ziemlich langweilig!“ Ich war aber ganz anderer Meinung.* Die direkte Rede wird durch Anführungszeichen aus dem übrigen Text herausgehoben. Wer etwas sagt, steht im Begleitsatz. Was gesagt wird, steht im Redeteil. Er ist ein selbstständiger Satz mit passenden Satzschlusszeichen und wird durch Anführungszeichen gekennzeichnet.

Zeitform (*siehe Tempusform*)

Zusammenschreibung
Viele Einzelwörter unserer Sprache sind zusammengewachsen. So nannte der Dichter Eduard Mörike sein berühmtes Herbstgedicht *September Morgen*; heute liest man es unter der Überschrift *Septembermorgen*. Welche Wörter man getrennt oder zusammenschreibt, ist durch die Rechtschreibung geregelt. Im Zweifelsfalle muss man in einem Wörterbuch nachschlagen.

Zusammensetzung (*siehe Kompositum*)

Quellen

Texte

Seite 25: Omphalius, Rutz & Monika Azakli. Erde mit Fieber. Aus: Omphalius, Rutz & Monika Azakli. Klimawandel. Arena Bibliothek des Wissens . Arena Verlag, Würzburg 2008, S. 61–64

Seite 27: Umweltbundesamt. Earth Overshoot Day 2017: Ressourcenbudget verbraucht. In: www.umweltbundesamt.de/themen/earth-overshoot-day-2017-ressourcenbudget, Erschienen am: 02.08.2017

Seite 35: Informationen zum Berufsfeld und zum Ausbildungsberuf Bauzeichner/in. Nach: Bundesagentur für Arbeit, Nürnber ohne ED. In: https://berufenet.arbeitsagentur.de/berufenet/faces/index;BERUFENETJSESSIONID=wOvTiI702y6WPI_RLI4A-SSopvn1Q4Fmi8_6kqwVi5DE2m6ytCmw!-970730275?path=null/kurzbeschreibung&dkz=13741&such=Bauzeichner%2Fin

Seite 58: Bewerbungstipps – der erste Eindruck zählt. Daimler AG Stuttgart. In: https://www.daimler.com/karriere/schueler/bewerbungs-tipps/

Seite 64: Bertolt Brecht: Geschichten von Herrn Keuner. Der hilflose Knabe. Aus: Ders.: Geschichten vom Herrn Keuner. In: Berthold Brecht. Gesammelte Werke 2. Suhrkamp Verlag, Frankfurt am Main 1967

Seite 65: Johann Peter Hebel: Ein Wort gibt das andere. Aus: Poetische Werke. Wissenschaftliche Buchgesellschaft, Darmstadt 1965, S. 153

Seite 66: Joachim Ringelnatz. Humpelnde Welt. Aus: 103 Gedichte von Joachim Ringelnatz. Rowohlt, Berlin 1933, 11

Seite 67: Gina Ruck-Pauquèt: Wir sind fünf. Aus: Tag- und Traum-Geschichtenbuch, 70 Geschichten zum Vor- und Selberlesen. Otto Maier Verlag, Ravensburg 1981.

Seite 70: Rose Ausländer. Der April. Aus: Im Atemhaus wohnen. Fischer Taschenbuch Verlag, Frankfurt/Main 1992

Seite 70: Wolfgang Borchert. Die Kirschen. Aus: Das Gesamtwerk. Hg. von Michael Töteberg unter Mitarbeit von Irmgard Schindler. Rowohlt Verlag, Reinbek bei Hamburg 2009

Seite 71: Steigender Absatz von Fairtrade-Kakao. Nach: TransFair e.V., Regensburg. In: http://www.fairtrade-deutschland.de/fileadmin/user_upload/materialien/download/download_statement_kakao.pdf

Seite 79: Rainer Wolf: Lohnsteuer und Sozialversicherung, Minijobs und Saisonbeschäftigung. Aus: Nebenjob-Zentrale, Itzstedt. In: http://www.nebenjob.de/ratgeber_nebenjobs/ratgeber1_4.html

Seite 80: Barbara Esser. Nach Schulschluss Geld verdienen. Nach: Focus. In: http://www.focus.de/schule/familie/Freizeit/ferien-freizeit-nach-schulschluss-geld-verdienen_aid_221177.html, Erschienen am: 01.06.2017

Seite 92: Jan Wagner: Wozu noch Gedichte lesen und schreiben? Interview mit Deutschlandfunk Kultur. Nach: http://www.deutschlandfunkkultur.de/wozu-noch-gedichte-lesen-und-schreiben.970.de.html?dram:article_id=255470, Beitrag vom 27.07.2013

Seite 92: Li Tai-Bo: Zur Nacht. Aus: Günter Debon. Herbstlich helles Leuchten überm See. Chinesische Gedichte aus der Tang-Zeit. R. Piper Co Verlag, München 1953, S. 10

Seite 92: Katrine von Hutten: Die Liebe liebt das Wandern. Aus: Aber besoffen bin ich von dir. Liebesgedichte. Hg. v. Jan Hans. Rowohlt Verlag, Reinbek bei Hamburg 1979, S. 95

Seite 94: Definition: Das verflixte siebte Jahr im Duden Sprachwissen nach: https://www.duden.de/sprachwissen/sprachratgeber/Das-verflixte-siebte-Jahr

Seite 94: Erich Kästner: Sachliche Romanze. Aus: Erich Kästner. Werke. Hrsg. von Franz Josef Görtz. Band I: Zeitgenossen, haufenweise. Gedichte. Hrsg. von Harald Hartung in Zusammenarbeit mit Nicola Brinkmann. München/Wien: Carl Hanser Verlag 1998. © Atrium Verlag, Zürich 1969, S. 65

Seite 96: Theodor Storm: Meeresstrand. Aus: Theodor Storm. Sämtliche Werke in vier Bänden. Band 1, Hrsg. von Karl Ernst Laage und Dieter Lohmeier. Deutscher Klassiker Verlag, Frankfurt am Main 1987

Seite 97: Erich Fried: Meer. Aus: Erich Fried. Warngedichte. Fischer Taschenbuch Verlag. Frankfurt am Main 1980. Lizenzausgabe mit freundlicher Genehmigung des Carl Hansers Verlages, München 1964, S. 121

Seite 98: Johann Wolfgang von Goethe: Nähe des Geliebten. Aus: Goethes Werke. Hamburger Ausgabe in 14 Bänden. Band I: Gedichte und Epen I. Textkritisch durchgesehen und mit Anmerkungen versehen von Erich Trunz. 9. Aufl. Hamburg: Christian Wegner Verlag 1969, S. 242f.

Seite 99: Mark Forster: Willkommen zurück. Aus: Album TAPE. Label: Four Music Productions. Copyright: © 2016 Four Music Productions GmbH

Seite 101: Mark Forster: Erfolg ist wie ein Orkan. Interview im Focus nach: http://www.focus.de/kultur/kino_tv/mark-forster-erfolg-ist-wie-ein-orkan_id_6323346.html, Erschienen am: 10.12.2016

Seite 101: Mascha Kaléko. Das Bißchen Ruhm. Aus: Mascha Kaléko. Die paar leuchtenden Jahre. Hrsg. von Gisela Zoch-Westphal. Deutscher Taschenbuch Verlag, München 2003, S. 59

Seite 102: Mark Forster. Schöner Scherbenhaufen. Aus: Album TAPE. Label: Four Music Productions. Copyright: © 2016 Four Music Productions GmbH

Seite 103: Mascha Kaléko: Kleine Auseinandersetzung. Aus: Das lyrische Stenogrammheft. Kleines Lesebuch für Große. Rowohlt Taschenbuch Verlag, Hamburg, 2005, S. 55

Seite 110: Ulla Hahn. Nie mehr. Aus: Dies.: Unerhörte Nähe. Gedichte. Stuttgart: Deutsche Verlags-Anstalt (DVA) 1988, S. 12

Seite 112–128: Rolf Lappert. Pampa Blues. Carl Hanser Verlag, München 2012, S. 43, 231, 1, 174, 21, 22, 43, 51–53, 70, 71, 14, 20–21, 75, 102–105, 109–116, 168–177, 73–75, 30

Seite 130: Marie Luise Kaschnitz. Das letzte Buch. Aus: Marie Luise Kaschnitz. Gesammelte Werke, Band 3. Insel Verlag, Frankfurt am Main 1982

Seite 131: Wolfgang Borchert. Die Küchenuhr. Aus: Wolfgang Borchert. Das Gesamtwerk. Hrsg. von Michael Töteberg unter Mitarbeit von Irmgard Schindler. Rowohlt, Reinbek bei Hamburg 2009

Seite 135: Mario Vargas Llosa. Der Mann, der Menschen glücklich macht. Aus: Ders.: Anden. Fotos von Pablo Corral Vega. Übersetzt von Eva Dempewolf. Text © 2001 Mario Vargas Llosa Copyright © der deutschen Ausgabe National Geographic Deutschland 2004

Seite 137: Alex Capus. Mein französischer Bistrostuhl. Aus: Ders.: Mein Nachbar Urs. Geschichten aus der Kleinstadt. Carl Hanser Verlag. München 2014, S. 93ff.

Seite 139: Nadja Einzmann. An manchen Tagen. Aus: Dies.: Da kann ich nicht nein sagen. Geschichten von der Liebe. Frankfurt/Main: S. Fischer Verlag, 2001, S: 41f.

Seite 141: Marlene Röder. Ein Strauß Schnecken. Aus: Dies.: Melvin, mein Hund und die russischen Gurken. Erzählungen. Copyright © Ravensburger Buchverlag Otto Maier GmbH, 2011, S. 117ff.

Seite 147: Wolfdietrich Schnurre. Beste Geschichte meines Lebens. Aus: Ders.: Der Schattenfotograf. Paul List Verlag, München Lizenzausgabe Bertelsmann 1978

Seite 148–149: Julian Schütt. Max Frisch. Biographie eines Aufstiegs. Suhrkamp, Berlin 2011

Seite 150–169: Alle Auszüge aus: Max Frisch. Andorra. Text und Kommentar. Suhrkamp BasisBibliothek 8. 17. Auflage 2012. © Suhrkamp, Frankfurt am Main 1961 (Text) / 1999 (Kommentar)

Seite 170: Günther Gugel. Was ist Jugendgewalt. Jugendgewalt – eine Begriffsdefinition. Nach: https://www.planet-schule.de/wissenspool/entscheide-dich/inhalt/hintergrund/jugendgewalt-ein-mit-vielen-vorurteilen-beladenes-reizthema.html

Seite 172: Andreas Mair am Tinkhof. Rückgang der Jugendkriminalität. Jugendkriminalität. Nach: Ministerium für Inneres, Digitalisierung und Migration in Baden-Württemberg. Informationen zur Jugendkriminalität. https://im.baden-wuerttemberg.de/de/sicherheit/polizei/kriminalitaetsbekaempfung/jugendkriminalitaet/

Seite 178: Schock-Haft für jugendliche Gewalttäter. Aus der Bild am Sonntag vom 29.12.07. Verändert und gekürzt nach: https://www.bild.de/politik/2007/rechtsprofessor-vorschlag-3373580.bild.html

Seite 178: Strafmündigkeitsgrenze von 14 Jahren herabsenken. Strafen bereits ab 12 Jahre? Nach. https://www.bild.de/politik/2008/strafmuendigkeitsgrenze-3440596.bild.html

Seite 182: Katrin Teschner. Europa Kampf gegen Jugendgewalt – Fünf Beispiele aus Europa. Wie Europa Jugendgewalt bekämpft. Nach: https://www.derwesten.de/incoming/wie-europa-jugendgewalt-bekaempft-id1865709.html. Erschienen am 11.01.2008

Seite 183: Auszüge aus dem Jugendgerichtsgesetz in der Fassung der Bekanntmachung vom 11. Dezember 1974 (BGBl. I S. 3427), das zuletzt durch Artikel 4 des Gesetzes vom 27. August 2017 (BGBl. I S. 3295) geändert worden ist. Nach: http://www.gesetze-im-internet.de/jgg/BJNR007510953.html#BJNR007510953BJNG000100319

Seite 185: Gökalp Babayigit: Respekt im Camp – ein ehemaliger Boxer hilft jungen Straftätern. „Wir holen nach, was sonst im Vorschulalter vermittelt wird". Interview in der Süddeutschen Zeitung vom 17.5.10. Verändert und gekürzt nach: http://www.sueddeutsche.de/politik/erziehung-jugendlicher-straftaeter-wir-holen-nach-was-sonst-im-vorschulalter-vermittelt-wird-1.519497

Seite 189: Informationen der Polizei Bayern zu Alkopops. Nach: Bayerische Polizei, Hrsg: Bayerisches Staatsministerium des Innern und für Integration. In: https://www.polizei.bayern.de/schuetzenvorbeugen/drogen/index.html/37604. Erschienen am 06.04.2018

Seite 191: Bundeszentrale für gesundheitliche Aufklärung. Einstellungen von Jugendlichen gegenüber Alkohol. Die Drogenaffinität Jugendlicher in der Bundesrepublik Deutschland 2011 Teilband Alkohol. Text und Daten nach: Bundeszentrale für gesundheitliche Aufklärung (2012). Die Drogenaffinität Jugendlicher in der Bundesrepublik Deutschland 2011. Teilband Alkohol. Köln: Bundeszentrale für gesundheitliche Aufklärung. Nach: https://www.berlin-suchtpraevention.de/wp-content/uploads/2016/10/2012_BZgA_Drogenaffinitaetsstudie_2011_Teilband_Alkohol.pdf. Erschienen im September 2012

Seite 192: Erfindung der Schrift – Entwicklung der Medien. Gekürzt und geändert nach: https://www.planet-wissen.de/gesellschaft/lernen/erfindung_der_schrift/index.html Autor: Gregor Delvaux de Fenffe; Erschienen am 22.01.2015 und DIE ZEIT, 25.09.2008 Nr. 40. http://www.zeit.de/2008/40/OdE49-Medien-Stichworte/komplettansicht Autor: Götz Hamann; Erschienen am 25. 09. 2008.

Seite 194: Gerd Schneider. Alle Welt ist erreichbar – die modere Kommunikation. Aus: Gerd Schneider. Globalisierung. Arena Bibliothek des Wissens. Arne Verlag, Würzburg 2008, S. 32–40

Seite 196: Frank Ziemann. Achtung mit Getränkedosen! Rattenurin auf Getränkedosen. Nach: Extra-Blatt (18.06.2002), TU-Berlin. In: https://hoax-info.tubit.tu-berlin.de/hoax/rattenurintxt.shtml

Seite 197: Autor: wer. Wer legt denn bitteschön Hackfleisch am Bahnhof ab? Aus der Rheinischen Post vom 14.11.17. Nach: http://www.rp-online.de/panorama/deutschland/berg hausen-unbekannter-legt-regelmaessig-hackfleisch-am-bahnhof-ab-aid-1.7202516

Seite 198: Albrecht Ude: Lügen im Netz. Aus DIE ZEIT Ausgabe 06/2008 vom 31.1.08, editiert am 30.4.08. Nach: http://www.zeit.de/2008/06/C-Internetwahrheit

Seite 201: Autor: SES. Wegen Kinderfotos auf Facebook: Tochter verklagt ihre Eltern. Aus dem Berliner Kurier vom 13.9.16. Nach: https://www.berliner-kurier.de/24739408

Seite 214: Dr. Kai Reichel-Held. Jury-Begründung der Deutschen Film- und Medienbewertung zum Film „366 Tage". Deutsche Film- und Medienbewertung (FBW); Wiesbaden 2011. Nach: http://www.fbw-filmbewertung.com/film/366_tage

Seite 239: Auszüge aus dem Jugendschutzgesetz vom 23. Juli 2002 (BGBl. I S. 2730), das zuletzt durch Artikel Artikel 11 des Gesetzes vom 10. März 2017 (BGBl. I S. 420) geändert worden ist. Aus: http://www.gesetze-im-internet.de/juschg/BJNR273000002.html#BJNR273000002BJNG000100000

Seite 247: John Green. Schlaft gut, ihr fiesen Gedanken. übersetzt aus dem Englischen von Sophie Zeitz . Carl Hanser Verlag, München 2017

Seite 253: MC BRUDDAAL. Du bisch mei Nomber One. Aus: Album Bollahits. Label: Popmissive. ℗ House of Music Entertainment © Popmissive Records, 2015.

Seite 262: Fanny Jiménez. Wie Mehrsprachigkeit unser Gehirn verändert. Nach: https://www.welt.de/wissenschaft/article154185581/Wie-Mehrsprachigkeit-unser-Gehirn-veraendert.html. Erschienen am 10.04.2016

Seite 268: Katja Bauer. Das korrekte Mohrenköpfle. Aus: https://www.stuttgarter-nachrichten.de/inhalt.kampf-um-die-political-correctness-das-korrekte-mohrenkoepfle.92725ba2-9fb0-4144-8395-6720797842fb.html. Erschienen am: 11.09.2017

Seite 272: Wilhelm Busch. Sprüche. Aus: Wilhelm Busch. Gesamtwerke in sechs Bänden. Band 6. Xenos Verlagsgesellschaft, Hamburg 1986

Seite 275: Franz Hohler. Die Karawane. Aus: Franz Hohler. Die Karawane am Boden des Milchkrugs. Groteske Geschichten. Luchterhand Literaturverlag München 2003

Seite 276: Kurt Tucholsky. Ratschläge für einen schlechten Redner. Aus: Kurt Tucholsky. Ratschläge für einen schlechten Redner. In: Sämtliche Werke. Hrsg. v. M. Gerold-Tucholsky und F. Raddatz. Bd. 8, Rowohlt, Reinbeck 1960

Seite 283: Helmut Krausser. Sie haucht ihr Lächeln in den Rauch. Aus: Helmut Krausser. Auf weißen Wüsten. Die besten Gedichte. Luchterhand Literaturverlag, München 2009

Seite 284: Auszüge aus dem Jugendschutzgesetz vom 23. Juli 2002 (BGBl. I S. 2730), das zuletzt durch Artikel Artikel 11 des Gesetzes vom 10. März 2017 (BGBl. I S. 420) geändert worden ist. Aus: http://www.gesetze-im-internet.de/juschg/BJNR273000002.html#BJNR273000002BJNG000100000

Seite 286: Michael Gasse, Peter Dobbelstein. Lernen braucht Bewegung. Aus iPunkt. Ausgabe 03/2004. Unfallkasse Sachsen Meißen. Nach: https://www.unfallkassesachsen.de/service/mediathek/ipunkt/archiv/ausgabe-032004/lernen-braucht-bewegung/

Bilder

|agentur roeder, Göttingen: durchboxen.de 185, 185. |Axel Bengsch GeoGrafik, Tübingen: 7, 252. |bpk-Bildagentur, Berlin: 131. |BRmedia Service GmbH, München: 171. |Brot für die Welt - Evangelischer Entwicklungsdienst, Berlin: 31. |Bundeszentrale für politische Bildung, Berlin: Wolfgang Heinz-KIK 2016/http://www.bpb.de/politik/innenpolitik/gaengsterlaeufer/203562/zahlen-und-fakten 174. |BUNDjugend (Jugend im Bund für Umwelt und Naturschutz e. V.), Berlin: Grafik: Annika Huskamp 3, 28. |Carl Hanser Verlag, München: Cover zu John Green: Schlaft gut, ihr fiesen Gedanken/aus dem Englischen von Sophie Zeitz, © 2017 247. |Colourbox.com, Odense: (C) Alfred Hofer 51. |Die AnStifter – InterCulturelle Initiativen (iCi) e.V., Stuttgart: 288. |Druwe & Polastri, Cremlingen/Weddel: 22, 22, 283, 283, 283. |Europäische Kommission, Brussels: 74. |FBW Deutsche Film- und Medienbewertung, Wiesbaden: 215, 215. |Filmakademie Baden-Württemberg, Ludwigsburg: 6, 209, 214; Kurzfilm 366 Tage 204, 204, 205, 205, 205, 205, 206, 206, 206, 206, 207, 208, 209, 210, 211, 211, 211, 212, 212, 212, 212, 212, 212, 212. |fotolia.com, New York: contrastwerkstatt 36, 52, 269; industrieblick 52. |Gemeinde Pfinztal, Pfinztal: 197. |Getty Images, München: Comstock Images (See mit Boot und Zelt) Titel; Jupiterimages (Lagerfeuer am See) Titel; StockImage/Jaubert, Bernard (Jugendliche mit Karte) Titel; Thomas Vogel 24. |Hamburger Abendblatt, Hamburg: Klaus Bodig 284. |Ingrid Eschte: 119. |iStockphoto.com, Calgary: 3, 4, 29, 32, 33, 38, 38, 44, 49, 50, 57, 86, 170; Christian Horz 85; Ikonoklast_Fotografie 50; monkeybusinessimages 50. |Köcher, Ulrike, Hannover: 60, 60, 60, 60. |Landeskriminalamt Niedersachsen, Hannover: 173. |Landestheater Tübingen, Tübingen: Tobias Metz 169. |mauritius images GmbH, Mittenwald: STOCK4B 46. |Metzger, Christel, Reutlingen: 22, 22, 22, 293. |Microsoft Deutschland GmbH, München: 291; Texte:Christine Preißing 291, 291. |Panther Media GmbH (panthermedia.net), München: Wodicka, Erwin 34. |Picture-Alliance GmbH, Frankfurt/M.: dpa-infografik 190; dpa/Führer, Marcus 176; dpa/Weigel, Armin 178; ZB//Link, Hubert 55. |plainpicture, Hamburg: OJO 35. |Preißing, Christine: 61, 61. |Shutterstock.com, New York: 5, 72, 75, 80, 83, 87, 89, 170, 180, 180; Antonio Guillem 170; Kzenon 50; Somchai Som 196. |stock.adobe.com, Dublin: 80, 114, 114; Dan Race 81; Peter Atkins 269. |StockFood GmbH, München: Matthias Hoffmann 71. |Suhrkamp Verlag GmbH & Co. KG, Berlin: 148. |Theater der Altstadt, Stuttgart: Fotografin: Sabine Haymann 154, 159. |Theaterhaus Stuttgart, Stuttgart: TSCHICK, Schauspielproduktion, Foto: Regina Brocke 169. |Toni Suter / T+T Fotografie, Zürich: Schauspielhaus Zürich 161, 167. |Wefringhaus, Klaus, Braunschweig: 13, 13. |Westend 61 GmbH, München: Chance, Tom 54. |wikimedia.commons: Volker Gringmuth (Kreuzschnabel) / Das Wort „Heimat" in 2 m hohen Buchstaben an einem Neubaugebiet / https://commons.wikimedia.org/wiki/File:Heimat-Wetzgau.jpg, CC BY-SA 3.0, https://creativecommons.org/licenses/by-sa/3.0/deed.en 129. |Winkler-Reber, Regina: 10. |© Berthold Gauder, Grafikdesign, Leinfelden-Echterdingen: 252. |© dtv Verlagsgesellschaft, München: Rolf Lappert: Pampa Blues, dtv, 6.Auflage 2018, 978-3-423-62564-7 4, 112. |© SWR/ARD Degeto/Repro, Frankfurt am Main: 113, 113, 113, 113, 115, 115, 116, 118, 120, 123, 124, 125, 125, 125, 128.

OPERATORENLISTE

Anforderungsbereich I	
Operatoren	Definition
(be)nennen	Gegenstände oder Sachverhalten eine geeignete Bezeichnung zuordnen, Begriffe und Sachverhalte aufzählen
beschreiben	Personen, Situationen, Vorgänge, Sachverhalte oder Zusammenhänge strukturieren und ohne Wertung mit eigenen Worten darstellen
bestimmen	Sachverhalte und Inhalte prägnant und kriteriengeleitet feststellen
darstellen/darlegen	Zusammenhänge, Probleme etc. unter einer bestimmten Fragestellung strukturiert, sachbezogen und neutral wiedergeben
entnehmen	Informationen sach- und kriterienbezogen aus einem Text herausziehen
formulieren	ein Ergebnis, einen Standpunkt, einen Eindruck knapp und präzise zum Ausdruck bringen
nutzen	Informationen aus unterschiedlichen Quellen oder Texten zielgerichtet verwenden
skizzieren	eine Person, eine Handlung oder einen Sachverhalt akzentuiert und auf wesentliches beschränkt darstellen
überarbeiten	ein eigenes oder fremdes Produkt kriteriengeleitet analysieren beziehungsweise diskutieren und mit Qualitätsgewinn weiterentwickeln
wiedergeben	wesentliche Informationen oder einen Argumentationsgang strukturiert zusammenfassen
zeigen/aufzeigen	Sachverhalte, Textinhalte oder Textformen sachbezogen, teils deskriptiv, teils analysierend darlegen
zusammenfassen	Inhalte und Zusammenhänge von Quellen (Texte, Medien) sachbezogen, strukturiert, komprimiert und auf das Wesentliche ausgerichtet wiedergeben
Anforderungsbereich II	
analysieren/untersuchen	formale und inhaltliche Aspekte eines Textganzen oder eines Zusammenhangs unter aspektgeleiteten Fragestellungen herausarbeiten und die jeweilige Wechselbeziehung strukturiert und systematisiert darstellen
anwenden/verwenden	einen bekannten Sachverhalt oder eine bekannte Methode auf eine neue Problemstellung beziehen und zu deren Lösung und zum Erreichen von Zielen nutzen
auswerten	Informationen aus vorgegebenen Materialien gewinnen und zielgerecht verarbeiten
begründen	Positionen, Auffassungen, Urteile etc. bestimmen, argumentativ herleiten und durch Argumente stützen
belegen	Aussagen durch ein explizit ausgewiesenes Zitat oder einen Verweis stützen
berücksichtigen	Bekanntes und Neues in das Herstellen von Zusammenhängen einbeziehen
charakterisieren	Sachverhalte, Vorgänge, Personen etc. in ihren spezifischen Eigenheiten pointiert darstellen, etwas unter leitenden Gesichtspunkten kennzeichnen und gewichtend hervorheben
einordnen	einen Sachverhalt oder eine Aussage aspekt- und kriterienorientiert in einen Gesamtzusammenhang stellen
erklären	einen Sachverhalt in einen Begründungszusammenhang stellen, etwas kausal schlussfolgernd herleiten